CEDU쎄듀는 A **C**omprehensive **E**nglish e**DU**cation(종합적 영어교육)의 약자입니다.

고등 내신 · 수능 영문법 기본기, 온라인으로 완성

 Mobile & PC 동시 학습이 가능한

쎄듀런 온라인 문법 트레이닝 서비스

학생용

❶ 주관식 1　　❷ 주관식 2　　❸ 주관식 3　　❹ 객관식　　❺ 선택&주관식

천일문 고등 GRAMMAR 온라인 학습 50% 할인 쿠폰

| 할인 쿠폰 번호 | **LF2H2BKT6VSH** |
| 쿠폰 사용기간 | **쿠폰 등록일로부터 90일** |

PC 쿠폰 사용 방법

1 쎄듀런에 학생 아이디로 회원가입 후 로그인해 주세요.
2 [결제내역→쿠폰내역]에서 쿠폰 번호를 등록하여 주세요.
3 쿠폰 등록 후 홈페이지 최상단의 [상품소개→(학생전용) 쎄듀캠퍼스]에서
　할인 쿠폰을 적용하여 상품을 결제해주세요.
4 [마이캠퍼스→쎄듀캠퍼스→천일문 고등 GRAMMAR 클래스]에서 학습을
　시작해주세요.

유의사항

- 본 할인 쿠폰과 이용권은 학생 아이디로만 사용 가능합니다.
- 쎄듀캠퍼스 상품은 PC에서만 결제할 수 있습니다.
- 해당 서비스는 내부 사정으로 인해 조기 종료되거나 내용이 변경될 수 있습니다.

천일문 고등 GRAMMAR 맛보기 클래스 무료 체험권 (챕터 1개)

| 무료 체험권 번호 | **TGZDS96JV5K3** |
| 클래스 이용기간 | **체험권 등록일로부터 30일** |

Mobile 쿠폰 등록 방법

1 쎄듀런 앱을 다운로드해 주세요.
2 쎄듀런에 학생 아이디로 회원가입 후 로그인해 주세요.
3 마이캠퍼스에서 [쿠폰등록]을 클릭하여 번호를 입력해주세요.
4 쿠폰 등록 후 [마이캠퍼스→쎄듀캠퍼스→<맛보기> 천일문 고등 GRAMMAR
　클래스]에서 학습을 바로 시작해주세요.

PC 쿠폰 등록 방법

1 쎄듀런에 학생 아이디로 회원가입 후 로그인해 주세요.
2 [결제내역→쿠폰내역]에서 쿠폰 번호를 등록하여 주세요.
3 쿠폰 등록 후 [마이캠퍼스→쎄듀캠퍼스→<맛보기> 천일문 고등
　GRAMMAR]에서 학습을 바로 시작해주세요.

쎄듀런 모바일앱 설치

 쎄듀런 홈페이지
www.cedulearn.com

쎄듀런 카페
cafe.naver.com/cedulearnteacher

101 Grammar Points
with Sentences

천일문 고등
GRAMMAR

이 책을 만든 사람들

저자

김기훈

現 ㈜쎄듀 대표이사
現 메가스터디 영어영역 대표강사
前 서울특별시 교육청 외국어 교육정책자문위원회 위원
저서 | 천일문 〈입문편 · 기본편 · 핵심편 · 완성편〉 / 천일문 GRAMMAR
　　　어법끝 / 문법의 골든룰 101 / 쎄듀 본영어
　　　어휘끝 / The 리딩플레이어 / 빈칸백서 / 오답백서 / 독해가 된다 시리즈
　　　첫단추 시리즈 / 파워업 시리즈 / ALL씀 서술형
　　　수능영어 절대유형 시리즈 / 수능실감 등

쎄듀 영어교육연구센터
쎄듀 영어교육센터는 영어 콘텐츠에 대한 전문지식과 경험을 바탕으로
최고의 교육 콘텐츠를 만들고자 최선의 노력을 다하는 전문가 집단입니다.
한예희 책임연구원 · 구민지 전임연구원 · 이누리 연구원 · 김규리 연구원

검토에 도움을 주신 분들
이선재 선생님(경기 용인 E-Clinic) · 한재혁 선생님(현수학영어학원) · 이헌승 선생님(아잉카아카데미) ·
김지연 선생님(송도탑영어학원) · 안명은 선생님(아우룸영어) · 김정원 선생님(MP영어) · 김지나 선생님(킴스영어) ·
조시후 선생님(SI어학원) · 심소미 선생님(봉담 쎈수학영어) · 아이린 선생님(광주광역시 서구)

마케팅	콘텐츠 마케팅 사업본부
영업	문병구
제작	정승호
인디자인 편집	올댓에디팅
디자인	유은아
영문교열	James Clayton Sharp

펴낸이	김기훈 | 김진희
펴낸곳	㈜쎄듀 | 서울시 강남구 논현로 305 (역삼동)
발행일	2024년 1월 2일 초판 1쇄
내용 문의	www.cedubook.com
구입 문의	콘텐츠 마케팅 사업본부
	Tel. 02-6241-2007
	Fax. 02-2058-0209
등록번호	제22-2472호
ISBN	978-89-6806-290-2

영어 문장이 학습의 주(主)가 되는 영어 학습의 대표 베스트셀러 천일문 시리즈 〈입문·기본·핵심·완성〉을 통해 '문장을 통한 영어 학습법'의 효과는 이미 많은 영어 학습자들이 체감하였습니다. 〈천일문 고등 GRAMMAR〉는 문법 학습에서도 문장을 통한 영어 학습의 효과를 적용하여 설계된 고등 문법서입니다.

학생들이 영문법을 어려워하는 이유 중 하나는 문법을 공부할 때 접하는 이론과 설명에서 느껴지는 부담감이 크기 때문입니다. 이를 해결하기 위해서는 '예문에 중점을 두는 문법 학습'을 해야 합니다. 즉, 문법 규칙과 공식을 기계적으로 암기하기보다는 문법 포인트가 담긴 예문을 기억하고, 시간이 지나 예문을 보고 문법 포인트를 떠올리는 것입니다. 엄선된 예문이 풍부한 〈천일문 고등 GRAMMAR〉와 함께 한다면 예문을 통해 문법 학습 내용이 체화되어 어떤 문법 문제를 만나도 차분히 풀어나갈 수 있을 것입니다.

<천일문 고등 GRAMMAR>의 특장점

1 핵심 고등 문법 포인트를 담은 101개 유닛

고등 영어의 기본기를 철저하게 다질 수 있는 101개의 문법 포인트로 유닛을 구성하였습니다. 문법 학습을 기반으로 구문, 독해 대비까지 이어질 수 있도록 설계하였습니다.

2 기출 예문을 포함한 양질의 예문으로 학습

고등학교 교과서, 수능, 평가원/교육청 모의고사 등에 출제된 문장을 활용하여 해당 문법을 학습하기에 최적화된 문장을 제시합니다.

3 다양한 실전 유형의 연습 문제

실제 고등학교 내신 문제들을 취합하여 유형을 분석했습니다. 내신 문법 문제에 충분히 대비할 수 있는 연습문제들로 구성하여 실전 감각을 기를 수 있습니다.

4 어법 POINT BOOK으로 모의, 수능 대비까지

모의고사와 수능에 특히 잘 나오는 어법 POINT를 따로 모아 한 번 더 정리한 어법 POINT BOOK을 추가로 제공합니다. 기본 문법 이론의 간단한 복습 체크는 물론 네모, 밑줄 유형 문제로 모의, 수능 어법에 완벽하게 대비합니다.

5 막강한 부가서비스

학습한 내용을 확실히 내 것으로 만들 수 있는 부가 자료를 제공합니다. 특히 예문 해석/영작 연습지를 통해서 서술형 대비까지 가능합니다.

고등 문법의 학습은 중학교 때 학습했던 기초 문법을 재확인하면서 고등 수준에 필요한 심화 문법 포인트까지 이루어져야 이후 내신 및 수능에 필요한 문법은 물론 구문과 독해까지 함께 대비할 수 있습니다. 〈천일문 고등 GRAMMAR〉가 고등 문법 학습을 시작하는 모든 독자들의 영어 공부 여정에 함께 함으로써 학습에 큰 정진을 이룰 수 있기를 간절히 기원합니다.

저자

본책

한눈에 정리하는 Chapter별 대표 예문

→ The sun **rises**.

→ Her plan **sounds** attractive to me.

→ Collaboration **produces** better results.

→ Many books **lay** on the desk.

→ My mom **handed** me a book.

❶ 출제 빈도 ★★ 각 문법 UNIT의
출제 빈도를 반영한 중요도 표시

❷ 각 문법 포인트의 학습
효율성이 높은 대표 문장 선정

❸ 복잡한 문법 이론을 간략히 정리

❹ 실용적이고 자연스러운 예문
(교과서/모의/수능 기출 문장 활용)

❺ 주의 해당 문법에서 주의해야 할 사항
Level up 고등 심화 문법

❻ ☞ 어법 POINT 모의/수능 어법의 주요
포인트 & 어법 POINT BOOK 연계
(POINT 옆 번호: 어법 POINT BOOK의 목차 번호)

❼ 문법 학습 후 하단에서 문제로 확인

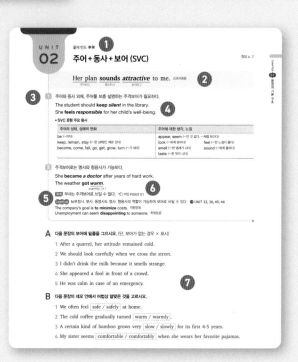

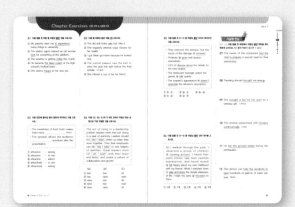

Chapter Exercises

• 내신 빈출 객관식 문항으로 점검

• 서술형 문항 추가 구성으로 내신 완벽 대비

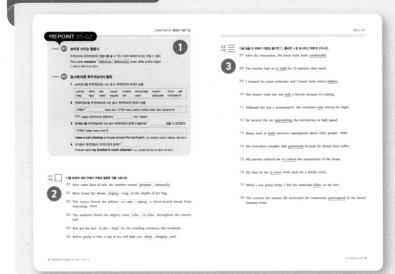

① 수능, 모의에서 자주 출제되는 어법 POINT 복습

② 네모 어법 유형 연습 문제

③ 밑줄 어법 유형 연습 문제

무료 부가서비스

학습을 돕는 막강한 부가서비스로 완벽 학습!

모든 자료는 www.cedubook.com에서 다운로드 가능합니다.

어휘리스트　　　어휘테스트　　　예문 해석 연습지　　　예문 영작 연습지

쎄듀런 학습하기

www.cedulearn.com

쎄듀런 웹사이트와 앱을 통해 온라인으로 풍부한 문법 문항을 학습하실 수 있습니다. (2024년 2월 중순부터 제공)

유료 서비스

쎄듀런

학생
- 학습 TR(Training) 제공
- 실력 향상 TEST 제공

선생님
- 온라인 TR/TEST 및 학사관리 제공
- 학교 및 학원용 TEST 인쇄 서비스 제공

Contents 차례

내신 문법 문제 유형 총정리

1 객관식

1 밑줄 어법

지문에서 밑줄로 표시한 부분을 어법상으로 판단하는 문제가 자주 출제된다.

틀린 것 또는 옳은 것을 고르게 하는데, 틀린[옳은] 것이 '두 개' 이상이며 이것들을 모두 골라내야 하거나 그 정확한 개수를 묻는 문제도 출제되므로 지시문을 주의 깊게 읽어야 한다. 또한 밑줄의 범위가 한두 개의 단어가 아니라 어구 또는 문장으로 출제되는 경우도 있다.

> 문제 예시 • 다음 밑줄 친 부분 중, 어법상 적절하지 <u>않은</u> 것을 고르시오.
>
> • 다음 밑줄 친 ⓐ~ⓖ 중 어법상 틀린 것의 개수는?
>
> • 다음 밑줄 친 부분 중 어법상 맞는 것을 두 개 고르면?
> The ancient practice of acupuncture ⓐ <u>is resembled a skillful ritual between the</u> <u>acupuncturist and their patient.</u> The needles ⓑ <u>are placed strategically</u> ~~
>
> • 다음 중 밑줄 친 부분을 바르게 고친 것으로 옳지 <u>않은</u> 것은?
> ① ㉠ its → their   ② ㉡ had closed → closed
> ③ ㉢ will be → have been   ④ ㉣ had delivered → have delivered
> ⑤ ㉤ filling → filled

2 네모 어법/빈칸

지문에서 특정 부분에 네모 칸으로 제시된 두 개의 후보 중 옳은 것을 고르게 하거나, 빈칸으로 두고 옳은 것을 선택지에서 고르게 한다.

> 문제 예시 • 다음 (A), (B), (C)의 각 네모 안에서 어법상 알맞은 것으로 가장 적절한 것을 고르시오.
> In 1912, the modern Olympics initially (A) | invited / have invited | women. ~~
>
>   (A)   (B)   (C)
> ① invited   starts   traveling
>
> • ⓐ~ⓓ의 괄호 안에서 빈칸에 들어갈 단어가 어법상 적절한 것끼리 짝지어진 것은?
> Visitors can be impressed by the beauty of this small town and ⓐ _____ for the history and culture. ~~
>
>   ⓐ   ⓑ   ⓒ   ⓓ
> ④ be satisfied   run   was stolen   follow

3 기타 유형

- 문장 5지선다: ①~⑤까지 각각 독립된 문장들의 어법성을 판별한다. 밑줄로 범위가 표시되지 않을 경우 문장 전체적으로 모든 문법 포인트를 잘 살펴봐야 한다.
  - 다음 중 (밑줄 친 부분이) 어법상 <u>틀린</u> 문장은?
- 영작 • 주어진 우리말에 대한 영작으로 옳지 <u>않은</u> 것은?
- 용법이 다른 것 고르기 • 다음 글의 밑줄 친 단어 중 어법 상 나머지와 용법이 <u>다른</u> 하나는?
- 옳은/틀린 설명 고르기 • 다음 ⓐ~ⓘ에 대한 설명 중 <u>틀린</u> 것은?

2 서술형

1 틀린 어법 고치기

주어진 영문의 틀린 부분을 찾아 고치는 유형이다. 틀린 이유를 서술해야 하는 문제도 출제된다.

- 위 글에서 밑줄 친 아래 문장을 어법에 맞게 고치시오.

  This is important to change your password frequently to ensure security. ~~
- 다음 글의 밑줄 친 부분 중 어법상 적절하지 않은 세 곳을 찾아 틀린 부분만 고쳐 쓰시오.
- 다음 글의 ⓐ~ⓕ 중 어색한 단어의 기호를 쓰고 올바르게 고쳐 쓴 후, 그 이유를 적으시오.

2 기본 영작

우리말 등을 참고하여 빈칸에 들어갈 단어 또는 어구를 써야 한다. 정답 단어 수(e.g. 3단어)를 제한
하는 경우가 있다.

- 다음 주어진 우리말에 맞게 빈칸에 알맞은 단어를 쓰시오.
- 다음 문장이 밑줄 친 (B)의 우리말과 같은 뜻이 되도록 빈칸에 각각 알맞은 단어를 쓰시오.

  ~~ (B) 나는 그에게 내 자전거를 빌려주었다. ~~

  → I _____ _____ _____ _____ him.

3 배열/조건 영작

주어진 우리말을 참고하여 영작을 완성한다. 필요한 단어들을 모두 제시하여 배열만 하면 되는 간
단한 유형부터(배열영작), 조건에 맞게 단어를 추가하거나 어법에 맞게 변형해야 하는 응용 유형
(조건영작)까지 다양하게 출제된다. 우리말이 없는 고난도 유형도 출제된다.

- 다음 우리말과 일치하도록 〈보기〉에 주어진 단어를 순서대로 배열하시오.

  당신은 이전에 이렇게 멋진 집에 가본 적이 있나요? (house / such / lovely / a)

  → Have you ever been to _____ before?
- 다음 우리말과 일치하도록 괄호 안에 주어진 단어를 모두 사용하여 배열하시오. (필요시 어형 변화 및 단어 추가 가능)

  지금 밖은 너무 어두워서 아무것도 볼 수 없다. (so, that, dark, see)

  → It is _____.
- 밑줄 친 부분과 같은 뜻이 되도록 주어진 단어들만 활용해서 현재완료시제로 문장을 완성하시오.

4 문장 전환

주어진 영문을 같은 의미의 다른 형태 구문으로 바꿔 쓰는 유형이다.

- 관계대명사와 관계부사를 이용하여 다음을 지시대로 재작성하시오.

5 독해 연계형

지문의 주제, 요지 등을 파악해서 영작하거나 요약문을 완성해야 하는 등 독해와 연계된 유형이다.

- 다음 글의 내용을 한 문장으로 요약하고자 한다. 빈칸 (A), (B), (C)에 들어갈 말을 보기에서 골라 각각 1단어씩 쓰시오.

문법 기초 지식 Background Knowledge

1 단어의 품사 → Ch13

문장에서 할 수 있는 역할이나 의미 등에 따라 단어를 다음과 같이 분류한 것을 '품사'라고 한다.

1 명사　apple, book, man, crocodile, shop, thing ...
사람, 사물, 장소뿐 아니라 추상적 개념까지 가리키는 이름
셀 수 있는 명사와 셀 수 없는 명사로 나뉜다. → **Unit 86**

2 대명사　a teacher → he/she　　dogs → they　　a house → it
명사를 대신하는 말

영어는 앞에서 한 번 나온 명사를 두 번째 언급할 때 대명사로 바꿔 말한다. 인칭대명사(I, my, me, mine, myself 등), 지시대명사(this, that 등), 부정대명사, 의문대명사 등의 종류가 있다.

・**인칭대명사**

수 격 etc. 인칭 · 성		단수형					복수형				
		주격	소유격	목적격	소유 대명사	재귀 대명사	주격	소유격	목적격	소유 대명사	재귀 대명사
1		I	my	me	mine	myself	we	our	us	ours	ourselves
2		you	your	you	yours	yourself	you	your	you	yours	yourselves
3	남성	he	his	him	his	himself	they	their	them	theirs	themselves
	여성	she	her	her	hers	herself					
	중성	it	its	it		itself					

3 동사　go, have, feel, show ...
사람/사물의 움직임, 상태 등을 나타내는 말

인칭, 수, 시제, 태를 구별하여 쓰기 위해 원형, 현재형, 과거형, p.p.형(과거분사), v-ing형(현재분사, 동명사)의 다섯 가지 형태를 갖는다. → **Ch 02, 07, 08**
go(원형) / goes (현재형 3인칭) / went(과거형) / gone(p.p.형) / going(v-ing형)

cf. be동사: ~이다/있다/존재하다
조동사: 동사를 문법적으로 또는 의미적으로 도와준다.

Is he ~ ? 의문문　　　　　　　He **did** not ~. 부정문
I **was** heard ~. 수동태　　　　We **are** playing ~. 진행형
They **have** learned ~. 완료형

4 형용사   large, adorable, significant, starving, intelligent ...

명사의 모양, 성질 등을 설명하거나 꾸며 주는 말

명사 앞이나 뒤에 위치하여 명사를 수식하거나, be동사 뒤에서 문장의 주어인 명사를 설명한다.
그 외 to부정사, 현재분사, 과거분사, 전명구, 관계사절이 형용사 역할을 한다. → Ch 06, 08, 11, 13

an **adorable** puppy 사랑스러운 강아지   The student is **intelligent**. 그 학생은 **똑똑하다**.

> **cf.** 관사(Article): a/an은 명사 앞에 놓여 대부분 '어떤, 하나의' 등을 의미하고, the는 '(특정한)
> 그'를 의미한다. 뒤에 나오는 명사의 의미를 좀 더 명확히 해주는 것이므로 형용사에 포함시
> 킬 때도 있다.

5 부사   quickly, early, here, very, truly ...

명사 이외의 모든 것을 수식하는 말

동사, 형용사, 다른 부사, 또는 어구나 절을 수식하며 자세히 설명한다. 주로 시간, 장소, 방향 등
의 의미를 나타낸다.

go **quickly** 빠르게 가다   leave **early** 일찍 떠나다   remain **here** 이곳에 남아있다

a **very** tall girl 키가 **아주** 큰 소녀   a **truly** kind person **정말** 친절한 사람

그 외 to부정사, 전명구, 분사구문이 부사 역할을 한다. → Ch 06, 08, 13

6 전치사   in, at, on, by, to, for ...

명사(구) 앞에 위치하여 그 명사(구)와 전치사 앞의 다른 어구와의 관계를 밝힘

〈전치사+명사〉로 이루어진 어구를 줄여서 '전명구' 또는 '전치사구'라고도 하며, 전치사 뒤의 명사
는 '전치사의 목적어'라고 한다. 이러한 어구는 문장에서 형용사나 부사 역할을 한다.

on the table 테이블 **위에**   **at** the mall 쇼핑몰**에서**

7 접속사   and, or, but, that ...

단어와 단어, 구와 구, 절과 절을 연결하는 말

등위접속사와 종속접속사로 나뉜다. → p.15 절(clause)

8 감탄사   Ah, Oh, Oops, Wow! ...

느낌이나 감정을 간단하게 표현하는 말

2 문장의 구성과 요소

문장은 대개 '…은 ~이다[하다]'의 형태로 구성된다. 이때 '…은[가]'에 해당하는 부분을 주부(主部), '~이다[하다]'에 해당하는 부분을 술부(述部)라고 한다.

주부	술부
The man next to the door	is my uncle.
Sarah	built a sandcastle on the beach.

영어의 문장은 주어와 동사를 기본 요소로 하여, 동사의 의미와 성격에 따라 그 뒤에 목적어나 보어 등의 문장 요소들이 등장한다. → Ch 01

1 주어 (Subject)

주부의 중심이 되는 말. 명사 및 명사 역할을 하는 구, 절이 주어가 된다.

2 (술어)동사 (Predicate Verb)

술부의 중심이 되는 말. 주어의 동작, 상태를 나타낸다.

Sarah **built** a sandcastle on the beach.
  S   V

He **takes care of** his little sister.
S   V

cf. 구동사: 동사가 부사 또는 전치사와 합쳐져 구성된 동사. take care of, pick up, put off 등

3 목적어 (Object)

동사가 나타내는 동작의 대상이 되는 말. 주어와 같이, 명사 및 명사 역할을 하는 구 또는 절이 목적어가 된다.

Sarah built **a sandcastle** on the beach.
            O

cf. 자동사(自動詞, intransitive verb): 완전한 의미의 문장을 만들기 위해 '목적어'가 필요 없는 동사

타동사(他動詞, transitive verb): 완전한 의미의 문장을 만들기 위해 '목적어'가 필요한 동사

The accident **happened**.   They **make a snowman**.
      V(자동사)   V(타동사)   O

특정 동사의 경우 '~에게'로 해석되는 간접목적어(IO)와 '~을[를]'로 해석되는 직접목적어(DO)를 각각 갖기도 한다.

He showed **the tourists** **the famous landmarks**.
          IO   DO

문 옆의 그 남자는 내 삼촌이다. / Sarah는 해변에서 모래성을 지었다. / **2** 그는 자신의 여동생을 돌본다. / **3** 사고가 일어났다. / 그들은 눈사람을 만든다. / 그는 여행객들에게 유명한 관광지들을 보여주었다.

4 보어 (Complement)

주어의 의미를 보충 설명하는 주격보어(SC)와 목적어의 의미를 보충 설명하는 목적격보어(OC)가
있다. 보어로는 명사나 형용사 또는 그 역할을 할 수 있는 어구나 절이 온다.

The man next to the door is **my uncle**.
S _____ = _____ SC

This song makes my mother **happy**.
O ___ = ___ OC

5 수식어 (Modifier)

문장의 주요소인 주어, 동사, 목적어, 보어를 수식하여 구체적으로 밝혀준다. 수식어는 한 문장에
여러 개가 사용될 수 있다.

- **형용사적 수식어**: 명사를 수식한다.

The man **next to the door** is my uncle. 〈명사 수식〉
S ___ M(전명구)

My *father* bought me **an interesting** *board game*. 〈명사 수식〉
M ↱ S   M   M ___ O

- **부사적 수식어**: 동사, 형용사, 다른 부사, 어구, 문장 전체를 수식한다.

James **regularly** volunteers at the local animal shelter. 〈동사 수식〉
M ↱ V

This diet will make you **very** healthy. 〈형용사 수식〉
M ↱ OC

She *goes for a jog* **after work**. 〈어구 수식〉
↑___ M

〈품사와 문장 요소의 관계〉

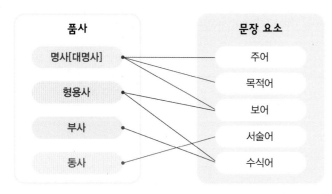

품사 | 문장 요소
명사[대명사] / 형용사 / 부사 / 동사 | 주어 / 목적어 / 보어 / 서술어 / 수식어

---

4 문 옆의 그 남자는 내 삼촌이다. / 이 노래는 나의 엄마를 행복하게 만든다. / 5 나의 아빠는 내게 재미있는 보드게임을 사주셨다. /
James는 지역 동물 보호소에서 정기적으로 봉사활동을 한다. / 이 식단은 너를 매우 건강하게 만들어 줄 것이다. / 그녀는 퇴근 후에
조깅을 간다.

3 구와 절

1 구(phrase)

둘 이상의 단어들이 모여서 문장에서 명사, 형용사, 부사 등 하나의 품사 역할을 한다. 다음 페이지에서 설명할 '절'과 다르게 〈주어+동사〉를 포함하지 않는다.

- **명사구**: 명사처럼 주어, 목적어, 보어의 역할을 한다. → Unit 32~34, Ch 07
  1 **To exercise regularly** is important. (to부정사구)
          S
  2 She loves **watching movies**. (동명사구)
                O
  3 My dream is **to become a baseball player**. (to부정사구)
                        C

- **형용사구**: 형용사처럼 명사를 수식하거나 보어가 된다. → Unit 35~36, 45~47, 92
  4 Do you have *any work* **to do**? (to부정사구)
  5 *The girl* **wearing a hat** is my sister. (현재분사구)
  7 Look at *the boy* **on the stage**. (전명구)
  6 They seemed **disappointed at the result of the game**. (과거분사구)
                                C

- **부사구**: 부사처럼 동사, 형용사, 부사 또는 문장 전체를 수식한다. → Unit 37~39, 48~50, 92
  8 She *goes to the library* **to borrow some books**. (to부정사구)
  9 This keyboard is *convenient* **to use**. (to부정사)
  10 **Getting up late**, *she hurried to catch the bus*. (분사구문)
  11 He finally *achieved* his goal **through constant practice**. (전명구)

---

1 규칙적으로 운동하는 것은 중요하다.   2 그녀는 영화 보는 것을 좋아한다.   3 내 꿈은 야구선수가 되는 것이다.   4 할 일이 있니?   5 모자를 쓴 그 소녀는 내 여동생이다.   6 무대 위의 저 소년을 봐.   7 그들은 경기의 결과에 실망한 것 같았다. 8 그녀는 책을 좀 빌리러 도서관에 간다.   9 이 키보드는 사용하기에 편리하다.   10 늦게 일어나서, 그녀는 버스를 타려고 서둘렀다.   11 그는 꾸준한 연습을 통해 마침내 자신의 목표를 달성했다.

2 절(clause)

단어들이 모여 문장의 일부를 이루면서 〈주어+동사〉가 포함된 것이다. 절은 등위절, 주절, 종속절로 나누며, 종속절은 다시 명사절, 형용사절, 부사절로 나눈다.

•**등위절:** 절과 절이 등위접속사 and, but, or 등으로 연결된다. → Unit 59

　1　I am a chef │and│ he is a nutritionist.

　2　Will you email her, │or│ should I convey the message?

•**주절 & 종속절:** 종속절이 접속사나 관계사로 주절에 속하는 관계이다.

•**명사절:** 접속사(that, whether, if), 의문사, 관계대명사 what 등이 이끄는 절. 문장에서 주어, 목적어, 보어 등의 역할을 한다. → Unit 61~63

　3　**What I like most**^{S} is making new friends.
　　　　종속절(주어 역할의 명사절)　　　　　　　주절

　4　I don't know **why they haven't replied yet**^{O}.
　　　주절　　　　　종속절(목적어 역할의 명사절)

　5　The problem is **that we don't have much time to finish the project**^{C}.
　　　　주절　　　　　　　　　종속절(보어 역할의 명사절)

•**형용사절:** 앞에 콤마가 없는 관계사가 이끄는 절. 앞의 선행사[명사]를 수식한다. → Ch 11

　6　A telescope is *a tool* that allows you to view distant objects.
　　　　　　　주절　　　　　　　　종속절(명사를 수식하는 형용사절)

　7　Can you explain *the situation* where the team won the game?
　　　　　　　주절　　　　　　　종속절(명사를 수식하는 형용사절)

•**부사절:** 시간, 조건, 이유, 양보, 목적, 결과 등의 의미로, 문장에서 부사의 역할을 한다.
→ Unit 66~70

　8　I started my own business **when I was still in high school.**
　　　　　　　주절　　　　　　　　종속절 〈시간〉

　9　I will go on a picnic **if the weather is fine.**
　　　　　　주절　　　　　　종속절 〈조건〉

　10　**Though it cost a lot,** the quality of the product was really good.
　　　　종속절 〈양보〉　　　　　　　　　주절

---

1 나는 요리사이고 그는 영양사이다.　　2 네가 그녀에게 메일을 보낼래, 아니면 내가 메시지를 전달할까?　　3 내가 가장 좋아하는 것은 새로운 친구를 사귀는 것이다.　　4 그들이 왜 아직 답장하지 않았는지 모르겠다.　　5 문제는 우리가 그 프로젝트를 끝낼 시간이 많지 않다는 것이다.　　6 망원경은 네가 멀리 있는 물체를 볼 수 있게 하는 도구이다.　　7 그 팀이 경기에서 이긴 상황을 설명해줄 수 있니?　　8 나는 아직 고등학교에 다닐 때 내 사업을 시작했다.　　9 날씨가 좋다면 나는 소풍을 갈 것이다.　　10 비싸긴 했지만, 그 제품의 질은 정말 좋았다.

CHAPTER 01

문장의 기본 구조

영어 문장의 형식은 대표적인 다섯 가지로 나눌 수 있는데, 주어(S), 동사(V) 뒤의 목적어(O), 보어(C)의 유무와 배열 순서로 파악한다.

예를 들어 '주어＋동사＋보어 (SVC)' 문형은 주어(S)와 동사(V)만으로는 문장의 의미가 통하지 않고 보어(C)가 반드시 필요하다.

She became. (불완전)　　　She became a doctor. (완전)
　S　　V　　　　　　　　　S　　V　　　C
각 문장 형식에 잘 쓰이는 대표적인 동사들이 있으므로 이를 바탕으로 학습해보자.

→ The sun **rises**.

→ Her plan **sounds** attractive to me.

→ Collaboration **produces** better results.

→ Many books **lay** on the desk.

→ My mom **handed** me a book.

→ The movie **made** him a famous actor.

→ The doctor **advised** the patient to eat healthy meals.

UNIT 01 주어＋동사 (SV)

The sun rises.
주어(S)　동사(V)

1 주어와 동사만으로도 의미가 통하는 문장 형식이다.

The accident **happened**.

• SV 문형으로 잘 쓰이는 주요 동사

happen, occur (일이 일어나다)	appear (나타나다)	grow (자라다)	rise (떠오르다)	fall (떨어지다)
be (있다, 존재하다)	arrive (도착하다)			

2 의미를 보충하기 위해 주어, 동사에 수식어가 붙을 수 있다.

The person with the big hat **appeared** at the party. 교과서응용
　　　주어 수식어　　　　　　　　　　동사 수식어
The swimming class for children **is** on every Friday.
　　　　　　주어 수식어　　　　　동사 수식어

A 다음 문장의 주어(수식어 포함)와 동사에 밑줄 긋고, 각각 S, V로 표시하시오.

1 Positive change doesn't happen overnight.

2 Many species of animals are in the Amazon rainforest.

3 Symptoms like headache and fatigue occur in most flu patients.

4 The bus from Daegu arrives at 4 p.m.

5 The consumption of wearable devices increased continuously for the past several years.
학평응용

B 다음 괄호 안의 단어를 알맞게 배열하여 주어진 우리말을 영작하시오.

1 그 배우는 카메라들을 향해 미소를 지었다. (for / the cameras / the actor / smiled)

→ _____ .

2 시간 여행 개념은 많은 공상 과학 소설에 존재한다. (exists / much of / science fiction / in)

→ The concept of time travel _____ .

3 두 마리의 고양이가 있는 그 여성은 도시에 산다. (cats / the woman / two / with / lives)

→ _____ in the city.

4 토끼가 마술사의 모자에서 갑자기 나타났다. (out of / hat / the magician's / appeared suddenly)

→ The rabbit _____ .

해석 태양이 뜬다. / **1** 사고가 일어났다. / **2** 큰 모자를 쓴 사람이 파티에 나타났다. / 어린이들을 위한 수영 수업은 매주 금요일에 있다.

UNIT 02

출제 빈도 ★★

주어+동사+보어 (SVC)

정답 p. 2

Her plan **sounds** *attractive* to me. 교과서응용
　　　주어(S)　　　　동사(V)　　　　　보어(C)

1 주어와 동사 외에, 주어를 보충 설명하는 주격보어가 필요하다.

The students should **keep** *silent* in the library.

She **feels** *responsible* for her child's well-being.

• SVC 문형 주요 동사

주어의 상태, 상태의 변화	주어에 대한 생각, 느낌	
be (~이다)	appear, seem (~인 것 같다, ~처럼 보이다)	
keep, remain, stay ((~한 상태)인 채로 있다)	look (~하게 보이다)	feel (~한 느낌이 들다)
become, come, fall, go, get, grow, turn (~가 되다)	smell (~한 냄새가 나다)	sound (~하게 들리다)
	taste (~한 맛이 나다)	

2 주격보어로는 명사와 형용사가 가능하다.

She **became** *a doctor* after years of hard work.

The weather **got** *warm*.
　　　　　　warmly (×)

주의 부사는 주격보어로 쓰일 수 없다. ⤷어법 POINT 01

Level up to부정사, 분사, 동명사도 명사, 형용사의 역할이 가능하여 보어로 쓰일 수 있다. ➡ UNIT 32, 36, 40, 46

The company's goal is **to minimize** costs. 학평응용
Unemployment can seem **disappointing** to someone. 학평응용

A 다음 문장의 보어에 밑줄을 그으시오. (단, 보어가 없는 경우 × 표시)

1 After a quarrel, her attitude remained cold.

2 We should look carefully when we cross the street.

3 I didn't drink the milk because it smells strange.

4 She appeared a fool in front of a crowd.

5 He was calm in case of an emergency.

B 다음 문장의 네모 안에서 어법상 알맞은 것을 고르시오.

1 We often feel | safe / safely | at home.

2 The cold coffee gradually turned | warm / warmly |.

3 A certain kind of bamboo grows very | slow / slowly | for its first 4-5 years.

4 My sister seems | comfortable / comfortably | when she wears her favorite pajamas.

해석 그녀의 계획은 나에게 매력적으로 들린다. / **1** 학생들은 도서관에서 조용히 해야 한다. / 그녀는 자신의 아이의 행복에 대해 책임을 느낀다. / **2** 그녀는 몇 년간의 노력 후에 의사가 되었다. / 날씨가 따뜻해졌다. / 그 회사의 목표는 비용을 최소화하는 것이다. / 실직은 누군가에게 실망스러워 보일 수 있다.

주어 + 동사 + 목적어 (SVO)

정답 p. 2

Collaboration **produces** *better results*. 학평응용
주어(S)　　　　동사(V)　　　　목적어(O)

1 주어와 동사 외에, 동작의 대상인 목적어가 필요하다.

I **bought** *pants, socks, and gloves* online.
I don't **trust** *information from television advertisements*. 학평응용

Level up 목적어 자리에는 to부정사구, 동명사구, 명사절도 가능하다. ● UNIT 32, 41, 61~63
They want **to visit an art exhibition this weekend**.

A 다음 문장에서 동사의 목적어에 밑줄을 그으시오. (단, 목적어가 없는 경우 × 표시)

1 Jane played tennis with her friends.

2 Many students were late for class.

3 They painted their house last weekend.

4 Over time, the novice musician became a master of cello.

5 We discover new ideas, information, and inspiration through reading. 교과서응용

B 다음 괄호 안의 단어를 알맞게 배열하여 주어진 우리말을 영작하시오.

1 나는 나의 동료에게 이메일을 보냈다. (an / I / email / sent)

→ _____ to my colleague.

2 해변에서 아이들과 부모는 모래성을 쌓았다. (and / built / their parents / a sandcastle / the children)

→ On the beach, _____ .

3 나는 이번 학기에 한국 문학과 통계학을 수강했다. (statistics / took / literature / I / Korean / and)

→ _____ this semester.

4 우리는 저녁으로 피자를 시켜서 그것을 맛있게 먹었다. (it / pizza / enjoyed / we / ordered)

→ _____ for dinner and _____ .

해석 협업은 더 나은 결과를 만들어 낸다. / 1 나는 온라인으로 바지, 양말, 장갑을 샀다. / 나는 TV 광고의 정보를 믿지 않는다. / 그들은 이번 주말에 미술 전시회에 가고 싶어 한다.

UNIT 04

주의해야 할 SV, SVO 문형 동사

정답 p. 3

Many books **lay** on the desk.
주어(S)   동사(V)

1 형태와 의미가 비슷한 SV 동사 vs. SVO 동사

SV 문형 동사	SVO 문형 동사
lie(-lay-lain) 눕다; 놓여 있다 lie(-lied-lied) 거짓말하다	lay(-laid-laid) ~을 놓다, 두다; 눕히다
rise(-rose-risen) (떠)오르다, 상승하다	raise(-raised-raised) ~을 올리다, 들다
sit(-sat-sat) 앉다	seat(-seated-seated) ~을 앉히다

She^S **lied**^{V} to her parents about her grades.
He^S **laid**^{V} the coat^O on the sofa.

2 전치사를 사용하지 않도록 주의해야 할 SVO 문형 타동사

목적어 앞에 전치사가 필요한 〈V(자동사)+전치사+O〉로 혼동하기 쉽다.

approach ~~to~~ (~에 다가가다)	reach ~~to~~ (~에 이르다)	survive ~~from~~ (~에서 살아남다)
answer ~~to~~ (~에 대답하다)	attend ~~at~~ (~에 참석하다)	discuss ~~about~~ (~에 대해 논의하다)
enter ~~into~~ (~으로 들어가다)	marry ~~with~~ (~와 결혼하다)	resemble ~~with~~ (~와 닮다; 비슷하다)

The expert travelers **approached** ~~to~~ the edge of the volcano. 교과서응용
We can **reach** ~~to~~ Seoul by a direct flight from New York.

A 다음 문장의 네모 안에서 어법상 알맞은 것을 고르시오.

1 I rose / raised my hands and greeted my friends.

2 He sat / seated silently on the sofa with his dog at his feet. 교과서응용

3 Because he was tired, he lay / laid in bed all evening.

4 I attended / attended at our school anniversary event.

B 다음 밑줄 친 부분이 어법상 옳으면 O, 틀리면 ✕로 표시하고 바르게 고치시오.

1 This coffee shop resembles with an antique house.

2 She married him because they shared common interests and hobbies.

3 We hurried, but the concert already started when we reached the hall. 교과서응용

4 Every visitor should fill out the form before he or she enters into the building. 교과서응용

5 Please lay your clothes nicely in the drawer.

해석 많은 책들이 책상 위에 놓여 있었다. / 1 그녀는 부모님께 자신의 성적에 대해 거짓말을 했다. / 그는 코트를 소파 위에 놓았다. / 2 그 숙련된 여행자들은 그 화산의 가장자리로 다가갔다. / 우리는 뉴욕에서 직항 비행기로 서울에 도착할 수 있다.

주어 + 동사 + 간접목적어 + 직접목적어 (SVOO)

My mom **handed** *me a book*.
주어(S)　　　　동사(V)　간접목적어(IO) 직접목적어(DO)

1 동사(〜(해)주다) 뒤에 간접목적어(〜에게)와 직접목적어(〜을)가 온다.

I **made** *my sister*^{IO} *a cake*^{DO} for her birthday.
Give *me*^{IO} *your email address*^{DO}.

2 SVO 문형으로 전환: SVOO 문형의 〈간접목적어+직접목적어〉를 〈직접목적어+to[for, of]+간접목적어〉로 바꾸어 SVO 문형(목적어+전명구)으로 만들 수 있다.

A man **brought** *me*^{IO} *a bunch of grapes*^{DO} as a gift.
→ A man **brought** *a bunch of grapes*^{DO} to[for] *me*^{IO} as a gift.

• 전치사 to, for, of를 쓰는 동사

전치사 to			전치사 for		전치사 of
give A to B	**offer** A to B	**hand** A to B	**make** A for B	**buy** A for B	
tell A to B	**show** A to B	**write** A to B	**get** A for B	**cook** A for B	**ask** A of B
lend A to B	**send** A to B	**teach** A to B	**choose** A for B	**find** A for B	
bring A to B *bring은 전치사 to, for 둘 다 가능					

A 다음 문장의 간접목적어(IO)와 직접목적어(DO)에 밑줄을 긋고 각각 IO, DO라고 표시하시오.

1 Sir, you drove too fast. Please show me your driver's license. 교과서응용

2 Mr. Lee teaches us mathematics every Tuesday. 교과서응용

3 As a reward after a long day, I bought myself some chocolate.

B 다음 괄호 안의 단어를 알맞게 배열하여 주어진 우리말을 영작하시오.

1 내 생일에, 아버지께서 나에게 특별한 저녁 식사를 요리해 주셨다. (a special dinner / cooked / me)

→ On my birthday, my father _____.

2 그는 자신의 친구에게 사과의 편지를 썼다. (wrote / friend / a letter / his / of apology)

→ He _____. 교과서응용

3 나는 우리 회의 시간을 그에게 말해주었지만, 그는 참석하지 않았다. (our / told / meeting time / him / to)

→ I _____, but he didn't attend. 교과서응용

4 그녀는 자신의 친구들에게 크리스마스 선물을 사주었다. (gifts / got / for / Christmas / her friends)

→ She _____.

(해석) 나의 어머니는 나에게 책을 건네주셨다. / **1** 나는 내 여동생의 생일에 그녀에게 케이크를 만들어 주었다. / 나에게 당신의 이메일 주소를 알려주세요. / **2** 한 남자가 나에게 선물로 포도 한 송이를 가져왔다

UNIT 06

주어 + 동사 + 목적어 + 보어 (SVOC) 1

정답 p. 4

$$\underset{\text{주어(S)}}{\text{The movie}} \quad \underset{\text{동사(V)}}{\text{made}} \quad \underset{\text{목적어(O)}}{\textit{him}} \quad \underset{\text{목적격보어(C)}}{\textit{a famous actor}}.$$

1 주어, 동사, 목적어 외에 목적어를 보충 설명해 주는 목적격보어가 필요하다.

Some of her friends **called** *her* *"the bookworm."* 교과서응용

• SVOC 문형 주요 동사

make (O를 C로 만들다[되게 하다])	think, consider (O를 C라고 생각하다)	find (O가 C임을 알게 되다[깨닫다])
keep, leave (O를 C인 상태로 두다)	call (O를 C라고 부르다)	name (O를 C라고 이름 짓다)
elect (O를 C로 선출하다)		

2 목적격보어로는 명사 또는 형용사가 가능하다.

The citizens **elected** *him mayor* in the last election. (명사 보어)
　　　　　　　　└ = ┘C

He **left** *the room messy*. (형용사 보어)
　　　└ 목적어의 상태 ┘C

주의 부사는 목적격보어로 쓰일 수 없다. ☜ 어법 POINT 01

He left the room **messily**. (×)

A 다음 괄호 안의 단어를 알맞게 배열하여 주어진 우리말을 영작하시오.

1 그 학생들은 그가 국내에서 가장 뛰어난 축구선수라고 생각한다. (him / the best soccer player / think)

→ The students _____ in the country.

2 그들은 그 개를 Mark라고 이름 지었다. (the dog / Mark / named)

→ They _____ .

3 발표자는 쉬운 예시들로 개념을 명확하게 만들었다. (clear / made / the concept)

→ The presenter _____ with simple examples.

4 아이들은 치아를 깨끗하고 건강하게 유지해야 한다. (their teeth / keep / healthy / clean / and)

→ Children should _____ . 교과서응용

B 다음 밑줄 친 부분이 어법상 옳으면 ○, 틀리면 ×로 표시하고 바르게 고치시오.

1 The critic found the movie <u>attractively</u>.

2 The parents consider their children <u>diligent</u>.

3 She felt bored while she read a book, so she <u>left the library quiet</u>.

풀이 tip 목적어 뒤의 내용이 동사를 수식하여 SVO 문형이면 목적어 뒤에 부사를 쓰고,
목적어의 상태를 나타내어 SVOC 문형이면 형용사를 쓴다.

해석 그 영화는 그를 유명 배우로 만들었다. / **1** 일부 그녀의 친구들은 그녀를 '책벌레'라고 불렀다. / **2** 지난 선거에서 시민들은 그를 시장으로 선출했다. / 그는 방을 지저분하게 두었다.

주어 + 동사 + 목적어 + 보어 (SVOC) 2

The doctor **advised** the patient *to eat healthy meals*. 교과서응용
주어(S)   동사(V)   목적어(O)   목적격보어(C)

1 목적어와 목적격보어가 능동 관계(O가 C하다)일 때, 동사에 따라 to부정사, 원형부정사(v), 현재분사(v-ing)를 목적격 보어로 쓴다. ● UNIT 32, 46 ☞ 어법 POINT 02

• to부정사(to-v)를 목적격보어로 쓰는 동사

advise	allow	ask	cause	enable	encourage	expect	force	get	help
lead	order	require	tell	want	persuade	motivate 등			

I **asked** her *to say the word again slowly*. 교과서응용
I didn't **expect** Sue *to come to the party*. 교과서응용

• 원형부정사(v)를 목적격보어로 쓰는 동사

사역동사	make	have	let			
지각동사	see	watch	notice	hear	feel	observe 등

Her warm words **made** us *feel comfortable*. 교과서응용
We **saw** some children *play with a ball in the park*.

참고 help는 목적격보어로 원형부정사(v), to부정사 모두 가능하다.

Butterflies **help** flowers *(to) bloom*.

• 현재분사(v-ing)를 목적격보어로 쓰는 동사

지각동사	see	watch	notice	hear	feel 등
keep O v-ing (O가 계속 v하게 하다)		leave O v-ing (O가 v하는 채로 두다)		find O v-ing (O가 v하는 것을 발견하다) 등	

지각동사의 목적격보어로 현재분사를 사용하면 진행 중임을 더 강조한다.

Maria **felt** tears *falling down her cheeks*. 학평응용

2 목적어와 목적격보어가 수동 관계(O가 C되다[당하다])이면 목적격보어로 과거분사(p.p.)를 쓴다. ● UNIT 46
☞ 어법 POINT 02

I want **the essay** *edited for grammar errors*.
He kept **his eyes** *closed*. (O가 계속 C된 채로 두다)
She left **the door** *unlocked* when she went out. (O가 계속 C된 채로 두다)
Shirley noticed **a truck** *parked in front of the house across the street*. (O가 C된 것을 알아채다)
The teacher had **the assignments** *collected* at the end of the class.

참고 동사가 let인 경우에는 목적격보어를 〈be p.p.〉 형태로 쓴다.

She **let** her hair *be cut* short.

해석 의사는 환자에게 건강한 식사를 하라고 충고했다. / **1** 나는 그녀에게 그 단어를 천천히 다시 말해달라고 요청했다. / 나는 Sue가 파티에 올 거라고 예상하지 못했다. / 그녀의 따뜻한 말은 우리를 편안하게 느끼게 했다. / 우리는 공원에서 몇몇 아이들이 공을 가지고 노는 것을 보았다. / 나비는 꽃이 피도록 돕는다. / Maria는 눈물이 자신의 뺨을 타고 내려오는 것을 느꼈다. / **2** 나는 그 에세이의 문법 오류가 수정되기를 원한다. / 그는 자신의 눈이 감긴 채 있었다. / 그녀는 나갈 때 문이 잠기지 않은 채 두었다. / Shirley는 길 건너 집 앞에 트럭이 주차된 것을 알아챘다. / 선생님은 수업이 끝나고 과제가 걷어지게 하셨다. / 그녀는 자신의 머리를 짧게 잘리도록 두었다.

A 다음 문장의 네모 안에서 어법상 알맞은 것을 고르시오.

1 The teacher let the students choose / to choose their own topics for the class project.

2 The rescue team found a baby crying / cried in the room.

3 If you use a scheduler, you can encourage yourself manage / to manage your time properly.

4 The author had his novel to publish / published at the age of 14. 학평응용

5 Cindy watched her sister carry / carried the glass cups to the table carefully. 수능응용

6 She helped the transfer student adapt / adapted to his new school life.

7 These puzzles force us to use / using our brains for creative answers. 학평응용

B 주어진 단어를 빈칸에 알맞은 형태로 쓰시오.

1 The principal allowed us _____ (practice) in the school auditorium for our dance performance. 학평응용

2 Dorothy noticed a strange light _____ (shine) from the kitchen. 학평응용

3 Laughing can make you _____ (feel) happier and more energetic.

4 We found the room _____ (decorate) beautifully for the event.

5 He persuaded the public _____ (participate) in a campaign on banning hunting. 교과서응용

C 다음 괄호 안의 단어를 알맞게 배열하여 주어진 우리말을 영작하시오. (필요시 어형 변화 및 단어 추가 가능)

1 나는 일들이 불완전하게 된 것을 볼 때 화가 난다. (things, see, do)

→ I get angry when I _____ imperfectly.

2 나쁜 자세는 우리의 어깨가 앞으로 말리는 것을 일으킨다. (our, cause, roll, shoulders)

→ Poor posture _____ forward.

3 몇몇 무심한 부모들은 자신의 아이들이 아무 데서나 자전거를 타게 한다. (children, have, their, ride)

→ Some thoughtless parents _____ bicycles anywhere.

4 공부하는 동안, 나는 바람이 나무 사이로 부는 것을 들었다. (the wind, hear, blow)

→ While I was studying, I _____ through the trees.

01 다음 밑줄 친 부분 중 어법상 틀린 것을 고르시오.

① My parents want me to experience many things in university.

② The station agent noticed an old woman look for something at the platform.

③ The weather is getting coldly this month.

④ He became the head coach of the high school's football team.

⑤ She seems happy at her new job.

02 다음 빈칸에 들어갈 말이 알맞게 짝지어진 것을 고르시오.

• The sweetness of fresh fruits makes them more _____. EBS응용

• The speaker allows the audience _____ questions after the presentation.

① attractive — asking
② attractive — to ask
③ attractive — asked
④ attractively — to ask
⑤ attractively — asking

03 다음 중 어법상 옳은 것을 2개 고르시오.

① The old doll looks ugly, but I like it.

② She regularly attends yoga classes for her health.

③ I got Brian go home because he looked sick.

④ The soccer players saw the ball to pass the goal line right before the final whistle. 교과서응용

⑤ She offered a cup of tea her friend.

04 다음 (A), (B), (C)의 각 네모 안에서 어법상 맞는 표현으로 가장 적절한 것을 고르시오.

The act of rising to a leadership position requires more than just sitting in a seat of authority. Leaders should **(A)** rise / raise others up when they work together. Then their employees can **(B)** rise / raise to new heights of abilities. Great leaders must **(C)** sit / seat with their team and listen, and create a culture of collaboration and growth.

	(A)	(B)	(C)
①	rise	rise	sit
②	rise	raise	seat
③	raise	rise	sit
④	raise	rise	seat
⑤	raise	raise	sit

05 다음 밑줄 친 ⓐ~ⓔ 중 어법상 **틀린** 것끼리 짝지어진 것을 고르시오.

- They restored the antique, but the traces of the damage ⓐ <u>survived</u>.
- Potatoes ⓑ <u>grow</u> well almost everywhere.
- Let's ⓒ <u>discuss about</u> the details for the new project.
- The restaurant manager asked the guests ⓓ <u>talk</u> quietly.
- The suspect's appearance ⓔ <u>doesn't resemble</u> the witness's description.

---

① ⓐ, ⓒ   ② ⓑ, ⓒ   ③ ⓑ, ⓓ
④ ⓒ, ⓓ   ⑤ ⓓ, ⓔ

06 다음 밑줄 친 ⓐ~ⓓ 중 어법상 **틀린** 것의 개수를 고르시오.

As I walked through the park, I observed a group of children ⓐ <u>running around</u>. I heard their joyful voices, saw their carefree expressions, and found myself ⓑ <u>felt</u> happy about my own childhood with my friends. While I watched them ⓒ <u>play and enjoy</u> the simple pleasures of life, I kept my eyes ⓓ <u>focused</u> on them.

---

① 0개   ② 1개   ③ 2개   ④ 3개   ⑤ 4개

서술형 연습

[07~12] 다음 밑줄 친 부분에서 어법상 **틀린** 부분을 찾아 바르게 고치시오. (단, 틀린 부분이 없으면 × 표시)

07 The owner of the restaurant <u>had the chef to prepare</u> a special meal for their anniversary.

08 Traveling abroad <u>brought me energy</u>.

09 She <u>bought a hat for her aunt</u> as a birthday gift. 교과서응용

10 The animal experiment still <u>remains controversially</u>. 수능응용

11 He <u>felt the ground shake</u> during the earthquake.

12 This device can <u>help the residents to save</u> hundreds of gallons of water per year. 학평응용

[13~15] 다음 문장에서 어법상 <u>틀린</u> 부분을 찾아 바르게 고치시오.

13 She approaches to problems from various points of view.

_____ → _____

14 They lied the picnic blanket on the grass for their lunch.

_____ → _____

15 The software update requires users restarting their computers.

_____ → _____

[16~17] 다음 두 문장이 같은 의미가 되도록 〈예시〉를 참고하여 빈칸을 완성하시오.

> 예시
>
> I gave him a science book.
> → I gave a science book to him.

16 My brother lent me his laptop.

→ My brother _____.

17 Ella found her dog a comfortable bed.

→ Ella _____

_____.

[18~21] 다음 주어진 우리말과 일치하도록 괄호 안의 단어를 활용하여 〈조건〉에 맞게 영작하시오.

> 조건
>
> • 〈보기〉의 주어진 단어를 한 번씩만 사용할 것
> • 필요시 〈보기〉의 단어 어형 변화 가능

> 보기
>
> make   leave   name   keep

18 그들은 자신들의 딸을 Suzy라고 이름 지었다. (their, Suzy, daughter)

→ They _____.

19 제주도의 따뜻한 날씨는 우리의 여행을 즐겁게 만들었다. (our, enjoyable, trip)

→ The warm weather on Jeju _____

_____.

20 그 건물의 에어컨 시스템은 내부를 시원하게 유지한다. (the, cool, inside)

→ The air conditioning system of the building _____.

교과서응용

21 어둡고 친숙하지 않은 공간은 몇몇 사람들을 불편하게 둔다. (some, uneasy, people)

→ Dark and unfamiliar spaces _____

_____.

[22~26] 다음 괄호 안의 단어를 알맞게 배열하여 주어진 우리말을 영작하시오.

22 나이테는 따뜻하고 습한 해에 보통 더 넓어진다.
(usually grow / tree rings / wider)

→ _____

in warm, wet years.

23 그는 자신의 아내에게 거대한 꽃다발을 줬다.
(a huge bunch / gave / flowers / of / his wife)

→ He _____ .

24 나의 부모님은 내가 집안일을 끝낸 후 파티에 가게 하셨다. (go / the party / let / to / me)

→ My parents _____

after I finished my chores.

25 유능한 코치들은 선수들이 그들의 훈련과 성적에 집중할 수 있도록 격려한다.
(players / concentrate / encourage / to)

→ Effective coaches _____

_____ on

their training and performance. 학평응용

26 그 솜씨 좋은 예술가는 커다란 캔버스 위에 풍경화를 그렸다. (on / a landscape / the skillful artist / a large canvas / painted)

→ _____

_____ .

[27~28] 다음 글에서 어법상 **틀린** 부분을 찾아 바르게 고치시오.

27

During the past weekend, I enjoyed a game of baseball with friends in my front yard. However, the baseball accidentally broke a window. When this happened, my father had the broken window repair.

_____ → _____

28

The mayor appeared at the press conference and answered to questions about the new community park. She highlighted the eco-friendly design, and promised greener and more accessible public spaces. Everyone learned more about its features and benefits.

_____ → _____

CHAPTER 02

동사의 시제

동사의 동작이나 상태가 일어난 시점에 대한 정보는 동사의 형태 변화 등을 통해 나타나는 시제로 표현된다.
(*e.g.* eat/eats 〈현재〉, ate 〈과거〉, will eat 〈미래〉)
기본적인 현재, 과거, 미래시제에 완료형과 진행형의 의미가 더해질 수 있다.

하나의 시제가 여러 의미와 시점을 나타낼 수도 있음에 유의하여 학습해보자.

→ Her family **eats** breakfast together every day.

→ Our economy **will improve** soon.

→ He **has been** a fan of the band since their first album.

→ I **had** never **heard** the song before my friend played it for me.

→ My mother **is preparing** a delicious meal for the guests.

현재시제, 과거시제

Her family **eats** breakfast together every day.
현재시제(습관)

1 현재시제: 현재의 상태, 습관, 언제나 사실인 것, 진리

I **have** a serious headache now. (현재의 상태)
Every morning I **water** the plants. (습관)
The Earth **orbits** around the Sun. (언제나 사실인 것, 과학적 현상)
Honesty **is** the best policy. (진리, 속담)

2 과거시제: 과거의 상태나 동작, 역사적 사실, 과거에 반복된 동작

다음과 같은 부사, 부사구, 부사절과 자주 쓰인다.

yesterday / in+과거 연도 / last+기간 / 기간+ago / when+S+동사의 과거형

The weather **was** perfect for a day at the beach. (과거의 상태)
Christopher Columbus **discovered** the New World *in 1492*. (역사적 사실)
I **went** on a ski trip to the mountains every winter with my friends. (과거에 반복된 동작)

A 다음 문장의 네모 안에서 어법상 알맞은 것을 고르시오.

1 In 2020, the United States held / hold a presidential election.

2 She always ate / eats healthy food when she has a meal at home.

3 Our national football team won / win against Germany in the World Cup last year.

4 I sat / sit outside a restaurant in Spain one summer evening and had a nice dinner.

5 About 60% of the human body was / is composed of water.

학평응용

B 다음 괄호 안에 주어진 단어를 빈칸에 알맞은 형태의 한 단어로 쓰시오.

1 Jack _____ (break) a window last night.

2 He _____ (exercise) lightly before he goes to work.

3 I _____ (spend) the summer in Paris when I was 18.

4 Water _____ (boil) at 100° Celsius.

5 I _____ (climb) a mountain twice a month, but I never climb anymore.

해석 그녀의 가족은 매일 함께 아침 식사를 한다. / **1** 나는 지금 심각한 두통이 있다. / 나는 매일 아침 식물에 물을 준다. / 지구는 태양 주위를 공전한다. / 정직이 최고의 정책이다. / **2** 해변에서 하루를 보내기에 완벽한 날씨였다. / 크리스토퍼 콜럼버스는 1492년에 새로운 대륙을 발견했다. / 나는 내 친구들과 겨울마다 산악 스키 여행을 다녔다.

UNIT 09 미래를 나타내는 표현

정답 p. 7

Our economy **will improve** soon. 교과서응용
미래시제(조동사 will+동사원형)

1 미래를 나타내는 표현: 조동사 will+동사원형, be going to-v ● UNIT 19

The company **will launch** a new product next year.

Liam **is going to give** a presentation in history class this Friday. 교과서응용

2 가까운 미래의 확정된 계획, 일정 등을 표현할 때 현재진행형(be v-ing)을 쓸 수 있다. ● UNIT 12
간혹 현재시제도 가까운 계획을 말할 때 사용된다.

The kids **are learning** new games at their summer camp this week.

Our flight **arrives** there at 2 p.m.

참고 시간, 조건을 나타내는 부사절에서는 미래의 일을 현재시제로 나타낸다. ● UNIT 68

He'**ll** call you *when* he **arrives**.
~~will arrive (×)~~

A 다음 문장의 네모 안에서 어법상 알맞은 것을 고르시오.

1 I visited / will visit the department store to buy some clothes tomorrow.

2 I usually watch / will watch classic movies on weekends.

3 He achieves / will achieve on his goals someday soon.

4 I studied / am going to study abroad next semester.

5 The rehearsal for the graduation ceremony began / begins in ten minutes from now.

B 다음 밑줄 친 동사가 나타내는 때를 〈보기〉에서 골라 그 기호를 쓰시오.

> 보기 ⓐ 현재 ⓑ 미래

1 The midterm exams start on April 30th.

2 She is going to take a trip around the world after graduation.

3 The TV show ends in half an hour.

4 The rain falls gently on the roof and creates a peaceful melody.

5 We are meeting our client this afternoon.

해석 우리 경제는 곧 개선될 것이다. / **1** 그 회사는 내년에 새로운 제품을 출시할 것이다. / Liam은 이번 주 금요일 역사 수업에서 발표를 할 예정이다. / **2** 아이들은 이번 주 여름 캠프에서 새로운 게임들을 배울 것이다. / 우리 비행기는 그곳에 오후 2시에 도착할 예정이다. / 그가 도착하면 당신에게 전화할 것이다.

He **has been** a fan of the band *since* their first album.

현재완료(계속 ~해왔다)

1 현재완료(have p.p.): 과거에 시작된 일이 현재까지 영향을 미칠 때 쓴다. (축약형 've[s] p.p.)

• 현재완료 의미와 함께 잘 쓰이는 부사

계속	(지금까지) 계속 ~해왔다	for (~동안) / since (~부터, ~이후) / how long ~? (얼마 동안 ~?) / so far (지금까지) 등
경험	(지금까지) ~한 일이 있다	ever / never / once / before 등
완료	막 ~했다	just / recently / already / still (아직) / yet (아직; 벌써) 등
결과	~했다 (그 결과 지금 …인 상태이다)	

She **has been** a professor at this university *for* several decades. 〈계속〉

Have you *ever* **written** a letter to your parents? 〈경험〉

We **have** *already* **finished** the appetizers, so let's start the main course. 〈완료〉

He **has lost** his phone while he was traveling. 〈결과〉

주의 현재완료는 과거의 일을 현재와 연관하여 표현하는 것이므로 분명한 과거 시점을 나타내는 표현과는 같이 쓰이지 않는다.

He **has lost** his phone **yesterday**. (×)   🔊 어법 POINT 03
→ lost (○)

참고 have been 〈경험〉 vs. have gone 〈결과〉

I **have been** to the beautiful beach. 〈경험〉

Sarah **has never been** to a music festival. 〈경험〉

He **has gone** to New York City for a business meeting. 〈결과〉

A 다음 괄호 안에 주어진 단어를 과거시제 또는 현재완료 중 알맞은 형태로 쓰시오.

1 Long ago, the majority of people _____ (believe) the Earth was flat. 학평응용

2 Bread _____ (feed) mankind for over 30,000 years. And it still is a popular food today. 교과서응용

3 Since 2010, the Animal Rights Organization _____ (provide) endangered animals with protection and healthcare. 학평응용

4 My cousin _____ (graduate) from university last winter with a degree in mechanical engineering. 학평응용

5 In 1446, King Sejong _____ (introduce) a new Korean writing system, Hangul.

해석 그는 그 밴드의 첫 번째 앨범 때부터 팬이었다. / **1** 그녀는 수십 년 동안 이 대학의 교수였다. / 부모님께 편지를 써본 적이 있니? / 애피타이저는 이미 다 먹었으니, 메인 요리를 먹자. / 그는 여행 중에 핸드폰을 잃어버렸다.(현재도 없는 상태) / 그는 어제 핸드폰을 잃어버렸다. / 나는 그 아름다운 해변에 가본 적이 있다. / Sarah는 음악 페스티벌에 가본 적이 한 번도 없다. / 그는 비즈니스 미팅을 위해 뉴욕으로 갔다.

B 다음 밑줄 친 부분이 어법상 옳으면 ○, 틀리면 ×로 표시하고 바르게 고치시오.

1 The baseball player <u>has won</u> five awards in the previous year.

2 He <u>moved</u> to Arizona in 1913, and he and his brother opened a company the next year.

3 I didn't know he was your friend. How long <u>have you known</u> each other?

4 She <u>has broken</u> her leg while skiing two years ago.

5 Ever since I moved to this city, I <u>made</u> many new friends so far.

C 다음 주어진 우리말과 일치하도록 괄호 안의 단어를 활용하여 현재완료 문장을 완성하시오. (어형 변화 가능)

1 Emma와 그 작가는 책 사인회에서 한 번 만난 적이 있다. (once, the author, meet, and)

→ Emma _____ at a book signing event.

2 전기가 나갔지만 나는 숙제를 이미 다 했다. (do, homework, already, my)

→ The power went out but I _____ .

3 우리는 아침부터 회의를 해왔는데 내 예상보다 오래 걸리고 있다. (since, have, a meeting, morning)

→ We _____, and it is taking longer than I expected.

4 나는 몰디브에서처럼 아름다운 일몰을 본 적이 없다. (never, see, sunset, beautiful, a)

→ I _____ like in Maldives.

5 이번 학기에 그녀는 패션 디자인의 기초를 배워왔다. (the basics, learn, fashion design, of)

→ She _____ this semester. 교과서응용

과거완료, 미래완료

I **had** *never* **heard** the song before my friend played it for me.
└─ 과거완료 〈경험〉 ─┘

1 과거완료(had p.p.): 과거의 어떤 시점을 기준으로 그때까지의 일 (축약형 'd p.p.) 🔊 어법 POINT 04

• 계속: (그때까지) 죽 ~하고 있었다	• 경험: (그때까지) ~한 일이 있었다
• 완료: (그때) 막 ~했다	• 결과: ~했다 (그 결과 그때 …인 상태였다)

She **had been** sick for a few days before she went to the doctor. 〈계속〉
He **had** already **spent** all his money when he noticed a good deal. 〈완료〉
I **had left** my umbrella when I got off the bus. 〈결과〉

2 과거 일어난 두 가지 일 중 먼저 일어난 일을 표현할 때, had p.p.(대과거)를 쓸 수 있다.

We **reached** the hall, but the concert **had started**. 교과서응용
　　　나중에 일어난 일　　　　　　　　먼저 일어난 일

참고 문맥상 일어난 일의 순서가 명백하거나 before, after 등을 통하여 일의 순서를 알 수 있는 경우 대과거를 쓰지 않을 수 있다.

We **stood up** *and* **greeted** our guests.

3 미래완료(will have p.p.): 미래의 어떤 때를 기준으로 그 시점까지의 '계속, 경험, 완료, 결과'

You **will have accomplished** your goals *by next year*. 〈by[until]+시간〉 어구
When I visit Sydney next month, I **will have been** there three times. 교과서응용

A 다음 주어진 우리말과 일치하도록 괄호 안의 단어를 활용하여 과거완료 또는 미래완료 문장을 완성하시오.
(어형 변화 가능)

1 우리가 도착했을 때 이미 기차는 역을 떠났다. (the station, leave, the train)

→ _____ already by the time we arrived.

2 나는 내년 여름에 나의 강사님과 50시간의 교육을 마쳤을 것이다. (complete, I)

→ Next summer, _____ 50 hours of training with my instructor.
교과서응용

3 우리는 이사하기 전에 그 집에서 5년간 살았다. (that, live, house, we, in, for)

→ _____ five years before we moved.

4 이번 달 말까지 나는 내 오래된 운전면허증을 새 면허증으로 교체할 것이다.
(old, I, replace, driver's license, my)

→ By the end of this month, _____ with a new one.

해석 나는 내 친구가 나를 위해 연주해주기 전에 그 노래를 한 번도 들은 일이 없었다. / **1** 그녀는 의사를 만나기 전에 며칠 동안 아픈 상태였다. / 그가 저렴한 제품을 발견했을 때는 이미 돈을 다 써버렸다. / 버스에서 내릴 때 나는 우산을 놓고 내린 상태였다. / **2** 우리는 공연장에 도착했지만, 공연은 이미 시작되었다. / 우리는 일어나서 손님을 맞이했다. / **3** 내년까지 너는 네 목표를 이뤄 놓을 것이다. / 다음 달에 시드니를 방문하면, 나는 세 번째 방문하는 것이 될 것이다.

UNIT 12

출제 빈도 ★

진행을 나타내는 표현

정답 p. 8

My mother **is preparing** a delicious meal for the guests.

1 말하는 지금 또는 과거, 미래의 특정 시점에서 진행 중인 동작은 각각 현재진행, 과거진행, 미래진행으로 표현한다.

| • 현재진행: am/are/is v-ing | • 과거진행: was/were v-ing | • 미래진행: will be v-ing |

They **were driving** on the highway when they spotted a deer.
We **will be celebrating** our school's 20th anniversary next Monday. 교과서응용

주의 동사가 감정(like, love, hate), 감각(see, feel), 소유(have), 인식(know, think) 등을 나타내면 진행형으로 쓰지 않는다.
He **is having** a new car and a motorcycle in his garage. (✕) (소유의 의미)
→ has (○)
cf. They **are having** a meeting. (○) (회의를 '하다'라는 동작의 의미)

2 완료진행형: 이전 시점에 시작한 동작이 계속 진행 중임을 강조한다.

| • 현재완료진행: have been v-ing | • 과거완료진행: had been v-ing | • 미래완료진행: will have been v-ing |

현재완료와 마찬가지로 for, since 등과 같은 부사와 잘 쓰인다. ➲ UNIT 10

NASA **has been developing** new technologies to learn more about the universe.
I **had been studying** *for* two hours before I decided to take a break.
I **will have been working** on this project *for* six months *by the time* it is completed.

A 다음 문장의 네모 안에서 어법상 알맞은 것을 고르시오.

1 Joe | was / will be | watching the news on the television when he heard thunder and lightning. 교과서응용

2 My family | has been / will have been | living in Italy for a year next month.

3 In recent years, fashion designers | have been / will be | using hanji to make clothes, socks, and ties. 교과서응용

4 I | had / have | been drawing a picture before my mother came home.

B 다음 괄호 안에 주어진 단어를 어법에 맞게 현재시제나 현재진행형을 사용하여 쓰시오.

1 It _____(rain) frequently here during winter.

2 Excuse me. I _____(look for) a shirt for my father. Can you recommend one?

3 Many people _____(love) fast food with soft drinks.

해석 어머니께서 손님을 위한 맛있는 식사를 준비하고 계신다. / **1** 사슴을 발견했을 때, 그들은 고속도로에서 운전 중이었다. / 우리는 다음 주 월요일에 개교 20년 행사를 진행하고 있을 것이다. / 그는 차고에 새 차와 오토바이를 갖고 있다. / 그들은 회의를 하는 중이다. / **2** NASA는 우주에 대해 더 많이 알기 위해 새 기술을 개발해오는 중이다. / 쉬기로 결정하기 전에 나는 두 시간 동안 공부 중이었다. / 이 프로젝트가 완료될 때쯤 나는 6개월 동안 참여하는 중일 것이다.

01 다음 밑줄 친 부분 중 나타내는 때가 다른 하나를 고르시오.

① My father <u>is going to go</u> to the post office this afternoon. 교과서응용

② The marathon <u>starts</u> in just a few hours.

③ We <u>are having</u> a meeting at 4 p.m.

④ The train from Busan <u>arrives</u> soon.

⑤ My son <u>is watching</u> his favorite animation on TV now.

[02~04] 다음 문장의 네모 안에서 어법상 알맞은 것을 고르시오.

02 We had / have been walking since early morning, and we were thirsty.

03 The comedian has been / is performing his one-man show at the hospital for 5 years until now.

04 The box was full of gold. He had / has never seen so much gold before!
학평응용

05 다음 (A), (B), (C)의 각 네모 안에서 어법상 알맞은 것으로 가장 적절한 것을 고르시오.

In 1912, the modern Olympics initially **(A)** invited / have invited women. Since then, more and more people **(B)** loved / have loved women's events in the games. Female athletes have been working really hard and **(C)** were / are an important part of the Olympics these days, and we all enjoy watching.

	(A)	(B)	(C)
①	invited	loved	are
②	invited	have loved	are
③	have invited	loved	were
④	have invited	have loved	were
⑤	have invited	have loved	are

[06~07] 다음 밑줄 친 부분이 어법상 틀린 것을 고르시오.

06

① I <u>had already eaten</u> the appetizer when she arrived.

② By the time I retire, I <u>will have worked</u> at the same company for 40 years.

③ I <u>woke up</u> early this morning.

④ They <u>have dated</u> for two years, but they broke up last year.

⑤ Anna is 22 years old and her major <u>is</u> economics.

07

① She has practiced yoga for two years.

② Since he quit his job, he has been traveling the world.

③ She wrote a thank-you card to her teacher yesterday.

④ We have finished building our new house in the next six months.

⑤ The game had ended before we had a chance to score any points.

08 다음 밑줄 친 @~ⓔ 중 어법상 틀린 것끼리 짝지어진 것을 고르시오.

- I ⓐ have eaten maple syrup in Canada last week.
- I ⓑ haven't got the detailed schedule of next week's school festival yet.
- The repairman ⓒ will have finished the roof by Tuesday.
- For an electrical inspection, someone ⓓ had turned off the power, so I couldn't take the elevator.
- I ⓔ had worked here to this day and now I'm a supervisor.

① ⓐ, ⓑ   ② ⓐ, ⓔ
③ ⓑ, ⓒ   ④ ⓒ, ⓔ
⑤ ⓓ, ⓔ

09 다음 밑줄 친 부분 중 어법적 오류가 없는 것을 모두 고르시오.

① When I arrived at the airport, my flight had already taken off.

② Prices had been rising steadily from last year to the present.

③ Otto Rohwedder invented the first bread-slicing machine and had released it in 1928. 교과서응용

④ A man was standing on the road after his car had broken down.

⑤ He has attended the business seminar in Hawaii next week.

10 다음 밑줄 친 @~ⓕ 중 어법상 틀린 것의 개수를 고르시오.

- My sister ⓐ has just finished her master's degree.
- I ⓑ drink a cup of coffee every morning.
- Most teenagers ⓒ are liking to shop for clothes online because it's fast and convenient. 교과서응용
- The students ⓓ are participating in a science experiment in the lab.
- I walked to the store after school, but when I ⓔ got there it was closed.
- I talked with my friend yesterday and she ⓕ recommends a great coffee shop.

① 1개   ② 2개   ③ 3개   ④ 4개   ⑤ 5개

11

We ① have been eagerly anticipating our African adventure for months. But we canceled it because my schedule ② had changed. The cancellation was a huge disappointment. Nevertheless, it ③ was the best decision at that time. We ④ have been planning another trip instead and ⑤ we're going to experience all the wonders of the continent.

12

In recent years, there ① has been a growing interest in the benefits of meditation. Studies have shown that it ② reduces stress, anxiety, and depression. In the past, people mainly ③ linked meditation with spiritual beliefs. But currently, many people ④ were considering meditation as a way to train their mind without any religious or spiritual connection. Meditation ⑤ is gaining popularity as people seek to improve their mental and emotional well-being.

*meditation 명상

서술형 연습

[13~18] 다음 밑줄 친 부분에서 어법상 틀린 부분을 찾아 바르게 고치시오. (단, 틀린 부분이 없으면 × 표시)

13 He studied for his exams all day yesterday.

14 Artists and musicians have been collaborating on a unique multimedia performance.

15 Since he graduated from elementary school, he grew 8 centimeters taller so far.

16 I spent the whole weekend reading this report, but I haven't finished it yet.

17 In 2011, a severe earthquake have destroyed a nuclear power plant in Japan. 교과서응용

18 Jack couldn't attend the concert because he hasn't purchased tickets in advance.

[19~22] 다음 주어진 우리말과 일치하도록 괄호 안의 어구를 활용하여 〈조건〉에 맞게 영작하시오.

> **조건**
> • 완료시제를 사용할 것

19 별똥별은 매우 희귀하지만, 나는 그것들을 본 일이 몇 번 있다. (I, them, see)

→ Shooting stars are very rare, but _____
_____ several times.

20 우리는 그 영화를 전에 봤었지만, 다시 보기로 결심했다.
(before, the, watch, movie)

→ We _____,
but decided to see it again.

21 벤치의 페인트가 아직 마르지 않았어. 거기 앉지 마.
(the bench, the paint, on, dry, not)

→ _____
yet. Don't sit there.

22 연구자들에 따르면, 2040년까지 모든 가정이 자신들만의 청소 로봇을 갖고 있을 것이다.
(households, all, acquire, will)

→ According to the researchers, by 2040,
_____
their own cleaning robots. 교과서응용

[23~24] 다음 밑줄 친 ⓐ~ⓓ 중 어법상 틀린 것을 찾아 기호를 쓰고 바르게 고치시오.

23

Before I arrived at the party, my friends ⓐ had already eaten all the pizza. They ⓑ had ordered two large pizzas, but they were really hungry and ate them fast. When I got there, they ⓒ offer me some chips and soda instead. I was disappointed, but I ⓓ didn't tell them.

_____ → _____

24

By the time the art project is completed next year, the team ⓐ will have worked together for two years. As they ⓑ have worked hard, they have been able to meet all their previous deadlines. They ⓒ have already achieved a lot. And they ⓓ had accomplished their initial goals by the end of the third year.

_____ → _____

CHAPTER

03

동사의 태

주어가 동작을 행하면 능동태, 동작을 당하면 수동태로 표현한다. 수동태는 주로 동작을 하는 이보다는 동작의 대상에 대한 정보에 더 초점을 맞출 때 사용한다.

My sister **baked** this cake. (능동태) / *This cake* **was baked** by my sister. (수동태)
(나의 언니가 이 케이크를 구웠다.)   (이 케이크가 우리 언니에 의해 구워졌다.)

알맞은 태의 사용을 위해 주어와 동사의 능동/수동 관계를 파악하는 데 중점에 두고 학습해보자.

→ Food **is prohibited** by the rules of the museum.

→ The new software features **are being tested** before the release.

→ All applicants **are given** a fair chance during the audition.

→ The baby **was named** Emily by her parents.

→ **It is believed that** vegetables are good for your health.

→ He **is interested in** the latest developments in technology.

Food **is prohibited** by the rules of the museum. 학평응용
수동태 〈be p.p.〉   by+행위 주체

1 주어가 (목적어에) 동작을 행하는 능동태와 달리, 동작을 당하거나 받으면 동사를 수동태 〈be p.p.〉로 쓴다.
이때, 동작의 주체를 나타내고 싶다면 〈by+행위 주체〉로 표현한다.   어법 POINT 05

An unknown artist created the painting. (능동태)
                              O
→ The painting **was created** by an unknown artist. (수동태)
      S

2 수동태로 변환하지 않는 동사

자동사는 목적어를 가지지 않으므로 목적어를 주어로 삼는 수동태 변환이 불가능하다. 소유나 상태를 나타내는 동사도 수동태
로 잘 쓰이지 않는다.

자동사	happen occur appear disappear seem become 등 ➡ UNIT 01, 02
소유·상태동사	have (가지고 있다) belong to (~에 속하다) resemble (닮다) lack (부족하다) suit (어울리다) 등

The widespread flooding **occurred** because of dam failure. 교과서응용
                   was occurred (×)
The report **lacks** sufficient data to support its conclusions.
(Sufficient data ~ **is lacked** ~.)
                (×)

A 다음 문장을 능동태는 수동태로, 수동태는 능동태로 바꿔 쓰시오.

1 My grandmother baked these cookies.

→ _____ .

2 The movie was watched by millions of people around the world.

→ _____ .

3 The desire for success motivates many athletes.

→ _____ .

B 다음 밑줄 친 부분이 어법상 옳으면 ○, 틀리면 ×로 표시하고 바르게 고치시오. (단, 시제는 그대로 유지할 것)

1 The antique vase is belonged to my grandmother.

2 Our donation booths are located in front of the school library. 수능응용

3 An accident was happened this morning on the highway, and it caused a traffic jam.

4 The renovation of the entire building will do in just three months.

5 Strong negative feelings are part of being human. Problems appear when we try to
avoid them. 학평응용

(해석) 박물관 규정에 의해 음식은 금지됩니다. / **1** 무명 예술가가 그 그림을 만들었다. (그 그림은 무명 예술가에 의해 만들어졌다.) / **2** 댐 붕괴로 인해 대규모 홍수가 발생
했다. / 그 보고서는 결론을 뒷받침하기에 충분한 자료가 부족하다.

UNIT 14

출제 빈도 ★

진행형 수동태 & 완료형 수동태

정답 p. 11

The new software features **are being tested** before the release.
진행형 수동태 〈be being p.p.〉

1 진행의 의미+수동태: be being p.p. ➪ 어법 POINT 06

You cannot use the swimming pool today. It **is being cleaned**. 교과서응용

	능동태	수동태	be -ing
현재진행	am/are/is cleaning 청소하고 있다	am/are/is **being cleaned** 청소되고 있다	+ be p.p.
과거진행	was/were cleaning 청소하고 있었다	was/were **being cleaned** 청소되고 있었다	= be being p.p.

2 완료의 의미+수동태: have been p.p. ➪ 어법 POINT 06 Level up

A million copies of this book **have been sold** since it was first published. 교과서응용

	능동태	수동태	have p.p.
현재완료	have/has sold 판매해 왔다	have/has **been sold** 판매되어 왔다	+ be p.p.
과거완료	had sold 판매했다	had **been sold** 판매되었다	= have been p.p.

A 다음 문장을 수동태로 바꿔 쓰시오.

1 The baker is decorating the cake for the special occasion.

→ _____ by the baker for the special occasion.

2 Risky driving behavior such as drunk driving has caused many accidents. 교과서응용

→ _____ such as drunk driving.

3 By the time I got home, my brother had prepared dinner.

→ By the time I got home, _____ by my brother.

B 다음 밑줄 친 부분이 어법상 옳으면 ○, 틀리면 ×로 표시하고 바르게 고치시오. (단, 시제는 그대로 유지할 것)

1 The project has been completed on time.

2 The abandoned building is being using as a set for the movie.

3 The letter had delivered mistakenly, so I returned it to the post office. 모의응용

4 I have been returned the books to the library after the due date.

5 The new apartments were being built by lots of workers. 교과서응용

해석 새로운 소프트웨어 기능은 출시 전에 테스트 중이다. / **1** 오늘은 수영장을 이용할 수 없습니다. 그것은 청소되고 있습니다.(청소하는 중입니다.) / **2** 이 책은 첫 출간 후 백만 부가 팔렸다.

UNIT 15 · SVOO 문형의 수동태

> All applicants **are given** a fair chance during the audition.
> S ─── 수동태 〈be p.p.〉 ─── O

1 SVOO 문형은 목적어가 두 개이므로 두 가지 형태의 수동태가 가능하다.

한 목적어가 수동태 주어로 쓰이고 나머지 목적어 이하는 그대로 남는다.

직접목적어를 주어로 하는 수동태는 남은 간접목적어 앞에 전치사 to, for, of를 쓴다. (SVO 문형 전환 시 전치사) ● UNIT 05

전치사 to를 쓰는 동사	전치사 for를 쓰는 동사	전치사 of를 쓰는 동사
give, offer, tell, show, lend, send, teach 등	make, buy, get, cook, choose 등	ask 등

They give all applicants a fair chance during the audition.
간접목적어(~에게) 직접목적어(~을)

→ All applicants **are given** a fair chance during the audition.

→ A fair chance **is given to** all applicants during the audition.

간접목적어를 주어로 하는 경우 의미가 어색해지면 수동태로 바꾸지 않는다.

She chose him a new phone.
간접목적어 직접목적어

→ A new phone **was chosen for** him by her.

→ He was chosen a new phone by her. (×)

A 다음 두 문장이 같은 의미가 되도록 수동태를 사용하여 빈칸을 완성하시오.

1 The restaurant offered us fruit salad or chocolate cake for dessert.

→ We _____ fruit salad or chocolate cake by the restaurant for dessert.

→ Fruit salad or chocolate cake _____ by the restaurant for dessert.

2 The flight attendant showed the passengers the emergency exits.

→ The emergency exits _____ by the flight attendant.

→ The passengers _____ by the flight attendant.

3 My mother made me a sandwich for breakfast.

→ _____ by my mother for breakfast.

B 다음 문장의 네모 안에서 어법상 알맞은 것을 고르시오.

1 The customers | were served / were served to | a delicious meal by the waiter.

2 His camera was lent | to / for | me for my travel photography project.

3 A bedtime story | is told / is told to | her children every night.

4 New laptops | were bought / were bought for | all employees by the company.

(해석) 모든 지원자들은 오디션 과정에서 공정한 기회를 부여받는다. / **1** 그들은 오디션 과정에서 모든 지원자들에게 공정한 기회를 준다. (모든 지원자들은 오디션 과정에서 공정한 기회를 부여받는다. 공정한 기회는 오디션 과정에서 모든 지원자들에게 부여된다.) / 그녀는 그에게 새 핸드폰을 골라줬다. (그녀에 의해 그를 위한 새 핸드폰이 골라졌다.)

UNIT 16

SVOC 문형의 수동태

정답 p. 12

The baby **was named** Emily by her parents.
S 수동태 〈be p.p.〉 C(명사)

1 SVOC 문형의 목적어를 수동태의 주어로 쓴 뒤, 남은 목적격보어 이하는 그 자리에 그대로 쓴다.

*목적격보어: 명사, 형용사, to부정사, 현재분사(v-ing), 과거분사(p.p.)

They painted the door *pink*.
S V O OC(형용사)

→ The door **was painted** *pink*. 교과서응용

The students **are required** *to submit* their assignments by Friday.

The children **were heard** *singing* Christmas carols outside.

주의 목적격보어가 원형부정사(v)이면 to부정사로 바꾸어 준다.

She made her son wear a warm coat.
     OC(원형부정사)

→ Her son **was made** *to wear* a warm coat by her.

A 다음 밑줄 친 부분이 어법상 옳으면 ○, 틀리면 ×로 표시하고 바르게 고치시오.

1 Leaves were seen <u>to blow</u> across the street because of the strong wind.

2 The children were made <u>clean up</u> their messy rooms.

3 The actors were ordered <u>rehearse</u> the scene one more time by the director.

4 The buildings were kept <u>empty</u> because of repairs.

B 다음 문장이 같은 의미가 되도록 수동태를 사용하여 빈칸을 완성하시오.

1 We call paintings on a wall "graffiti."

→ _____ . 교과서응용

2 She left the door unlocked when she went out.

→ The door _____ when she went out.

3 At midnight, the police officer found an elderly woman wandering the streets.

→ At midnight, _____ .
                        교과서응용

4 The supervisor asked the researchers to return their experimental equipment.

→ _____

by the supervisor.

해석 그 아기의 이름은 부모님에 의해 Emily로 지어졌다. (그녀의 부모님은 아이의 이름을 Emily로 지었다.) / **1** 그들은 문을 분홍색으로 칠했다. (문은 분홍색으로 칠해졌다.) / 학생들은 금요일까지 과제를 제출해야 한다. / 아이들이 밖에서 크리스마스 캐럴을 부르는 소리가 들렸다. / 그녀는 아들이 따뜻한 코트를 입게 했다. (그녀의 아들은 그녀에 의해 따뜻한 코트를 입게 되었다.)

that절이 목적어인 문장의 수동태

It is believed that vegetables are good for your health. 교과서응용

1 동사 say, believe, think, know, expect 등의 목적어가 that절이면 가주어 it을 수동태 문장의 주어로 쓸 수 있다.

● UNIT 34

People expect that the flowers will bloom in the spring.
　　　　　　　　O

→ It **is expected** that the flowers will bloom in the spring.
　 가주어

2 that절의 주어를 수동태 문장의 주어로 쓸 수도 있다. 이때 that절의 동사는 to부정사로 바꾼다.

People say that the number 4 brings bad luck in Korea.
　　　　　　　　S'　　　　　　V'

→ The number 4 **is said *to bring*** bad luck in Korea. 교과서응용
　 S

A 다음 문장의 네모 안에서 어법상 알맞은 것을 고르시오.

1 It | believes / is believed | that drinking lots of milk can strengthen your bones.

2 It | is predicted to / is predicted that | the world's population will reach around nine billion by 2050. 교과서응용

3 The average person is estimated | spend / to spend | over 2 hours every day on social media.

B 다음 문장을 수동태로 바꿔 쓸 때, 주어진 문장의 주어를 참고하여 빈칸을 완성하시오.

1 People expect that this construction will be completed in 2030.

→ It _____ in 2030. 교과서응용

2 People think that the new restaurant in town serves delicious food.

→ The new restaurant in town _____.

3 We know that the earth goes around the sun once a year.

→ It _____ once a year. 교과서응용

→ The earth is _____ once a year.

4 I assume that the missing key is somewhere in the house.

→ It _____ in the house.

→ The missing key _____ in the house.

해석 야채는 건강에 좋다고 믿어진다. (사람들은 야채가 건강에 좋다고 믿는다.) / **1** 사람들은 꽃들이 봄에 필 것이라고 예상한다. (꽃들은 봄에 필 것으로 예상된다.) / **2** 사람들은 숫자 4가 한국에서 불운을 가져온다고 말한다. (숫자 4는 한국에서 불운을 가져온다고 말해진다.)

18 구동사 수동태 & 수동태의 관용적 표현

He **is interested in** the latest developments in technology.

1 구동사를 수동태로 전환할 때, 하나의 덩어리로 생각하여 전치사를 빠뜨리지 않도록 주의한다.

The students **laughed at** the boy with the funny hair cut. (laugh at: ~을 비웃다)

→ The boy with the funny haircut **was laughed at** by the students.

People **refer to** the Eiffel Tower **as** the symbol of Paris. (refer to A as B: A를 B로 여기다)

→ The Eiffel Tower **is referred to as** the symbol of Paris.

deal with (~을 다루다)	bring about (~을 일으키다)	look after (~을 돌보다)	take care of (~을 돌보다)
look up to (~을 존경하다)	make fun of (~을 놀리다)	look forward to (~을 고대하다)	think of A as B (A를 B라고 생각하다)

2 수동태에서 by 이외에 전치사를 쓰는 관용 표현

be interested in (~에 관심이[흥미가] 있다)	be covered with[by] (~으로 덮여있다)	be filled with (~으로 가득 차 있다)
be surprised[amazed] at[by] (~에 놀라다)	be pleased with (~에 기뻐하다)	be satisfied with (~에 만족하다)
be composed of (~으로 구성되다)	be worried about (~에 대해 걱정하다)	be related to[with] (~와 관련되다)
be known to (~에게 알려지다)	be known as (~(인 것)으로 알려져 있다)	be known for (~으로 유명하다)
cf. be known by (~에 의해 알 수 있다)		

The car **was covered with** a thick layer of dust.

The true value of a person **is known by** their actions, not just their words.

A 다음 밑줄 친 부분이 어법상 옳으면 ○, 틀리면 ×로 표시하고 바르게 고치시오.

1 The basket was filled <u>at</u> fresh fruits.

2 She was amazed <u>at</u> the beautiful sunset over the ocean.

3 The essay was composed <u>to</u> an introduction, body paragraphs, and a conclusion.

4 Failure can <u>be thought of as</u> a valuable learning experience.

B 다음 괄호 안의 단어를 알맞게 배열하여 주어진 우리말을 영작하시오. (필요시 어형 변화 및 단어 추가 가능)

1 그 선생님은 학생의 갑작스러운 성적 향상에 놀라셨다. (the, be, at, surprise, teacher)

→ _____ the student's sudden improvement in his grades.

2 이 디자이너는 Thames 터널을 건축한 것으로 유명하다. (know, designer, this)

→ _____ the construction of the Thames Tunnel.

3 승객들은 사고 발생 시 승무원들에 의해 돌보아져야 한다.
(be, by, take care of, passengers, should, flight attendants)

→ _____ in case of an accident.

해석 그는 기술의 최신 발전에 관심이 많다. / **1** 학생들은 우스꽝스럽게 머리를 자른 그 소년을 비웃었다. (우스꽝스럽게 머리를 자른 그 소년은 학생들에게 비웃음을 당했다.) / 사람들은 에펠탑을 파리의 상징이라고 부른다. (에펠탑은 파리의 상징으로 불린다.) / **2** 그 차는 두꺼운 먼지로 뒤덮였다. / 사람의 진정한 가치는 말뿐 아니라 행동으로 알 수 있다.

01 다음 밑줄 친 부분이 어법상 **틀린** 것을 고르시오.

① The sports equipment in the gym <u>was stolen</u> last night.

② My teacher <u>was seemed</u> angry when I arrived late.

③ His books <u>have been widely translated</u> into many languages. 수능응용

④ Laughter <u>is said to be</u> the best medicine.

⑤ His illness will <u>be dealt with</u> by the doctors at the hospital.

[02~03] 다음 (A), (B), (C)의 각 네모 안에서 어법상 옳은 표현으로 가장 적절한 것을 고르시오.

02

- As I walked home, I was (A) following / being followed by a stranger.
- With practices, he has (B) become / been become a skilled pianist.
- The students were made (C) follow / to follow the rules.

	(A)	(B)	(C)
①	following	become	follow
②	following	been become	follow
③	being followed	become	follow
④	being followed	become	to follow
⑤	being followed	been become	to follow

03

- In many cultures, elders are (A) looked up / looked up to for their wisdom and experience.
- The major role of the new drama series was offered (B) to / for her.
- The bicycle was bought (C) of / for my son's birthday.

	(A)	(B)	(C)
①	looked up	to	of
②	looked up	for	of
③	looked up to	to	of
④	looked up to	to	for
⑤	looked up to	for	for

04 다음 중 우리말을 영작한 것으로 **틀린** 것을 고르시오.

① 많은 전통들이 세계화의 결과로 도전을 받고 있다.
→ Many traditions are being challenged as a result of globalization. 교과서응용

② 규칙적인 운동은 심장병을 예방하는 데 도움을 주는 것으로 여겨진다.
→ Regular exercise is considered to help prevent heart disease.

③ 역사 박물관의 방문객들은 오래된 원고를 보게 되었다.
→ The visitors to the historical museum were shown an old manuscript.

④ Amy의 어머니는 심각한 질환을 진단받았고, 그래서 그녀는 어머니와 더 많은 시간을 보냈다.
→ Amy's mother had been diagnosed with a serious disease, so she spent more time with her. 학평응용

⑤ 쇼핑 습관의 변화는 온라인 쇼핑의 편의성에 의해 발생되었다.
→ A change in shopping habits has brought about by the ease of online shopping.

05 다음 중 어법상 <u>틀린</u> 것을 고르시오.

① She is considered a role model in every respect by a lot of athletes.

② His house is kept clean and tidy, even with three young children.

③ The thief was seen steal the purse by the security guard.

④ I was advised to get enough sleep by the doctor.

⑤ His belongings were noticed scattered across the room.

06 다음 중 밑줄 친 부분을 고친 것으로 <u>잘못된</u> 것을 고르시오.

The small town of Stratford-upon-Avon ① is known to being the birthplace of William Shakespeare. The streets and buildings ② are filled by references to his life and work, making it a popular destination for tourists. Visitors ③ can impress by the beauty of this small town and ④ be satisfied for the history and culture. Additionally, the riverside ⑤ is provided a peaceful atmosphere.

*Stratford-upon-Avon 스트랫퍼드어폰에이번 ((영국의 도시))

① is known to → is known for
② are filled by → are filled with
③ can impress → can be impressed
④ be satisfied for → be satisfied to
⑤ is provided → provides

07 다음 밑줄 친 ⓐ~ⓓ 중 어법상 옳은 것끼리 짝지어진 것을 고르시오.

The ancient practice of acupuncture ⓐ <u>is resembled</u> a skillful ritual between the acupuncturist and their patient. The needles ⓑ <u>are placed</u> strategically in the body to create a balance of energy. This practice ⓒ <u>was given us</u> by ancient Chinese medicine and ⓓ <u>has been used</u> for thousands of years to treat a variety of illnesses.

*acupuncture 침술
**acupuncturist 침술사

① ⓐ, ⓑ, ⓓ   ② ⓐ, ⓒ, ⓓ
③ ⓐ, ⓓ   ④ ⓑ, ⓒ
⑤ ⓑ, ⓓ

서술형 연습

[08~10] 다음 어법상 <u>틀린</u> 부분을 찾아 바르게 고치시오. (단, 틀린 부분이 없으면 × 표시)

08 The new products released by the shoe company last week.

09 The music was gradually disappeared as the band finished their final song.

10 The consumption of this cereal is encouraged by the colorful packaging.

11 The famous architect designed the stunning architecture.

→ _____

_____.

12 The judges were not judging him fairly, so he objected to their decision.

→ _____

_____, so he objected

to their decision.

13 Teachers made students feel comfortable before the exam to perform better.

→ Students _____

_____ before the exam

to perform better.

14 People widely believe that global warming makes some species extinct.

→ It _____

_____ some species extinct.

→ Global warming _____

_____ some species

extinct.

15 전문가들은 흡연이 폐암과 관련이 된다고 말한다.
(lung cancer, relate, smoking, to)

→ Experts say that _____

_____.

16 애플파이를 만드는 방법이 나의 할머니에 의해 나에게 보여졌다. (show, me)

→ The recipe of apple pie _____

_____ by my grandmother.

17 자동차가 수리공에 의해 수리되는 중이다.
(the, repair, car)

→ _____

by the mechanic.

18 그 가게는 지난주부터 문이 닫혀 있다.
(close, store, the, have)

→ _____

since last week.

19 그 폭풍의 피해자들은 긴급 구호 서비스에 의해 보살핌을 받을 것이다.
(look, of, the storm, after, the victims, will, by)

→ _____

_____ emergency relief services.

[20~24] 다음 주어진 우리말과 일치하도록 괄호 안의 어구를 활용하여 빈칸을 완성하시오. (단, 〈보기〉의 단어를 한 번씩 사용할 것)

보기

with   at   in   as   to

20 William Buckland는 그 시대의 가장 위대한 지질학자 중 한 명으로 알려져 있다.

→ William Buckland _____ _____(know) one of the greatest geologists of his time. 모의응용

21 그녀는 자신의 시험 결과에 기뻐했다.

→ She _____(please) her exam results.

22 그 작가는 자신의 유명한 과학책을 통해 대중에게 알려져 있다.

→ The writer _____(know) the public through his popular science books.

23 한국을 방문했을 때, 사람들은 오래된 사찰과 궁의 아름다움에 놀랐다.

→ People _____(amaze) the beauty of the ancient temples and palaces when they visited Korea.

24 어린아이들은 색이 화려하고 상호작용하는 책에 관심이 있다. (interest)

→ Young children _____ colorful and interactive books.

25 다음 ⓐ~ⓕ 중 어법상 틀린 것을 2개 골라 기호를 쓰고 바르게 고치시오.

ⓐ I think him a good coach because his team is always taken good care of by him.
ⓑ The festival is made more popular by the various food trucks. 학평응용
ⓒ The novel has nominated for several awards.
ⓓ My dog was found digging in my front yard.
ⓔ The witnesses asked to recall their locations on the night of the crime by the police.
ⓕ The plants should be grown indoors until spring.

_____ , _____ → _____
_____ , _____ → _____

26 다음 밑줄 친 ⓐ~ⓔ 중 어법상 틀린 것을 찾아 기호를 쓰고 바르게 고쳐 쓴 뒤 그 이유를 서술하시오.

Individuals ⓐ are allowed to feel secure in their interactions with one another. In these relations, trust ⓑ fosters a sense of respect and mutual support. Without trust, relationships can quickly ⓒ fall apart. And when trust ⓓ is disappeared, it also causes stress. It ⓔ is expected that trust creates strong and lasting relationships.

(1) _____ → _____
(2) 고친 이유:

_____

53

CHAPTER 04

조동사

우리가 알고 있는 can, could, may, will 등과 같은 조동사는 〈조동사+동사원형〉 형태로 쓰여 동사에 의미를 더한다. 보통 '능력, 허가, 가능성, 추측' 등의 의미를 가지는데 하나의 조동사는 여러 의미가 있으므로 문맥에 따라 판단해야 한다.

즉, 문장의 올바른 해석을 위해서는 조동사의 학습이 반드시 필요하다.

→ The simple behavior of washing hands **can** protect against diseases.

→ The traffic is really bad, so he **must** be late.

→ She couldn't find her earphones. She **must have lost** them.

→ The vet **suggested** that I **(should) walk** my dog regularly.

→ I like watching movies alone, and she **does**, too.

→ I **used to** play in this park when I was a kid.

조동사의 다양한 의미 1

The simple behavior of washing hands **can** protect against
diseases.
~할 수 있다(= is able to)

1 각 조동사가 갖는 기본 의미

may / might	허락 (~해도 좋다)	**May** I borrow your pencil?
can / could	① 능력 (~할 수 있다) (= be able to) ② 허락 (~해도 좋다) ③ 요청 (~해주시겠어요?)	Despite her young age, Sarah **can** solve complex math problems. You **can** have some of my popcorn during the movie. **Could** you help me carry this heavy box? (can보다 정중한 요청)
should **(= ought to)**	충고, 제안 (~해야 한다, 하는 것이 좋다)	You **should not[ought not to]** behave rudely towards anyone. 교과서응용
	*ought to의 부정형: ought not to	
will / would	① 의지 (반드시 ~할 것이다) ② 요청 (~해주시겠어요?)	I'm so upset when my son **won't** listen to me. **Would** you pick me up from the airport tomorrow? (will보다 정중한 요청)
	*will의 부정형: will not(= won't) *would는 '~하곤 했다'라는 의미로 과거의 규칙적으로 반복된 행위를 나타내기도 한다. ◑ UNIT 24	
must **(= have to)**	필요, 의무 (~해야 한다)	He **must[has to]** take his medicine every day for his condition.
	*must의 부정형: must not(~하면 안 된다) 〈금지〉 *don't have to[don't need to, need not]는 '~할 필요가 없다'라는 의미이다. 〈불필요〉 He **doesn't have to** take the medicine because he has completely recovered from the cold.	

참고 대부분의 조동사는 '추측'의 의미를 기본적으로 가진다. ◑ UNIT 20

A 다음 주어진 우리말과 일치하도록 네모 안에서 가장 적절한 것을 고르시오.

1 음악 소리 좀 줄여주시겠어요?

→ Would / Should you turn down the music?

2 미세먼지를 견뎌 내기 위해서는 충분한 물을 마시는 것이 좋다.

→ To endure fine dust, we would / should drink enough water.

3 우리 캠프는 점심을 제공하므로 여러분은 식사를 챙겨오지 않아도 됩니다.

→ Our camp provides lunch, so you ought not to / don't have to bring a meal.

4 당신이 편할 때 와도 됩니다. 저는 상관없어요.

→ You may / ought to come when it is convenient for you. I don't mind.

해석 손을 씻는 간단한 행동은 질병으로부터 보호할 수 있다. / **1** 네 연필을 빌려도 될까? / 어린 나이에도 불구하고, Sarah는 복잡한 수학 문제를 풀 수 있다. / 영화 보는 동안 내 팝콘을 조금 먹어도 좋다. / 이 무거운 상자 옮기는 것을 도와주시겠어요? / 너는 누구에게도 무례하게 행동하지 않는 것이 좋다. / 나는 내 아들이 내 말을 들으려 하지 않을 때 매우 화가 난다. / 내일 공항으로 저를 데려와 주시겠어요? / 그는 질환 때문에 매일 약을 먹어야 한다. / 그는 감기가 완전히 나았기 때문에 약을 먹을 필요가 없다.

B 다음 밑줄 친 부분에 유의하여 해석을 완성하시오.

1 We <u>don't need to</u> hurry to the airport because we left home early.

→ 우리는 일찍 집을 떠났기 때문에 공항으로 _____.

2 Children <u>should</u> be taught appropriate behavior by their parents.

→ 아이들은 부모로부터 적절한 행동을 _____.

3 If he wants to volunteer at the book fair, he <u>has to</u> sign up online this week. 모의응용

→ 도서 박람회에서 자원봉사하고 싶다면, 그는 이번 주에 온라인으로 _____.

4 As we have saved money for years, we <u>can</u> go on a trip to Europe.

→ 우리는 몇 년 동안 돈을 모았기 때문에, 유럽 여행을 _____.

5 Drivers <u>must not</u> exceed the speed limit on this road.

→ 이 도로에서는 운전자가 제한 속도를 _____.

C 다음 괄호 안의 단어를 알맞게 배열하여 주어진 우리말을 영작하시오.

1 비행기가 이륙 또는 착륙 중일 때 휴대전화를 이용하면 안 됩니다. (use / not / your phone / should)

→ You _____ when the airplane is taking off or landing.

2 이용 가능한 공간이 많기 때문에 우리는 주차에 대해 걱정할 필요가 없다.
(parking / not / worry / we / about / need)

→ Because there's a lot of space available, _____.

3 네가 집으로 돌아올 때 나에게 달걀과 소금을 사다 줄 수 있니?
(eggs / salt / you / could / and / me / buy)

→ _____ when you come back home?

4 네가 또다시 나에게 거짓말을 한다면 나는 너를 용서하지 않을 것이다. (you / I / not / will / forgive)

→ _____ if you lie to me again.

출제 빈도 ★

조동사의 다양한 의미 2: 가능성, 추측

정답 p. 16

The traffic is really bad, so he **must** be late.
~임이 틀림없다

1 조동사별로 '가능성, 추측'의 확신의 정도가 다르다.

might	may	could	can	should/ought to	would	will	must (↔ cannot)
└── (~일지도 모른다) ──┘			(~일 수도 있다)	└── (~일 것이다) ──┘			(~임이 틀림없다) (↔ ~일 리가 없다)

← 불확실함 ─── 확실함 →

Cultural differences **may[might]** be barriers to understanding. 교과서응용
If everything goes according to plan, we **should[ought to]** arrive on time.
This trip **will[would]** be the best travel experience of my life. 교과서응용
He **cannot** forget your birthday. He's been planning a surprise party.

참고 추측을 의미하는 might, could, would는 '과거'의 의미가 아니라 may, can, will보다 확신의 정도가 약함을 나타낸다.

A 다음 문장의 네모 안에서 문맥상 알맞은 것을 고르시오.

1 He can / cannot be so young; he looks older than my uncle.

2 You must / cannot feel proud when you achieve your personal goal.

3 I'm almost at the destination. I will / may not get there soon.

4 The amusement park should / might not be crowded because it's a weekday and most people are at work.

5 If there is smoke indoors, it may / could not indicate a leak in a pipe. 모의응용

B 다음 밑줄 친 부분에 유의하여 문맥에 맞게 우리말 해석을 완성하시오.

1 The baseball match <u>could</u> be canceled because of the bad weather.

→ 날씨가 안 좋기 때문에 _____.

2 He <u>ought to</u> like this book. It's written by his favorite author.

→ _____. 그것은 그가 가장 좋아하는 작가가 썼다.

3 When you start a new business, you <u>can</u> face many obstacles.

→ 당신이 새로운 사업을 시작할 때, _____.

4 Electric cars <u>might</u> replace traditional cars in the near future.

→ _____.

해석 차가 너무 막혀서, 그는 늦는 게 틀림없다. / **1** 문화적 차이는 이해에 장애물이 될지도 모른다. / 모든 것이 계획대로 진행된다면, 우리는 정시에 도착할 것이다. / 이번 여행은 내 인생 최고의 여행 경험이 될 것이다. / 그는 네 생일을 잊을 리가 없다. 그는 깜짝 파티를 준비하고 있다.

UNIT 21

조동사+have p.p.

정답 p. 16

She couldn't find her earphones. She **must have lost** them.
~했음이 틀림없다
교과서응용

1 〈조동사+have p.p.〉는 과거 일에 대한 가능성, 추측을 나타낸다. 👉 어법 POINT 07

might have p.p.	may have p.p.	could have p.p.	must have p.p. (~했음이 틀림없다)
(~했을지도 모른다)	(~했을 수도 있다)		→ cannot have p.p. (~했을 리가 없다)
← 불확실함			확실함 →

I lost my umbrella. I **may have left** it at the theater. 교과서응용
They **could have missed** their flight, because they arrived late at the airport.
That honest boy **cannot have told** a lie. 교과서응용

2 〈should+have p.p.〉는 과거의 사실에 대한 후회나 유감을 나타낸다. 👉 어법 POINT 07

· should have p.p.: ~했어야 했는데 (하지 않았다) · shouldn't have p.p.: ~하지 말았어야 했는데 (했다)

He hurt his leg on the stairs. He **should have been** more careful. 교과서응용
I have a stomachache. I **shouldn't have eaten** too much. 교과서응용

참고 〈could have p.p.〉도 '~할 수도 있었는데 (안 했다)'라는 의미의 과거에 대한 후회, 유감을 나타낼 수 있다.
We **could have gone** to the park, but it was too hot outside.

A 다음 문장의 네모 안에서 문맥상 알맞은 것을 고르시오.

1 Some students got an F in the final test. They must / should have prepared more thoroughly for it. 교과서응용

2 The light was on. Jade cannot / might have forgotten to turn it off when she went out.
교과서응용

3 Jim isn't familiar with computers. He may / cannot have fixed his computer on his own.

4 I could / shouldn't have called you, but I sent a message instead.

B 다음 밑줄 친 부분에 유의하여 문맥에 맞게 우리말 해석을 완성하시오.

1 This soup is too sweet for me. The cook shouldn't have put more sugar in. 교과서응용

→ 이 수프는 내게 너무 달다. _____.

2 The roads are too slippery. It must have rained last night. 교과서응용

→ 도로가 너무 미끄럽다. _____.

3 She cannot have finished the project. It's a complex task so it should take a few days.

→ _____. 그것은 복잡한 업무여서 완료하려면 며칠은 걸릴 것이다.

해석 그녀는 이어폰을 찾을 수 없었다. 이어폰을 잃어버린 것이 틀림없다. / **1** 우산을 잃어버렸다. 어쩌면 극장에 우산을 두고 왔을지도 모른다. / 그들은 공항에 늦게 도착했기 때문에 비행기를 놓쳤을 수도 있다. / 그 정직한 소년은 거짓말을 했을 리가 없다. / **2** 그는 계단에서 다리를 다쳤다. 그는 더 조심했어야 했다. (→ 조심하지 않았다는 의미) / 나는 배가 아프다. 나는 너무 많이 먹지 말았어야 했다. (→ 많이 먹었다는 의미) / 우리는 공원에 갈 수도 있었지만 밖이 너무 더웠다.(→ 가지 않았다는 의미)

출제 빈도 ★★ Level up

should의 특별한 쓰임

정답 p. 17

The vet **suggested** that I **(should) walk** my dog regularly.

'제안'을 나타내는 동사 + that절의 should(~해야 한다)   교과서응용

1 '주장, 명령, 요구, 제안' 등을 나타내는 동사 뒤의 that절 내용이 '~해야 한다'라는 당위성을 나타낼 때, that절에는 조동사 should를 쓴다. 이때, should는 생략될 수 있다. ✎ 어법 POINT 08

- **'주장, 명령, 요구, 제안' 등을 나타내는 동사**

• 주장하다: insist	• 명령하다: order, command	• 요구하다: ask, demand, request, require
• 제안하다: suggest, propose	• 권고하다: recommend	• 충고하다: advise

He **insists** that students **(should) think** about their interests before choosing their careers.

Her father **recommended** that she **(should) buy** an eco-friendly car. 교과서응용

주의 that절의 내용이 당위성이 아닌 단순 사실을 나타내는 경우에 유의한다. 이때 that절에는 〈(should+)동사원형〉이 아니라 인칭, 수, 시제에 맞는 동사를 쓴다.

Her long silence **suggests** that she **disagrees** with her friend's opinion. 교과서응용

암시한다   should disagree (×)

A 다음 밑줄 친 부분이 어법상 옳으면 ○, 틀리면 ×로 표시하고 바르게 고치시오.

1 The employees demand that the company <u>increases</u> their salaries.

2 I recommend that you <u>should reduce</u> your monthly expenditure.

3 Our manager advised that I <u>take</u> a vacation for better performance.

4 The suspect of the fraud case insisted that he <u>was</u> innocent.

B 다음 문장의 네모 안에서 어법과 문맥상 알맞은 것을 고르시오.

1 My parents proposed that I consulted / consult my teacher about my grade.

2 A well-functioning democracy requires that the media offered / should offer balanced information to people.

3 Researchers suggest that regular exercise helps / help prevent depression.

4 The instruction orders that the patient with high blood pressure takes / take this medicine. 학평응용

5 Government regulations commanded that sugar content is listed / be listed at the top of the food product label. 학평응용

해석 수의사는 내가 자주 개를 산책시켜야 한다고 제안했다. / **1** 그는 학생들이 직업을 선택하기 전에 관심사에 대해 생각해야 한다고 주장한다. / 그녀의 아버지는 그녀에게 친환경 자동차를 사야 한다고 권고했다. / 그녀의 오랜 침묵은 그녀가 친구의 의견에 반대한다는 것을 암시한다.

UNIT 23 대동사 do

정답 p. 17

출제 빈도 ★ **Level up**

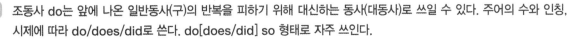

I like watching movies alone, and she **does**, too.

= likes watching movies alone

1 조동사 do는 앞에 나온 일반동사(구)의 반복을 피하기 위해 대신하는 동사(대동사)로 쓰일 수 있다. 주어의 수와 인칭, 시제에 따라 do/does/did로 쓴다. do[does/did] so 형태로 자주 쓰인다.

Emily usually reads before she goes to bed and Daniel usually **does** in the morning.

I can't lift the heavy bag. However, my friend **did so**. 교과서응용

주의 〈be동사+보어〉 또는 수동태를 대신할 때는 일반동사가 아니라 be동사를 쓴다. 🔖어법 **POINT 09**

The food at the restaurant *was excellent*, but the service **wasn't** .
<u>didn't (×)</u>

A 다음 밑줄 친 부분이 대신하는 동사구를 문장에서 찾아 동그라미 하시오.

1 David plays tennis better now than he <u>did</u> last year.

2 I wanted to practice ballet. I borrowed a practice room and <u>did so</u>.

3 John takes a nap after he has lunch, while Jane <u>does so</u> before lunch. 교과서응용

4 They met each other so often when they were kids, but they don't <u>do so</u> now. 교과서응용

B 다음 문장의 네모 안에서 어법상 알맞은 것을 고르시오.

1 Frogs lay their eggs in water, as their ancestors did / do . 학평응용

2 People probably spend more time on social media than they did / do in the library these days.

3 A short walk is good for refreshing oneself and time with friends does / is too.

4 We have to get enough sleep for our health, but I can't do / be so. 교과서응용

5 My sister felt guilty when she lied to our parents, and I felt the same way when I did / was so.

6 Religious freedom is protected by law, as it does / is in many other countries.

풀이 tip 대동사가 대신하는 내용이 일반동사인지 be동사인지 확인한다. 일반동사면 do를, be동사면 be를 각각 인칭, 수, 시제를 맞춰서 쓴다.

해석 나는 혼자 영화 보는 것을 좋아하고, 그녀도 그렇다. / **1** Emily는 자기 전에 보통 책을 읽고 Daniel은 아침에 보통 그렇게 한다. / 나는 그 무거운 가방을 들 수 없다. 그러나 내 친구는 그렇게 할 수 있었다. / 그 식당의 음식은 훌륭했지만, 서비스는 그렇지 않았다.

used to & 조동사 관용 표현

정답 p. 18

I **used to** play in this park when I was a kid. 교과서응용
used to+동사원형 (~하곤 했다)

1 조동사 used to는 과거의 습관이나 상태를 나타낸다. 형태나 의미가 비슷한 표현들을 함께 알아두자. 🔊 어법 POINT 10

> · **used to**: ~하곤 했다, (예전에는) ~였다[했다]
> · **be used to-v**: v하는 데 사용되다
> · **be used to v-ing[명사]**: v하는 것[명사]에 익숙하다
> · **would**: ~하곤 했다 (*과거의 습관적 동작을 나타내며, 과거의 상태는 나타낼 수 없다.)

There **used to** be a shopping mall near my house, but it was turned into apartments.
In many businesses, social media **is used to** promote their products.
He **is used to speaking** in public because he gives presentations frequently.
I **would** walk to school every day when I was in elementary school.

A 다음 괄호 안의 단어를 알맞게 배열하여 주어진 우리말을 영작하시오. (필요시 어형 변화 가능)

1 내가 어렸을 때, 나는 내 여동생과 아주 자주 말다툼하곤 했다. (I, with, would, argue)

→ When I was young, _____ my younger sister all the time.

2 자막은 외국 영화에서 대화를 번역하기 위해 쓰인다. (use, translate, be, to)

→ Subtitles _____ the dialogue in a foreign movie. 학평응용

3 우리 가족은 매운 음식을 즐기기 때문에, 우리는 그것을 먹는 데에 익숙하다. (use, eat, be, to)

→ Because my family enjoys spicy food, we _____ it.

4 나는 높은 곳을 무서워하곤 했지만, 지금은 스릴을 좋아한다. (afraid, use, be, to)

→ I _____ of heights, but now I love the thrill.

B 다음 밑줄 친 부분이 어법상 옳으면 ○, 틀리면 ✕로 표시하고 바르게 고치시오.

1 We used to visit our grandparents every summer.

2 Plastic is used to making non-recyclable things, and this generates lots of plastic waste.

3 During thunderstorms, the dog would hide under the bed.

4 Her children are used to speak multiple languages because they live in a multicultural environment.

해석 나는 어렸을 이 공원에서 놀곤 했다. / **1** 우리 집 근처에 쇼핑몰이 있었는데, 아파트로 바뀌었다. / 많은 사업체에서 소셜 미디어는 제품을 홍보하는 데 쓰인다. / 그는 발표를 자주 하기 때문에 사람들 앞에서 말하는 데 익숙하다. / 나는 초등학생 때 매일 걸어서 학교에 가곤 했다.

2 조동사와 함께 쓰인 관용 표현

would rather A (than B)	(B 하느니) 차라리 A하고 싶다[하겠다]	would like to-v	v하고 싶다 (= want to-v)
cannot help v-ing (= cannot (help) but v)	v하지 않을 수 없다 (= have no choice but to-v)	cannot ~ too ...	아무리 ~해도 지나치지 않다
had better	~하는 게 낫다 (should보다 강한 충고) *부정형: had better not (~하지 않는 게 낫다)		

I **would rather** take the subway **than** drive because of traffic.
Sarah **would like to** be a dentist. 교과서응용
We're running out of time. We **cannot help taking** a taxi. 교과서응용
You **cannot** be **too** careful about mental health.
We **had better** double-check the details before submitting the report.

C 다음 괄호 안의 단어를 알맞게 배열하여 주어진 우리말을 영작하시오.

1 너는 숙제를 주말 전까지 하는 게 낫다. (better / finish / had)

→ You _____ your homework before this weekend.

2 우리의 상품에 대해 더 알고 싶다면 아래 링크를 클릭해주세요. (like / would / know / to)

→ If you _____ more about our product, please click the link below.

3 나는 오늘 몸이 안 좋아서, 오늘 밤 영화를 보러 가느니 차라리 집에 있고 싶다.
(rather / home / stay / than / would)

→ I don't feel well today, so I _____ go out to a movie tonight.

D 다음 문장의 빈칸에 들어갈 가장 적절한 말을 〈보기〉에서 골라 쓰시오. (필요시 어형 변화 가능)

> 보기 cannot help but   cannot help   had better not   cannot be

1 You _____ skip breakfast if you want to have enough energy for the day.

2 As soon as I walked into the museum, I _____ admire the magnificent paintings. 교과서응용

3 Whenever I smell fresh-baked cookies, I _____ eating one.

4 In a competitive job market, you _____ too prepared for interviews.

해석 2 교통량 때문에 나는 운전하는 것보다 차라리 지하철을 타겠다. / Sarah는 치과의사가 되고 싶어 한다. / 우리는 시간이 없다. 택시를 타지 않을 수 없다. / 정신 건강에 대해서는 아무리 조심해도 지나치지 않다. / 우리는 보고서를 제출하기 전에 세부 사항을 다시 확인하는 것이 낫다.

[01~04] 다음 문장에서 어법과 문맥상 빈칸에 알맞은 것을 고르시오.

01 If you want to stay healthy, you should / need not exercise regularly and eat a balanced diet.

02 When it snows too heavily, you may / cannot stay at home and attend class online.

03 You must not / don't have to do it perfectly. Just do the best you can.

04 You focus for a long time during study time, but I do / am not.

05 다음 밑줄 친 ⓐ~ⓔ 중 어법과 문맥상 틀린 것끼리 짝지어진 것을 고르시오.

- He ⓐ will not lend you money again, because you didn't pay him back last time.
- You ⓑ can swim in this pool. It's under repair.
- If you study hard, you ⓒ could get an A on your exam.
- He's been driving for hours without a break, so he ⓓ must not be tired.
- You ⓔ ought to put sunscreen on if you're going to be out in the sun all day.

① ⓐ, ⓑ ② ⓑ, ⓓ
③ ⓑ, ⓔ ④ ⓒ, ⓓ
⑤ ⓓ, ⓔ

[06~07] 다음 (A), (B), (C)의 각 네모 안에서 어법과 문맥상 옳은 표현으로 가장 적절한 것을 고르시오.

06

- The package might **(A)** be / have been delivered to the wrong address. It was not mine.
- I should **(B)** clean / have cleaned my room before my parents got home.
- I saw my grandmother's old photos. She must **(C)** be / have been popular in high school.

	(A)	(B)	(C)
①	be	clean	be
②	be	have cleaned	be
③	be	have cleaned	have been
④	have been	clean	have been
⑤	have been	have cleaned	have been

07

- He would **(A)** like to / rather eat pizza for dinner than have pasta.
- She **(B)** used to / is used to volunteer at the local animal shelter in her free time.
- After he has lived in the city for so long, he is used to **(C)** live / living in a noisy environment.

	(A)	(B)	(C)
①	like to	used to	live
②	like to	is used to	living
③	rather	used to	live
④	rather	used to	living
⑤	rather	is used to	living

08 다음 중 밑줄 친 부분이 어법상 **틀린** 것을 고르시오.

① The team's excellent preparation <u>must ensure</u> a successful presentation.

② She <u>can't be</u> feeling sad when she got her results. She did well on her exam.

③ We <u>will be</u> content with everything if we find happiness in everyday life.

④ The boss demanded that the sales team <u>should achieve</u> higher targets.

⑤ Yujin asked me to lend him my car for the weekend, and I <u>did so</u>.

09 다음 중 어법상 **틀린** 것을 **2개** 고르시오.

① Kevin gave a perfect speech. He must have practiced very hard. 교과서응용

② I can't find my keys anywhere. I may have left them at the gym.

③ He could have finished the entire book already because he was sleeping.

④ He shouldn't have taken an umbrella. It's raining now.

⑤ You shouldn't have left your wallet on the table. Someone could have taken it.

10 다음 글의 밑줄 친 부분 중 어법과 문맥상 **틀린** 것을 고르시오.

Suzy always carries a book with her and ① <u>used to read</u> during every spare moment. She says she is never tired of reading. Her love for reading ② <u>might be</u> infectious. She ③ <u>has introduced</u> some of her favorite authors and books to her friends. She ④ <u>would like to spend</u> more time with books. So she wants to join a book club and her friends ⑤ <u>are</u> too.

*infectious 전염성의; 옮기 쉬운

11 다음 ⓐ~ⓔ 중 어법상 **틀린** 것의 개수를 고르시오.

ⓐ I kindly requested that she reduce the noise level of her dogs. 학평응용

ⓑ Studies suggest that enough sleep be important for maintaining good health.

ⓒ The city planner insisted that crosswalks be repainted for pedestrian safety.

ⓓ Animal rights advocates propose that animals should have similar or equal rights to human beings.

ⓔ Because of the construction on the road, the staff recommended that I took a different route.

① 1개 ② 2개 ③ 3개 ④ 4개 ⑤ 5개

12 다음 중 어법상 **틀린** 것을 **모두** 고르시오.

① We would rather take the train than drive the whole distance.

② You had better not stay out too late. You'll be tired tomorrow at school.

③ I would like to hearing more about this topic. It's very interesting.

④ We would often go for walks in the park after dinner.

⑤ When I hear my favorite song, I cannot help to sing along.

서술형 연습

[13~17] 다음 괄호 안의 단어를 알맞게 배열하여 주어진 우리말을 영작하시오. (필요시 어형 변화 및 단어 추가 가능)

13 망원경을 사용해라, 그러면 너는 별을 훨씬 더 잘 볼 수 있을 것이다. (the stars, see, able, will)

→ Use the telescope, and you _____
_____ much better.

14 내 가족은 주말마다 식당에서 외식하곤 했다.
(my, use, eat out, family)

→ _____
at restaurants every weekend.

15 죄송합니다만, Smith씨는 여기에 안 계세요. 그는 회의를 위해 이미 떠났음이 틀림없어요.
(leave, he)

→ I'm sorry, but Mr. Smith is not here. _____ already
for the meeting.

16 그의 진실된 연설을 듣고 사람들은 박수를 치지 않을 수 없었다. (applaud, but, people, could)

→ After hearing his sincere speech, _____
_____.

17 질병 관리 본부는 우리가 유행성 질병을 조심해야 한다고 지시했다.
(infectious diseases, be, careful of, should)

→ The Center for Disease Control ordered that we _____
_____.

[18~20] 다음 밑줄 친 부분이 어법과 문맥상 옳으면 ○, 틀리면 ×로 표시하고 바르게 고치시오.

18 The traffic is so heavy. There <u>might have been</u> an accident.

19 The package <u>should have arrived</u> yesterday, but it didn't.

20 I like running in the morning as I <u>do</u> in my childhood.

21 다음 글의 내용을 한 문장으로 요약하고자 한다. 빈칸에 들어갈 말을 <보기>의 단어를 배열하여 완성하시오.

There are growing concerns among health authorities. Excessive consumption of sugary drinks has been linked to an increased risk of developing diabetes. To combat this growing health concern, health authorities recommend limiting our intake. The authorities say we can choose healthier options such as water or unsweetened tea.

*diabetes 당뇨병

보기

sugary drinks / their consumption / propose / that / limit / individuals / of

→ The health authorities _____

_____

to reduce the risk of developing diabetes.

22 다음 글에서 밑줄 친 부분이 의미하는 것을 우리말로 쓰시오.

Education has come a long way over the centuries. Our ancestors did not have access to resources and technologies as we <u>do</u> today, and it made learning a more challenging and limited experience. Today, education is more accessible, fair, and advanced than ever before.

*come a long way 크게 발전하다

[23~24] 다음 글의 밑줄 친 ⓐ~ⓓ 중 어법과 문맥상 <u>틀린</u> 부분을 찾아 바르게 고쳐 쓰고 그 이유를 서술하시오.

23

We ⓐ <u>cannot be too careful</u> about climate change, as it is the biggest issue today. People ⓑ <u>ought to</u> refuse to turn away in the face of climate change. The whole world ⓒ <u>has to</u> take action by reducing our carbon footprint, the total amount of greenhouse gases. Environment protection groups require that our society ⓓ <u>worked</u> together to protect the planet for future generations.

(1) 틀린 부분 기호: _____
(2) 올바로 고친 것: _____
(3) 고친 이유: _____

_____

24

Chopsticks have been used for thousands of years as an important part of the dining experience. They are used to ⓐ <u>picking up and moving</u> food to our mouths. People ⓑ <u>might need</u> a lot of time to use chopsticks properly, but some ⓒ <u>could</u> consider it a fun and rewarding challenge. Chopsticks ⓓ <u>may</u> also contribute to the development of children's finger muscles.

(1) 틀린 부분 기호: _____
(2) 올바로 고친 것: _____
(3) 고친 이유: _____

_____

CHAPTER 05

가정법

앞서 배운 문장들이 사실을 그대로 전달하는 방식(직설법)이었다면, 이번 챕터에서 배울 문장들은 사실이 아니거나 일어날 가능성이 희박한 일을 가정하는 방식(가정법)이다.

가정법에서는 동사의 형태와 실제 가리키는 때가 일치하지 않는다. 예를 들어 다음 문장의 동사는 '과거형'이지만 '현재'에 대한 가정을 의미한다.

If I **could**, I **would** travel the world.
(만약 내가 할 수 있다면, 세계를 여행할 텐데: 현재 세계 여행을 할 수 없음)

if 이외에도 가정의 의미를 담은 다양한 조건의 표현들도 알아보자.

→ If I **raised** a puppy, I **would be** really happy.

→ If I **had studied** more, I **would have done** better on the exams.

→ If she **had organized** her workspace yesterday, she **might feel** more focused today.

→ **Had** I **realized** the importance of saving, I **would have started** earlier.

→ **I wish** I **were** confident in English conversations.

→ He **talks as if** he **knew** everything about the world.

→ **Without** your support, I **would be** in real trouble.

> If I **raised** a puppy, I **would be** really happy. 교과서응용

1 현재 사실의 반대, 현재나 미래에 일어날 가능성이 매우 희박한 일을 가정·상상한다. 🔊 어법 POINT 11

If+주어+**동사의 과거형[were]** ~, 주어+**would/could/might**+동사원형
(만약 ~라면, …할 텐데)

동사의 과거형이 쓰여서 '가정법 과거'라고 하지만, '현재'나 '미래'의 일에 대한 가정·상상을 나타낸다.

If I **were** a famous singer, I **could perform** on the big stage.
(→ As I **am not** a famous singer, I **cannot perform** on big stages.)

2 if+were to/should 가정법 **Level up**

if절에 were to 또는 should가 있으면 가능성이 더 희박함을 나타내며, 완곡한 제안을 할 때도 사용된다.

If I **were to** meet my favorite celebrity, I **would ask** for an autograph.
If you **should** allow us to use your facility, our event **would run** successfully.

A 다음 문장의 네모 안에서 어법상 알맞은 것을 고르시오.

1 If I were a superhero, I | will save / would save | the world from villains.

2 If we | live / lived | in a bigger house, we would have more space for our belongings.

3 We | feel / might feel | very uncomfortable if we went back to the lives of our grandparents. 학평응용

4 If you were to lose your job, I | was / would be | here to support you.

B 다음 두 문장이 같은 의미의 가정법 또는 직설법 문장이 되도록 빈칸을 완성하시오.

1 As she doesn't speak Spanish fluently, she can't work as a translator.

→ If she _____ Spanish fluently, she _____ as a translator.

2 We can't go for a picnic because it is raining.

→ We _____ for a picnic if it _____.

3 They won't stay longer as they don't have enough time.

→ They _____ longer if they _____ enough time.

4 If I knew his address, I would send him this letter.

→ Because I _____ his address, I will _____ him this letter.

해석 만약 내가 강아지를 키우면, 나는 정말 행복할 텐데. / **1** 내가 유명한 가수라면 큰 무대에서 공연할 수 있을 텐데. (→ 나는 유명한 가수가 아니기 때문에, 큰 무대에서 공연할 수 없다.) / **2** 만약 내가 좋아하는 연예인을 만난다면, 사인을 요청할 텐데. / 당신의 시설을 이용할 수 있게 허락해 준다면 우리의 행사는 성공적으로 진행될 것입니다.

UNIT 26 if 가정법 과거완료

정답 p. 21

> If I **had studied** more, I **would have done** better on the exams.

① 과거 사실의 반대, 과거에 일어날 가능성이 매우 희박했던 일을 가정·상상한다. ☜ 어법 POINT 11

> **If+주어+had p.p.** ~, 주어+**would/could/might** 등+**have p.p.**
> (만약 ~했다면, …했을 텐데)

과거완료형이 쓰여서 '가정법 과거완료'라고 하지만, '과거'의 일에 대한 가정·상상을 나타낸다.

If I **had run** faster, I **could have caught** the train. 교과서응용
(→ As I **didn't** run faster, I **couldn't catch** the train.)

A 다음 주어진 우리말과 일치하도록 괄호 안의 단어를 활용하여 문장을 완성하시오. (어형 변화 가능)

1 내가 조금 더 주의했더라면, 그 화병은 깨지지 않았을 텐데. (be)

→ If I _____ more careful, the vase wouldn't have been broken.

2 그가 실수하지 않았다면 우리 팀이 이길 수도 있었을 텐데. (might, win)

→ Our team _____ if he had not made a mistake.

3 네가 나에게 미리 연락해줬다면, 내가 너의 식사를 준비해둘 수 있었을 텐데. (contact, could, prepare)

→ If you _____ me in advance, I _____ your meal.

4 네가 처음부터 사실을 말해줬다면 나는 너에게 화가 나지 않았을 것이다. (not, would, be angry, tell)

→ I _____ with you if you _____
me the truth from the beginning.

B 다음 밑줄 친 부분이 문맥 또는 어법상 옳으면 ○, 틀리면 ✕로 표시하고 바르게 고치시오.

1 If we had not had a car accident, we would have arrived much earlier.

2 If I had noticed the hole in my sock, I would wear a different pair before I left home.

3 If I didn't read the instructions carefully, I couldn't have assembled the furniture correctly.

4 If he were kind to others, he might have had many friends now.

5 If Sara had gotten As in every class, she could receive a scholarship last year.

해석 내가 더 공부했더라면, 나는 시험을 더 잘 봤을 것이다. / **1** 내가 더 빨리 달렸다면, 기차를 탈 수 있었을 것이다. (→ 나는 더 빨리 달리지 않았기 때문에, 기차를 탈 수 없었다.)

UNIT 27 · Level up · 혼합 가정법

> If she **had organized** her workspace *yesterday*, she **might feel** more focused *today*.

1 과거에 대한 가정이 현재에 영향을 미칠 때, if절이 가정법 과거완료인데 주절에는 가정법 과거가 쓰일 수 있다.

> **If+주어+had p.p., 주어+would/could/might+동사원형**
> (만약 (과거에) ~했다면, (지금) …할 텐데)

If you **hadn't spent** all the money, you **could buy** a gift for your mother *right now*. 교과서응용

A 다음 주어진 우리말과 일치하도록 괄호 안의 단어를 활용하여 문장을 완성하시오. (어형 변화 가능)

1 그가 의사의 말을 들었더라면, 그는 지금쯤 회복됐을 텐데. (listen to, be, recover, would)

→ If he _____ his doctor, he _____ by now.

2 그가 지난 게임에서 다리를 다치지 않았다면 오늘 경기를 할 수 있을 텐데. (could, play, hurt, not)

→ He _____ in today's game if he _____ his leg in the last game.

3 내가 그 일자리 제안을 받아들였더라면, 나는 지금 그 회사에서 더 높은 위치에 있을 텐데. (take, might, be)

→ If I _____ the job offer, I _____ in a higher position at the company now.

B 다음 밑줄 친 부분이 어법상 옳으면 ○, 틀리면 ✕로 표시하고 바르게 고치시오.

1 If the customer <u>had refused</u> to sign at that time, the contract would not be valid now.

2 My parents <u>could arrive</u> at the airport soon if the airplane had departed on time.

3 If artificial light had not become extremely cheap, our daily lives <u>would have been</u> uncomfortable now. 학평응용

풀이 tip 과거에 대한 가정이 현재에 영향을 미치는 혼합 가정법의 경우 주절에 now와 같은 명백한 시간 표현이 포함된 경우가 많다.

해석 그녀가 어제 자신의 작업 공간을 정리했더라면, 오늘 더 집중할 수 있을 텐데. / **1** 네가 돈을 다 쓰지 않았더라면, 너는 지금 당장 어머니를 위한 선물을 살 수 있을 텐데.

UNIT 28

Level up

if가 생략된 가정법

정답 p. 23

Had I **realized** the importance of saving, I **would have started** earlier.

1 if 가정법에서 if를 생략하면, 주어와 (조)동사의 자리가 바뀐다. if절의 동사가 were, had, should일 때 주로 생략된다.

Were the weather not warmer, we couldn't go for a swim.
(← If the weather **were** not warmer, ~.)
Should I **have** extra tickets, I would invite you to the concert.
(← If I **should have** extra tickets, ~.)

A 다음 문장이 어법과 문맥상 옳으면 ○, 틀리면 ×로 표시하고 바르게 고치시오.

1 Should I have time, I could go to the party too.

2 If were the class canceled, I would take the day off and go to the beach.

3 Had the wheel not been invented, we would not have cars and other vehicles.

4 They would have gained so much weight had they gone out to eat too often.

5 He had not forgotten his keys, he would have been able to get into his house.

B 다음 두 문장이 같은 의미가 되도록 if를 생략한 문장을 완성하시오.

1 If she had apologized sincerely, trust could have been rebuilt between us.

→ _____ sincerely, trust could have been rebuilt between us.

2 If today were Saturday, I would watch my favorite TV series all day long.

→ _____, I would watch my favorite TV series all day long.

3 If you should win the lottery, what would you do with the money?

→ _____, what would you do with the money?

4 If I had set an alarm, I wouldn't have overslept and been late for school.

→ _____, I wouldn't have overslept and been late for school.

5 I would have more knowledge about the subject if I had attended the conference last month.

→ I would have more knowledge about the subject _____.

해석 내가 저축의 중요성을 알았더라면, 더 일찍 시작했을 텐데. / **1** 날씨가 더 따뜻하지 않다면, 우리는 수영하러 갈 수 없을 텐데. / 내게 여분의 표가 있다면, 너를 콘서트에 초대할 텐데.

UNIT 29 I wish 가정법

I **wish** I **were** confident in English conversations.

1 〈I wish+가정법 과거〉 🔊 어법 POINT 11

현재 이룰 수 없는 소망을 표현한다. 주절(I wish) 뒤에 가정법 과거가 오면 주절과 같은 때의 소망이다.

I wish+주어+	동사의 과거형[were] 조동사 과거형+동사원형	(~하면 좋을 텐데) 〈소망 시점 = 소망 내용 시점(현재)〉

I **wish** I **could play** the piano like a professional musician.

2 〈I wish+가정법 과거완료〉 🔊 어법 POINT 11

과거에 이룰 수 없었던 소망을 표현한다. 주절(I wish) 뒤에 가정법 과거완료가 오면 주절보다 이전의 일을 소망한다.

I wish+주어+	had p.p. 조동사 과거형+have p.p.	(~했다면 좋을 텐데) 〈소망 시점(현재), 소망 내용 시점(과거)〉

I **wish** I **had set** the goal earlier, but I still have enough time for it. 교과서응용
I **wish** they **could have invited** me to their party last night.

A 다음 문장의 네모 안에서 어법상 알맞은 것을 고르시오.

1 I wish I | have / had | a more positive influence on the lives of others.

2 I wish the singer | can / could | hear my cheers from the audience.

3 I wish I | am / were | able to read more books and expand my knowledge.

4 I wish I | bought / had bought | that dress when it was on sale.

B 다음 주어진 우리말과 일치하도록 괄호 안의 단어를 활용하여 문장을 완성하시오. (어형 변화 가능)

1 나의 취미를 계속하는 데 시간을 더 보낸다면 좋을 텐데. (wish, spend, would)

→ I ＿＿＿＿＿＿＿＿＿＿ I ＿＿＿＿＿＿＿＿＿＿ more time pursuing my hobbies.

2 내 어린 시절에 형제가 있었다면 좋을 텐데. (wish, have)

→ I ＿＿＿＿＿＿＿＿＿＿ I ＿＿＿＿＿＿＿＿＿＿ a sibling during my childhood.

3 우리가 그 새로운 운동 수업을 함께 해볼 수 있었다면 좋을 텐데. (try, could)

→ I wish we ＿＿＿＿＿＿＿＿＿＿＿＿＿＿ that new exercise class together.

풀이 tip 주절(I wish)과 같은 시점의 소망은 가정법 과거, 주절보다 앞선 시점은 가정법 과거 완료를 쓴다.

해석 내가 영어 대화에 자신감이 있으면 좋을 텐데. / **1** 내가 전문 음악인처럼 피아노를 연주할 수 있으면 좋을 텐데. / **2** 내가 목표를 더 일찍 세웠으면 좋았을 테지만, 아직 목표를 위한 충분한 시간이 있다. / 그들이 어젯밤 나를 파티에 초대할 수 있었으면 좋을 텐데.

UNIT 30

as if 가정법

He **talks** *as if* he **knew** everything about the world. 교과서응용

1 〈as if[though]+가정법 과거〉 🔊 어법 POINT 11

'마치 ~인 것처럼'이라는 가정을 할 때 as if[though] 가정법을 쓴다.

주절 뒤에 가정법 과거가 오면 주절 시점과 가정하는 as if절의 시점이 같다.

SV(현재시제) ~	+as if[though]+주어+**동사의 과거형[were]**	(마치 ~인 것처럼 …한다) 〈가정 시점 = 가정 내용의 시점(현재)〉
SV(과거시제) ~		(마치 ~였던 것처럼 …했다) 〈가정 시점 = 가정 내용의 시점(과거)〉

Her parents **treat** me **as if[though]** I **were** a member of their family. 교과서응용
The doll in the antiques shop **looked as if[though]** it **were** alive. 교과서응용

2 〈as if[though]+가정법 과거완료〉 🔊 어법 POINT 11

주절 시점보다 가정하는 as if절의 시점이 앞선다. **Level up**

SV(현재시제) ~	+as if[though]+주어+**had p.p.**	(마치 ~였던 것처럼 …한다) 〈가정 시점(현재), 가정 내용의 시점(과거)〉
SV(과거시제) ~		((그전에) 마치 ~였던 것처럼 (그때) …했다) 〈가정 시점(과거), 가정 내용의 시점(대과거)〉

She **smiles** *as if[though]* she **had** just **received** the best news.
He **was** afraid, **as if[though]** he **had seen** a ghost.

A 다음 문장의 네모 안에서 어법상 알맞은 것을 고르시오.

1 He is poor but he spends money as if he | is / were | a millionaire.

2 He described the details of the battle as if he | were / had been | there back then.

3 Even though the thief was caught, he still acted as though he | does / had done | nothing wrong.

B 다음 주어진 우리말과 일치하도록 괄호 안의 단어를 활용하여 문장을 완성하시오. (어형 변화 가능)

1 그는 마치 전에 여기에 왔던 것처럼 길을 잘 알았다.

→ He knew the way well as if he _____ (visit) here before.

2 저 운전자는 마치 경주하는 것처럼 차를 빨리 운전한다.

→ That driver drives so fast, as though he _____ (be) in a race.

3 John은 그 이야기를 믿는 척 행동했지만, 사실 그렇지 않았다.

→ John behaved as if he _____ (believe) the story, but he didn't.

해석 그는 이 세상의 모든 것을 아는 것처럼 말한다. / **1** 그녀의 부모님은 나를 그들의 가족의 일원인 것처럼 대하신다. / 골동품 가게에 있는 그 인형은 살아 있는 것처럼 보였다. / **2** 그녀는 방금 최고의 소식을 들었던 것처럼 미소 짓는다. / 그는 귀신을 봤던 것처럼 두려워했다.

가정법을 이끄는 표현

Without your support, I *would be* in real trouble. 교과서응용

1 without, but for, otherwise는 if절 대신 조건의 의미를 포함한다.

> · without, but for: (지금) ~이 없다면; (그때) ~이 없었다면 (= if it were not for; if it had not been for)
> · otherwise: (지금) 그렇지 않으면; (그때) 그렇지 않았다면 (= if ~ not)

Without[But for] his navigation skills, we *would be* lost in the woods.
= **If it were not for** his navigation skills, we *would be* lost in the woods.
= **Were it not for** his navigation skills, we *would be* lost in the woods.

Without[But for] your advice, I *wouldn't have finished* my science project. 교과서응용
(→ **If it had not been for** your advice, ~)
(→ **Had it not been for** your advice, ~) ● UNIT 28

I double-checked the address; **otherwise** we might have gone to the wrong location.
(= if I hadn't double-checked the address)

2 부사(구), 주어, to부정사(구)도 조건의 의미를 함축할 수 있다.

I *could have read* the book faster **in a silent environment**.
(→ If I had been in a silent environment, I could have read the book faster.)

A more flexible work schedule *could reduce* stress among employees.
(→ If there were a more flexible work schedule, it could reduce stress among employees.)

To hear her sing, you *would feel* amazed by her powerful voice.
(→ If you heard her sing, you would feel amazed by her powerful voice.)

참고 분사구문도 조건의 의미를 함축할 수 있다. ● UNIT 48
Seeing the movie, you *might be* interested in reading the original novel.
(→ If you saw the movie, ~.)

3 It is (high/about) time (that)+주어+동사의 과거형[should+V]: ~해야 할 때이다 (해야 하는데 하지 않았음)
It's time (that) you *watered[should water]* the plants.

해석 네 도움이 없다면, 나는 정말 곤란할 거야. / **1** 그의 길을 찾는 기술이 없으면, 우리는 숲에서 길을 잃을 것이다. / 네 조언이 없었다면, 나는 과학 과제를 끝내지 못했
을 것이다. / 나는 주소를 다시 확인했는데, 그렇지 않았다면 우리는 다른 곳으로 갈 수도 있었다. / **2** 조용한 환경이었다면 나는 책을 더 빨리 읽을 수 있었을 것이다. / 더 유
연한 근무 스케줄이라면 직원들의 스트레스를 줄일 수 있을 것이다. / 그녀의 노래를 들으면 당신은 그녀의 힘찬 목소리에 감탄할 것이다. / 영화를 보면, 원작 소설을 읽는 데 흥
미가 생길지도 모른다. / **3** 식물에 물을 주어야 할 때이다.

A 다음 문장의 네모 안에서 어법상 알맞은 것을 고르시오.

1 But for the air conditioner, we would / will not bear this summer.

2 Kate really loves that band. Otherwise, she would / wouldn't go to their concert in another region.

3 Were it not for / Had it not been for the tour guides, I couldn't have traveled around Africa safely.

B 다음 두 문장이 같은 의미가 되도록 빈칸을 완성하시오.

1 We could not have made this accomplishment without the help of so many supporters.

→ We could not have made this accomplishment if _____ _____ _____ _____ _____ the help of so many supporters.

2 If it were not for the donors, our charity could not provide assistance to people in need.

→ _____ _____ the donors, our charity could not provide assistance to people in need.

3 Without our team members, I could not come to this final match.

→ Were _____ _____ _____ our team members, I could not come to this final match.

4 He studied diligently, otherwise he would have failed the exam.

→ If _____ _____ _____ _____ _____, he would have failed the exam.

C 다음 문장을 가정의 의미를 담아 올바르게 해석하시오.

1 In case of an emergency, following safety rules would be the first priority.

→ _____, 안전 수칙을 따르는 것이 최우선 사항일 것이다.

2 To hear the sports player's life story, you might have been touched.

→ _____, 너는 감동받았을지도 모른다.

3 It's high time that we took action on climate change.

→ _____.

4 Let's close the window; otherwise lots of bugs might come inside.

→ 창문을 닫자. _____.

01 다음 두 문장이 같은 의미가 되도록 빈칸에 알맞은 말을 고르시오.

> As they didn't add a little more salt, they couldn't make the perfect dish.
> → They _____ the perfect dish if they had added a little bit more salt.

① made
② could make
③ could not make
④ could have made
⑤ could not have made

02 다음 우리말을 영어로 가장 적절하게 옮긴 것을 고르시오.

> 고소공포증이 없다면 나는 롤러코스터를 탈 것이다.

① If it had not been for my fear of heights, I would have ridden the roller coasters.
② Were it not for my fear of heights, I would have ridden the roller coasters.
③ Had it not been for my fear of heights, I would ride the roller coasters.
④ I would ride the roller coasters were it not for my fear of heights.
⑤ I would have ridden the roller coasters had it not for my fear of heights.

[03~04] 다음 (A), (B), (C)의 각 네모 안에서 어법상 옳은 표현으로 가장 적절한 것을 고르시오.

03

> - If you **(A)** reduce / had reduced junk food, you would have lost weight.
> - My car **(B)** would / would not have broken down if it had been maintained regularly.
> - If you didn't handle these chemicals with care, there could **(C)** be / have been a risk of explosion.

	(A)	(B)	(C)
①	reduce	would	have been
②	reduce	would not	be
③	had reduced	would	have been
④	had reduced	would not	be
⑤	had reduced	would not	have been

04

> - He checked his watch repeatedly as if he **(A)** were / had been in a hurry.
> - Jane made up her childhood story as if she **(B)** lived / had lived in Europe before.
> - She is having a hard time due to the pain. I wish I could **(C)** relieve / have relieved her suffering.

	(A)	(B)	(C)
①	were	lived	relieve
②	were	had lived	relieve
③	were	had lived	have relieved
④	had been	lived	relieve
⑤	had been	had lived	have relieved

05 다음 중 어법상 **틀린** 것을 고르시오.

① If I could play the guitar, I would join a band.

② If all the trees were to disappear, the ecosystem would be destroyed.

③ If we had been more careful, we wouldn't cause the accident then.

④ You might not be out of ink now if you had bought a refill for your pen.

⑤ If I had had any money, I would have lent it to him.

06 다음 밑줄 친 ⓐ~ⓕ 중 어법 또는 문맥상 **틀린** 것끼리 짝지어진 것을 고르시오.

- If that storm ⓐ had hit our region, we would have been in serious trouble.

- If he could speak English, he ⓑ would be able to communicate with his neighbors.

- But for mobile banking services, we ⓒ would have to go to a bank in person. 교과서응용

- If I had done more research, I ⓓ can have a better understanding of this topic now.

- If she had put the cup in the sink, it ⓔ wouldn't have fallen to the floor.

- Countless lives would have been lost ⓕ it had not been for the firefighter.

---

① ⓐ, ⓒ   ② ⓐ, ⓕ   ③ ⓑ, ⓒ
④ ⓓ, ⓔ   ⑤ ⓓ, ⓕ

[07~08] 다음 중 밑줄 친 부분이 어법상 **틀린** 것을 고르시오.

07

① Without water and sunlight, most animals <u>couldn't survive</u>. 교과서응용

② <u>Were it not for</u> her medical knowledge, the patient might not be properly treated.

③ It's too late. It's time that they <u>made</u> a decision about their future plans.

④ It's too expensive; otherwise, I <u>would buy</u> this shirt.

⑤ <u>Had eaten she</u> breakfast, she wouldn't have felt hungry this morning.

08

① If she had been born in the United States, she <u>wouldn't need</u> a visa to work there.

② If I <u>studied</u> harder in high school, I could have gotten into a better university.

③ If we <u>didn't have</u> electricity, we would live like primitive people. 교과서응용

④ If I <u>were</u> able to live forever, I would experience every culture and every way of life.

⑤ I wish I <u>had remembered</u> her birthday. I'm sorry I didn't get her a gift.

09 다음 밑줄 친 부분 중 어법상 틀린 것을 고르시오.

If I ① were more organized with my time, I could better balance my studies with other responsibilities. For instance, if I had had more time to prepare for the exam, I ② would have achieved a better result. However, I ③ will not let this setback ④ discourage me. If I were to face a similar challenge in the future, I ⑤ would have planned my time more effectively.

10 다음 밑줄 친 ⓐ~ⓕ 중 어법상 틀린 것의 개수를 고르시오.

- If they had brought an umbrella, they ⓐ wouldn't be getting wet right now.
- I wish I ⓑ were a better cook so I could make delicious meals for my family.
- He wouldn't be under so much stress if he ⓒ had finished his project last week.
- Without law and order, many people ⓓ would live in fear of crime.
- I ⓔ would visit you yesterday if I'd heard you were in the hospital.
- If they ⓕ made wise investments some years ago, they might become rich by now.

① 1개 ② 2개 ③ 3개 ④ 4개 ⑤ 5개

[11~15] 다음 주어진 우리말과 일치하도록 괄호 안의 단어를 활용하여 문장을 완성하시오. (필요시 어형 변화 및 단어 추가 가능)

11 내가 너라면, 나 자신의 목표에 집중할 것이다.
(would, be, focus)

→ If I _____ you, I _____ _____ on my own goals.

12 만약 그녀가 예약을 했다면, 그녀는 지금 그 식당에서 자리를 기다리지 않을 텐데. (would, make, wait)

→ If she _____ a reservation, she _____ for a table at the restaurant now.

13 만약 그들이 연습을 더 했더라면, 그들은 공연 중에 실수를 하지 않았을 것이다.
(practice, make, would)

→ If they _____ more, they _____ mistakes during the performance.

14 그녀는 마치 나의 어머니인 것처럼 내 문제를 신중히 다루어준다. (be, my, as, she, if, mother)

→ She handles my problems with care, _____ .

15 그의 땅콩 알레르기가 없었다면, 그는 그 디저트를 즐겼을 것이다.
(for, would, his allergy, he, but, enjoy, the dessert, to peanuts)

→ _____ , _____ .

16 다음 밑줄 친 ⓐ, ⓑ, ⓒ 중, 어법상 틀린 것의 기호를 쓰고 바르게 고치시오.

> Life is full of choices and opportunities, and my life ⓐ would have turned out differently if I had made different decisions. If I ⓑ learned to play an instrument when I was younger, I could become a professional musician now. But if I ⓒ hadn't discovered my love for writing, I wouldn't have pursued a career as a journalist.

_____ → _____

17 다음 밑줄 친 Otherwise를 풀어서 서술할 때 빈칸에 들어갈 말을 완성하시오. (단, 6단어로 쓸 것)

> Guidance and encouragement always motivated me to keep pushing forward, even when things got tough. My teacher always said inspiring words to me. Otherwise, I would have given up on my dreams. Were it not for my teacher, I would not be who I am today.

→ If my teacher _____

_____

[18~19] 다음 문장을 가정법 문장으로 바꿔 쓰시오.

18 Because she drinks so much coffee, she can't sleep well at night.

→ If _____,

_____.

19 Mark speaks Chinese fluently but he is not from China.

→ _____

as if _____.

[20~21] 다음 밑줄 친 부분이 갖는 조건의 의미를 고려하여 빈칸을 완성하시오.

20 A little more time would improve our productivity.

→ If we _____,

it would improve our productivity.

21 Without a valid passport, you couldn't have traveled to other countries.

→ If it _____,

you couldn't have traveled to other countries.

22 다음 글의 밑줄 친 ⓐ~ⓓ 중 어법상 틀린 것의 기호를 쓰고 바르게 고쳐 쓴 뒤, 그 이유를 서술하시오.

> I ran into my friend on the subway, but she acted as if she ⓐ didn't know me, even though we had been close friends for years. ⓑ Have I asked her about it, maybe I could have known why she ignored me. Maybe we ⓒ would have found a misunderstanding. But instead, we ⓓ didn't make an effort to communicate with each other, and our friendship was never the same.

_____ → _____

고친 이유: _____

_____

CHAPTER 06

부정사

to 뒤에 동사원형을 붙여 쓴 to부정사는 명사, 형용사, 부사 역할이 가능하기 때문에 영어 문장에서 자주 볼 수 있다.

특히 to부정사가 부사적 역할을 할 때는 목적, 감정의 원인, 판단 근거 등 다양한 의미가 가능하므로 문맥에 맞게 해석해볼 수 있도록 한다.

동사의 목적어 역할을 하는 to부정사는 동명사(Chapter 07)와 비교되어 자주 출제되므로 이는 챕터 7에서 함께 다루어 보자.

→ He loves **to watch action movies**.

→ We discussed **how to solve the problem**.

→ It is important **to help hungry children in poor countries**.

→ I have some household chores **to do before guests arrive**.

→ The new project turned out **to be a huge success**.

→ They visited the museum **to learn about national history**.

→ Opinions have become very easy **to share** thanks to the internet.

→ I am **old enough to vote** in the upcoming election.

UNIT 32 명사적 역할 1: 주어, 목적어, 보어

He loves **to watch** action movies.
to부정사구 목적어

1 to부정사가 명사적 역할을 하면 'v하는 것'의 의미이다. 주어로 쓰인 to부정사는 단수 취급한다. 🔖 어법 POINT 12

주어 자리에 it을 쓰고 to부정사(구)는 문장 뒤로 보내는 것이 일반적이다. ➡ UNIT 34

To make mistakes during the learning process *is* natural.
→ **It** is natural (*for you*) **to make mistakes during the learning process**.
*to부정사의 의미상 주어: 〈for[of]+목적격〉 ➡ UNIT 54

2 목적어로 쓰인 to부정사

She decided *not* **to buy the expensive dress**.
*to부정사의 부정형: 〈not[never]+to-v〉

참고 SVOC 문형에서는 목적어 자리에 it을 쓰고 to부정사(구)는 문장 뒤로 보낸다. ➡ UNIT 34

3 보어로 쓰인 to부정사

The purpose of group projects is **to teach you the value of collaboration**. (주격보어)
He was sick, so I *advised* him **to take a rest**. (목적격보어) ➡ UNIT 07

A 밑줄 친 to부정사구의 역할로 알맞은 것을 〈보기〉에서 골라 그 기호를 쓰고, 우리말 해석을 완성하시오.

> 보기 ⓐ 주어　　ⓑ 목적어　　ⓒ 주격보어　　ⓓ 목적격보어

1 To think before you speak is always wise.

_____ → _____ 항상 현명하다.

2 My goal is to become a successful programmer in the gaming industry.

_____ → 나의 목표는 _____.

3 They hope to visit their grandparents this weekend.

_____ → 그들은 이번 주말에 _____.

4 Preschools allow children to learn social behaviors. 학평응용

_____ → 유치원은 아이들이 _____.

B 다음 밑줄 친 부분이 어법상 옳으면 ○, 틀리면 ✕로 표시하고 바르게 고치시오.

1 To speak foreign languages fluently <u>require</u> a lot of practice.

2 To love someone is <u>to give</u> without any expectations.

3 She chose <u>not to eat</u> meat for ethical reasons.

해석 그는 액션 영화를 보는 것을 좋아한다. / **1** 배우는 과정에서 실수하는 것은 자연스럽다. / **2** 그녀는 그 비싼 옷을 사지 않기로 결정했다. / **3** 그룹 프로젝트의 목적은 협업의 가치를 알려주는 것이다. / 그는 아팠다. 그래서 나는 그에게 쉬라고 충고했다.

명사적 역할 2: 의문사+to부정사

We discussed **how to solve** the problem. 교과서응용
〈how to-v(어떻게 v할지)〉가 동사의 목적어 역할

1 〈의문사+to부정사〉는 명사 역할을 한다.

〈의문사+S+should[can]+V〉로 바꿔 쓸 수 있다.

When to harvest the crops depends on weather conditions. (주어) (언제 v할지)

(→ *When we should[can] harvest the crops ~.*)

We should be aware of **where to park our car before the event**. (전치사의 목적어) (어디서 v할지)

(→ *We should be aware of where we should[can] park our car before the event.*)

The question now is **what to do next**. (보어) (무엇을 v할지)

(→ *The question now is what we should[can] do next.*)

A 다음 문장의 네모 안에서 어법과 문맥상 알맞은 것을 고르시오.

1 Traffic lights inform us of ⎡ what / when ⎤ to cross the street. 교과서응용

2 The teacher explained ⎡ how / where ⎤ to solve the math problem step by step.

3 ⎡ Who / Which ⎤ to invite to a wedding is a difficult decision.

4 Uniforms at school remove the daily worry of ⎡ what / when ⎤ to wear.

B 다음 주어진 우리말과 일치하도록 괄호 안의 단어와 〈보기〉의 의문사를 활용하여 빈칸을 완성하시오. (필요시 단어 추가 가능)

> 보기 where   who   how   when   what

1 우리는 여행 동안 어디에서 묵을 수 있을지 아직 정하지 않았다. (can, stay, we)

→ We didn't decide _____ _____ _____ _____ during our trip.

2 그 관리자는 누구를 고용해야 할지 신중하게 생각하고 있다. (hire)

→ The manager is thinking carefully about _____ _____ _____.

3 그는 다가오는 휴가를 위해 언제 비행기를 예약해야 할지 궁금해했다. (should, book, he)

→ He wondered _____ _____ _____ _____ the flight for his upcoming vacation.

4 오늘의 요리 수업에서, 요리사들이 여러분에게 주방을 위해 무엇을 사야 할지와 같은 요리 팁을 줄 것이다. (buy)

→ In today's cooking class, chefs will give you cooking tips like _____ _____ _____ for your kitchen. 학평응용

해석 우리는 어떻게 문제를 해결할지 의논했다. / **1** 언제 농작물을 수확할지는 기상 상태에 달려있다. / 우리는 행사 전에 어디에 주차할지 알아둬야 한다. / 이제 문제는 다음에 무엇을 할 것인가이다.

명사적 역할 3: 진주어, 진목적어

> It is important **to help** hungry children in poor countries. 교과서응용
> 가주어   진주어 to부정사구

① 주어 자리에 가주어(형식주어) it을 쓰고, 진주어(내용상의 주어) to부정사(구)는 뒤로 보낼 수 있다. 🔊 어법 POINT 13

To wake up early every morning is difficult.
→ *It* is difficult **to wake up early every morning**. 교과서응용
It was really hard for me **to lose weight in a short time**.

② SVOC 문형에서 목적어로 쓰인 to부정사는 가목적어(형식목적어) it으로 대신한다. 이때 진목적어(내용상의 목적어)인 to부정사(구)는 뒤로 보낸다. 🔊 어법 POINT 13

Many people find **to express** their emotions openly^O difficult^{OC}. (×)
→ Many people find it^{가목적어} difficult^{OC} **to express** their emotions openly^{진목적어}. 교과서응용

A 다음 밑줄 친 부분이 어법상 옳으면 ○, 틀리면 ×로 표시하고 바르게 고치시오.

1 You sometimes find it hard <u>read</u> others' thoughts.

2 The storm is getting worse. It would be better <u>to stay</u> home today.

3 Some people <u>consider it confusing</u> to use kiosks when they order food.

4 Do not dive in head first. <u>That</u> is wise to dip your toes slowly in the water. 학평응용

5 There is a lot of traffic in the morning, so it is risky to <u>biking</u> to your office. 학평응용

B 다음 주어진 우리말과 일치하도록 괄호 안의 단어를 활용하여 빈칸을 완성하시오. (필요시 어형 변화 및 단어 추가 가능)

1 이 강의는 과학을 공부하는 것을 더 쉽도록 만들 것이다. (science, study, it, easier)

→ This lecture will make _____.

2 교육자들은 아이들을 차별 없이 가르치는 것이 필요하다고 믿는다. (it, educators, necessary, believe)

→ _____ to teach children without discrimination.

3 좋은 책을 읽으며 조용한 저녁을 보내는 것은 매우 평화롭다. (very, it, peaceful, be)

→ _____ to spend a quiet evening with a good book.

4 고대의 텍스트는 오래된 언어를 사용했기 때문에, 그것들의 완전한 의미를 이해하기 어려울 수 있다.
    (full meaning, it, can, understand, difficult, their, be)

→ Ancient texts used aged language, so _____.

해석 가난한 나라의 굶주린 아이들을 돕는 것은 중요하다. / **1** 매일 아침 일찍 일어나는 것은 어렵다. / 나는 단기간에 살을 빼는 것이 정말 힘들었다. / **2** 많은 사람들이 자신의 감정을 솔직하게 표현하는 것이 어렵다고 여긴다.

UNIT 35

출제 빈도 ★★

형용사적 역할 1: 명사 수식

정답 p. 28

I have *some household chores* **to do** before guests arrive.

명사구(some household chores) 수식

1 to부정사는 명사를 뒤에서 수식할 수 있다. ☞ 어법 POINT 14

이때 'v할[하는] 명사'로 해석한다.

Music has *the power* **to make us feel happy**. 교과서응용

[주의] 수식받는 명사가 to부정사구에 있는 전치사의 목적어인 경우, 목적어와 어울리는 전치사를 빠뜨리지 않도록 주의한다.

He has no *pencil* **to write with**. (← write with a pencil)

A 다음 주어진 우리말과 일치하도록 괄호 안의 단어와 to부정사를 활용하여 빈칸을 완성하시오.

1 그 축구선수는 세계에서 최고가 되려는 목표를 가지고 있다. (become, a goal, the best)

→ The soccer player has _____ in the world.

EBS응용

2 어떤 행성들은 착륙할 지면이 없기 때문에, 우주 탐사는 어려움에 직면한다. (on, surfaces, land)

→ Because certain planets do not have _____,
space exploration faces difficulties. 학평응용

3 개학 첫날은 새로운 친구를 만들 좋은 기회이다. (good, new, make, friends, a, opportunity)

→ The first day of school is _____.

4 그녀는 거주할 아름다운 집을 발견했을 때 몹시 기뻤다. (beautiful, found, live, a, house, in)

→ She was overjoyed when she _____.

B 다음 밑줄 친 부분이 어법상 옳으면 ○, 틀리면 ✕로 표시하고 바르게 고치시오.

1 Empathy is the ability to understanding other people's thoughts and feelings. 교과서응용

2 In the world of literature, there are many talented authors to pay attention for diverse perspectives.

3 She recommended this novel to read on the long flight.

4 Is there any good restaurant go to with my family in this city?

5 If you want to learn ice skating, now is the best time to start.

해석 나는 손님이 도착하기 전에 해야 할 집안일이 좀 있다. / **1** 음악은 우리를 행복하게 하는 힘이 있다. / 그는 쓸 연필이 없다.

형용사적 역할 2: 주격보어 의미

정답 p. 29

The new project *turned out* to be a huge success.

1 다음과 같은 동사 뒤에 to부정사가 쓰여 주격보어의 의미로 쓰인다.

> · seem[appear] to-v (v인 것 같다)　　· prove[turn out] to-v (v로 판명되다)　　· come[get, grow] to-v (v하게 되다)

She *seems* **to be upset** because of her friend. (→ It *seems* that she *is* upset ~.) ● UNIT 57

2 〈be to-v〉 형태로 주어에 대한 서술을 할 수 있다.

· 예정(v할 것이다)　　The cafe **is to open** next week.
· 의무(v해야 한다)　　We **are to complete** this project by the end of the month.
· 가능(v할 수 있다)　　Nothing **is to be obtained** without effort.
· 의도(v하려하다)　　If you **are to have** a career in science, you must have a passion for discovery.
· 운명(v할 운명이다)　　He **was to become** a world-famous chef.

> 주의 주격보어(명사적 용법)로 쓰인 to부정사와 구분한다. ● UNIT 32

His dream **is to be** a zookeeper. (주격보어)

A 다음 밑줄 친 부분에 유의하여 문맥에 맞게 우리말 해석을 완성하시오.

1 Humans appear to feel depressed when the amount of sunlight decreases.

→ 인간은 햇빛의 양이 감소하면 _____.

2 The athletes are to compete in the Olympics next month.

→ 그 선수들은 다음 달 올림픽에서 _____.

3 Checklists proved to be effective to remind people of important things. 수능응용

→ 체크리스트는 사람들에게 중요한 것들을 상기시키는 데 _____.

B 다음 괄호 안의 단어를 활용하여 주어진 우리말을 영작하시오. (어형 변화 및 단어 추가 가능)

1 그들은 여행하는 동안 고대 유적을 탐험하게 되었다. (get, explore)

→ They _____ _____ _____ the ancient ruins during their trip.

2 지원자들은 온라인으로 입사 지원서를 제출해야 합니다. (be, submit)

→ The applicants _____ _____ _____ the job application form online.

3 호텔에 머물려면 예약하세요. (be, stay)

→ Make a reservation if you _____ _____ _____ at the hotel.

해석 새로운 프로젝트는 큰 성공을 거둔 것으로 판명됐다. / **1** 그녀는 친구 때문에 화가 난 것 같다. / **2** 이 카페는 다음 주에 문을 열 것이다. / 우리는 이달 말까지 이 프로젝트를 끝내야 한다. / 노력 없이는 아무것도 얻을 수 없다. / 과학 분야에서 업적을 쌓으려면, 발견에 대한 열정이 있어야 한다. / 그는 세계적으로 유명한 요리사가 될 운명이었다. / 그의 꿈은 동물원 사육사가 되는 것이다.

UNIT 37

출제 빈도 ★★

부사적 역할 1: 목적, 감정의 원인, 판단 근거

정답 p. 29

They visited the museum **to learn** about national history.

to부정사 목적(v하기 위해)

1 to부정사는 부사처럼 쓰이면 다양한 의미를 나타낸다. 🔖 어법 POINT 14

> • 목적 (v하기 위해)　　• 감정의 원인 (v해서, v하게 되어)　　• 판단 근거 (v하다니, v하는 것을 보니)

He pushes himself to his limits **to achieve his goal**. 〈목적〉

They were *sorry* **to cancel their vacation plans**. 〈감정의 원인〉

She must be *a genius* **to make such beautiful music at such a young age**. 〈판단 근거〉

참고 목적을 나타낼 때 in order to-v, so as to-v 형태로도 쓰인다.

He went to the cafe **in order to buy** a cup of coffee and a sandwich.

I arrived early **so as to secure** a good seat for the concert.

A 다음 밑줄 친 to부정사의 의미로 알맞은 것을 〈보기〉에서 골라 그 기호를 쓰시오.

> 보기 ⓐ 목적: v하기 위해　　ⓑ 감정의 원인: v해서, v하게 되어
> ⓒ 판단 근거: v하다니, v하는 것을 보니

1 This year we are happy to celebrate our 50th foundation day. 모의응용　＿＿＿＿

2 When the fire broke out, all the residents ran down the emergency stairs to get out of the apartment.　＿＿＿＿

3 He is very thoughtful to send flowers to my parents.　＿＿＿＿

4 She took notes during the lecture to remember the important points.　＿＿＿＿

5 In order to get a refund on your toaster, please bring the faulty toaster to the shop. 학평응용　＿＿＿＿

B 다음 밑줄 친 부분이 어법상 옳으면 ○, 틀리면 ✕로 표시하고 바르게 고치시오.

1 I go to the dentist regularly so as prevent cavities.

2 Sue's mom is very generous to buy her a new bicycle.

3 You were careless for sell a camera without comparing prices.

4 In order not to miss world events, I watch the news every morning.

5 My dad was glad hear the good news about my award.

해석 그들은 국사에 대해 배우기 위해 박물관을 방문했다. / **1** 그는 목표를 달성하기 위해 자신을 한계로 밀어 넣는다. / 그들은 휴가 계획을 취소하게 되어 유감이었다. / 그녀는 그렇게 어린 나이에 그렇게 아름다운 음악을 만들다니 천재임이 틀림없다. / 그는 커피 한 잔과 샌드위치를 사기 위해 카페에 갔다. / 나는 콘서트의 좋은 자리를 확보하기 위해 일찍 도착했다.

UNIT 38 부사적 역할 2: 결과, 조건, 형용사 수식

Opinions have become very *easy* **to share** thanks to the internet.

to부정사가 형용사(easy) 수식   교과서응용

①

• 결과 (~해서 결국 v하다[되다])	• 조건 (v하면)

He loved to write, and *grew up* **to be a successful author**. 〈결과〉
To collaborate with him, you would be surprised by his creativity. 〈조건〉

• only to-v ((그러나 결국) v할 뿐인)	• never to-v ((그러나 결국) v하지 못한)

She studied hard, *only* **to fail**.   He left the room, *never* **to return**.

② 형용사를 수식하여 'v하기에 (~한)'이라는 의미로 쓰인다.

Fireworks can be *dangerous* **to handle without safety precautions**.

참고 자주 쓰이는 〈be동사+형용사+to부정사〉

• be likely to-v (v할 것 같다)	• be sure[certain] to-v (분명히[꼭] v하다)	• be willing to-v (기꺼이 v하다)
• be reluctant to-v (v하기를 꺼리다[망설이다])	• be eager[anxious] to-v (v하기를 열망하다)	• be free to-v (마음대로 v하다)

A 다음 밑줄 친 부분에 유의하여 문맥에 맞게 우리말 해석을 완성하시오.

1 To watch this movie, you would be impressed.

→ _____, 너는 감명을 받을 것이다.

2 She had gone to Canada, never to see us again.

→ 그녀는 캐나다로 떠났고, _____.

3 In my opinion, she is likely to receive an award for her novel.

→ 내 생각에 그녀는 자신의 소설로 상을 _____.

B 다음 괄호 안의 단어를 알맞게 배열하여 주어진 우리말을 영작하시오.

1 그들은 서둘러서 역으로 갔지만, 결국 기차를 놓칠 뿐이었다. (the, to, only, miss, train)

→ They hurried to the station, _____.

2 인터넷 뱅킹은 언제든지 당신의 계좌를 확인하기에 편리하다. (account, check, convenient, your, to)

→ Internet banking is _____ anytime.

3 자전거를 탈 때 헬멧을 꼭 써라. (wear, to, be, a helmet, sure)

→ _____ when you ride a bicycle.

해석 인터넷 덕분에 의견을 공유하는 것이 아주 쉬워졌다. / **1** 그는 글쓰기를 좋아했고, 결국 성공적인 작가가 되었다. / 그와 협력한다면, 당신은 그의 창의력에 놀랄 것이다. / 그녀는 열심히 공부했지만 낙제했다. / 그는 방을 떠났고, 다시는 돌아오지 않았다. / **2** 불꽃놀이는 안전 대책 없이 다루기에 위험할 수 있다.

부사적 역할 3: 주요 구문

I am *old* **enough to vote** in the upcoming election. 교과서응용
형용사[부사] enough to-v (v하기에 충분히 ~한)

① too+형용사[부사]+to-v: 너무 ~해서 v할 수 없는; v하기에는 너무 ~한 ☞ 어법 POINT 14

= so+형용사[부사]+that+주어+cannot[couldn't]+동사원형 ● UNIT 70

The secretary is **too** lazy **to do** the task. 교과서응용

= The secretary is **so** lazy **that** he **cannot do** the task.

② 형용사[부사]+enough to-v: v하기에 (충분히) ~한[하게]; (충분히) ~해서 v하는 ☞ 어법 POINT 14

= so+형용사[부사]+that+주어+can[could]+동사원형

He runs fast **enough to win** the race.

= He runs **so** fast **that** he **can win** the race.

③ 문장 전체를 수식하는 to부정사 표현 **Level up**

To tell the truth, I didn't like the food in that restaurant. 교과서응용

· to tell the truth (진실을 말하자면) (= to be honest[frank])	· to begin[start] with (우선적으로)
· strange to say (이상한 이야기지만)	· so to speak (말하자면)
· needless to say (~은 말할 것도 없이) (= not to mention, not to speak of, to say nothing of)	

A 다음 문장의 네모 안에서 어법과 문맥상 알맞은 것을 고르시오.

1 This road is so rough that we can / can't ride skateboards. 교과서응용

2 It was too cold for me to go / going outside, and I felt like staying in.

3 This house is not big enough lives with / to live with all my family members.

4 The subway was so crowded that I could / couldn't find a seat.

5 He finished the test enough quickly / quickly enough to review his answers.

B 다음 밑줄 친 부분에 유의하여 문맥에 맞게 우리말 해석을 완성하시오.

1 I studied diligently every day. Needless to say, I passed all the exams.

→ 나는 매일 성실하게 공부했다. _____, 나는 모든 시험을 통과했다.

2 Strange to say, my cat seemed to understand my words.

→ _____, 내 고양이는 내 말을 알아듣는 것 같았다.

3 To begin with, we should decide on the topic of our report.

→ _____, 우리는 리포트의 주제를 정해야 한다.

해석 나는 다가오는 선거에서 투표하기에 충분히 나이가 들었다. / **1** 그 비서는 너무 게을러서 그 일을 할 수 없다. / **2** 그는 경주에서 이기기에 충분히 빠르게 뛴다. /
3 진실을 말하자면, 나는 그 식당의 음식이 별로였다.

01 다음 (A), (B), (C)의 각 네모 안에서 어법상 맞는 표현으로 가장 적절한 것을 고르시오.

- The duty of a lifeguard is (A) | maintain / to maintain | a safe environment for swimmers.
- It is necessary (B) | believe / to believe | in yourself.
- She thinks (C) | it / that | important to achieve a healthy work-life balance.

	(A)	(B)	(C)
①	maintain	believe	it
②	maintain	believe	that
③	to maintain	believe	it
④	to maintain	to believe	it
⑤	to maintain	to believe	that

02 다음 중 밑줄 친 부분의 문법적 성격이 나머지 넷과 다른 하나를 고르시오.

① To focus on customers' needs is essential for any successful business.

② Our engineers are planning to invent a new type of renewable energy source.

③ The mentorship program will allow him to gain valuable insights.

④ Students are not to use their phones during class hours.

⑤ Could you please explain how to get to the nearest train station from here?

[03~04] 다음 밑줄 친 부분 중 어법상 **틀린** 것을 고르시오.

03

① The new tablet model appears to be popular among consumers.

② I need stamps to put this envelope before sending it.

③ Recycling is the best way to protect the environment.

④ This medicine proved to be effective.

⑤ The wedding is to take place in a beautiful garden.

04

① To manage your time wisely, you would reduce stress.

② The puppy was eager to play outside in the park.

③ This stadium is enough large to accommodate more than 100,000 people.

④ The restroom is too narrow to enter with a wheelchair.

⑤ To be honest, I didn't complete my assignment.

05 다음 밑줄 친 ⓐ~ⓔ 중 어법상 <u>틀린</u> 것끼리 짝지어진 것을 고르시오.

- It can be beneficial ⓐ <u>to learn</u> a second language in this global world.
- Advances in medicine ⓑ <u>made possible to treat</u> previously incurable diseases.
- Students can share their ideas ⓒ <u>so as to improve</u> the quality of their work.
- Many people ⓓ <u>are reluctant to visiting</u> the dentist because of their fear of pain.
- You are ⓔ <u>foolish to believe</u> rumors without a doubt.

① ⓐ, ⓑ   ② ⓑ, ⓒ
③ ⓑ, ⓓ   ④ ⓒ, ⓔ
⑤ ⓓ, ⓔ

[06~07] 다음 빈칸에 들어갈 말로 알맞은 것을 고르시오.

06

The weather seems _____ warm this week.

① be   ② to
③ to be   ④ in order to be
⑤ so as to be

07

She phoned him several times but he was _____ to return her call.

① not busy   ② too busy
③ never busy   ④ busy enough
⑤ enough busy

08 다음 ⓐ~ⓕ 중 어법상 옳은 것끼리 짝지어진 것을 고르시오.

- ⓐ Through discussions with experts, the team came to developing solutions.
- ⓑ She was relieved to finish her difficult exam.
- ⓒ Avoid any interruptions, I turned off my phone during the meeting.
- ⓓ He ordered a pair of shoes online, only to discover they were too big.
- ⓔ The party was filled with delicious food, not to mention lively music.
- ⓕ Our neighbors are always willing to help us.

① ⓐ, ⓒ, ⓔ   ② ⓐ, ⓔ, ⓕ
③ ⓑ, ⓓ, ⓔ, ⓕ   ④ ⓒ, ⓓ, ⓔ, ⓕ
⑤ ⓒ, ⓔ

09 다음 글의 밑줄 친 부분 중, 어법상 <u>틀린</u> 것을 고르시오.

① <u>In order to maintain</u> good mental health, it is important ② <u>to express</u> one's emotions. To suppress emotions ③ <u>are likely to lead</u> to increased stress, anxiety, and potential physical health problems. ④ <u>Express</u> emotions openly and honestly. This enables you ⑤ <u>to sustain a positive mental state</u> and promotes stronger social connections.

[10~13] 다음 밑줄 친 부분이 어법상 옳으면 ○, 틀리면 ✕로 표시하고 바르게 고치시오.

10 I worked late throughout this week. I need <u>some time to take a rest</u>.

11 This black coat is too expensive <u>afford</u> with my budget.

12 The old building <u>turned out to be</u> full of hidden treasures during the renovation.

13 He exercised rigorously for the match, only <u>injure</u> himself.

[14~16] 다음 문장에서 어법상 틀린 부분을 찾아 밑줄을 긋고 이를 바르게 고치시오.

14 Judy had a chance to visiting Italy with her family.

15 He has saved money in order buy a new smartphone.

16 Air pollution in this city makes it hard breathe.

[17~21] 다음 괄호 안의 단어를 알맞게 배열하여 주어진 우리말을 영작하시오. (단, 반드시 to부정사를 사용할 것)

17 Aiden은 반 친구에게 자신이 가장 좋아하는 책을 빌려주었지만, 다시는 그것을 볼 수 없었다. (it, see, again, never)

→ Aiden lent his classmate his favorite book, _____ .

18 그녀의 계획은 매일 2km를 달리는 것이다. (2 kilometers, plan, is, run, her)

→ _____ everyday.

19 이번 중간고사는 철저한 준비 없이 통과하기 힘들었다. (pass, complete, tough, without, preparation)

→ This midterm exam was _____ _____ .

20 Alex는 자신의 반 친구들과 잘 어울리지 못하는 것 같다. (get along with, Alex, his, does not, classmates, seem)

→ _____
_____ .

21 견고한 관계를 형성하기 위해서, 당신 주변 사람들에게 당신의 감사를 표현하는 것은 중요하다. (be, express, strong relationships, it, your appreciation, important, build)

→ _____ ,
_____
to those around you.

[22~23] 다음 문장들이 같은 의미가 되도록 빈칸을 완성하시오.

22

> The kitchen was too small to accommodate a large dining table.

= The kitchen was so small _____

_____.

= The kitchen was not big enough _____

_____.

23

> The internet connection is so stable that we can watch movies without interruptions.

= The internet connection is _____

_____

without interruptions.

24 다음 (A), (B)에 들어갈 적절한 단어를 괄호 안의 어구를 활용하여 빈칸에 알맞은 형태로 쓰시오. (필요시 어형 변화 가능)

> In many parts of the world, **(A)** _____
> _____ (be, easy, it) to take for granted the availability of clean water for drinking and other daily needs. However, there is still **(B)** _____ (clean water, no, drink, to) in many parts of the world.

(A) _____

(B) _____

25 다음 글의 밑줄 친 우리말과 일치하도록 〈보기〉의 단어를 배열하시오.

> It is important to practice good hygiene 전염병의 확산을 막기 위해서. Practice good hygiene: wash hands, cover coughs, and avoid sick individuals.

〈보기〉

as / infectious / the spread / so / to / prevent / of / diseases

_____

_____

26 다음 글에서 어법상 **틀린** 부분을 찾아 바르게 고치시오.

> To talk with friends can be a pleasurable experience, and for some people, it can even be an enjoyable hobby. It gets individuals to connect with others and to share thoughts and ideas. For example, I find to talk very enjoyable, and it provides me with a sense of fulfillment and happiness.

→ _____

_____

CHAPTER 07

동명사

동명사(동사원형+-ing)는 동사가 명사화된 것으로 주어, 보어, (동사나 전치사의) 목적어로 쓰인다.

동사에서 변형되었기 때문에 목적어가 뒤따르는 등의 동사적 성격을 갖기도 한다.(● Chapter 09)

이전 챕터에서 학습한 to부정사의 명사적 역할과 비교하여 동명사에 대해 학습해보자.

→ **Learning** new things is always exciting.

→ The factory **quit producing** the items due to low demand.

→ I remember **watching** that movie with you last summer.

→ I improved my writing skills by **practicing** every day.

→ He **spends his weekends hiking** in the mountains.

UNIT 40 동명사의 역할 1: 주어, 보어

정답 p. 32

Learning new things is always exciting.
동명사(v-ing)구 주어

1 주어로 쓰인 동명사(구)는 단수 취급한다. 🗨️ 어법 POINT 15

Traveling to many countries *was* a great experience for me.

참고 동명사의 부정형은 〈not[never]+v-ing〉이다.

***Not* being honest** can damage your relationships with others.

2 보어로 쓰인 동명사

Her goal in life is **finding happiness**.

A 다음 밑줄 친 부분이 어법상 옳으면 ○, 틀리면 ✕로 표시하고 바르게 고치시오.

1 Our company's primary focus is <u>maximize</u> customer satisfaction.

2 <u>Controlling your voice</u> is an important skill to develop as a teacher. 수능응용

3 Taking regular breaks during work <u>improve</u> productivity.

B 다음 괄호 안의 단어를 알맞게 배열하여 〈조건〉에 맞게 주어진 우리말을 영작하시오.

조건 • 어형 변화 가능   • 동명사를 사용할 것

1 공개 연설 행사에 참여하는 것은 다양한 관점과 의견을 소통하는 데 도움이 된다.
(in, participate, public speaking events)

→ _____ helps communicate diverse perspectives and opinions.

2 자신감을 기르는 한 가지 방법은 자신을 다른 사람들과 비교하지 않는 것이다.
(compare, not, others, yourself, to)

→ One way to build self-confidence is _____.

3 라이브 콘서트에 참석하는 것은 기억에 남는 경험을 제공한다. (live, attend, concerts, provide)

→ _____ a memorable experience.

4 여름의 가장 좋은 점은 야외 활동을 즐기는 것이다. (outdoor, be, activities, enjoy)

→ The best thing about summer _____.

5 지역 자선 단체에서 자원봉사를 하는 것은 지역 사회에 이익이 된다.
(benefit, a local charity organization, volunteer, at)

→ _____ the community.

해석 새로운 것을 배우는 것은 항상 즐겁다. / **1** 여러 나라를 여행하는 것은 나에게 아주 멋진 경험이었다. / 정직하지 않은 것은 다른 사람과의 관계를 해칠 수 있다. / **2** 그녀의 인생 목표는 행복을 찾는 것이다.

UNIT 41

출제 빈도 ★★

동명사의 역할 2: 동사의 목적어

정답 p. 33

The factory **quit producing** the items due to low demand.
동사(quit)의 목적어

1 동명사를 목적어로 쓰는 동사 ⟲ 어법 POINT 16

지금 진행 중인 일이나 과거의 일을 주로 나타낸다.

Would you **mind opening** the window? 교과서응용

- 종료: stop, end up (결국 ~하게 되다), finish, quit, give up (포기하다)
- 감정: enjoy, mind (~하는 것을 꺼리다)
- 기타: put off (미루다), postpone (미루다), avoid, imagine, consider, include, admit (인정하다), deny (부인하다),
  suggest, practice

2 to부정사를 목적어로 쓰는 동사 ● UNIT 32 ⟲ 어법 POINT 16

주로 희망, 아직 일어나지 않은 미래의 일을 나타낸다.

She **wants to write** a book and **(to) share** her ideas with the world.

- 희망·기대: want, hope, wish, expect
- 결심·계획: decide, determine, choose, plan
- 동의·거절·약속: agree, refuse, promise
- 기타: tend (~하는 경향이 있다), afford (~할 여유가 되다), learn, pretend (~하는 척하다)

A 다음 문장의 네모 안에서 어법상 알맞은 것을 고르시오.

1 We sat by the beach and imagined | surf / surfing | the perfect wave.

2 They decided | to downsize / downsizing | their home and adopt a minimalist lifestyle.

3 He enjoys | to cook / cooking | elaborate meals for his friends and family.

4 My brother hopes | to become / becoming | a successful business owner and start his own business.

5 She didn't intend to buy anything, but she ended up | to purchase / purchasing | a new dress.

B 다음 문장을 어법에 맞게 괄호 안의 단어를 활용하여 완성하시오. (필요시 어형 변화 및 단어 추가 가능)

1 I have to lose weight, but I can't give up ＿＿＿＿＿＿ (eat) sweets.

2 I refused ＿＿＿＿＿＿ (lend) my favorite book to anyone.

3 He avoids ＿＿＿＿＿＿ (watch) horror movies because they give him nightmares.

4 We tend ＿＿＿＿＿＿ (eat out) on special occasions like birthdays and anniversaries.

5 I finished ＿＿＿＿＿＿ (organize) my closet and donated the spare clothes.

해석 수요가 낮아서 그 공장은 제품을 생산하는 것을 중단했다. / **1** 창문을 열어도 될까요? / **2** 그녀는 책을 쓰고 자신의 생각을 세상과 나누고 싶어 한다.

동명사와 to부정사를 목적어로 쓰는 동사

정답 p. 33

I *remember* **watching** that movie with you last summer.

remember의 목적어 v-ing(v한 것을 기억하다)

1 동명사와 to부정사 둘 다 목적어로 쓰는 동사

start	begin	continue	hate	love	like	prefer

We will need an umbrella if it *starts* **raining[to rain]**.
Children *love* **playing[to play]**.

2 목적어가 동명사인지 to부정사인지에 따라 의미가 달라지는 동사 👆 어법 POINT 16

동명사 목적어는 과거성, 현재성(했거나 하고 있는 일), to부정사 목적어는 미래성(하지 않은 일)을 의미한다.

remember v-ing	(과거에) v한 것을 기억하다	remember to-v	(앞으로) v할 것을 기억하다, 잊지 않고 v하다
forget v-ing	(과거에) v한 것을 잊어버리다	forget to-v	(앞으로) v할 것을 잊어버리다
regret v-ing	(과거에) v한 것을 후회하다	regret to-v	(앞으로) v하게 되어 유감이다
try v-ing	시험 삼아[그냥] 한번 v해 보다	try to-v	v하려고 노력하다[애쓰다]

She *remembered* **visiting** the old café during her trip to Paris.
Please *remember* **to call** me when you arrive home safely.

She *forgot* **buying** her toothbrush already, so she bought another one.
Don't *forget* **to buy** milk on your way home.

They *regretted* **not attending** their friend's farewell party.
We *regret* **to announce** the delay of the flight. It will be delayed for two hours.

He *tried* **eating** sushi for the first time.
He *tries* **to exercise** for at least 30 minutes every day.

참고 stop은 동명사만 목적어로 쓴다. ➋ UNIT 41 stop 뒤에 쓰인 to부정사는 목적어가 아니라 '~하기 위해'라는 의미의 부사적 용법이다.

He stopped **drinking** coffee. (마시는 것을 멈추다)
She stopped **to ask** for directions. (묻기 위해 멈추다)

해석 나는 지난여름 너와 그 영화를 봤던 것을 기억한다. / **1** 비가 오기 시작하면 우리는 우산이 필요할 것이다. / 아이들은 노는 것을 좋아한다. / **2** 그녀는 파리 여행 중 오래된 카페를 방문했던 것을 기억했다. / 집에 안전하게 도착하면 제게 전화할 것을 기억해 주세요. / 그녀는 칫솔을 샀던 것을 잊어버려서 또 다른 칫솔을 샀다. / 집에 오는 길에 우유 사는 거 잊지 마. / 그들은 친구의 송별회에 참석하지 않은 것을 후회했다. / 항공편이 지연되었음을 알려드리게 되어 유감입니다. 비행기가 두 시간 지연될 것입니다. / 그는 처음으로 초밥 먹는 것을 시도해보았다. / 그는 매일 최소 30분 운동하려고 노력한다. / 그는 커피 마시는 것을 멈췄다. / 그녀는 방향을 묻기 위해 멈췄다.

A 다음 밑줄 친 부분이 어법상 옳으면 ○, 틀리면 ×로 표시하고 바르게 고치시오.

1 He began <u>studying</u> classical music in his youth. 학평응용

2 The front door was open because they had forgotten <u>locking</u> it when they went out.

3 I regret <u>to inform</u> you that your application is denied.

4 I hate <u>to argue with</u> others and prefer peaceful resolutions.

5 The couple remember <u>to celebrate</u> their anniversary last year at a fancy restaurant.

6 They continued <u>exploring</u> the ancient ruins despite the weak light.

7 She tried <u>singing</u> the high notes, but it was a bit challenging for her.

B 다음 주어진 우리말과 일치하도록 괄호 안의 단어를 활용하여 빈칸을 완성하시오. (필요시 어형 변화 및 단어 추가 가능)

1 연주자들은 음악의 의미를 관객들과 소통하려고 노력한다. (try, communicate)

→ The performers _____ the meaning of the music to audiences. 학평응용

2 나는 미래를 위해 더 많은 돈을 저축하지 않은 것을 후회한다. (not, save, regret)

→ I _____ more money for the future.

3 너희 어머니 생신에 전화드릴 것을 기억해라. (call, remember)

→ _____ your mother on her birthday.

4 나는 그 뮤지컬을 처음으로 봤던 것을 절대 잊지 않을 것이다. (forget, watch)

→ I'll never _____ the musical for the first time.

5 Oliver는 더 나은 집중을 위해 도서관에서 공부하는 것을 선호한다. (prefer, study)

→ Oliver _____ in the library for better concentration.

6 그는 변명을 만드는 것을 멈추고 행동에 대한 책임을 지기로 결심했다. (excuses, stop, make)

→ He _____ and decided to take responsibility for his actions.

동명사의 역할 3: 전치사의 목적어

I improved my writing skills *by* **practicing** every day. 교과서응용
전치사(by)의 목적어

1 동명사는 전치사의 목적어 역할을 한다.

I dreamed *of* **becoming** a children's book author. 교과서응용

• 자주 쓰이는 〈전치사 to+동명사〉 표현

> • look forward to v-ing (v하기를 고대하다)
> • devote oneself[life, time, efforts] to v-ing (v하는 것에 ~을 헌신하다) = commit oneself to v-ing
> • object[be opposed] to v-ing (v하는 것에 반대하다)
> • be accustomed to v-ing (v하는 것에 익숙하다) = be used to v-ing ➡ UNIT 24
> • adjust to v-ing (v하는 것에 적응하다)
> • when it comes to v-ing[명사] (~에 관한 한)

주의 전치사 to를 to부정사의 to로 착각하여 뒤에 원형부정사(v)를 쓰지 않도록 주의한다. ➡ 어법 POINT 17

I *look forward to* **seeing** him again because he was so kind and thoughtful.
see(×)

A 다음 밑줄 친 부분이 어법상 옳으면 ○, 틀리면 ×로 표시하고 바르게 고치시오.

1 The company's passion for satisfy customers is described in its business motto. 학평응용

2 Young people are accustomed to using digital devices in their daily lives.

3 Instead of assembling one car at a time, manufacturers use production lines. 학평응용

4 A frog gets oxygen by breathe through its skin. 학평응용

5 The team quickly adjusted to working with the new software.

B 다음 주어진 우리말과 일치하도록 괄호 안의 단어를 활용하여 빈칸을 완성하시오. (어형 변화 가능)

1 그녀는 건강한 생활방식을 유지하는 것을 자랑스러워한다. (lifestyle, healthy, maintain, a)

→ She is proud of _____.

2 그들은 재생 에너지를 위한 혁신적인 방법을 개발하는 것에 그들의 노력을 쏟았다.
(efforts, to, their, develop, devote)

→ They _____ innovative methods for renewable energy.

3 대부분의 주민들이 그 도시에 새로운 고속도로를 짓는 것에 반대한다. (a, build, highway, object, to, new)

→ Most residents _____ in the city.

4 문제를 해결하는 것에 관한 한, 나는 창의적인 해결책을 찾는 것에 빠르다.
(when, come, a problem, it, to, solve)

→ _____, I am quick to find creative solutions.

해석 나는 매일 연습함으로써 글쓰기 능력을 향상시켰다. / **1** 나는 아동 도서 작가가 되는 것을 꿈꿨다. / 그는 매우 친절하고 사려 깊었기 때문에 나는 그를 다시 만나기를 고대한다.

동명사를 포함한 주요 구문

He **spends his weekends hiking** in the mountains.

spend A v-ing(v하는 데 A를 쓰다)

1 관용적으로 쓰이는 동명사 표현들이 있다.

- spend A (in) v-ing (v하는 데 A를 쓰다)
- keep[prevent, stop] A from v-ing (A가 v하지 못하게 하다, A가 v하는 것을 막다)
- be worth v-ing (v할 가치가 있다)
- There is no v-ing (v할 수 없다)
- on[upon] v-ing (v하자마자)
- It goes without saying that ~ (~은 말할 것도 없다)
- cannot help v-ing (v하지 않을 수 없다) = cannot but v = have no choice but to-v ➡ UNIT 24
- have difficulty[trouble] (in) v-ing (v하는 데 어려움을 겪다)
- It is no use v-ing (v해도 소용없다)
- feel like v-ing (v하고 싶은 생각이 들다)
- far from v-ing (조금도[결코] ~ 않다)

The movie was definitely **worth watching**. 교과서응용
There is no denying the importance of education in shaping one's future.
It goes without saying that I will always be here for you. 교과서응용

A 다음 주어진 우리말과 일치하도록 괄호 안의 단어를 활용하여 빈칸을 완성하시오. (필요시 어형 변화 가능)

1 그녀는 요리하고 싶은 생각이 들지 않아서 저녁으로 음식을 시켰다. (like, feel, cook)

→ She didn't _____, so she ordered food for dinner.

2 그녀는 외국어로 된 단어를 정확하게 발음하는 데 어려움을 겪었다.
(pronounce, in, difficulty, the foreign words)

→ She had _____ correctly.

3 선글라스를 착용하는 것은 태양이 당신의 눈을 손상시키는 것을 막을 수 있다.
(from, keep, damage, the sun, your eyes)

→ Wearing sunglasses can _____.

B 다음 밑줄 친 부분에 유의하여 문맥에 맞게 우리말 해석을 완성하시오.

1 Eating fruit and vegetables <u>prevents us from catching a cold</u> in the winter. 학평응용

→ 과일과 야채를 먹는 것은 _____.

2 The cake from this bakery <u>was worth waiting</u> for over an hour.

→ 이 빵집의 케이크는 _____.

3 Many children in Africa <u>have no choice but to drink</u> contaminated water.

→ 아프리카의 많은 아이들은 오염된 물을 _____.

해석 그는 산에서 하이킹하며 자신의 주말을 보낸다. / 1 그 영화는 분명히 볼 가치가 있었다. / 자신의 미래를 형성하는 데 있어 교육의 중요성을 부인할 수 없다. / 내가 너를 위해 항상 여기 있을 것임은 말할 것도 없다.

[01~02] 다음 (A), (B), (C)의 각 네모 안에서 어법상 맞는 표현으로 가장 적절한 것을 고르시오.

01

- Traveling to various cities (A) makes / make me feel refreshed.
- The teacher reminded everyone of (B) not forgetting / forgetting not to dispose of their trash.
- The essence of friendship is (C) supporting / supported each other.

	(A)	(B)	(C)
①	makes	not forgetting	supporting
②	makes	forgetting not	supporting
③	makes	forgetting not	supported
④	make	not forgetting	supporting
⑤	make	forgetting not	supported

02

- She quit (A) to worry / worrying about things beyond her control.
- I choose (B) to exercise / exercising regularly for my physical and mental well-being.
- They are considering (C) to adopt / adopting a dog from the local shelter.

	(A)	(B)	(C)
①	to worry	to exercise	to adopt
②	to worry	to exercise	adopting
③	to worry	exercising	to adopt
④	worrying	to exercise	adopting
⑤	worrying	exercising	adopting

03 다음 밑줄 친 부분의 문법적 성격이 나머지 넷과 다른 하나를 고르시오.

① The secret to happiness is helping others.
② Studying history helps us understand the present.
③ I learned a lot by asking questions to my teachers and mentors.
④ I am writing to express my thoughts and ideas with clarity.
⑤ They like gardening as a way to relax and connect with nature.

04 다음 중 밑줄 친 부분이 어법상 옳은 것을 고르시오.

① They postponed to renovate their house due to budget constraints.
② After much negotiation, both parties finally agreed signing the contract.
③ The team didn't give up to practice, even after several losses.
④ He plans visiting his grandparents over the weekend.
⑤ I don't mind paying more for high-quality products.

05 다음 빈칸에 들어갈 수 없는 것을 고르시오.

I _____ swimming in the ocean on cloudy days.

① enjoy   ② like
③ remember   ④ hate
⑤ hope

06 다음 중 어법과 문맥상 **틀린** 것을 고르시오.

① She devoted her life to pursuing her passion for music.

② The company continues expanding its partnerships and collaborations.

③ I had to adjust to living alone because my roommate moved out.

④ I forgot setting my alarm last night, so I overslept this morning.

⑤ He pretends to be confident in front of others.

07 다음 ⓐ~ⓕ 중 어법상 **틀린** 것의 개수를 고르시오.

> ⓐ We have trouble finding a parking spot in this narrow area.
>
> ⓑ Installing a security system can prevent burglars from entering your home.
>
> ⓒ When it comes to play the guitar, she is exceptionally talented.
>
> ⓓ On a hot summer day, I often feel like eating ice cream.
>
> ⓔ They look forward to attend the music festival this weekend.
>
> ⓕ The powerful performance of the actors cannot but captivating the audience.

① 1개   ② 2개   ③ 3개
④ 4개   ⑤ 5개

서술형 연습

[08~11] 다음 괄호 안의 단어를 알맞게 배열하여 주어진 우리말을 영작하시오.

08 나는 아침에 비타민을 먹을 것을 항상 기억한다.
(take / to / vitamins / remember)

→ I always _____
in the morning.

09 Emma는 대학생 때 해외에서 공부할 기회를 놓친 것을 후회했다.
(the opportunity / missing / study abroad / regretted / to)

→ Emma _____
_____ during college.

10 호텔에 도착하자마자, 그들은 즉시 체크인하러 갔다.
(at / upon / the hotel / arriving)

→ _____,
they immediately went to check-in.

11 날씨가 조금도 나아지지 않는다. 아직도 많은 비가 내리고 있다.
(far / improving / from / is / the weather)

→ _____.
It's still raining heavily.

12 그 춤의 멋진 점은 우아한 동작으로 감정을 표현하는 것이다.
(be, express, of, the beauty, the dancing, emotions)

→ _____

_____ through

graceful movements.

13 그는 발표자로서의 이전 경험 때문에 대중 앞에서 연설하는 데 익숙하다.
(be, speak, in public, he, accustomed)

→ _____

due to his previous experience as a presenter.

14 두 친구는 성공적인 스타트업 회사를 세우기로 결심했다.
(successful, build, determine, a, start-up company)

→ The two friends _____

_____ .

15 감독은 영화 편집을 마치고 관객들의 반응을 간절히 기다렸다.
(the film, the director, edit, finish)

→ _____

and eagerly awaited the audience's response.

16 문제에 대해 불평하는 것 대신에 해결책에 한번 집중해 보라.
(problems, focus, about, complain, try)

→ Instead of _____,

_____ on solutions.

17 다음 글의 (A)~(D)에 들어갈 알맞은 단어를 괄호 안의 단어를 활용하여 쓰시오. (어형 변화 및 단어 추가 가능)

Maintaining a healthy lifestyle includes ____(A)____ (keep) habits such as eating well, exercising regularly, and getting enough sleep. To achieve ideal health, you should decide ____(B)____ (make) positive changes to your daily routine. For example, you can start ____(C)____ (practice) morning jogging and avoid ____(D)____ (consume) junk food.

(A) _____ (B) _____

(C) _____ (D) _____

18 다음 글의 밑줄 친 ⓐ~ⓓ 중 어법상 틀린 것의 기호를 쓰고 바르게 고치시오.

Searching for new possibilities ⓐ are essential to success. ⓑ Being open to new ideas, approaches, and opportunities can lead to growth and advancement. By ⓒ welcoming change and staying curious, individuals can expand their horizons and discover new pathways ⓓ to success.

_____ → _____

19 글의 흐름으로 보아, (A)~(C)에 들어갈 알맞은 한 단어를 〈보기〉에서 골라 주어진 〈조건〉에 맞게 쓰시오.

Meeting friends with different interests ___(A)___ very beneficial. It allows you to explore new things and learn from different perspectives. ___(B)___ a diverse group of friends can keep your life exciting and help you to broaden your horizons. Therefore, it is ___(C)___ expanding your social circle.

보기

worth   have   be

조건

1. 필요하면 〈보기〉에 제시된 단어를 변형할 것
2. 각 빈칸에 서로 다른 단어를 넣을 것(중복 불가)

(A) _____   (B) _____

(C) _____

20 다음 글의 밑줄 친 @~@ 중, 어법상 틀린 것을 2개 골라 기호를 쓰고 바르게 고치시오.

@ Learning a new language can be challenging, but it's also fun. I ⓑ enjoy to practice my pronunciation and vocabulary. I ⓒ remember struggling with verbs and tenses, but now I feel better at ⓓ using them. I ⓔ expect continue improving my skills by listening to music, watching movies, and reading books in the new language.

_____ → _____

_____ → _____

21 다음 글에서 어법상 틀린 부분을 찾아 바르게 고치시오.

Kevin has a passion for caring for animals. Volunteering at the local animal shelter on weekends is one of his leisure activities. While he is there, he walks and plays with the dogs, and spends time help with adoption events. His selfless actions make a difference in the community and inspire others.

_____ → _____

22 〈보기〉에 제시된 단어를 모두 사용하여, B의 주장을 한 문장으로 요약하여 서술하시오.

A: I can't believe I failed that exam. I studied so hard!

B: It's okay, don't worry about it too much.

A: But my grades are going to suffer now!

B: Just focus on doing better on the next exam. It's in the past, so let's move forward and not think about it anymore.

A: I agree.

보기

no / about / worrying / past / use / events

→ It is _____

_____ .

CHAPTER 08

어법 POINT ☞ **18** 능동의 v-ing vs. 수동의 p.p

분사와 분사구문

분사는 동사의 형태를 -ing 또는 -(e)d로 변형하여 형용사로 활용한 것이다. -ing 형태는 현재분사, -(e)d 형태는 과거분사라고 하는데, 현재분사는 능동(~하는)의 의미이고, 과거분사는 수동(~되는)의 의미이다.

분사는 또한 분사구문으로도 활용되는데, 부사절(접속사＋주어＋동사)을 분사를 이용하여 간략하게 표현한 것이다. 분사구문의 적절한 형태를 사용하고 문맥에 맞는 해석을 할 수 있어야 한다.

→ He received a present **wrapped in colorful paper**.

→ The water remained **boiling on the stove**.

→ He was **amazed** by the diverse styles of paintings in the exhibition.

→ **Drinking tea**, he read the newspaper.

→ **Having lost her wallet**, my sister couldn't buy the book.

→ **After writing the article**, the reporter read it again.

→ He plays the violin **with** his eyes **closed**.

→ **Generally speaking**, natural disasters cannot be prevented.

분사의 쓰임 1: 명사 수식

He received *a present* **wrapped** in colorful paper. 교과서응용
명사(a present)를 수식하는 과거분사구

1 수식받는 명사와 분사의 관계가 능동(~하는)이면 현재분사(v-ing), 수동(~되는)이면 과거분사(p.p.)를 쓴다.
👉 어법 **POINT 18**

The girl **painting the picture** is my friend. (The girl과 paint가 능동 관계)

He looked at *the picture* **painted by his mother**. (the picture와 paint가 수동 관계)

2 분사 단독으로 명사를 수식하면 주로 명사 앞에서 수식한다. 분사에 딸린 어구가 있을 때는 뒤에서 수식한다.

Look at the **flying** *birds*!

I ate *the cake* **baked by my sister**.

A 다음 문장의 밑줄 친 분사가 수식하는 명사에 밑줄을 그으시오.

1 The stolen bicycle was recovered by the police.

2 According to the survey, only 15% of adults trust the information provided by influencers.
학평응용

3 Gordon Parks was an inspiring artist until he died in 2006.

4 The teacher praised the student answering questions confidently.

B 다음 문장의 네모 안에서 어법상 알맞은 것을 고르시오.

1 The discovering / discovered treasure box held ancient gold coins.

2 She encountered the woman selling / sold fresh fruit at the local market.

3 Jake was lucky to get the autobiography signing / signed by the author. 교과서응용

4 Breakfast is provided to all guests staying / stayed in our guest house.

5 I want to buy a cell phone case making / made of wood. 교과서응용

6 The jacket displaying / displayed in the store looks stylish.

7 I feel happy by the aroma coming / came from the kitchen.

8 She is looking up to the sparkling / sparkled stars in the night sky.

해석 그는 알록달록한 종이로 포장된 선물을 받았다. / **1** 그림을 그리고 있는 그 여자아이는 내 친구이다. / 그는 자신의 어머니에 의해 그려진 그림을 보았다. / **2** 저 날아가는 세들을 봐! / 나는 내 여동생에 의해 구워진 케이크를 먹었다.

UNIT 46 분사의 쓰임 2: 보어 역할

정답 p. 37

The water remained **boiling** on the stove.

주어에 대한 서술(주격보어)

1 주격보어 자리에 분사를 사용하여 주어의 동작이나 상태를 표현한다. 주어와 분사의 관계가 능동이면 현재분사, 수동이면 과거분사를 쓴다. ➡ UNIT 02

The newly-released movie was really **fascinating**. 〈The newly-released movie와 fascinate가 능동 관계〉

The project **seems completed** faster than my expectation. 〈The project와 complete가 수동 관계〉

2 목적격보어 자리에 분사를 사용하여 목적어의 동작이나 상태를 표현한다. 목적어와 분사의 관계가 능동이면 현재분사, 수동이면 과거분사를 쓴다. ➡ UNIT 07

We heard *the neighbors* **arguing next door**. (the neighbors와 argue가 능동 관계)

I heard *my name* **called from the other room**. (my name과 call이 수동 관계)

A 다음 문장의 네모 안에서 어법상 알맞은 것을 고르시오.

1 She stayed   standing / stood   in the pouring rain without an umbrella.

2 The broken vase lies   scattering / scattered   on the floor.

3 I found my cat   sleeping / slept   on the couch.

4 We keep the file   locking / locked   to prevent unauthorized access to sensitive information.

B 다음 빈칸에 들어갈 가장 알맞은 말을 〈보기〉의 단어를 활용하여 쓰시오. (현재분사 또는 과거분사로 쓸 것)

> 보기 feel   repair   burn   hide

1 I didn't see Clara _____ behind the tree, so she surprised me by suddenly appearing from it.

2 His rude behavior left me _____ uncomfortable.

3 The cake became _____ because it was left in the oven for too long.

4 I had my bike _____ to replace the worn-out tires.

해석 물이 난로 위에서 끓고 있었다. / **1** 새로 개봉한 영화는 정말 흥미로웠다. / 프로젝트는 내 예상보다 빨리 완료된 것 같다. / **2** 우리는 이웃들이 옆집에서 말다툼하는 것을 들었다. / 나는 다른 방에서 내 이름이 불리는 것을 들었다.

감정을 나타내는 분사

He was **amazed** by the diverse styles of paintings in the
주어(He)가 감정을 느낌
exhibition. 교과서응용

1 분사의 (의미상) 주어 또는 수식을 받는 명사가 감정을 불러일으키면 현재분사, 감정을 느끼면 과거분사로 쓴다.

The ending of the movie was **surprising**. (The ending of the movie가 놀라운 감정을 일으킴) 어법 POINT 18

He is **surprised** at the high price of the concert tickets. (He가 놀라운 감정을 느낌)

• 자주 쓰이는 감정 분사

현재분사 (감정을 불러일으킴)		과거분사 (감정을 느낌)	
interesting (흥미롭게 하는)	fascinating (매력적인)	interested (흥미[관심]를 갖는)	fascinated (매료된)
frustrating (좌절시키는)	embarrassing (당혹하게 하는)	frustrated (좌절된, 좌절한)	embarrassed (당혹스러운)
amazing ((깜짝) 놀라게 하는)	frightening (무섭게 하는)	amazed ((깜짝) 놀란)	frightened (무서워하는, 겁먹은)
satisfying (만족시키는)	annoying (짜증나게 하는)	satisfied (만족한)	annoyed (짜증이 난)
boring (지루하게 하는)	thrilling (아주 신나는)	bored (지루함을 느끼는)	thrilled (아주 신이 난)

A 다음 문장을 어법에 맞게 괄호 안의 단어를 활용하여 완성하시오.

1 The game was incredibly _____(excite) and filled with suspense.

2 The roller coaster ride was really _____ (thrill).

3 When you see the sunset over the ocean, you will be _____ (impress).

4 I was sleepy during long _____ (bore) meetings.

5 I became _____ (worry) because I was about to take a crucial exam. 교과서응용

B 다음 주어진 우리말과 일치하도록 괄호 안의 단어를 활용하여 빈칸을 완성하시오. (어형 변화 가능)

1 그가 실수로 셔츠에 커피를 쏟았을 때 그는 당황했다. (he, embarrass, become)

→ When he accidentally spilled coffee on his shirt, _____.

2 지속적인 텔레마케팅 전화는 성가시고 방해가 된다. (annoy, be)

→ The persistent telemarketing calls _____ and disruptive.

3 그 발표는 매우 흥미로웠다. (be, presentation, quite interest, the)

→ _____.

4 식당의 서비스는 좋지 않았고, 나는 실망했다. (feel, I, disappoint)

→ The restaurant's service was not good, and _____.

해석 그는 전시의 다양한 화풍에 놀랐다. / 그 영화의 결말은 놀라웠다. / 그는 높은 콘서트 티켓 가격에 놀랐다.

UNIT 48

출제 빈도 ★★★

분사구문의 기본 형태와 의미

정답 p. 38

Drinking tea, he read the newspaper. 교과서응용
(← As he drank tea)

1 부사절(접속사＋주어＋동사)에서 접속사와 주어를 생략하고, 동사를 분사로 만든 것을 분사구문이라고 한다.

🔖 어법 POINT 18

참고 부정형은 분사 바로 앞에 not[never]를 쓴다.

When I read his books, I found myself fascinated by his writing style.
　　　생략　　　현재분사 reading으로 변경
→ **Reading his books**, I found myself fascinated by his writing style. 교과서응용

2 주로 동시동작, 연속동작을 의미하며 시간, 이유, 결과를 의미하기도 한다.

She studied at the coffee shop, **listening to music**. 〈동시동작: ~하면서 …하다〉 (← ~, **as** she listened ~.)
She walked out of the room, **closing the door**. 〈연속동작: ~하고 나서 …하다〉 (← ~, **and** she closed ~.)
Receiving his marriage proposal, she accepted with tears of happiness. 〈시간: ~할 때〉
(← **When** she received his marriage proposal, ~.)
Not feeling hungry, she decided to skip the meal. 〈이유: ~ 때문에〉
(← **Because** she didn't feel hungry, ~.)
Her mother was worried about her safety, **calling to check on her**. 〈결과: ~하여 (그 결과) …하다〉
(← ~, **so** she called to check on her.)

참고 분사구문 조건, 양보의 의미

Turning to the left, you will find the drugstore. 〈조건: ~하면〉
Feeling cold, I didn't turn off the air conditioner. 〈양보: ~했지만〉

A 다음 밑줄 친 부분이 어법상 옳으면 ○, 틀리면 ✕로 표시하고 바르게 고치시오.

1 The photographer captured the perfect shot, <u>he adjusting the camera settings.</u>

2 <u>Not wanting</u> to be late, she left the house early for the meeting.

B 다음 두 문장이 같은 의미가 되도록 분사구문을 사용하여 빈칸을 완성하시오. (접속사는 생략할 것)

1 After I completed the first task, I prepared the second one.

→ _____, I prepared the second one. 교과서응용

2 He finished his homework, and he rewarded himself with a snack.

→ He finished his homework, _____.

3 I watched the hands of the clock, while I waited for my friend.

→ I watched the hands of the clock, _____.

4 They waved goodbye to their friends, as they headed to the airport.

→ They waved goodbye to their friends, _____.

해석 차를 마시면서, 그는 신문을 읽었다. / **1** 내가 그의 책을 읽을 때, 나는 나 자신이 그의 문체에 매료되었다는 것을 깨달았다. / **2** 그녀는 음악을 들으면서 커피숍에서 공부했다. / 그녀는 방을 나가고 나서 문을 닫았다. / 그의 청혼을 받았을 때 그녀는 기쁨의 눈물을 흘리며 승낙했다. / 그녀는 배가 고프지 않기 때문에 식사를 거르기로 했다. / 그녀의 엄마는 그녀의 안전이 걱정되어서, 그녀를 확인하기 위해 전화했다. / 왼쪽으로 돌면 약국이 보인다. / 추위를 느꼈지만 나는 에어컨을 끄지 않았다.

완료 분사구문, 수동 분사구문

Having lost her wallet, my sister *couldn't buy* the book. 교과서응용
주절의 couldn't buy보다 앞선 일(← As she had lost her wallet)

1 분사구문이 〈S+V ~〉보다 앞선 일임을 분명히 할 때는 완료 분사구문 〈Having p.p. ~〉를 쓴다. `Level up`

Having finished his project, he went on a trip to Africa. 교과서응용
                               S V

(← After he *had finished* his project, he *went on* a trip to Africa.)

2 주어와 분사의 관계가 수동이면, 수동 분사구문 〈Being p.p. ~〉를 쓴다. 수동태(be p.p.)였던 부사절이 분사구문이 된 것이다. 🔖 어법 POINT 18

이때, 앞에 쓰인 Being은 자주 생략되고 〈p.p. ~〉만 남는다.

(Being) **Made of rubber**, the ball *bounces* repeatedly on a hard surface.
(← Because it *is made* of rubber, the ball *bounces* repeatedly on a hard surface.)

수동 분사구문에서 분사구문이 〈S+V ~〉보다 앞선 일이면 〈Having been p.p. ~〉 형태로 쓴다. Having been도 생략될 수 있다.

(Having been) **Praised by her teacher**, she *studied* harder.
(← Because she *had been praised* by her teacher, she *studied* harder.)

A 다음 두 문장이 같은 의미가 되도록 분사구문을 사용하여 빈칸을 완성하시오. (괄호 당 하나의 단어만 쓸 것)

1 As my mother was filled with joy and happiness, she gave me a big hug.

→ (   ) (   ) joy and happiness, my mother gave me a big hug. 모의응용

2 Because I had hurt my arm, I dropped out of the swimming class.

→ (   ) (   )(   )(   ), I dropped out of the swimming class.

3 Because the shop had been damaged by a fire last month, it closed for repairs.

→ (   ) (   ) (   ) by a fire last month, the shop closed for repairs. 교과서응용

B 다음 밑줄 친 부분이 어법상 옳으면 ○, 틀리면 ✕로 표시하고 바르게 고치시오.

1 <u>Having broken his glasses</u>, he had difficulty reading the note.

2 <u>Closed the text book</u>, she tried to remember the contents. 교과서응용

3 <u>Having been reminded of the deadline</u>, she rushed to complete the task.

4 <u>Being brushing</u>, the dog's fur became soft and shiny.

해석 지갑을 잃어버려서, 내 여동생은 그 책을 살 수 없었다. / **1** 프로젝트를 마친 후, 그는 아프리카로 여행을 떠났다. / **2** 고무로 만들어졌기 때문에, 공은 단단한 표면에서 반복적으로 튕긴다. / 선생님의 칭찬을 받았기 때문에, 그녀는 더 열심히 공부했다.

UNIT 50

출제 빈도 ★

접속사나 주어를 남긴 분사구문

정답 p. 39

After **writing the article**, the reporter read it again.
(← After the reporter wrote the article, ~.)

1 분사구문의 의미를 보다 명확하게 하기 위해서 분사 앞에 접속사를 남길 수 있다.

Though **tired from the journey**, they were eager to explore the new city.
(← Though they were tired from the journey, ~.)

2 분사구문의 의미상 주어가 문장의 주어와 다를 경우, 의미상 주어를 분사 앞에 둔다. **Level up**

Other things **being equal**, the taller person is usually better at basketball.
(← When other things are equal, the taller person is usually better at basketball.)
　　　　　　　부사절의 주어 └──────┘ ≠ └──────┘ 주절의 주어

It **being** Monday, the office was busy with work. (← Because it was Monday, the office ~.)

A 다음 두 문장이 같은 의미가 되도록 분사구문을 사용하여 빈칸을 완성하시오. (괄호 당 하나의 단어만 쓸 것)

1 Because the photos were taken, memories of the vacation were captured forever.

→ (　　　　) (　　　　) (　　　　　　), memories of the vacation were captured forever.

2 When the storm approached, she hurriedly closed all the windows.

→ (　　　　) (　　　　) (　　　　　), she hurriedly closed all the windows.

3 As the flowers bloomed beautifully, the garden became a colorful oasis.

→ (　　　　) (　　　　) (　　　　) (　　　　　), the garden became a colorful oasis.

B 다음 주어진 우리말과 일치하도록 괄호 안의 단어를 활용하여 빈칸을 완성하시오. (어형 변화 가능)

1 결과에 실망할 때, 나는 밖에서 혼자 시간을 보낸다. (a, disappoint, when, result, by)

→ ＿＿＿＿＿＿＿＿＿＿＿＿＿＿＿＿＿＿＿＿＿, I spend some time outdoors alone.

2 보고서가 완성된 후에, 그는 휴식을 취하며 TV 쇼를 보았다. (complete, report, the)

→ ＿＿＿＿＿＿＿＿＿＿＿＿＿＿＿＿＿＿＿＿＿, he took a break and watched a TV show.

3 무더운 여름날이어서 해변은 사람들로 붐볐다. (it, summer day, be, hot, a)

→ ＿＿＿＿＿＿＿＿＿＿＿＿＿＿＿＿＿＿＿＿＿, the beach was crowded with people.

4 새로운 프로젝트를 계획하면서, 디자이너들은 자신들의 디자인 경험을 적용한다. (new, plan, while, a, project)

→ Designers apply their experience of design ＿＿＿＿＿＿＿＿＿＿＿＿＿＿＿＿.

수능응용

해석 기사를 쓰고 나서, 기자는 그것을 다시 읽어보았다. / **1** 여행 때문에 피곤했지만, 그들은 새로운 도시를 탐험하고 싶어 했다. / **2** 다른 것들이 같을 때, 키가 큰 사람이 보통 농구를 더 잘한다. / 월요일이라 사무실은 일로 바빴다.

with+명사+분사

정답 p. 39

He plays the violin **with** *his eyes* **closed**. 교과서응용
〈with+명사+p.p.〉

1 〈with+명사+v-ing/p.p.〉는 '~가 …하며[되며]'라는 의미이다.

명사와 분사의 관계가 능동이면 현재분사, 수동이면 과거분사를 쓴다. 🔖 어법 POINT 18

I cannot concentrate on my work **with** *you* **standing next to me**. (you와 stand가 능동 관계)

My father fell asleep **with** *the TV* **turned on**. (the TV와 turn on이 수동 관계)

A 다음 문장의 네모 안에서 어법상 알맞은 것을 고르시오.

1 The mechanic returned the car with the engine | fixing / fixed |.

2 My family eats dinner with the table | setting / set | elegantly.

3 I was watching a touching movie with tears | running / run | down my face. 교과서응용

4 She made a beautiful bouquet with various colors | arranging / arranged | together.

B 다음 주어진 우리말과 일치하도록 괄호 안의 어구를 활용하여 〈조건〉에 맞게 영작하시오.

조건 • 〈with+명사+분사〉 구문을 사용할 것
• 어형 변화 가능

1 나는 신선한 재료가 정성스럽게 준비된 채로 식사를 요리했다. (ingredients, fresh, carefully prepare)

→ I cooked a meal _____ .

2 주최 측이 참석자들을 환영하면서 행사가 시작되었다. (welcome, the attendees, the organizer)

→ The event began _____ .

3 많은 학생들이 스트레스에 시달리면서, 상담 지도는 그들의 건강을 위해 필수적인 것이 되었다.
(suffer from, stress, many students)

→ _____ , guidance counseling
become essential for their well-being.

4 상당한 예산이 의료 보건에 투자되며, 정부는 국민 복지를 우선시한다.
(invest, a substantial budget, healthcare, in)

→ _____ , the government
prioritizes national well-being.

해석 그는 눈이 감긴 채로 바이올린을 연주한다. / 1 당신이 내 옆에 서 있어서 나는 내 일에 집중할 수 없다. / 나의 아버지는 TV가 켜져 있는 채로 잠이 드셨다.

UNIT 52

Level up

분사구문의 관용 표현

정답 p. 40

Generally speaking, natural disasters cannot be prevented.
교과서응용

1️⃣ 분사구문의 의미상 주어가 막연한 일반인이면 주절의 주어와 달라도 생략할 수 있다.

다음 표현들은 숙어처럼 쓰인다.

• generally speaking (일반적으로 말해서)	• frankly speaking (솔직히 말해서)
• strictly speaking (엄격히 말해서)	• judging from[by] (~으로 판단하건대)
• speaking[talking] of (~에 관해 말하자면)	• considering (that) (~을 고려하면)

Judging from her accent, she must be from England. 교과서응용

참고 분사 형태의 전치사는 뒤에 명사가 온다.

• considering (~을 고려하면)	• regarding (~에 관하여) (= concerning)
• including (~을 포함하여)	• excluding (~을 제외하고) (= excepting)

Considering her age, she still has a lot of energy.
I visited several cities in Europe, **including** Paris and Rome.

A 다음 밑줄 친 부분에 유의하여 문맥에 맞게 우리말 해석을 완성하시오.

1 <u>Strictly speaking</u>, the applicant is not experienced, but he's willing to learn.

→ _____, 그 지원자는 경험이 없지만 기꺼이 배우려고 한다.

2 <u>Generally speaking</u>, it is important to follow traffic rules to ensure road safety.

→ _____, 도로 안전을 보장하기 위해 교통 규칙을 따르는 것은 중요하다.

3 <u>Speaking of vacations</u>, I am planning a trip to Berlin this summer.

→ _____, 나는 이번 여름에 베를린 여행을 계획하고 있다.

4 <u>Judging from his answer</u>, he understands the concept of the lecture quite well. 교과서응용

→ _____, 그는 강의의 개념을 꽤 잘 이해하고 있다.

B 다음 빈칸에 들어갈 알맞은 것을 〈보기〉에서 골라 쓰시오.

> 보기 considering that   frankly speaking   talking of

1 _____, I'm thinking about breaking up with my boyfriend. 교과서응용

2 _____ hobbies, gardening can be a relaxing and rewarding activity.

3 _____ the budget is limited, we need to check our expenses.

해석 일반적으로 말해서, 자연재해는 예방될 수 없다. / **1** 억양으로 판단하건대, 그녀는 영국에서 온 것이 틀림없다. / 나이를 감안하면, 그녀는 아직도 에너지가 넘친다. / 나는 파리와 로마를 포함하여 유럽 여러 도시를 방문했다.

01 다음 밑줄 친 부분의 문법적 성격이 나머지 넷과 다른 하나를 고르시오.

① Dancing gracefully, the ballerina captivated everyone's gaze.

② The sleeping baby in the bed is my sister.

③ The singer performed his favorite song on stage, singing passionately.

④ Writing allows for creative expression and self-reflection.

⑤ Last night's soccer match was really thrilling.

[02~03] 다음 (A), (B), (C)의 각 네모 안에서 어법상 옳은 표현으로 가장 적절한 것을 고르시오.

02

- The children (A) | drawing / drawn | with crayons showed their creativity.
- While (B) | browsing / browsed | the internet, he came across an interesting article.
- She walked upright with her head (C) | holding / held | high.

	(A)	(B)	(C)
①	drawing	browsing	held
②	drawing	browsed	holding
③	drawn	browsing	holding
④	drawn	browsing	held
⑤	drawn	browsed	held

03

- (A) | Lived / Having lived | in Germany before, Chris can speak German fluently.
- You should not include (B) | confusing / confused | information in your report.
- (C) | Asking / Asked | a tough question at the interview, Sarah responded confidently.

	(A)	(B)	(C)
①	Lived	confusing	Asked
②	Lived	confused	Asking
③	Having lived	confusing	Asking
④	Having lived	confusing	Asked
⑤	Having lived	confused	Asked

[04~05] 다음 밑줄 친 부분 중 어법상 틀린 것을 고르시오.

04

① Despite extensive searches, the missing item remained hidden.

② I saw the chef preparing the meal skillfully in the kitchen.

③ The service at the hotel was really satisfied.

④ Generally speaking, success is the result of hard work.

⑤ She practiced her presentation repeatedly, gaining confidence each time.

05

① Entering the room, she saw a cozy couch to sit down and relax on.

② The conference being finished, we hurried to catch the bus.

③ While visited her house, he felt inspired to redecorate his own living room.

④ Though prepared hastily, the festival was a great success. 교과서응용

⑤ With the snow falling heavily, I decided to stay indoors. 교과서응용

[06~07] 다음 빈칸에 들어갈 알맞은 것을 고르시오.

06

I saw a monkey enjoying a nap with its tail _____ around a branch.
교과서응용

① wraps
② wrapped
③ wrapping
④ being wrapping
⑤ having wrapped

07

_____ the movie previously, Alex already knew the ending. 교과서응용

① Watch
② Being watching
③ Being watched
④ Having watched
⑤ Having been watched

08 다음 중 어법상 <u>틀린</u> 것을 고르시오.

① People typically become more alert when sensing danger.

② Having been received the letter, he immediately began reading it.

③ We will have a picnic in the park, weather permitting.

④ Having met Amber a year ago, he instantly recognized her. 교과서응용

⑤ Considering the distance, we should leave early not to run into unexpected delays.

09 다음 ⓐ~ⓕ 중 어법상 <u>틀린</u> 것끼리 짝지어진 것을 고르시오.

ⓐ The pleasing touch of the fabric brought a sense of comfort.

ⓑ A wallet finding on Pine Avenue was returned to its owner. 교과서응용

ⓒ James purchased a car developed by a Korean company. 교과서응용

ⓓ I was embarrassed by my sudden hiccups during the important meeting.

ⓔ The girl walked along the road, talked on the phone. 교과서응용

ⓕ Not knowing the local language, the traveler asked the airport staff for help. 교과서응용

① ⓐ, ⓑ   ② ⓐ, ⓕ
③ ⓑ, ⓔ   ④ ⓒ, ⓔ
⑤ ⓓ, ⓕ

10 다음 밑줄 친 ⓐ~ⓓ 중 어법상 옳은 것끼리 짝지어진 것을 고르시오.

I stood at the edge of the cliff, ⓐ feeling alive and free. My heart was filled with wonder, ⓑ with the wind blew gently. I saw the waves ⓒ crashing against the rocks, and the sun shining brightly in the sky. It was a ⓓ fascinating moment, and I felt truly alive.

① ⓐ, ⓑ
② ⓐ, ⓒ, ⓓ
③ ⓑ, ⓒ
④ ⓑ, ⓒ, ⓓ
⑤ ⓒ, ⓓ

서술형 연습

[11~15] 다음 주어진 우리말과 일치하도록 괄호 안의 어구를 활용하여 영작하시오. (어형 변화 가능)

11 우리는 모두 그녀의 놀라운 생각에 감명받았다.
(amaze, her, by, idea, impress)

→ We were all _____

_____.

12 캐나다에서 경기 되는 유명한 스포츠는 아이스하키이다. (Canada, play, a popular sport, in)

→ _____

is ice hockey.

13 따뜻한 수프 맛을 보고, 나는 편안하고 만족스러웠다.
(warm, the, taste, soup)

→ _____,

I felt comforted and satisfied.

14 그들은 그 밴드의 다가오는 콘서트 소식에 흥분했다. (the news, excite, they, by, be)

→ _____

of the band's upcoming concert.

15 그 산을 여러 번 올랐기 때문에, Jenny는 모든 길을 아주 잘 알고 있다. (times, the mountain, have, several, climb)

→ _____,

Jenny knows every route very well.

교과서응용

16 다음 밑줄 친 ⓐ~ⓓ 중 어법상 **틀린** 부분을 찾아 기호를 쓰고 바르게 고치시오.

ⓐ After eagerly waiting for our pizza delivery, we were ⓑ annoyed because ⓒ the delivering pizza wasn't hot. ⓓ I was dissatisfied because the food didn't meet our expectations.

_____ → _____

17 다음 (A)~(C)에 들어갈 알맞은 말을 괄호 안의 단어를 활용하여 완성하시오.

A: I've been trying to lose weight for months, but nothing seems to work.

B: It is ___(A)___ (frustrate), but have you tried talking to a nutritionist or personal trainer to create a ___(B)___ (customize) plan?

A: No, I haven't. That's a good idea. I'm ___(C)___ (please) with your advice.

(A) _____   (B) _____

(C) _____

18 다음 글의 흐름으로 보아, (A)~(C)에 들어갈 알맞은 단어를 〈보기〉에서 골라 주어진 〈조건〉에 맞게 쓰시오.

The chef expertly prepared the dish, ___(A)___ just the right amount of salt and pepper. Carefully ___(B)___ the cooking process, she adjusted the heat. When ___(C)___, the dish was a delicious mix of flavors and textures.

보기

serve   monitor   add

조건

1. 〈보기〉의 단어 형태 변형 가능
2. 〈보기〉의 단어 중복 사용 불가

(A) _____   (B) _____

(C) _____

19 다음 글의 밑줄 친 (A), (B)를 분사구문을 이용하여 바꿔 쓰시오.

(A) As it was composed by the world-famous musician Ludwig van Beethoven, his Symphony No. 9 is known for its emotional intensity and technical brilliance. The piece has become a timeless masterpiece, (B) and it is admired by music lovers around the world for its majesty and beauty.

(A) _____

(B) _____

20 다음 글의 밑줄 친 (A), (B)의 우리말과 일치하도록 〈보기〉의 단어를 배열하시오. (어형 변화 가능)

The Mediterranean Sea has been a vital waterway for centuries, (A) 수백 척의 배가 끊임없이 그 위를 항해하면서. The sea has enabled trade and cultural exchange between Europe, Asia and Africa, (B) 그것을 통합의 상징으로 만들었다.

*Mediterranean 지중해의

보기

(A): with, constantly sail, ships, on it, hundreds, of

(B): it, make, of, unity, a symbol

(A) _____
(B) _____

21 다음 글에서 어법상 틀린 부분을 찾아 바르게 고쳐 쓰고 그 이유를 서술하시오.

The marathon had been a long and demanding journey for the runner. However, when completing, it brought a great sense of achievement. He had trained tirelessly, overcoming pain and fatigue. The end result was a gold medal.

_____ → _____

고친 이유: _____

_____

CHAPTER

09

준동사

준동사에는 앞 챕터에서 배운 to부정사, 원형부정사, 현재/과거분사, 동명사가 해당되며 문장에서 명사, 형용사, 부사의 역할을 한다. 원래 동사에서 나온 것이므로 목적어, 보어 등의 추가적인 문장 성분을 갖는 것을 이미 확인하였다. 또한 준동사는 그 동작이나 상태를 행하는 의미상 주어를 가질 수 있으며, 동작이나 상태의 때가 이전 시제이거나 수동태임을 표현할 수 있다.

준동사는 학습자들이 어려워하기도 하고 시험에 자주 등장하는 문법 사항이므로, 이번 챕터에서 각 준동사들을 모아서 특징과 형태에 대해 심화 학습을 진행해보자.

→ She is good at **playing the flute**.

→ There is so much homework **for us** to do.

→ **Keeping** a diary **helps** me **reflect** on my thoughts and feelings.

→ **The boxes** found in the attic **were** full of my old photos.

→ She seemed **to have prepared** a lot for her presentation.

→ He does not want **to be disturbed** during his nap.

준동사의 동사적 성질

정답 p. 43

She is good at **playing the flute**.
준동사(v-ing)　　준동사의 목적어

1 준동사((to-)v, v-ing, p.p.)는 동사처럼 목적어나 보어를 가질 수 있다.

Children need proper nutrition **to grow healthy**.
　　　　　　　　　　　　　　준동사(to-v)　보어

I bought flowers **to make you happy**.
　　　　　　　　준동사(to-v) 목적어 목적격보어

Jim found the window **left open** and closed it.
　　　　　　　　　　준동사(p.p.) 보어

2 준동사는 동사처럼 부사(구)의 수식을 받을 수 있다.

It is a good habit **to go to bed on time**.
　　　　　　　　　　　　to go to bed 수식

She practiced **singing beautifully** for her concert.
　　　　　　　　singing 수식

A 다음 문장에서 밑줄 친 준동사의 목적어, 보어, 수식어에 각각 밑줄을 긋고 O, C, M으로 표시하시오.

1 My father had me <u>clean out</u> the trash. 교과서응용

2 The leaves <u>turning</u> brown signaled the arrival of autumn.

3 The tree <u>planted</u> in front of City Hall is more than 100 years old. 교과서응용

4 Can you help me <u>to assemble</u> these parts correctly?

B 다음 밑줄 친 부분이 어법상 옳으면 ○, 틀리면 ×로 표시하고 바르게 고치시오.

1 I think it impossible to understand concepts of economics <u>perfect</u>.

2 <u>Seriously</u> discussing the environmental impact, they emphasized the need for a proper way to dispose of waste.

3 Most kinds of trees can take many years to grow <u>strong</u>.

4 She saw her children play <u>happy</u> in the park.

5 Adults are responsible for guiding <u>younger generations</u>.

해석 그녀는 플루트를 잘 연주한다. / **1** 아이들은 건강해지기 위해서 적절한 영양이 필요하다. / 나는 네가 기분이 좋아지도록 꽃을 샀다. / Jim은 창문이 밤새 열려있는 것을 발견하고 닫았다. / **2** 제시간에 잠드는 것은 좋은 습관이다. / 그녀는 자신의 콘서트를 위해 아름답게 노래하는 것을 연습했다.

UNIT 54

출제 빈도 ★

준동사의 의미상 주어

정답 p. 43

There is so much homework **for us** *to do*.
to do의 의미상 주어

1 준동사는 동작을 행하거나 상태를 나타내는 의미상의 주어를 갖는다.

to부정사의 의미상 주어	**to부정사 앞에 〈for+목적격〉**
	to부정사 앞에 〈of+목적격〉: 주로 '칭찬, 비난'을 의미하는 형용사와 쓰이는 경우 *칭찬: good, kind, nice, wise, generous 등 비난: careless, rude, foolish, stupid 등
동명사의 의미상 주어	**동명사 앞에 소유격** *구어체에서는 목적격
분사구문의 의미상 주어	**분사 앞에 (대)명사** (문장의 주어와 다를 때) ➡ UNIT 50

It was foolish **of you** *to miss the crucial opportunity*. 교과서응용
My grandparents liked **us** *visiting their house*.
The rain **pouring down**, the students ran to the school building.

2 준동사의 의미상 주어가 일반인(we, you, people 등)이거나 문맥상 뚜렷한 경우, 또는 문장의 주어, 목적어 등과 일치하여 나타나 있는 경우에는 의미상 주어를 따로 쓰지 않는다.

It's good *to get up* early in the morning. (의미상 주어 = 일반인)
My hobby is *reading* detective stories. (의미상 주어 = 문장의 주어 중 My)
The clerk encouraged customers *to buy* more items. (의미상 주어 = 문장의 목적어 customers)

A 다음 밑줄 친 부분의 의미상 주어에 동그라미 하시오. (단, 의미상 주어가 따로 없으면 × 표시)

1 Is it hard for you to adapt to high school life?

2 Writing a report demands extensive research and critical thinking.

3 You should appreciate his helping with your project.

4 The computer being slow, I had to restart it.

5 I was amazed at Joe's fixing the leaky pipe without any help. 교과서응용

B 다음 밑줄 친 부분이 어법상 옳으면 ○, 틀리면 ×로 표시하고 바르게 고치시오.

1 It is easy of Seho to finish a book in a week.

2 It is important for her to pass the science exam.

3 It was rude of his to talk like that to his teacher.

4 He never forgot his mother making homemade meals.

5 Music accompanied by the soothing melody, the dancers gracefully moved in harmony.

(해석) 우리가 해야 할 숙제가 너무나 많이 있다. / **1** 결정적인 기회를 놓치다니 너는 어리석었다. / 우리 조부모님은 우리가 자신들의 집에 방문하는 것을 좋아하셨다. / 비가 쏟아지자 학생들은 학교 건물로 달려갔다. / **2** 아침에 일찍 일어나는 것은 좋다. / 내 취미는 추리 소설을 읽는 것이다. / 점원은 고객들이 더 많은 물건을 사도록 격려했다.

동사 vs. 준동사

> ***Keeping*** a diary **helps** me ***reflect*** on my thoughts and feelings.
> 　준동사(동명사)　　　　　동사　　　　준동사(원형부정사 목적격보어)

1 한 문장의 동사는 기본적으로 한 개이다. 동사가 있다면, 나머지는 준동사(to부정사, 원형부정사(v), v-ing, p.p.)여야 한다. 🔖 어법 POINT 19 두 개 이상의 동사가 쓰이려면 접속사[관계사]가 필요하다. ● CHAPTER 10, 11

I **heard** friends ***laughing*** outside the room <u>and</u> **decided** ***to join*** them.
　　　　　　　　　　　　　　　　접속사 1개 → 동사가 2개(heard, decided) 쓰임(laughing, to join은 준동사)

The movie **was** heartwarming, ***leaving*** a lasting impact on me.
　　　　접속사가 없으므로 동사가 1개(was) 쓰임(leaving은 준동사)

David **drinks** peppermint tea every night ***to promote*** better sleep.
　　　접속사가 없으므로 동사가 1개(drinks) 쓰임(to promote는 준동사)

A 다음 문장에서 동사를 <u>모두</u> 찾아 동그라미하고, 준동사를 <u>모두</u> 찾아 밑줄을 그으시오.

1 They planned to visit Gangneung this summer.

2 The broken glass scattered across the floor needs careful attention.

3 After finishing the book, he shared his thoughts with the book club.

4 Teaching young students requires patience and communication skills.

5 My mom made me set the table, and then she asked me to pour water into everyone's glasses.

6 The book attracting readers with its unique story became an overnight sensation.

B 다음 문장의 네모 안에서 어법상 알맞은 것을 고르시오.

1 In order to succeed, | set / to set | clear goals.

2 The thick fog forced the airport | cancel / to cancel | all flights. 교과서응용

3 The boys | climb / climbing | the jungle gym look like brothers. 교과서응용

4 Olivia | spends / spending | quality time with her loved ones every weekend to strengthen her relationships.

5 Although he had little experience in cooking, Tom | followed / following | the recipe step by step.

6 The famous detective | known / is known | for solving complex cases discovered the mysterious suspect.

> **풀이 tip** 접속사[관계사]로 연결되어 있지 않은 문장의 동사는 한 개이므로, 문장의 동사를 우선 찾고 나머지는 어떤 준동사가 적절한지 파악한다.

(해석) 일기를 쓰는 것은 나의 생각과 감정을 돌아보는 데에 도움이 된다. / **1** 나는 친구들이 방 밖에서 웃는 것을 들었고, 그들과 함께하기로 결심했다. / 그 영화는 마음을 따뜻하게 했고 나에게 지속적인 영향을 남겼다. / David는 더 나은 수면을 위해 매일 밤 페퍼민트 차를 마신다.

UNIT 56

출제 빈도 ★★★

수식받는 주어-동사 수일치

정답 p. 44

<u>The boxes</u> *found* in the attic **were** full of my old photos. 교과서응용
주어(복수)   주어 수식어   동사(복수)

1 주어가 to부정사, 현재분사, 과거분사 등의 수식을 받아 길어지는 경우, 주어의 핵심을 찾아서 수를 파악한다.

> 어법 POINT 20

주의 동사 자리 앞의 수식어를 주어로 착각하지 않도록 주의한다.

The company's goal *to grow its market shares* **has** been achieved.
주어(단수)   주어 수식어   동사(단수)

The children *gathering around the birthday cake* **look** happy.
주어(복수)   주어 수식어   동사(복수)

2 주어가 준동사 외에 전명구(전치사+명사) 수식을 받는 경우도 마찬가지로 핵심 주어를 찾아 수를 파악한다.

> 어법 POINT 20

The trees in the forest *are* tall.
주어(복수)   주어 수식어   동사(복수)

참고 주어가 관계사의 수식을 받는 경우에도 주어의 수일치에 유의해야 한다. ● UNIT 79

The person [who called you] **is** my brother.
   S   V are (×)

A 다음 문장의 네모 안에서 어법상 알맞은 것을 고르시오.

1 When we arrived at the observatory, the lights in the city | was / were | sparkling.

2 The workers constructing the building | wears / wear | hard hats for safety.

3 An important decision regarding student issues | is / are | made by teachers. 교과서응용

4 The players exhausted by hot weather | takes / take | a short break.

5 The paintings in the gallery | captivates / captivate | visitors with their vivid colors.

6 The authority of the government to enforce regulations | ensures / ensure | public safety.

B 다음 밑줄 친 부분이 어법상 옳으면 ○, 틀리면 ×로 표시하고 바르게 고치시오.

1 The students eating snacks at the bus stop <u>are wearing</u> big backpacks.

2 The apartments renovated last year <u>has</u> a modern and luxurious interior.

3 The decision to change careers <u>require</u> careful consideration.

4 The woman with the gold earrings <u>was greeting</u> everyone with a warm smile.

5 People waiting in line for the concert <u>are</u> very excited.

6 Characteristics to be a good leader <u>includes</u> dedication and understanding.

해석 다락방에서 발견된 상자들은 나의 오래된 사진들로 가득 차 있었다. / **1** 시장 점유율을 높이려는 회사의 목표는 이루어졌다. / 생일 케이크 근처에 모여 있는 아이들은 행복해 보인다. / **2** 그 숲에 있는 나무들은 키가 크다. / 네게 연락한 사람은 내 오빠이다.

출제 빈도 ★

준동사의 완료형

정답 p. 45

She *seemed* **to have prepared** a lot for her presentation. 교과서응용

문장의 동사(seemed)보다 먼저 일어난 일

1 문장의 동사보다 준동사가 먼저 일어난 일이거나 완료의 의미를 가질 때, 준동사의 완료형으로 쓴다. 🔊 어법 POINT 21

to부정사(to-v) 완료형	to have p.p.	She was thrilled **to have received** a scholarship for her academic achievements. My friend *seems* **to have been** sick yesterday. 교과서응용 (→ It *seems* that my friend **was** sick yesterday.) 참고 to부정사가 문장의 동사와 같은 때일 경우 The boy *appears* **to enjoy** science fiction novels. (→ It *appears* that the boy **enjoys** science fiction novels.)
동명사(v-ing) 완료형	having p.p.	Despite **having completed** the task, he got little appreciation for his contribution. (= Although he **had completed** ~.)
분사 완료형	having p.p.	**Having worked** all day, she was tired. ◉ UNIT 49

참고 to부정사의 진행형은 ⟨to be v-ing⟩로 쓴다.

The sky seems **to be clearing up**.

A 다음 두 문장이 같은 의미가 되도록 빈칸을 완성하시오.

1 Sarah should be ashamed that she lied to her parents.

= Sarah should be ashamed of ＿＿＿＿＿＿＿＿＿＿＿ to her parents.

2 It appeared that she was a talented musician.

= She appeared ＿＿＿＿＿＿＿＿＿＿＿ a talented musician.

3 It seems that Alex didn't receive the message.

= Alex seems not ＿＿＿＿＿＿＿＿＿＿＿ the message.

B 다음 주어진 우리말과 일치하도록 괄호 안의 단어를 활용하여 빈칸을 완성하시오. (필요시 어형 변화 및 단어 추가 가능)

1 그는 일 년에 10곡 이상을 작곡했었다고 한다. (compose, have)

→ He is said ＿＿＿＿＿＿＿＿＿＿＿ more than 10 songs a year.

2 마지막 버스를 놓쳐서, 우리는 걸어서 집에 가기로 결정했다. (miss, have, the last bus)

→ ＿＿＿＿＿＿＿＿＿＿＿, we chose to walk home. 교과서응용

3 우리는 이웃들이 우리 고양이를 구조하는 데 도움을 주었던 것에 대해 감사해 했다. (help, have)

→ We thanked the neighbors for ＿＿＿＿＿＿＿＿＿＿＿ with the rescue of our cat.
교과서응용

해석 그녀는 발표를 위해 많은 준비를 했던 것 같았다. / **1** 그녀는 학업 성취로 장학금을 받게 되어 매우 신이 났다. / 내 친구는 어제 아팠던 것 같다. / 그 소년은 공상과학 소설을 즐기는 것 같다. / 그 일을 완수했음에도 불구하고, 그는 자신의 공헌에 대해 별로 인정받지 못했다. / 하루 종일 열심히 일했어서, 그녀는 피곤했다. / 하늘이 맑아지는 것 같다.

UNIT 58

출제 빈도 ★ **Level up**

준동사의 수동형

정답 p. 45

He does not want **to be disturbed** during his nap. 교과서응용
의미상 주어(He)와 수동 관계

① 준동사와 의미상 주어가 수동 관계이면 준동사의 수동형으로 쓴다. 어법 **POINT 21**

	수동형	완료 수동형 (문장의 동사보다 앞선 때)
to부정사(to-v)	to be p.p.	to have been p.p.
동명사(v-ing)	being p.p.	having been p.p.
분사(v-ing)	(being) p.p.	(having been) p.p. ➡ UNIT 49

The poem *is believed* **to have been translated** into more than 10 languages. 교과서응용
The girl was scared of **being left** alone in the dark.
He *is accused* of **having been involved** in a crime.
Being seen far away, the boat slowly came closer to the beach.

A 다음 문장의 네모 안에서 어법상 알맞은 것을 고르시오.

1 The documents have | to sign / to be signed | by all related parties.

2 Sometimes herbs tend | to increase / to be increased | your blood circulation. 학평응용

3 The team is proud | to have recognized / to have been recognized | for their efforts.

4 He felt the happiness of | surrounding / being surrounded | by loved ones.

5 The waves | crashing / being crashed | forcefully sprayed mist into the air.

B 다음 문장을 어법과 문맥에 맞게 괄호 안의 단어를 활용하여 완성하시오. (어형 변화 가능)

1 It is important for infants to _____(monitor) by the parents closely at all times.

2 _____(exhaust) from the long day, she struggled to stay awake.

3 The new software update will be released after _____(develop) by programmers for several months.

4 _____(have, evaluate) properly, the patient was given the correct diagnosis.

해석 그는 낮잠을 자는 동안 방해받고 싶어 하지 않는다. / **1** 그 시는 10개 이상의 언어로 번역되었던 것으로 여겨진다. / 소녀는 어둠 속에 혼자 남겨지는 것을 무서워했다. / 그는 범죄에 연루되었던 것으로 기소된다. / 멀리서 보였을 때, 그 보트는 천천히 해변으로 다가왔다.

[01~02] 다음 (A), (B), (C)의 각 네모 안에서 어법상 옳은 표현으로 가장 적절한 것을 고르시오.

01

- It was selfish **(A)** of / for you to eat the whole pizza without saving any for others.
- Fashion provides a way **(B)** of / for us to display our taste. 학평응용
- Curiosity makes us view tough problems as interesting challenges **(C)** explore / to explore . 학평응용

	(A)	(B)	(C)
①	of	of	explore
②	of	of	to explore
③	of	for	to explore
④	for	of	explore
⑤	for	for	to explore

02

- The chef preparing the delicious meals **(A)** is / are adding fresh herbs for extra flavor.
- The bird with colorful feathers **(B)** was / were singing sweetly in the tree.
- The lawyer gathers evidence **(C)** proves / to prove the man's innocence in the court.

	(A)	(B)	(C)
①	is	was	proves
②	is	was	to prove
③	is	were	proves
④	are	was	to prove
⑤	are	were	proves

[03~04] 다음 밑줄 친 부분 중 어법상 <u>틀린</u> 것을 고르시오.

03

① The children happily played in the snow, <u>throwing</u> snowballs.

② The car requires regular maintenance <u>to keep</u> it running smoothly.

③ They were caught in a heavy rainstorm while they <u>hiked</u> in the mountains.

④ <u>Share</u> toys with friends teaches cooperation and generosity.

⑤ The couple made up after their argument and <u>apologized</u> to each other.

04

① The sound of rain <u>tapping</u> on the window was calming.

② The passion discovered in my youth <u>leading</u> to my success as a chef.

③ We ran out of milk, so we need <u>to pick</u> some up from the grocery store.

④ The scientists are conducting experiments <u>to test</u> their hypothesis.

⑤ The baby started crying loudly, <u>disrupting</u> the peaceful atmosphere.

05 다음 두 문장이 같은 의미가 되도록 고쳐 쓸 때 <u>틀린</u> 것을 고르시오.

① My friend appears to be nervous about the upcoming exam.
 = It appears that my friend is nervous about the upcoming exam.
② She seemed to be a talented dancer during her school days.
 = It seemed that she was a talented dancer during her school days.
③ Kelly seems not to have anticipated the traffic jam today.
 = It seems that Kelly doesn't anticipate the traffic jam today.
④ She appeared to have been a trusted advisor to her colleagues.
 = It appeared that she had been a trusted advisor to her colleagues.
⑤ He seems to have been an adventurous traveler.
 = It seems that he was an adventurous traveler.

06 다음 밑줄 친 ⓐ~ⓓ 중 어법상 <u>틀린</u> 것끼리 짝지어진 것을 고르시오.

- The wildlife photos taken by the renowned photographer ⓐ <u>amazes</u> visitors with realism.
- The artist creating sculptures in the studio ⓑ <u>is</u> immersed in his work.
- The concert with dynamic performances ⓒ <u>entertain</u> the crowd.
- Our practices to create a sustainable future ⓓ <u>aim</u> to reduce carbon emissions.

① ⓐ　　② ⓐ, ⓒ　　③ ⓑ
④ ⓑ, ⓒ　　⑤ ⓒ, ⓓ

07 다음 밑줄 친 부분에 대한 설명이 <u>틀린</u> 것을 고르시오.

- The car needs ⓐ <u>to repair</u> after the accident.
- She is grateful ⓑ <u>to have born</u> into a loving family.
- ⓒ <u>Written</u> with care, the letter expressed her true feelings.
- She appears ⓓ <u>to have invested</u> a significant amount in the stock.
- She takes pride in ⓔ <u>having accomplished</u> her goals.

① ⓐ는 to be repaired로 고쳐야 한다.
② ⓑ는 to have been born으로 고쳐야 한다.
③ ⓒ의 Written은 알맞게 쓰였다.
④ ⓓ는 to have been invested로 고쳐야 한다.
⑤ ⓔ의 having accomplished는 알맞게 쓰였다.

08 다음 중 어법상 <u>틀린</u> 것을 <u>모두</u> 고르시오.

① She appears to be impressed by the magnificent landscape of the Alps.
② Inspiring by her favorite author, she began writing her own novel.
③ He seems to have had unforgettable experiences in his youth. 교과서응용
④ The curriculum is going to update to reflect the changing industry trends.
⑤ He remembers the joy of having been selected as the captain of the soccer team.

09 다음 밑줄 친 ⓐ~ⓔ 중 어법상 틀린 것의 개수를 고르시오.

- The moon seen between tall buildings ⓐ <u>create</u> a magical atmosphere.
- The runner crossed the finish line, ⓑ <u>broke</u> the world record by a few seconds.
- The man ⓒ <u>sitting</u> on the bench is having a cup of coffee.
- The satisfied customer ⓓ <u>leaving</u> a nice review for the service.
- The volunteers participating in community cleanup ⓔ <u>is</u> passionate.

---

① 1개   ② 2개   ③ 3개   ④ 4개   ⑤ 5개

10 다음 글의 밑줄 친 부분 중 어법상 틀린 것을 고르시오.

Economics has become increasingly interdisciplinary, ① <u>using</u> insights from various subjects. Researchers apply ideas from psychology, sociology, and political science ② <u>understand</u> the societal impact of economic decision-making. This interdisciplinary approach ③ <u>has allowed</u> economists to deal with complex problems by ④ <u>generating</u> innovative solutions ⑤ <u>to address</u> them.

---

*interdisciplinary 여러 학문에 관계가 있는, 학제 간의

[11~14] 다음 괄호 안의 단어를 알맞게 배열하여 주어진 우리말을 영작하시오. (어형 변화 가능)

11 그 제품들은 정오에 배달될 예정이다.
(at, deliver, noon, to)

→ The products are supposed _____

_____ .

12 우리는 그가 다른 부서로 옮겨질 가능성에 대해 논의해야 한다.
(department, a, his, to, different, transfer)

→ We need to discuss the possibility of

_____ .

13 경기장의 선수들은 놀라운 팀워크를 보여주고 있다.
(on, display, the field, the athletes, be)

→ _____

remarkable teamwork.

14 Tom은 자신의 여동생이 미술 대회에서 우승한 것을 자랑스러워한다. (win, sister, his, have, the art competition)

→ Tom is proud of _____

_____ .

[15~20] 다음 밑줄 친 부분이 어법상 옳으면 ○, 틀리면 ×로 표시하고 바르게 고치시오.

15 As a female pioneer of flight, Bessie Coleman inspired future generations <u>to pursue</u> their dreams of flying.

16 It is kind <u>for you</u> to offer your seat to an elderly person on the bus.

17 We are relieved by <u>your</u> surviving the severe car accident.

18 It is easy <u>children</u> to learn new languages at a young age.

19 The book neglected for years <u>lie</u> on the shelf.

20 He is fortunate <u>to have recovered</u> from the illness before the important event.

21 다음 글의 (A), (B)에 들어갈 알맞은 말을 괄호 안의 단어를 활용하여 쓰시오. (단, 한 단어로 쓸 것)

> ___(A)___ (Start) a new business in today's global markets is a challenging endeavor, and statistics show that it is a risky one too. Most new businesses ___(B)___ (fail) within the first two years, encountering unexpected obstacles.

(A) _____

(B) _____

22 다음 글의 밑줄 친 ⓐ~ⓓ 중 어법상 **틀린** 것을 **2개** 찾아 기호를 쓰고 바르게 고치시오.

> Chronic stress is a widespread issue in today's society and ⓐ <u>having</u> a profound impact on our overall health. People experiencing chronic stress with inadequate social support ⓑ <u>are</u> more likely to be susceptible to physical and mental health problems. Symptoms like headaches, fatigue, and muscle tension ⓒ <u>is</u> common among people ⓓ <u>suffering</u> from chronic stress.

_____ → _____

_____ → _____

CHAPTER 10

접속사

우리말의 '그리고, 그러나, 그러므로' 등과 같이 단어와 단어, 구와 구, 절과 절을 연결해주는 것을 접속사라고 한다.

'절'은 〈주어+동사 ~〉 형태의 한 문장이 문장의 일부가 된 것인데 이 챕터에서는 아래의 두 종류를 배운다.

1. 명사절: 문장에서 주어, 보어, 목적어와 같은 역할

접속사+S′+V′+V ~ / S+V+접속사+S′+V′
　　명사절 (주어)　　　　　　　　　　명사절 (보어 또는 목적어)

2. 부사절: 문장에서 부사와 같은 역할. '시간, 조건, 이유, 양보' 등의 의미

접속사+S′+V′ ~, S+V ... / S+V ... 접속사+S′+V′ ~.
　　부사절　　　　주절　　　　　주절　　　　　부사절

→ True friendship is to understand **and** to be understood.

→ He speaks **not only** French, **but also** Italian.

→ I believe **that laughter is the best medicine**.

→ I couldn't remember **whether I left my wallet at home**.

→ I wonder **why you didn't answer my call**.

→ She **said that** she **would travel** to Canada that year.

→ He **asked** me **where he could find** the library.

→ The door bell rang **while she was watching TV at home**.

→ We'll miss the train **unless we hurry up**.

→ I will stay at home, **until the rain is over**.

→ **Though she is quiet**, she is really humorous.

→ The restaurant was **so** crowded **that** she waited for hours.

출제 빈도 ★★★

등위접속사

정답 p. 49

True friendship is to understand **and** to be understood. 교과서응용

1. 등위접속사(and, or, but 등)는 단어와 단어, 구와 구, 절과 절을 연결한다. 연결되는 어구는 문법적 형태가 같아야 한다. 🔍 어법 POINT 22

I found these shoes stylish **but** uncomfortable. (형용사-형용사)

When I do not know a word, I check in the dictionary **or** on the Internet. (전명구-전명구)

주의 등위접속사 뒤에서 반복되는 be, have, 조동사와 to부정사의 to는 보통 생략된다.

I try to write consistently **and** (to) improve my creative expression.

2. 등위접속사가 명령문과 절을 연결할 때, and는 '그러면 (~일 것이다)', or는 '안 그러면(~일 것이다)'의 의미이다.

Have balanced meals, **and** it will help you lose weight.
　　명령문　　　　　(그러면)

Save your file frequently, **or** you will lose all your progress.
　　명령문　　　　　　(안 그러면)

A 다음 문장의 네모 안에서 어법상 알맞은 것을 고르시오.

1 The movie was entertaining but predict / predictable .

2 Diamonds must be cut and polish / polished to be used as jewelry. 교과서응용

3 Listen attentively, and / or you will gain valuable insights from others.

4 My classmates and I practiced acting and sing / singing every day after school. 교과서응용

5 I will study diligently, exercise regularly, and make / making lots of friends.

6 To cheer up someone, speaking kind words or to spend / spending a special day together is a good way. 학평응용

B 다음 밑줄 친 부분이 어법상 옳으면 ○, 틀리면 ✕로 표시하고 바르게 고치시오.

1 Stay focused in class, <u>and</u> you might miss key information.

2 Using a mobile phone while driving is dangerous and <u>illegal</u>.

3 Sometimes people don't prefer to answer a question or <u>comment</u> on a sensitive issue. 교과서응용

4 To succeed in life, you should take advantage of opportunities and <u>to chase</u> your dreams. 교과서응용

5 He made a speech very passionately but <u>clear</u> to make everyone support him.

해석 진정한 우정은 이해하고 이해받는 것이다. / **1** 이 신발은 멋지지만 불편하다고 생각했다. / 단어를 모를 때 나는 사전이나 인터넷을 통해 확인한다. / 나는 꾸준히 글을 쓰고 내 창의적인 표현을 기르려고 노력한다. / **2** 균형 잡힌 식사를 해라, 그러면 살을 빼는 데 도움이 될 것이다. / 네 파일을 자주 저장해라, 안 그러면 모든 진행 상황을 잃을 것이다.

UNIT 60 상관접속사

출제 빈도 ★★

정답 p. 49

He speaks **not only** French, **but also** Italian.

1 상관접속사로 짝을 이루는 A, B는 문법적으로 형태가 같아야 한다. 🔖 어법 POINT 22

- both A and B (A와 B 둘 다)
- either A or B (A나 B 둘 중 하나)
- not only[just] A but (also) B (A뿐만 아니라 B도) (= B as well as A)
- not A but B (A가 아니라 B)
- neither A nor B (A도 B도 아닌)

Time is **neither** created **nor** destroyed.

2 상관접속사 구문이 주어일 경우, 동사와 가까운 명사(B)에 수를 일치시킨다.

〈B as well as A〉는 앞에 있는 B에 수를 일치한다.

Either you(A) **or** your brother(B) *has* to stay at home to take care of the puppy.
Jenny(B) **as well as** her sisters(A) *writes* essays for the school newspaper.

단, 의미상 〈both A and B〉는 항상 복수 취급한다.

Both watching movies(A) **and** playing soccer(B) *are* her hobbies.

A 다음 밑줄 친 부분이 어법상 옳으면 ○, 틀리면 ✕로 표시하고 바르게 고치시오.

1 He had to decide either to study for the exam <u>nor</u> to attend his friend's birthday party.

2 Both classical music and jazz <u>is</u> her life interests.

3 The CEO as well as the board members <u>approves</u> the new business strategy.

4 Neither the professor nor the graduates <u>is</u> attending the academic conference. 교과서응용

B 다음 주어진 우리말과 일치하도록 괄호 안의 어구를 활용하여 〈조건〉에 맞게 영작하시오.

조건
- 필요시 괄호 안의 어구 어형 변화 및 중복 사용 가능
- 〈보기〉의 주어진 표현을 한 번씩만 사용할 것

보기　not A but B　　not just A but also B　　either A or B

1 당신이 구매한 것에 대해 신용카드나 현금으로 결제하실 수 있습니다. (cash, credit card)

→ You can use ＿＿＿＿＿＿＿＿＿＿＿＿＿＿＿＿＿＿ to pay for your purchase.

2 아기들은 슬퍼서가 아니라 도움이 필요해서 운다. (because, they, support, sad, be, need)

→ Babies cry ＿＿＿＿＿＿＿＿＿＿＿＿＿＿＿＿＿＿.

교과서응용

3 그 건물은 현대적일 뿐만 아니라 환경친화적이다. (environmentally friendly, modern)

→ The building is ＿＿＿＿＿＿＿＿＿＿＿＿＿＿＿＿＿＿.

교과서응용

해석 그는 프랑스어뿐만 아니라 이탈리아어도 말한다. / **1** 시간은 만들어지지도 파괴되지도 않는다. / **2** 너와 너의 오빠 중 한 명은 강아지를 돌보기 위해 집에 머물러야 한다. / 그녀의 언니들뿐만 아니라 Jenny도 학교 신문에 올릴 에세이를 쓴다. / 영화 보는 것과 축구를 하는 것 둘 다 그녀의 취미이다.

명사절 1 (that)

I believe *that* laughter is the best medicine.
동사(believe)의 목적어 역할을 하는 that절

1 접속사 that은 명사절을 이끌어 주어, 목적어, 보어 역할을 한다. 'S'가 V' ~하는 것'으로 해석한다.

The surprising thing is *that* he passed the difficult test on his first try. (that절 보어)
S' V' O'

2 that절이 주어: 대부분 가주어(형식주어) it으로 대신하고 문장 뒤로 보낸다.

That you turn off your phone at a concert^S *is*^V necessary.

→ **It**^{가주어} is necessary **that** you turn off your phone at a concert^{진주어}. 교과서응용

3 that절이 SVOC 문형의 목적어: 가목적어(형식목적어) it으로 대신하고 문장 뒤로 보낸다.

I think **it**^{가목적어} shameful **that** people throw away their trash on the street^{진목적어}.

(← I think **that** people throw away their trash on the street^O shameful^{OC}.)

4 that절이 목적어 또는 보어로 쓰였을 때 that은 생략 가능하다.

I told him *(that)* he was right and I was wrong.

The problem is *(that)* I have no time to finish my assignment.

A 다음 문장이 어법상 옳으면 ○, 틀리면 ✕로 표시하고 바르게 고치시오.

1 The best news is that she passed her driving test.

2 I find fascinating that technology is constantly evolving.

3 I understand immigrants have difficulty with accepting our culture. 교과서응용

B 다음 주어진 우리말과 일치하도록 괄호 안의 어구를 활용하여 〈조건〉에 맞게 영작하시오.

> 조건 • 필요시 단어 추가 가능
> • 반드시 가주어 it 또는 가목적어 it을 포함할 것

1 길을 건널 때 주의를 기울이는 것은 중요하다. (important)

→ _____ you pay attention when you cross the street.

2 나는 우리가 중요한 발표를 하기 전에 긴장하는 것이 자연스럽다고 생각한다. (believe, I, natural)

→ _____ we feel nervous before important presentations.

해석 나는 웃음이 최고의 약이라고 믿는다. / **1** 놀라운 것은 그가 어려운 시험을 첫 시도에 통과했다는 것이다. / **2** 콘서트에서 핸드폰을 끄는 것은 필수적이다. / **3** 사람들이 길거리에 쓰레기를 버리는 것은 부끄러운 것이라고 생각한다. / **4** 나는 그에게 그가 옳고 내가 틀렸다고 말했다. / 문제는 내가 과제를 끝낼 시간이 없다는 것이다.

UNIT 62

출제 빈도 ★

명사절 2 (whether, if)

정답 p. 50

I couldn't remember ***whether*** I left my wallet at home. 교과서응용

동사의 목적어 역할을 하는 whether절(= if I left ~)

1 접속사 whether, if는 '~인지'라는 의미로 명사절을 이끈다. whether가 이끄는 명사절은 주어, 목적어, 보어 역할을 한다.

Whether she accepts the offer is entirely up to her.

The question is ***whether*** he will come to the party ***or not***. (whether or not: ~인지 아닌지)

2 if가 이끄는 명사절은 주로 동사의 목적어로만 쓰인다.

Can you tell me ***if*** I can buy a sandwich near the park? 교과서응용

I am curious about ***if*** (→ ***whether***) aliens exist. 교과서응용

전치사의 목적어

A 다음 문장의 네모 안에서 어법상 알맞은 것을 고르시오.

1 She hasn't decided on | if / whether | she should buy the blue or the red dress.

2 I don't know | if / whether | or not the man accused of the crime is guilty. 교과서응용

3 It was a hot summer day. They felt | that / whether | their clothes were sticking to their skin.

(풀이 tip) 명사절을 이끄는 접속사 that과 if/whether의 구별
· 접속사 that+확실한 사실 ('S'가 V' ~하는 것) · if/whether+불확실하거나 의문스러운 일 (~인지)

B 다음 주어진 우리말과 일치하도록 괄호 안의 단어를 활용하여 빈칸을 완성하시오. (필요시 어형 변화 가능)

1 David가 우리와 저녁식사를 함께할 수 있을지는 그의 업무 일정에 달려 있다.
(join, David, us, whether, for dinner, can)

→ _____ depends on his work schedule.

2 그녀의 주요 걱정거리는 체육관에 들어가기 전에 차를 잠갔는지이다. (her car, she, whether, lock)

→ Her main concern is _____ before going to the gym.

3 나는 상점이 재고로 그 물건을 가지고 있는지 알아볼 것이다. (have, if, the item, the store)

→ I'll find out _____ in stock.

4 그는 이웃 노인을 돕기 위해 무언가를 할 수 있는지 궁금해했다. (do, he, could, whether, something)

→ He wondered _____ to help the elderly neighbor.

교과서응용

(해석) 나는 지갑을 집에 두고 왔는지 기억을 할 수 없었다. / **1** 그녀가 그 제안을 승낙할 것인지는 전적으로 그녀의 선택이다. / 문제는 그가 파티에 올지 안 올지이다. / **2** 제가 공원 근처에서 샌드위치를 살 수 있는지 알려주실 수 있나요? / 나는 외계인이 존재하는지 궁금하다.

명사절 3 (의문사)

I wonder *why* you didn't answer my call.

동사(wonder)의 목적어 역할을 하는 의문사절

1 의문사가 이끄는 명사절(간접의문문)은 주어, 목적어, 보어 역할을 한다.
간접의문문의 기본 어순은 〈의문사+주어+동사〉이다. ☜ 어법 POINT 23

***When* we**$^{S'}$ **will meet**$^{V'}$ **in front of the station** has not been settled yet.

Her concern is ***how* she**$^{S'}$ **can prepare**$^{V'}$ **for the job interview**.

주의 접속사 that, whether 또는 의문사 등이 이끄는 명사절 주어는 단수 취급한다. ☜ 어법 POINT 24

2 간접의문문 어순 정리

• 〈의문사(주어)+동사〉

***Who*$^{S'}$ will be**$^{V'}$ the next coach of the national soccer team** is still unknown.
　　　　　　　　　　$_S$

• 주절이 do you think[believe, guess, suppose, imagine 등] ~인 경우:
〈의문사+do you think[believe ~]+주어+동사〉

***Where* do you think the nearest bus stop is?** 교과서응용

• how 뒤에 형용사(+명사)/부사가 오는 경우: 〈how+형용사(+명사)/부사(+주어)+동사〉

I'm surprised at ***how many calories* are in this chocolate bar**.

• which, what의 수식을 받는 명사가 있는 경우: 〈which/what+명사(+주어)+동사〉

We cannot know ***what personality* the person has** by simply observing him/her. 교과서응용

A 다음 문장의 네모 안에서 어법과 문맥상 알맞은 것을 고르시오.

1 I'm not sure who / why the company chose that color for the logo.

2 Whom / Where you are bringing to the party is entirely your decision.

3 I don't know why she was / why was she late this morning.

4 Do you suppose what / What do you suppose the result of the experiment will be?

B 다음 주어진 우리말과 일치하도록 괄호 안의 단어를 활용하여 빈칸을 완성하시오. (필요시 어형 변화 가능)

1 당신의 성공의 열쇠는 당신이 얼마나 열심히 일하려고 하는지이다. (hard, be willing to, work, how, you)

→ The key to your success is _____.

2 등산객들이 정상에 도달하기 위해 어떤 경로를 택할지는 날씨에 영향을 받는다.
(will, the hikers, route, which, take)

→ _____ to reach the summit is influenced by the weather.

3 그들은 어떤 사람이 그 프로젝트에 책임이 있었는지 논의했다. (the project, who, was responsible for)

→ They discussed _____.

해석 나는 네가 왜 내 전화를 받지 않았는지 궁금하다. / **1** 우리가 언제 역 앞에서 만날지는 아직 정해지지 않았다. / 그녀의 관심사는 취업 면접을 어떻게 준비할 수 있을지이다. / **2** 누가 국가대표 축구팀의 다음 코치가 될지는 아직 알려져 있지 않다. / 가장 가까운 버스 정류장이 어디라고 생각하십니까? / 나는 이 초콜릿 바에 얼마나 많은 칼로리가 있는지에 놀랐다. / 우리는 단순히 그들을 관찰하는 것으로 그 사람이 어떤 성격을 가지고 있는지 알 수 없다.

UNIT 64 화법 전환 1 (평서문)

정답 p. 51

She **said that** she **would travel** to Canada that year. 교과서응용

1 다른 사람의 말을 인용하여 그대로 전달한 것(직접화법)을 전달자 입장으로 바꾸어 말하는 것을 간접화법이라고 한다.

She said, "I will travel to Canada this year."
→ She **said that** she **would travel** to Canada that year.

2 직접화법 평서문을 간접화법으로 바꾸는 방법

① 직접화법 주절의 say[said]는 그대로 쓰고, say[said] to는 tell[told]로 변경
② 콤마(,)와 인용부호(" ") 삭제하고 접속사 that으로 연결
③ that절 주어와 목적어 등은 주절 주어를 기준으로 알맞은 인칭대명사로 변경
④ that절의 동사는 주절의 시제에 맞춤

• 시제 일치의 원칙

주절의 시제	종속절의 시제
현재시제	모든 시제 가능
과거시제	과거, 과거완료 등 과거 관련 시제 (*e.g.* watch → (had) watched)

⑤ 부사와 지시대명사가 있으면 전달자 입장에 맞게 변경

• today → that day	• yesterday → the day before, the previous day
• tomorrow → the next[following] day	• now → then • ago → before
• this[these] → that[those]	• here → there

A 다음 직접화법을 간접화법으로 고친 문장에서, 틀린 부분을 찾아 바르게 고치시오.

1 She sometimes says to me, "I want to visit Paris."
→ She sometimes tells me that I want to visit Paris.

2 He said, "I'll finish the report by this evening."
→ He said that he will finish the report by that evening.

3 They said, "We need to leave now to catch our flight."
→ They said that they needed to leave now to catch their flight.

B 다음 직접화법을 간접화법으로 바꿔 쓰시오.

1 She said, "I can't attend the meeting tomorrow."
→ She said that _____.

2 She said, "I arrived here in the morning."
→ She said that _____ in the morning.

해석 그녀는 자신이 그해에 캐나다로 여행을 갈 것이라고 말했다. / 1 그녀는 '나는 올해 캐나다로 여행 갈 거야'라고 말했다.

He **asked** me **where he could find** the library.

1 의문문 간접화법은 전달 동사를 ask 등으로 쓴다.

① 직접화법 의문문에 의문사가 있으면 간접의문문 어순인 〈의문사+주어+동사 ~〉로 바꾼다.

She asked, "*Where* are you going?"

→ She **asked where I was** going.

② 의문사가 없으면 〈if[whether]+주어+동사 ~〉로 쓴다.

He said to her, "Could you lend the book to me?"

→ He **asked** her **if[whether] she could** lend the book to him. 교과서응용

2 명령문 간접화법은 전달 동사를 tell, ask, advise, order 등으로 쓴다. 직접화법 명령문의 동사는 to부정사로 바꾼다.

My friend said to me, "Try this new app now."

→ My friend **told** me **to try** that new app then.

A 다음 직접화법을 간접화법으로 고친 문장에서, 틀린 부분을 찾아 바르게 고치시오.

1 They wondered, "When will the event start?"

→ They wondered when the event will start.

2 She asked, "Can you help me with this?"

→ She asked that I could help her with that.

3 My father said to me, "Buy some groceries on your way home."

→ My father told me buy some groceries on my way home.

B 다음 직접화법을 간접화법으로 바꿔 쓰시오.

1 She inquired of me, "Why did you make that decision?"

→ She inquired of me _____.

2 They asked, "Did you hear that noise?"

→ They asked _____.

3 My teacher said to me, "Complete the assignment by tomorrow."

→ My teacher told me _____.

해석 그는 나에게 자신이 어디서 도서관을 찾을 수 있는지 물었다. / **1** 그녀는 '어디로 가니?'라고 물었다 → 그녀는 내가 어디로 가는지 물었다. / 그는 그녀에게 '나에게 책을 빌려줄 수 있니?'라고 말했다. → 그는 그녀에게 그녀가 자신에게 그 책을 빌려줄 수 있는지 물었다. / **2** 내 친구는 나에게 '이 새로운 어플을 지금 사용해봐'라고 말했다. → 내 친구는 그때 나에게 그 새로운 앱을 사용해보라고 말했다.

UNIT 66

출제 빈도 ★

시간의 부사절

정답 p. 52

The door bell rang *while* she was watching TV at home.

1 시간을 나타내는 부사절 접속사

when (~할 때)	while (~하는 동안)	as (~할 때; ~하면서)
after (~한 후에)	before (~하기 전에)	until[till] (~할 때까지)
since (~한 이후로)	once (~하자마자; 일단 ~하면)	as soon as (~하자마자)
every time (~할 때마다)	by the time (~할 때쯤)	

***As I go to school**, I often think about what to eat after school. 교과서응용

***As soon as** the alarm rings, he gets out of bed to start his day.

A 다음 밑줄 친 부분을 문맥에 맞게 우리말로 해석하시오.

1 As my mother entered the living room, she found a mess. 교과서응용

2 Some students keep the TV or music on while they do their homework. 학평응용

3 The museum remained open until the last visitor left.

B 다음 주어진 우리말과 일치하도록 괄호 안의 어구를 활용하여 〈조건〉에 맞게 영작하시오.

> **조건** • 필요시 어형 변화 가능
> • 〈보기〉에 주어진 표현을 한 번씩만 사용할 것

> **보기** since   once   every time   by the time

1 그녀가 발표를 끝낼 때쯤, 청중들은 박수를 치고 있었다. (presentation, her, she, finish)

→ _____, the audience was applauding.

2 그는 5살 이후로 피아노를 연주해왔다. (be, years, he, five, old)

→ He has been playing the piano _____.

3 그녀는 이메일을 받자마자 필요한 정보를 담아 답장을 보냈다. (she, the email, receive)

→ _____, she replied with the necessary information.

4 그가 자신의 조부모님을 방문할 때마다, 그분들은 그가 가장 좋아하는 식사를 준비하신다.
(his, visit, he, grandparents)

→ _____, they prepare his favorite meal.

해석 그녀가 집에서 TV를 보고 있는 동안 초인종이 울렸다. / **1** 나는 학교에 가면서 방과 후에 무엇을 먹을지 종종 생각한다. / 알람이 울리자마자, 그는 하루를 시작하기 위해 침대에서 일어난다.

UNIT 67 조건의 부사절

We'll miss the train *unless* we hurry up.

1 조건을 나타내는 부사절 접속사

if (~한다면)	unless (~하지 않는다면) (= if ~ not)
as[so] long as (~하는 한)	in case (that) (만약 ~인 경우에는) (= if)

If you mix red and blue, you'll get purple.
The team will win this match, **as long as the players avoid serious injuries**. 교과서응용
Try drinking herbal tea **in case you cannot sleep well**.

A 다음 문장의 네모 안에서 어법과 문맥상 알맞은 것을 고르시오.

1 In case / Unless you need any help, just let me know and I'll help you.

2 The concert ticket will not be refunded if / unless it is canceled. 교과서응용

3 As long as / Unless the weather is good, we'll have a picnic in the park.

4 If the test is passed / not passed , admission will be denied.

B 다음 주어진 우리말과 일치하도록 괄호 안의 어구를 활용하여 〈조건〉에 맞게 영작하시오.

조건 • 필요시 어형 변화 가능
• 〈보기〉에 주어진 표현을 한 번씩만 사용할 것

보기 unless   as long as   in case

1 여러분이 저희 서비스에 만족하지 않는 경우에는, 다음 구매에 할인을 해드리겠습니다.
(our, you, not, satisfied with, be, service)

→ _____, we'll offer you a discount on your next purchase.

2 당신이 그 도시의 거주민인 한, 도서관 회원권을 취득할 수 있습니다. (of, be, you, the city, a resident)

→ _____, you can acquire library membership.
교과서응용

3 아이들이 너무 많은 소음을 내지 않는다면 여기 있어도 됩니다. (lots of, they, make, noise)

→ The children can stay here _____.
교과서응용

해석 우리가 서두르지 않으면 기차를 놓칠 것이다. / 1 빨간색과 파란색을 섞는다면, 보라색을 얻을 것이다. / 선수들이 심각한 부상을 입지 않는 한, 그 팀은 이번 경기에서 이길 것이다. / 잠이 잘 오지 않는다면 허브차를 마셔보세요.

UNIT 68 시간, 조건을 나타내는 부사절의 시제

출제 빈도 ★

정답 p. 52

I will stay at home, **until** the rain *is* over. 교과서응용

미래의 일 → 현재시제로 표현

1 시간, 조건을 나타내는 부사절에서는 미래의 일을 현재시제로 나타낸다. 어법 POINT 25

He will accept your apology **when** you *admit* your mistake. 교과서응용

If the team *wins* the game tomorrow, they will advance to the finals.

참고 명사절에서는 그대로 미래 표현을 사용한다.

Do you know **when she *will arrive***? (know의 목적어 역할을 하는 명사절)

A 다음 밑줄 친 부분이 어법상 옳으면 ○, 틀리면 ×로 표시하고 바르게 고치시오.

1 I'm not sure if she <u>responds</u> to our invitation by next week.

2 As you <u>see</u> him tomorrow, you will not recognize him. He lost a lot of weight. 교과서응용

3 If you <u>will happen</u> to see Henry, could you ask him to call me? 교과서응용

4 I'm curious about when we <u>will leave</u> the house for the movie tonight.

5 Because her lecture is very popular, the registration will close almost as soon as it <u>will open</u>. 모의응용

B 다음 주어진 우리말과 일치하도록 괄호 안의 단어를 활용하여 빈칸을 완성하시오. (필요시 어형 변화 및 단어 추가 가능)

1 나는 파티가 끝난 후에 친구들과 집을 청소할 것이다. (the party, after, finish)

→ I will clean the house with my friends _____. 교과서응용

2 궂은 날씨가 계속된다면 우리 비행 편은 결항될 것이다. (the severe weather, if, continue)

→ _____, our flight will be canceled. 교과서응용

3 나는 언제 Brian이 사무실로 돌아올지 궁금하다. (to, return, Brian, when, the office)

→ I wonder _____.

4 당신이 입장권을 보여주지 않는다면 저는 당신을 들여보낼 수 없습니다.
(your, admission ticket, you, unless, show)

→ I can't let you in _____.

해석 나는 비가 그칠 때까지 집에 있을 것이다. / **1** 당신이 잘못을 인정하면 그는 당신의 사과를 받아들일 것이다. / 내일 그 팀이 경기를 이기면 결승에 진출한다. / 그녀가 언제 도착할지 알고 있니?

이유, 양보의 부사절

Though she is quiet, she is really humorous.

1 이유(~하기 때문에)를 나타내는 부사절 접속사

because	as	since	now (that)

Since[As] the student was unable to understand the concept, he wanted more explanation.
Now (that) her car had broken down, she had to walk to get to work. 교과서응용   교과서응용

참고 접속사 as는 '시간, 이유'의 의미 외에도 '~처럼, ~하는 대로'라는 의미를 갖는다.

As you know, practice makes perfect.

2 양보(비록 ~이지만; ~인 반면에)를 나타내는 부사절 접속사

(al)though, even though (비록 ~이지만)	while (비록 ~이지만, ~인 반면에)
even if (비록 ~일지라도)	whether ~ or (not) (~이든 (아니든) 간에)

Even if I stand on a chair, I am unable to reach the shelf.
Whether you believe it or not, exercise is essential for a healthy lifestyle.

3 접속사 뒤에는 〈주어+동사 ~〉를 갖춘 절이 온다. 명사(구)가 뒤에 오는 전치사와 혼동하지 않도록 주의한다.

👉 어법 POINT 26

• 같은 의미를 갖는 접속사 vs. 전치사

접 because	vs.	전 because of, due to
접 (al)though	vs.	전 despite, in spite of
접 while	vs.	전 during

Although he had fears, he went skydiving.
Despite his fears, he went skydiving.

A 다음 밑줄 친 부분을 문맥에 맞게 우리말로 해석하시오.

1 I will trust you, <u>even if others doubt your intentions</u>.

2 I want to master English <u>since my dream is to work abroad</u>. 교과서응용

3 <u>While it's a busy day</u>, I still have time to chat with you.

B 다음 문장의 네모 안에서 어법상 알맞은 것을 고르시오.

1 | While / During | I drive, I listen to my favorite music playlist.

2 We decided to order pizza | because / because of | we didn't feel like cooking.

3 | Although / Despite | her busy schedule, she always finds time for her hobbies.

4 I participated in the event, | though / in spite of | I was tired after a long day. 교과서응용

해석 그녀는 조용하지만 정말로 유머러스하다. / **1** 그 학생은 개념을 이해할 수 없었기 때문에, 더 많은 설명을 원했다. / 그녀의 차가 고장이 나서 그녀는 일하러 가기 위해 걸어가야 했다. / 네가 알고 있는 것처럼, 연습이 완벽함을 만든다. / **2** 의자 위에 서 있음에도 불구하고, 나는 선반에 닿을 수 없다. / 믿든 아니든 간에, 건강한 생활 습관을 위해서는 운동이 필수적이다. / **3** 비록 그는 두려움이 있었지만, 스카이다이빙을 했다. / 그의 두려움에도 불구하고, 그는 스카이다이빙을 했다.

UNIT 70

출제 빈도 ★★

목적, 결과의 부사절

정답 p. 53

The restaurant was **so** crowded **that** she waited for hours.

1 so (that)는 목적(~할 수 있도록, ~하기 위해서)을 나타낸다.

Put the used paper in this container **so (that)** it can be reused. 교과서응용
　　　　　　　　　　　　　　　= in order that it can be reused.

2 so ~ 또는 such ~와 함께 쓰인 that절은 결과를 나타낸다.

〈so+형용사/부사+that ...〉, 〈such+(a/an)+(형용사)+명사+that ...〉 (아주 ~해서 …하다)

I had **such** *an incredible birthday* **that** I would like to thank you for it! 교과서응용

A 다음 두 문장이 같은 의미가 되도록 빈칸을 완성하시오. (단, 접속사 that을 사용할 것)

1 The grapes were too sour to eat.

= The grapes were ＿＿＿＿＿ ＿＿＿＿＿ ＿＿＿＿＿ I couldn't eat them. 교과서응용

2 She is strong enough to lift the heavy weights.

= She is ＿＿＿＿＿ ＿＿＿＿＿ ＿＿＿＿＿ she can lift the heavy weights.

3 Please arrive early in order for us to start the rehearsal on time.

= Please arrive early ＿＿＿＿＿ ＿＿＿＿＿ we can start the rehearsal on time. 교과서응용

B 다음 주어진 우리말과 일치하도록 괄호 안의 어구를 활용하여 〈조건〉에 맞게 영작하시오.

〈조건〉 • 필요시 어형 변화 가능　　• 〈보기〉에 주어진 표현을 사용할 것 (중복 사용 가능)

〈보기〉 so that　　　 so ~ that　　　 such ~ that

1 나는 풀밭에 앉을 수 있도록 담요를 가지고 왔다. (on, sit, I, could, the grass)

→ I brought a blanket ＿＿＿＿＿＿＿＿＿＿＿＿＿＿＿. 교과서응용

2 나는 이 소설에 푹 빠져서 두 시간 만에 읽었다. (this, by, absorbed, novel)

→ I was ＿＿＿＿＿＿＿＿＿＿＿＿ I read it within two hours. 교과서응용

3 그녀는 아주 자신감 있게 말을 해서 모든 청중을 설득했다.
(convince, she, confidently, the entire audience)

→ She spoke ＿＿＿＿＿＿＿＿＿＿＿＿＿＿.

4 그것은 아주 어려운 퍼즐이어서 푸는 데 몇 시간이 걸렸다. (challenging, a, puzzle)

→ It was ＿＿＿＿＿＿＿＿＿＿＿＿ it took me hours to solve it.

해석 그 식당은 너무 붐벼서 그녀는 몇 시간을 기다렸다. / **1** 사용한 종이를 재사용할 수 있도록 이 용기에 담아주세요. / **2** 저는 아주 굉장한 생일을 보내서 그것에 대해
감사드리고 싶습니다!

[01~02] 다음 (A), (B), (C)의 각 네모 안에서 어법상 옳은 표현으로 가장 적절한 것을 고르시오.

01

- The book provided a comprehensive and (A) length / lengthy analysis of historical events.
- Plan your day ahead, (B) and / or it will increase your efficiency and productivity.
- Neither the elevator (C) or / nor the escalator was functioning, so we had to take the stairs.

	(A)	(B)	(C)
①	length	and	or
②	length	or	nor
③	lengthy	and	or
④	lengthy	and	nor
⑤	lengthy	or	or

02

- We can hold the garden party (A) as well as / as long as it is sunny tomorrow. 교과서응용
- The interviewer asked me (B) that / if I had any previous work experience.
- I was aware (C) that / who the library is closed on holidays.

	(A)	(B)	(C)
①	as well as	that	that
②	as well as	if	who
③	as long as	that	who
④	as long as	if	that
⑤	as long as	if	who

03 다음 중 어법상 틀린 것을 고르시오.

① The teacher made sure that all students wore a seat belt.

② The marathoner ran fast but to fall at the finish line.

③ She is not a follower but a leader.

④ Whether I can finish the project before the deadline is doubtful.

⑤ You can choose either to study economics or to major in psychology.

04 다음 밑줄 친 ⓐ~ⓕ 중 어법상 틀린 것끼리 짝지어진 것을 고르시오.

- Both the coach and the players ⓐ are striving for victory in the game.
- That he speaks multiple languages fluently ⓑ amaze his friends.
- Passengers as well as the pilot ⓒ is required to follow the airline's regulations.
- Either studying hard or seeking help from a tutor ⓓ is essential to improve your grades.
- As soon as the food ⓔ will be ready, my father will call everyone to gather for the meal.
- Do you know when the band ⓕ will release the new album?

① ⓐ, ⓑ   ② ⓑ, ⓒ, ⓔ
③ ⓑ, ⓔ, ⓕ   ④ ⓒ, ⓔ, ⓕ
⑤ ⓓ, ⓔ

[05~06] 다음 밑줄 친 부분이 어법상 **틀린** 것을 **모두** 고르시오.

05

① I'm still uncertain about <u>if</u> I should buy a new laptop or repair my old one.

② I wonder <u>why</u> he changed his mind so suddenly.

③ It was <u>such hot a day that</u> people sought refuge in the shade.

④ James broke the window <u>while</u> he was playing with a ball. 교과서응용

⑤ She told her assistant <u>to schedule</u> a meeting for next week.

07 다음 밑줄 친 ⓐ~ⓖ에 대한 설명 중 **틀린** 것을 고르시오.

ⓐ <u>When</u> we think about the future, it's important ⓑ <u>that we consider our goals and desire</u>. Have you ever thought about ⓒ <u>what you want to accomplish in the next five years?</u> Setting clear objectives ⓓ <u>help</u> us stay ⓔ <u>motivated</u> and ⓕ <u>focused</u>, ⓖ <u>as</u> we work towards building our lives.

---

① ⓐ와 ⓖ는 시간을 나타내는 접속사로 쓰였다.

② ⓑ는 앞의 it을 대신하는 목적어로 쓰인 명사절이다.

③ ⓒ는 about의 목적어 역할을 하는 명사절이다.

④ ⓓ는 단수 동사 helps로 고치는 것이 적절하다.

⑤ ⓔ와 ⓕ는 stay의 보어 역할을 하며 등위접속사 and로 연결되었다.

06

① The new policy not only strengthens the economy but also <u>foster</u> community.

② She organized her belongings clearly and <u>systematical</u> in the closet.

③ He finds relaxation in practicing yoga and <u>taking long walks</u> on the beach.

④ The shop offers a wide range of shoes as well as <u>stylish handbags</u>.

⑤ He cycled along the road and <u>through the countryside</u>.

08 다음 중 어법 또는 문맥상 옳은 것을 **모두** 고르시오.

① Before she sings, she warms up her voice.

② Can you speak a little bit louder so that we can hear you? 교과서응용

③ Despite it was cold outside, he refused to wear a jacket.

④ Once the application will be submitted, you will receive a confirmation message.

⑤ Although he studied hard, he didn't perform well in the exam.

09

① In spite of suffering from grief can be a challenging experience, it's important to remember ② that everyone grieves ③ differently and at their own pace. Some find comfort in support groups and counseling, ④ while others prefer to grieve in private or ⑤ seek comfort in creative outlets such as writing or art.

10

Communication is key to building healthy relationships and ① addressing conflicts effectively. Unless you ② will speak up and share your feelings, no one will know ③ how you truly feel, and misunderstandings can arise. By ④ being honest, you can avoid unnecessary tension and ⑤ foster deeper connections with those around you.

서술형 연습

[11~12] 다음 직접화법을 간접화법으로 바꿔 쓰시오.

11 She asked, "What is the dress code for the event?"

→ She asked _____

_____.

12 He said to me, "Writing allows me to express my thoughts and emotions."

→ _____

to express his thoughts and emotions.

[13~14] 다음 밑줄 친 부분에서 어법상 <u>틀린</u> 부분을 찾아 바르게 고치시오.

13 <u>Do you guess who</u> will win the singing competition?

14 Bill found that <u>his report is missing</u> last night.

[15~18] 다음 괄호 안의 단어를 알맞게 배열하여 주어진 우리말을 영작하시오. (필요시 어형 변화 및 중복 사용 가능)

15 지식이 힘이라는 것은 사실이다.
(knowledge, that, be, true, power)

→ It _____.

16 그 식당에는 어린이 메뉴도, 아기들을 위한 높은 의자도 없었다. (for, high chairs, nor, neither, a children's menu, babies)

→ The restaurant had _____

_____.

17 문제가 너무 복잡해서 푸는 데 몇 시간이 걸렸다.
(was, complex, so, hours, that, it, took, to solve, the problem)

→ _____

_____.

18 네가 다른 사람들을 용서할 때마다, 너 자신을 부정적인 감정으로부터 자유롭게 할 것이다.
(every time, free, yourself, will, you, forgive, others)

→ _____,

you _____

from negative emotions.

[19~20] 다음 글에서 어법상 **틀린** 부분을 찾아 바르게 고쳐 쓰고 그 이유를 서술하시오.

19

Although I volunteered for only two weeks, it was a valuable experience. I made new friends, felt happy, and helping improve the lives of others.

_____ → _____

고친 이유: _____

_____

20

When faced with a difficult decision, I consider how should I approach the situation. It involves weighing the pros and cons, gathering relevant information, seeking advice from others, and trusting my intuition.

_____ → _____

고친 이유: _____

21 다음 밑줄 친 빈칸에 들어갈 말을 아래 〈보기〉의 단어를 사용하여 완성하시오.

I find it amazing _____.
For example, chameleons are known for their ability to change color and blend in with their surroundings, making them incredibly difficult to be spotted by predators. They conceal themselves so well in their natural environments that they become almost invisible.

보기

can / disguise / themselves / animals / some / that

[22~23] 다음 글을 읽고 물음에 답하시오.

Where the family members will go for their holidays ___(A)___ still undecided. They are excitedly discussing different places and looking forward to **(B)** 얼마나 풍경이 아름다울지. They can't wait to make unforgettable memories together.

22 밑줄 친 **(A)**에 들어갈 적절한 be동사를 쓰시오.

_____

23 밑줄 친 **(B)**의 우리말 뜻에 일치하도록 〈보기〉의 단어를 배열하시오.

보기

be / beautiful / the landscapes / how / will

CHAPTER 11

관계사

관계대명사와 관계부사는 명사를 꾸며주는 관계사절을 이끌어 명사의 의미를 제한하거나 보충 설명한다.

예를 들어, '[내가 좋아하는] 그 소녀'는 관계대명사(who)를 사용하여 the girl [who I like]로 표현한다.

관계사는 역할에 따라 형태가 다양하며 생략되는 경우가 있다.

관계사절의 범위를 파악해야 영문의 구조를 이해할 수 있는 경우가 많다.

→ Everyone loves a friend **who** is a good listener.

→ This is the book **that** I recommended to you.

→ The boy **whose** bike was stolen is upset.

→ **What** my friend said made me feel confident.

→ Find a career **in which** you're interested.

→ This is the park **where** I play basketball on Sundays.

→ I went to Jeju-do, **which** is famous for its natural scenery.

→ **Whoever** performs best will receive the first prize.

→ The garden **where we planted the flowers** looks beautiful.

주격 관계대명사

정답 p. 56

Everyone loves *a friend* **who** is a good listener.

관계대명사 who가 이끄는 절이 a friend를 수식

1 관계대명사(접속사+대명사)가 두 문장을 연결할 때 관계대명사절에서 '주어'이면 주격 관계대명사를 쓴다.

↪ 어법 POINT 27

Everyone loves *a friend*. + *A friend* is a good listener.

→ Everyone loves *a friend* who is a good listener.

2

선행사의 종류	주격 관계대명사
사람	who, that
사람이 아닌 것	which, that

Here are *some tips* **which[that]** will help you stay more focused. 교과서응용

Level up 〈주격 관계대명사+be동사〉는 생략되어 현재분사구[과거분사구]가 수식하는 형태로 쓸 수 있다.

She found *an old book* **(that was) written** 500 years ago in the library. 교과서응용

A 다음 밑줄 친 부분이 어법상 옳으면 ○, 틀리면 ×로 표시하고 바르게 고치시오.

1 Students who they completed the reading course will receive a certificate of achievement.

2 People which avoid taking risks can't make changes.

3 You should stop eating foods that are high in salt and sugar.

4 Donated money will be sent to senior citizens who live alone.

B 다음 괄호 안의 단어를 알맞게 배열하여 주어진 우리말을 영작하시오.

1 그 선생님은 시험에 합격하지 못한 학생들에게 추가적인 과제를 주었다.
(the exam / failed / the students / to pass / who)

→ The teacher gave additional work to _____.

2 우리 고등학교는 동아리 회원들의 글쓰기 능력을 향상시킬 여러 활동들이 있다.
(some activities / the writing skills / will increase / which)

→ Our high school has _____
of our club members. 학평응용

3 전설에 따르면, 흡혈귀에게 물린 사람은 흡혈귀로 변한다. (a vampire / is bitten / a person / by / who)

→ According to legend, _____ turns into a vampire.

학평응용

(해석) 모든 사람들은 말을 잘 들어주는 친구를 아주 좋아한다. / **1** 모든 사람들은 친구를 아주 좋아한다. 그 친구는 말을 잘 들어준다. → 모든 사람들은 말을 잘 들어주는 친구를 아주 좋아한다. / **2** 여기에 집중력을 좀 더 유지하는 데 너에게 도움을 줄 몇 가지 팁이 있다. / 그녀는 도서관에서 500년 전에 쓰인 오래된 책 한 권을 발견했다.

UNIT 72

출제 빈도 ★★

목적격 관계대명사

정답 p. 56

This is *the book* that I recommended to you.

관계대명사 that이 이끄는 절이 the book을 수식

1 관계대명사(접속사+대명사)가 두 문장을 연결할 때 관계대명사절 내에서 '목적어'이면 목적격 관계대명사를 쓴다.

어법 POINT 27

This is *the book*. + I recommended *the book* to you.

→ This is *the book* that I recommended to you. (recommended의 목적어 = the book)

2

선행사의 종류	목적격 관계대명사
사람	whom, who, that
사람이 아닌 것	which, that

주의 관계대명사절에서 선행사에 해당하는 목적어가 등장하지 않는다.

These are *the photos* which I took ~~them~~ on my vacation.

3 목적격 관계대명사는 생략 가능하다.

I will drink *the milk* (which) I bought this morning. 교과서응용

A 다음 밑줄 친 부분이 어법상 옳으면 ○, 틀리면 ×로 표시하고 바르게 고치시오.

1 The movie that I watched it is interesting.

2 To be competitive in your field, create something others don't have.

3 The chef introduced wonderful new dishes who his restaurant will be offering soon.

학평응용

B 다음 괄호 안의 단어를 알맞게 배열하여 주어진 우리말을 영작하시오.

1 Jake는 올해 우리의 프로젝트에 꼭 필요한 우수한 직원이다. (really need / for / we / our project / whom)

→ Jake is an excellent employee ＿＿＿＿＿＿＿＿＿＿＿＿＿＿＿＿＿＿＿＿ this year.

2 지난주에 온라인으로 주문한 셔츠를 지금 막 받았다. (the shirt / ordered / which / I)

→ I have just received ＿＿＿＿＿＿＿＿＿＿＿＿＿＿＿＿＿＿ online last week.

3 우리가 여행을 위해 가지고 가야 할 모든 것이 준비되었다.
(we / have to / for the trip / everything / bring / that)

→ ＿＿＿＿＿＿＿＿＿＿＿＿＿＿＿＿＿＿＿＿＿＿＿＿ is ready.

4 내가 지난주에 산 컴퓨터는 벌써 기계적인 문제가 있다. (which / bought / I / the computer / last week)

→ ＿＿＿＿＿＿＿＿＿＿＿＿＿＿＿＿＿＿＿ already has mechanical problems.

해석 이 책은 내가 너에게 추천해줬던 책이다. / **1** 이 책은 그 책이다. 나는 그 책을 너에게 추천해주었다. → 이 책은 내가 너에게 추천해줬던 책이다. / **2** 이것들은 내가 방학에 찍은 사진들이다. / **3** 나는 오늘 아침에 산 우유를 마실 것이다.

소유격 관계대명사

> ### *The boy* **whose** bike was stolen is upset.
> 관계대명사 whose가 이끄는 절이 The boy를 수식

1. whose 뒤에 나오는 명사는 선행사의 '소유'임을 나타낸다. 소유격 관계대명사는 선행사가 사람, 사물일 때 모두 whose를 쓴다. 👉 어법 POINT 27

   사물 선행사는 of which를 쓸 수도 있다.

   The boy is upset. + ***His* bike** was stolen.
   → ***The boy* whose** bike was stolen is upset.

A 다음 문장의 네모 안에서 어법상 알맞은 것을 고르시오.

1 I made a list of the students who / whose birthdays are in December.

2 Antiques are old things whom / whose value increases as time goes by.

3 This exhibition has artworks which / whose captured everyday moments in life.

B 다음 괄호 안의 단어를 알맞게 배열하여 주어진 우리말을 영작하시오.

1 내 친구는 주인이 일주일 동안 휴가 중인 강아지들을 돌보고 있다.
(whose / owners / the dogs / on vacation / are)

→ My friend is taking care of _____ for a week.

2 다리가 부러진 남자를 위해 구급차가 도착했다. (whose / was / the man / broken / leg)

→ The ambulance arrived for _____ .

3 테이블이 가까이 배치된 커피숍들은 불편하게 느껴진다.
(the tables / of which / coffee shops / closely / are placed)

→ _____ feel uncomfortable.

4 패션 디자이너로서, 그녀는 스타일이 유행하는 배우들로부터 자신의 영감을 얻는다.
(trendy / styles / are / from / actors / whose)

→ As a fashion designer, she gets her inspiration _____ .

해석 자신의 자전거를 도난당한 그 소년은 화가 나 있다. / **1** 그 소년은 화가 나 있다. 그의 자전거는 도난당했다. → 자신의 자전거를 도난당한 그 소년은 화가 나 있다.

UNIT 74

관계대명사 what

정답 p. 57

What my friend said made me feel confident.

관계대명사 what이 이끄는 절이 주어 역할

1 관계대명사 what은 선행사를 포함하며, the thing(s) which[that]로 바꾸어 쓸 수 있다.
명사절을 이끌어 주어, 목적어, 보어 역할을 한다.

This clothing store has exactly **what** I wanted.
                                = the thing(s) which[that]
The secret ingredient is **what gives the cuisine its unique flavor.**

2 what vs. that[which]: ① 문장에 선행사가 있는지 ② 이끄는 절이 완전한지를 통해 판단한다. 👈 어법 POINT 28

	선행사 유무	what, that[which]이 이끄는 절의 구조
관계대명사 **what**	선행사 없음 (what에 포함)	불완전한 구조
관계대명사 **that[which]**	선행사 있음	
접속사 **that**	–	필요한 문장 성분을 모두 갖춘 완전한 구조

I'm proud of ⟨what⟩ I've done ● in my career as a software developer. 교과서응용
        관계대명사   불완전한 구조 (목적어 자리: ●)
The company ⟨that[which]⟩ ● manufactures innovative products is expanding rapidly.
    선행사   관계대명사   불완전한 구조 (주어 자리: ●)
He realized ⟨that⟩ he had forgotten his plane ticket at the cafeteria. 교과서응용
        접속사   완전한 구조 (주어(he)+동사(had forgotten)+목적어(his plane ticket) ~)

A 다음 문장의 네모 안에서 어법상 알맞은 것을 고르시오.

1 Love and affection is | what / which | babies need. 교과서응용

2 The car | what / which | won the race is a high-performance vehicle.

3 Her daughter really loved | that / what | she bought from the toy store.

4 Keep in mind | that / what | your report can have misspellings or errors of fact.

5 These are the books | that / what | you should read before the test.

B 다음 문장의 우리말 해석을 완성하시오.

1 I try to be satisfied with what I have.

→ 나는 _____에 만족하려고 한다.

2 What the poster emphasizes is the necessity of nature conservation. 교과서응용

→ _____은 자연 보호의 필요성이다.

3 A fear of failure is what prevents us from trying new things. 교과서응용

→ 실패에 대한 두려움은 _____이다.

해석 나의 친구가 말한 것은 나를 자신감 있게 만들었다. / **1** 이 옷 가게는 내가 원하던 바로 그것을 가지고 있다. / 그 비밀 재료는 요리에 독특한 맛을 주는 것이다. / **2** 나는 소프트웨어 개발자로서 나의 경력에서 한 것들이 자랑스럽다. / 혁신적인 제품을 생산하는 그 회사는 빠르게 성장하고 있다. / 그는 식당에서 비행기 표를 잃어버렸다는 것을 깨달았다.

전치사+목적격 관계대명사

> ## Find *a career* **in which** you're interested.
> 〈전치사+목적격 관계대명사〉 in which가 이끄는 절이 a career를 수식

① 관계대명사절 안에서 관계대명사가 전치사의 목적어면 전치사가 관계대명사절 끝에 남는다.
또는 〈전치사+목적격 관계대명사〉 형태로 쓸 수 있다.

The company is in LA. + I applied **for** *the company*.
→ ***The company* which** I applied **for** is in LA.
= ***The company* for which** I applied is in LA.

② 전치사 뒤에 관계대명사 that은 쓸 수 없고, 관계대명사 who는 목적격 whom으로 써야 한다.

The manager has *a business partner* **with whom** she can discuss the issue. 교과서응용
　　　　　　　　　　　　　　　　　that (×), who (×)

주의 목적격 관계대명사가 생략된 경우, 전치사는 관계대명사절 끝에만 올 수 있다.

I want to watch *the movie* <u>many people talked **about**</u>.
　　　　　　　　　　about many people talked (×)

A 다음 문장을 전치사와 관계대명사를 이용하여 두 가지 문장으로 바꿔 쓰시오.

1 The people are very nice and diligent. + I work with the people.

→ The people who ＿＿＿＿＿＿＿＿＿＿＿＿＿ are very nice and diligent.

→ The people with ＿＿＿＿＿＿＿＿＿＿＿＿＿ are very nice and diligent.

2 She kindly took me to the bus stop. + I could take the bus to City Hall at the bus stop.

→ She kindly took me to the bus stop which ＿＿＿＿＿＿＿＿＿＿＿＿＿ to City Hall.

→ She kindly took me to the bus stop at ＿＿＿＿＿＿＿＿＿＿＿＿＿ to City Hall.

B 다음 밑줄 친 부분이 어법상 옳으면 ○, 틀리면 ×로 표시하고 바르게 고치시오.

1 This is the cabinet <u>which</u> we keep important documents.

2 Zoe attends the university <u>from which</u> her mother graduated.

3 Henry is my friend <u>with who</u> I go swimming every weekend.

4 I visited the French restaurant <u>to which</u> you had tried before.

5 I want to try the fitness program <u>people have had great results with</u>.

해석 당신이 관심이 있는 직업을 찾아라. / **1** 내가 지원한 그 회사는 LA에 있다. (그 회사는 L.A.에 있다. + 나는 그 회사에 지원했다.) / **2** 그 관리자는 이 문제를 의논할 수 있는 사업 파트너가 있다. / 나는 많은 사람들이 이야기한 그 영화를 보고 싶다.

UNIT 76

출제 빈도 ★★

관계부사

정답 p. 58

This is *the park* where I play basketball on Sundays.

관계부사 where가 이끄는 절이 the park를 수식

① 관계부사는 〈접속사+부사(구)〉 역할을 하여 두 문장을 연결하며, 앞의 명사(선행사)를 수식하는 절을 이끈다. 〈전치사+관계대명사〉로 바꾸어 쓸 수 있다.

관계부사 뒤에는 문장 필수 성분을 갖춘 완전한 구조가 온다. 뒤에 불완전한 구조가 오는 관계대명사와 구분한다.

↪ 어법 POINT 29

This is *the park*. + I play basketball *at the park* on Sundays.

→ This is *the park* where I play basketball on Sundays.
　　　　　　　　 = at which

②

선행사의 의미	관계부사	선행사의 의미	관계부사
장소	where	이유	why
시간	when	방법	how

주로 일반적 선행사(the place 등)에서 관계부사를 대신하여 that을 쓸 수도 있다.

We anticipate *the time* when[that] we can successfully launch our product.

③ 관계부사절의 선행사가 일반적인 명사(the place, the time, the reason 등)인 경우 선행사나 관계부사를 생략할 수 있다.

Tell me *the reason* (why) you were absent last class. (= Tell me **why** you ~)

주의 관계부사 how와 선행사 the way는 함께 쓰이지 않으며, 둘 중 하나를 생략한다.

He explained **the way how** the new software works. (또는 ~~the way~~ how)

A 다음 문장의 네모 안에서 어법상 알맞은 것을 고르시오.

1 We researched | the way how / how | people prepare for rising sea levels. 학평응용

2 The house | where / which | we want to buy has a large bedroom.

3 The warning sign pointed to the place | where / which | a gas leak had been detected.

B 다음 괄호 안의 단어를 알맞게 배열하여 주어진 우리말을 영작하시오. (필요시 어형 변화 가능)

1 나는 밤하늘의 별똥별을 본 순간을 잊을 수가 없다. (see, that, the moment, I, the shooting stars)

→ I can't forget _____ in the night sky.

2 나는 그가 항상 우리의 약속에 늦는 이유를 모르겠다. (for, late, always, appointment, be, our, he)

→ I don't know the reason _____.

3 우리는 성별의 경계가 줄어들고 있는 사회에 살고 있다.
(where, a society, have been decreasing, gender boundaries)

→ We are living in _____.

해석 이곳은 내가 일요일마다 농구를 하는 공원이다. / **1** 이곳은 공원이다. 나는 그 공원에서 일요일마다 농구를 한다. → 이곳은 내가 일요일마다 농구를 하는 공원이다. / **2** 우리는 우리의 제품을 성공적으로 출시할 수 있는 시기를 기대한다. / **3** 지난 수업에 결석한 이유를 말해주세요. / 그는 새로운 소프트웨어가 작동하는 방법을 설명해주었다.

콤마(,) + 관계사절

I went to *Jeju-do*, **which** is famous for its natural scenery.
선행사 Jeju-do를 보충 설명하는 관계대명사절(계속적 용법) 교과서응용

1 선행사를 보충 설명할 때 〈콤마(,)+관계사 ~〉 형태로 쓴다. 이러한 계속적 용법의 관계사절은 문맥에 맞는 접속사 (and, but 등)의 의미를 더하여 해석한다. 🔗 **어법 POINT 27**

계속적 용법의 선행사는 명사뿐 아니라 구나 절도 가능하다.

Mike got A in the exam, **which** surprised everybody.
= and it (그리고 그것은 ~)

주의 관계사 that, what은 콤마 뒤에 계속적 용법으로 쓰이지 않는다. 또한, 계속적 용법으로 쓰인 관계사는 생략할 수 없다.

My uncle lives in *Morocco*, ~~that~~ (→ **which**) is located in North Africa. 교과서응용

I will submit the report *next week*, **when** I won't be so busy.
생략 불가

참고 콤마(,) 뒤의 〈부정대명사(all, most, some, one, none 등)+of which[whom]〉: 선행사의 전체[일부]를 보충 설명

Margaret has **three children**, **one of whom** is studying abroad.

A 다음 굵게 표시한 관계사의 선행사에 밑줄을 그으시오.

1 Last week I went to Jeonju to see my grandparents, **who** were waiting for me.

2 This town has the most visitors in October, **when** its traditional festival is held.

3 I encountered an old friend from high school in a bookstore, **which** was a surprise.

4 He reminds me not to share personal information online, **which** is an important precaution to protect my privacy.

5 She has a lot of small dolls, most of **which** were given to her on her birthday.

B 다음 괄호 안의 단어를 알맞게 배열하여 주어진 우리말을 영작하시오.

1 Andy가 계속 기침을 했고, 그것은 나를 걱정하게 만들었다. (me / made / which / worry)

→ Andy kept coughing, _____.

2 이 행사에는 많은 사람들이 몰려들었는데, 그들 중 일부는 지역 주민들이었다.
(were / some / local residents / of / whom)

→ The event attracted a large crowd, _____.

3 David의 동료는 집이 서울에 있는데, 인천으로 출퇴근한다. (in / house / is / whose / Seoul)

→ David's coworker, _____, commutes to work in Incheon.

4 그들은 해변에 도착해서, 그곳에서 하루 종일 수영과 일광욕을 하며 시간을 보냈다.
(spent / they / sunbathing / swimming / and / where / the entire day)

→ They arrived at the beach, _____.

해석 나는 제주도에 갔는데, 그곳은 자연 경관으로 유명하다. / **1** Mike는 시험에서 A를 받았는데, 이는 모두를 놀라게 했다. / 나의 삼촌은 모로코에 사는데, 그곳은 북아프리카에 위치해 있다. / 나는 다음 주에 보고서를 제출할 것인데, 그때는 내가 그렇게 바쁘지 않을 것이다. / Margaret는 세 명의 아이들이 있고, 그중 한 명은 유학 중이다.

UNIT 78 Level up 복합관계사

정답 p. 58

Whoever performs best will receive the first prize.
복합관계대명사 whoever가 이끄는 명사절

1 복합관계대명사(관계대명사+-ever)는 선행사를 포함한 관계대명사로 명사절을 이끌거나, 양보의 부사절을 이끈다.

복합관계대명사 이끄는 절	명사절	양보의 부사절
who(m)ever	~하는 누구든지 (= anyone who(m))	누가[누구를] ~하더라도 (= no matter who(m))
whichever	~하는 어느 쪽이든지 (= any(thing) that)	어느 쪽이[을] ~하더라도 (= no matter which)
whatever	~하는 것은 무엇이든지 (= any(thing) that)	무엇이[을] ~하더라도 (= no matter what)

Whichever you choose, I will support your decision. (부사절)
Ask me **whatever** *questions* you would like to know. (명사절 – 명사 앞에서 형용사적으로 쓰인 whatever)

2 복합관계부사(관계부사+-ever)는 완전한 구조의 부사절을 이끈다.

복합관계부사 이끄는 절	시간, 장소, 방법의 부사절	양보의 부사절
whenever	~할 때는 언제나 (= at any time when)	언제 ~하더라도 (= no matter when)
wherever	~하는 곳은 어디든 (= at any place where)	어디서 ~하더라도 (= no matter where)
however	~하는 어떤 방법으로든 (= in whatever way that)	아무리 ~하더라도 (= no matter how)

Our team is dedicated to working hard **whenever** the project deadline is.
The new office allows employees to work **wherever** they feel most productive.
However *hard* he tried to stay up all night, he just fell asleep. (However+형용사[부사])

A 다음 두 문장이 같은 의미가 되도록 빈칸을 완성하시오. (한 단어로 쓸 것)

1 You can sit at any place where you like at the concert.

→ You can sit _____ you like at the concert.

2 No matter which restaurant we go to, we always enjoy a delicious meal.

→ _____ restaurant we go to, we always enjoy a delicious meal.

B 다음 문장의 네모 안에서 문맥상 알맞은 것을 고르시오.

1 Whenever / Whoever you need help, don't hesitate to call me.

2 Whatever / However smart dolphins are, they can't speak human languages.

3 Whatever / Whoever you say, you can't go out before finishing your homework.

4 I'll buy you whichever / however you want for your birthday.

해석 가장 잘하는 누구든지 1등상을 받을 것이다. / **1** 네가 어느 쪽을 선택하더라도 나는 네 결정을 지지할 것이다. / 알고 싶은 질문이 무엇이든지 물어보세요. / **2** 우리 팀은 프로젝트 마감일이 언제든 열심히 일하는 데 전념한다. / 새로운 사무실은 직원들이 가장 생산적이라고 느끼는 곳이면 어디든 일하도록 허용한다. / 아무리 열심히 그가 밤새 깨어 있으려고 해도 그는 잠들 뿐이었다.

관계사절과 수일치

The garden **where we planted the flowers** looks beautiful.
주어(선행사)　　　　　　　　관계사절　　　　　　　　동사

① 주격 관계대명사절 내의 동사의 수는 선행사와 일치시킨다. 선행사가 수식을 받아 길어진 경우, 선행사 수식어를 선행사로 착각하지 않도록 주의한다. 🔍 어법 POINT 30

I know *a person* **who has** devoted himself to his work for years.
　　　　선행사 a person에 수일치

I ordered *rings* from the designer **which were** made of recycled plastic.
　　　선행사　　선행사 수식어　　　　선행사 rings에 수일치

참고 소유격 관계대명사가 이끄는 절은 관계사 뒤의 명사에 수를 일치시킨다.

John is a cook **whose** dishes **are** always delicious.
　　　　　　　　　dishes에 수일치

② 주어가 관계사절의 수식을 받는 경우, 동사 앞에 있는 관계사절 내의 명사를 주어로 착각하지 않도록 주의한다.
🔍 어법 POINT 30

Students **who** sit in the front of the classroom **achieve** higher exam scores. 교과서응용
　주어　　　　　　　　　　　　　　　동사

A 다음 문장의 네모 안에서 어법상 알맞은 것을 고르시오.

1 In the universe, there are stars that ┃ is / are ┃ hotter than the sun.

2 There are detection dogs at the airport which ┃ finds / find ┃ prohibited things.

3 She met a writer whose novels ┃ has / have ┃ become bestsellers.

4 One thing that enhances our mental abilities ┃ is / are ┃ to focus on the present and not to worry about the future.

5 The bridge where tourists gather to take photos ┃ has / have ┃ become a symbol of the city.

B 다음 밑줄 친 부분이 어법상 옳으면 ○, 틀리면 ×로 표시하고 바르게 고치시오.

1 Books that have more pictures and less text <u>is</u> easily read.

2 People who are open to change <u>tends</u> to adapt more easily to change.

3 All the students Mr. Patrick teaches <u>speaks</u> at least two languages.

4 Our travel agency sells full package tours of Berlin which <u>cover</u> hotels and museum entrance fees.

해석 우리가 꽃을 심었던 그 정원은 아름다워 보인다. / **1** 나는 수년 동안 일생을 자신의 일에 바친 한 사람을 알고 있다. / 나는 디자이너가 만든 재활용된 플라스틱으로 만들어진 반지를 주문했다. / John은 그가 만든 음식이 항상 맛있는 요리사이다. / **2** 교실 앞에 앉는 학생들은 시험에서 더 높은 점수를 받는다.

C 다음 괄호 안의 단어를 알맞게 배열하여 주어진 우리말을 영작하시오. (어형 변화 가능)

1 작은 실수로 시작하는 어떤 것이 큰 성공을 불러올 수도 있다.
(start, a, that, error, something, minor, as)

→ _____ can result in a great success.

학평응용

2 인간에 의해 먹여지고 보호되는 동물들은 사냥하는 기술을 잃는다.
(humans, lose, that, feed and protect, be, by)

→ Animals _____ their hunting skills.

학평응용

3 가게 앞에 주차된 두 대의 차는 내 아버지의 것이다.
(in front of, be parked, belong to, the shop, which)

→ The two cars _____ my father.

4 이 영화에 출연했던 배우들이 무대 인사를 할 예정이다.
(this movie, have, appear, be going to, who, in, a stage greeting)

→ The actors _____ .

D 다음 문장에서 어법상 틀린 부분을 찾아 바르게 고치시오.

1 We usually become close with people who shares common interests.

2 The coffee shop that I visit frequently with my friends have the best cappuccinos in town.

3 The students whose essay impress the professor will receive an A+.

4 The zoo where visitors can watch various animal species offer guided tours.

[01~06] 다음 문장의 네모 안에서 어법상 알맞은 것을 고르시오.

01 My bedroom is the place when / where I feel most comfortable and relaxed.

02 James is the director whom / whose everyone respects for his ability.

03 The human brain is an organ, that / which controls our thoughts and actions.

04 We visited Paris, which / where is known as the City of Love.

05 I couldn't understand what / that was explained by the professor in the history lecture.

06 She delivered a powerful speech to that / which the audience listened attentively.

[07~08] 다음 (A), (B), (C)의 각 네모 안에서 어법상 옳은 표현으로 가장 적절한 것을 고르시오.

07

- He repaired the laptop **(A)** that / who he bought last year.
- The season **(B)** when / which I prefer for recreational activities is summer.
- The singer is a talented musician **(C)** which / whose voice is powerful.

	(A)	(B)	(C)
①	that	when	which
②	that	when	whose
③	that	which	whose
④	who	when	whose
⑤	who	which	which

08

- **(A)** Whoever / Whomever wins the election, we must work towards a better future.
- Please feel free to ask for assistance **(B)** whoever / whenever you have questions.
- **(C)** However / Whatever fast you run, you won't be able to catch up with the car.

	(A)	(B)	(C)
①	Whoever	whoever	However
②	Whoever	whenever	However
③	Whoever	whenever	Whatever
④	Whomever	whoever	However
⑤	Whomever	whoever	Whatever

09 다음 밑줄 친 ⓐ~ⓔ 중 어법상 **틀린** 것끼리 짝지어진 것을 고르시오.

- I borrowed a tent from my neighbor ⓐ who loves camping.
- The bakery, ⓑ which specializes in organic desserts, is gaining popularity.
- I visited the museum, ⓒ where I learned about ancient civilizations.
- Jenny introduced me to her brother, ⓓ whom I was excited to meet him.
- The store had a lot of shoes, and ⓔ some of which were on sale.

① ⓐ, ⓑ   ② ⓐ, ⓔ
③ ⓒ, ⓓ   ④ ⓒ, ⓔ
⑤ ⓓ, ⓔ

10 다음 밑줄 친 ⓐ~ⓔ 중 생략 가능한 것끼리 짝지어진 것을 고르시오.

- There are fitness programs ⓐ that are offered at the community center.
- John felt grateful for the award ⓑ that he was given at the ceremony.
- We stayed at a hotel ⓒ whose rooms offered nice views of the ocean.
- Some students chatted in class, ⓓ which made our teacher upset.
- I remember the time ⓔ when I met my favorite celebrity at a concert.

① ⓐ, ⓑ, ⓔ   ② ⓐ, ⓒ, ⓓ
③ ⓑ, ⓒ, ⓓ   ④ ⓑ, ⓓ, ⓔ
⑤ ⓒ, ⓓ, ⓔ

[11~12] 다음 중 어법상 **틀린** 것을 고르시오.

11
① I interviewed the author whom I met at a book signing event.
② I cleaned my room and threw away what is not necessary anymore.
③ I need to go to the bank where I can withdraw some cash.
④ We'll never forget the day when we watched the sunset by the beach.
⑤ Sarah has a close friend with who she enjoys spending time.

12
① We had a meeting in which we discussed our new product.
② The car broke down, which caused us to be late for the appointment.
③ E-commerce has drastically changed the way how we shop.
④ What he discovered during the experiment amazed everyone in the lab.
⑤ The city that we visited last summer has a rich cultural heritage.

13 다음 @~① 중 어법상 옳은 것의 개수를 고르시오.

> @ The support and love from my family is what encourages me.
>
> ⓑ I heard what John and Emily are getting married next month.
>
> ⓒ Which makes this recipe delicious is the perfect balance of spices.
>
> ⓓ The smartphone which has a long battery life is ideal for travelers.
>
> ⓔ The medicine that the doctor prescribed helped relieve my pain.
>
> ① My friend received an email what contained a job offer.

① 1개 ② 2개 ③ 3개 ④ 4개 ⑤ 5개

14 다음 중 어법상 틀린 것을 모두 고르시오.

① I had a pizza made by traditional Italian techniques that was perfectly cooked.

② Ideas that challenge conventional thinking has the potential to drive societal progress.

③ The castle that is located near the beautiful lake is a tourist attraction.

④ The company which was founded in the 1980s has grown into a global corporation.

⑤ The restaurants which are famous for their delicious dishes is always busy on weekends.

15 다음 글의 밑줄 친 부분 중 어법 또는 문맥상 틀린 것을 고르시오.

> If there is a problem, there is an opportunity for growth ① where a challenge can push us beyond our comfort zone. It is an opportunity ② that forces us to innovate and adapt, ③ both of which are essential to our development. Embracing this mindset helps us see difficulties as chances to learn and improve, ④ which means that we can thrive ⑤ whatever we go.

서술형 연습

[16~18] 다음 괄호 안의 단어를 알맞게 배열하여 주어진 우리말을 영작하시오. (필요시 어형 변화 가능)

16 야외용품 상점에는 네가 캠핑 여행을 가는 데 필요한 것이 있다.
(what, camping trip, for, you, need, your)

→ The outdoor shop has _____

_____.

17 내가 그의 노래들을 좋아하는 이유는 의미 있는 그 가사들 때문이다. (why, the reason, I, his songs, like, be)

→ _____

the meaningful lyrics.

18 그는 할아버지에게서 물려받은 기타를 연주한다.
(have been, which, from, pass down, his grandfather)

→ He plays the guitar _____

_____.

[19~23] 다음 밑줄 친 부분에서 어법상 틀린 부분을 찾아 바르게 고치시오. (단, 틀린 부분이 없으면 × 표시)

19 He is an artist <u>who paintings sell</u> for millions of dollars at auctions. 교과서응용

20 <u>That I like most</u> is delicious food and good music.

21 He often talks about the moment <u>when he fell in love</u> with his girlfriend.

22 She showed me the article <u>which she was so excited.</u>

23 <u>Whenever you purchase our cosmetics,</u> you can't get a refund after using it.

24 다음 밑줄 친 빈칸에 들어갈 말을 아래 〈보기〉의 단어와 어구들만을 사용하여 완성하시오.

> Athens is a city _____
>
> _____.
> Visitors can see ancient ruins like the Acropolis and the Parthenon alongside modern buildings and colorful street art. The city's museums, galleries, and local food also show its unique mixture of old and new cultures.

*Acropolis 아크로폴리스((아테네의 언덕))
**Parthenon 파르테논 신전

> 보기
>
> in / history and / the modern age / which / meet together

→ _____

_____

25 다음 글에서 어법상 틀린 부분을 찾아 바르게 고쳐 쓰고 그 이유를 서술하시오.

> When it comes to choosing fruits, it's important to consider whether they are ripe or not. Those which are harvested when fully ripe tends to be more nutritious and flavorful. Eating ripe fruits, which can provide a variety of health benefits, enhances the taste of your meals.

_____ → _____

고친 이유: _____

_____

CHAPTER 12

어법 POINT 👉 **31** 비교구문의 형태
              32 비교급, 최상급을 수식하는 부사

비교

둘 이상의 대상을 비교하는 비교구문은 아래 3가지 방법으로 표현할 수 있다. 형용사 tall로 예를 들어보자.

1. 원급(tall): 형용사나 부사 원래 그대로의 형태 (…만큼 ～하다)
2. 비교급(taller): 형용사나 부사 뒤에 '-er'을 붙이거나 앞에 more를 둔 형태 (…보다 더 ～하다)
3. 최상급(the tallest): 형용사나 부사 뒤에 '-est'를 붙이거나 앞에 most를 둔 형태 (가장 ～하다)

비교 대상들을 어떤 기준으로 비교했고, 비교 결과는 어떤지에 초점을 맞추어 학습해보자.

→ This chair is **as comfortable as** the bed.

→ The teacher explained the concept **as clearly as possible**.

→ The new soccer player is **faster than** the previous player.

→ **The more** we recycle, **the less** pollution we make.

→ She is **the most competitive** athlete on the team.

→ **No other trip** has been **as memorable as** my last vacation.

원급

This chair is **as** *comfortable* **as** the bed.
(← This chair is comfortable. + The bed is comfortable.)

1 〈A as+원급(형용사/부사)+as B〉: A는 B만큼 ～한 (A=B)

원급의 형용사/부사 구별은 as를 제외하고 봤을 때 문장 구조상 둘 중 적절한 것으로 판단한다.

She tells the story **as** <u>*interestingly*</u> **as** a professional storyteller.
interesting (×)
(← She tells the story interestingly. + A professional storyteller tells the story interestingly.)

참고 A as+형용사+a(n)+명사+as B

I want to be **as** *imaginative a cook* **as** my mother. 교과서응용

2 비교 대상 A, B의 문법적 성격(형태, 격, 수)은 같아야 한다. 어법 POINT 31

Taking breaks is as important as ***working diligently*** for productivity. (to work (×))
Your sense of fashion is as unique as ***mine***. (me (×))
The flavor of this dish is as delicious as ***that*** of a five-star restaurant. (those (×))

3 as 다음에 〈주어+동사〉가 올 때는 비교되는 두 개의 동사 종류가 같아야 한다. 단, as 뒤의 동사는 생략되는 경우가 많다.
UNIT 23
He **plays** the violin as well as his brother **(does)**.
is (×)

A 다음 밑줄 친 부분이 어법상 옳으면 ○, 틀리면 ×로 표시하고 바르게 고치시오.

1 My new refrigerator is as energy-efficient as <u>yours</u>.

2 The architect designs buildings as creatively as an artist <u>is</u>.

3 This second-hand vacuum cleaner is as <u>fastly</u> as the new one.

4 Listening actively is as valuable as <u>speak</u> fluently in effective communication.

B 다음 괄호 안의 단어를 알맞게 배열하여 주어진 우리말을 영작하시오. (필요시 어형 변화 및 중복 사용 가능)

1 그 소방관은 슈퍼히어로처럼 신속하게 응급 상황에 대응했다. (swift, a superhero, as)

→ The firefighter responded to emergencies _____.

2 전반적인 건강을 위해, 충분한 수면을 취하는 것은 규칙적으로 운동하는 것만큼이나 필수적이다.
(exercise regularly, essential, as)

→ Getting enough sleep is _____ for overall well-being.

3 이 도시의 억양은 근처 마을의 억양만큼 독특하다. (distinct, in, as, those, the nearby town)

→ The accents in this city are _____.

해석 이 의자는 침대만큼 편안하다. / **1** 그녀는 전문적인 스토리텔러만큼 흥미롭게 이야기를 한다. / 나는 어머니만큼 상상력이 풍부한 요리사가 되고 싶다. / **2** 휴식을 취하는 것은 생산성 면에서 부지런히 일하는 것만큼이나 중요하다. / 너의 패션 감각은 나(의 것)만큼 독특하다. / 이 요리의 맛은 5성급 식당의 맛만큼 맛있다. / **3** 그는 자신의 형만큼 바이올린을 잘 연주한다.

UNIT
81 원급을 이용한 표현

정답 p. 63

The teacher explained the concept **as** *clearly* **as possible**.
= as clearly as she could

①
- A not as[so] ~ as B: A는 B만큼 ~하지 않은
- as ~ as possible: 가능한 한 ~하게(= as+형용사[부사]+as+주어+can[could])
- A 배수/분수(half, twice, two times, three times 등) as ~ as B: A는 B의 …배만큼 ~한
- not so much A as B: A라기보다는 오히려 B인

I have **not** read **as[so]** many books **as** my sister.
In an experiment, walking burned **twice as** many calories **as** sitting or standing. 교과서응용
This artist is **not so much** a painter **as** a sculptor.

A 다음 두 문장이 같은 의미가 되도록 괄호 안의 단어를 배열하여 문장을 완성하시오.

1 Sarah exercises three times a week. Alex exercises once a week. (as / times / three / often)

→ Sarah exercises _____ _____ _____ _____ as Alex.

2 The small car can seat 5 passengers. The minivan can seat 8 passengers.
(as / as / many / not / passengers)

→ The small car accommodates _____ _____ _____ _____
_____ the minivan.

B 다음 괄호 안의 단어를 알맞게 배열하여 주어진 우리말을 영작하시오. (필요시 어형 변화 및 중복 사용 가능)

1 요리가 끝난 후에는 주방을 최대한 청결하게 유지해 주세요. (clean, possible, as)

→ Please keep the kitchen _____ after you finish cooking.

2 이기는 것은 공정하게 경기하는 것만큼 의미 있지 않다. (as, not, meaningful, play fair)

→ Winning is _____.

3 새 노트북 배터리는 이전 것보다 두 배만큼 더 오래 갈 것이다. (as, twice, last, long)

→ The new laptop battery will _____ the previous one.
교과서응용

4 이 책은 무서운 이야기라기보다는 흥미진진한 모험 소설이다. (much, as, so, not, a scary story)

→ This book is _____ an exciting story of adventure.

해석 선생님은 그 개념을 가능한 한 명확하게 설명하셨다. / **1** 나는 내 여동생만큼 많은 책을 읽지 않았다. / 한 실험에서, 걷는 것은 앉거나 서 있는 것의 두 배만큼 많은 칼로리를 소모했다. / 이 예술가는 화가라기보다는 오히려 조각가이다.

The new soccer player is **faster than** the previous player.

1 〈A 비교급 than B〉: A는 B보다 더 ~한

비교급의 형용사/부사 구별도 문장 구조상 둘 중 적절한 것으로 판단한다. 비교 대상 A, B의 문법적 성격(형태, 격, 수)은 같아야 한다. 🔊 어법 POINT 31

My room is **bigger than** *my sister's room*.

참고 than 뒤의 〈주어+동사〉는 생략될 수 있다.

He tries **harder** now for his grades **than (he did)** in middle school.

2 부사 much, a lot, far, even, still은 '훨씬'이라는 의미로 비교급을 수식한다. 🔊 어법 POINT 32

주의 very, pretty, so는 비교급을 수식하지 않는다.

His writing has gotten ***much*** better than before.
　　　　　　　　　　　　 ‾‾‾‾
　　　　　　　　　　　　 very (×)

A 다음 문장의 네모 안에서 어법상 알맞은 것을 고르시오.

1 The eagle has more precise eyesight than that / those of most other birds.

2 The washing machine is as quiet as / than a whisper during an operation.

3 Her presentation was even / very more engaging than the others.

4 The new smartphone is much / so lighter than the previous model.

5 It is better to change places when you study than sits / to sit in one place for a long time. 교과서응용

B 다음 괄호 안의 단어를 알맞게 배열하여 주어진 우리말을 영작하시오. (필요시 어형 변화 가능)

1 이 카페의 커피는 다른 곳보다 훨씬 더 진하다. (strong, far, be, than)

→ The coffee at this cafe _____ at the other place.

2 그녀는 이전 직장에서보다 더 많은 책임을 지고 있다.
(in, more, than, responsibilities, her previous work)

→ She is taking on _____.

3 온라인 강의를 듣는 것이 직접 수업을 듣는 것보다 더 편리하다.
(attend classes, than, more convenient, in person)

→ Taking online courses is _____.

해석 새로운 축구 선수는 이전 선수보다 더 빠르다. / **1** 내 방은 내 여동생의 방보다 크다. / 그는 성적을 위해 중학교 때보다 지금 더 열심히 노력하고 있다. / **2** 그의 글은 전보다 훨씬 더 좋아졌다.

비교급을 이용한 표현

The more we recycle, the less pollution we make.

• 비교급 and 비교급: 점점 더 ~한
• A 배수사 비교급 than B: A는 B의 ~배만큼 더 …한
• no more than: 겨우 ~인(= only, as few/little as)

• the 비교급, the 비교급: ~할수록 더 …한
• A less 원급 than B: A는 B보다 덜 ~한
• no less than: ~나 되는 (= as many/much as)

The storm clouds grew **darker and darker** before the rain began.
The sun is about **109 times bigger than** Earth. 교과서응용
Living in rural areas is **less expensive than** living in urban areas. 교과서응용
I can eat **no more than** a few bites of spicy food.
The research paper uses **no less than** 20 sources to support its claims.

A 다음 문장의 네모 안에서 어법 또는 문맥상 알맞은 것을 고르시오.

1 The prices are getting higher and high / higher at the grocery store.

2 The winter in this region is less cold / colder than in the southern region.

3 The blue whale is about 30 times heavier as / than an elephant.

4 She has a low budget, so she decided to spend no more than / no less than $50 on her new shoes.

5 She was very happy to receive no more than / no less than five job offers after graduation.

B 다음 괄호 안의 단어를 알맞게 배열하여 주어진 우리말을 영작하시오. (필요시 어형 변화 가능)

1 결정을 내릴 때 더 많은 선택권을 가질수록 우리는 더 주저하게 된다. (more, we, the, hesitate)

→ The more options we have in making decisions, _____.
교과서응용

2 그녀의 달리기 기록은 그의 기록보다 2배만큼 더 길다. (times, than, long, two, his records)

→ Her running records are _____.

3 우리 집에서 슈퍼마켓까지는 겨우 10분밖에 걸리지 않는다. (than, no, 10 minutes, more)

→ It takes _____ from my house to the supermarket.

해석 우리가 더 많이 재활용할수록, 더 적은 오염을 만든다. / **1** 비가 오기 전에 폭풍 구름은 점점 더 어두워졌다. / 태양은 지구보다 약 109배만큼 더 크다. / 시골에 사는 것이 도시에 사는 것보다 돈이 덜 든다. / 나는 매운 음식을 겨우 몇 입 먹을 수 있다. / 그 연구 논문은 주장을 뒷받침하기 위해 20개나 되는 출처를 사용한다.

최상급

> She is **the most competitive** athlete on the team.

1 〈the＋최상급〉: 가장 ～한 🔖어법 POINT 31

The exploration to the moon is **the greatest** achievement of mankind.

참고 동일 대상을 비교할 때 최상급의 the를 생략한다. 부사의 최상급은 the를 생략하기도 한다.

I'm **happiest** when I'm helping others. (동일한 대상(I)의 상태 비교)

My sister got up **(the) earliest** in my family this morning. (부사 early의 최상급)

2 부사 much, by far, quite, the very는 '단연 가장 ～한'이라는 의미로 최상급을 수식한다. 🔖어법 POINT 32

That is **by far** the most beautiful painting in the exhibit.

3 최상급을 이용한 표현

> • one of the＋최상급＋복수 명사: 가장 ～한 것들 중 하나
> • the＋최상급＋(that)＋주어＋have[has] ever p.p.: 지금까지 …중에 가장 ～한

참고 〈one of the＋최상급＋복수 명사〉가 주어로 쓰이면 주어의 핵심은 one이므로 단수 동사를 쓴다. ●UNIT 91

One of the most popular drinks in Korea *is* coffee.

That's *the funniest joke* I've ever heard.

A 다음 문장의 네모 안에서 어법상 알맞은 것을 고르시오.

1 The Sahara Desert is the [larger / largest] desert in the world.

2 This is one of the saddest [movie / movies] I've ever seen. 교과서응용

3 Fashion is [quite / more] the simplest way to express yourself. 수능응용

4 The 24 hour delivery service was [by far / very] the most impressive thing in Korea for my foreign friend. 교과서응용

B 다음 괄호 안의 단어를 알맞게 배열하여 주어진 우리말을 영작하시오. (필요시 어형 변화 및 단어 추가 가능)

1 이번 여름은 우리가 몇 년 만에 경험한 가장 더운 여름이다. (summer, hot, we, the, have experienced)

→ This is _____ in years.

2 여행 가이드가 되는 것의 가장 좋은 장점들 중 하나는 여행을 많이 하게 한다는 것이다.
   (being a tour guide, of, the best, one, benefit, of, be)

→ _____ that it allows you to travel a lot.
                                                                              교과서응용

3 그녀는 내가 아는 단연코 가장 친절한 사람이다. (kind, she, be, person, very)

→ _____ I know.

해석 그녀는 팀에서 가장 경쟁력 있는 선수이다. / **1** 달 탐사는 인류의 가장 큰 업적이다. / 나는 다른 사람을 돕고 있을 때 가장 행복하다. / 나의 여동생은 오늘 아침 가족 중에서 가장 일찍 일어났다. / **2** 그것은 전시회에서 단연 가장 아름다운 그림이다. / **3** 한국의 가장 인기 있는 음료 중 하나는 커피이다. / 그것은 지금까지 내가 들어본 것 중에 가장 재미있는 농담이다.

UNIT 85

최상급을 나타내는 원급, 비교급 표현

정답 p. 64

No other trip has been as memorable as my last vacation.

1 원급, 비교급으로 최상급의 의미를 나타낼 수 있다.

> • No (other) A as[so] 원급 as B: 어떤 (다른) A도 B만큼 ~하지 않다
> • No (other) A 비교급 than B: 어떤 (다른) A도 B보다 더 ~하지 않다
> • 비교급 than any other = 비교급 than all the other: 다른 어떤 …보다 더 ~한

No other restaurants in the area serve **more delicious food than** the new restaurant.
This parking lot can accommodate more cars than any other parking lot. 교과서응용
= This parking lot can accommodate **more cars than all the other parking lots.**

A 다음 두 문장이 같은 의미가 되도록 괄호 안의 단어를 활용하여 문장을 완성하시오.

1 The Internet has been the most revolutionary technology.

→ No other technology has been ＿＿＿＿＿＿＿＿＿＿＿＿ (as) the Internet.

→ The Internet has been ＿＿＿＿＿＿＿＿＿＿ (than) any other technology.

2 The holiday season is the most joyful among the seasons.

→ No other season is ＿＿＿＿＿＿＿＿＿＿ (than) the holiday season.

→ The holiday season is ＿＿＿＿＿＿＿＿＿＿ (all the other) seasons.

B 다음 괄호 안의 단어를 알맞게 배열하여 주어진 우리말을 영작하시오. (필요시 어형 변화 및 중복 사용 가능)

1 어떤 교통 표지판도 이 도로의 표지판만큼 읽기 어렵지는 않을 것이다.
(the signs, to read, difficult, as, on this road)

→ No other traffic sign could be ＿＿＿＿＿＿＿＿＿＿＿＿＿.
교과서응용

2 Mark의 집은 이웃의 다른 어떤 집들보다 해변에서 더 가깝다.
(close, than, to the beach, houses, all the other)

→ Mark's house is ＿＿＿＿＿＿＿＿＿＿＿＿ in the neighborhood.

3 영어는 다른 어떤 언어보다 더 많은 전 세계 사람들에 의해 말해진다.
(than, people around the world, more, any other)

→ English is spoken by ＿＿＿＿＿＿＿＿＿＿＿＿ language.

해석 다른 어떤 여행도 나의 지난 휴가만큼 기억에 남지 않는다. / **1** 그 지역의 다른 어떤 식당도 그 새 식당보다 맛있는 음식을 제공하지 않는다. / 이 주차장은 다른 어떤 주차장보다 많은 자동차를 수용할 수 있다.

01 다음 (A), (B), (C)의 각 네모 안에서 어법상 옳은 표현으로 가장 적절한 것을 고르시오.

> • The red dress looks (A) | good / better | on you than the blue one.
> • The company's profits increased by four times (B) | as / so | much as last year.
> • Mr. Kim was not so much a judge (C) | as / than | a supporter of his students.

	(A)	(B)	(C)
①	good	as	as
②	good	so	than
③	better	as	as
④	better	as	than
⑤	better	so	as

[02~03] 다음 밑줄 친 부분 중 어법상 **틀린** 것을 고르시오.

02

① The valley's floor was much deep than we thought.
② The small grocery store is not as crowded as the big supermarket.
③ The runner ran faster and faster as he approached the finish line.
④ We have no more than five minutes left before the bus arrives; so hurry up!
⑤ The complexity of the human brain is as fascinating as that of the universe.

03

① That roller coaster is the fastest ride in the amusement park.
② The temperature today is higher than yesterday.
③ That was the most delicious meal that I have ever tasted.
④ Learning a new language is as difficult than solving a puzzle.
⑤ No less than 100 people attended the event, despite heavy rain.

04 다음 밑줄 친 ⓐ~ⓓ 중 어법상 옳은 것끼리 짝지어진 것을 고르시오.

> When we face adversity in life, it can be ⓐ most tempting to give up altogether than ⓑ to struggle. However, the worst moments often bring ⓒ quite the greatest growth and opportunity for self-discovery. By persevering through the challenges, we can emerge ⓓ stronger and more resilient than ever before.

① ⓐ, ⓑ, ⓓ   ② ⓐ, ⓒ
③ ⓐ, ⓒ, ⓓ   ④ ⓑ, ⓒ, ⓓ
⑤ ⓒ, ⓓ

05 다음 빈칸에 들어갈 알맞은 것을 고르시오.

> Choosing a new paint color for the living room can be as tough _____ _____ the perfect outfit for a special occasion.

① pick out
② as pick out
③ as picking out
④ than pick out
⑤ than picking out

06 다음 빈칸에 들어갈 말로 알맞지 <u>않은</u> 것을 고르시오.

> To stay ahead in the market, businesses must utilize customer feedback _____ more effectively than their competitors.

① so   ② much   ③ a lot
④ far   ⑤ still

07 다음 중 어법상 <u>틀린</u> 것을 <u>모두</u> 고르시오.

① The elementary school is closer than the high school across the street.
② The much important a resource is, the more efficiently it should be managed.
③ The train arrived at the station earlier than I expected.
④ She handled the glass more carefully as the other items.
⑤ The leaves are as broad as elephant ears.

08 다음 ⓐ~ⓔ 중 어법상 <u>틀린</u> 것의 개수를 고르시오.

> ⓐ The new restaurant in town is very busier than any other restaurant.
> ⓑ The construction noise was even louder than before.
> ⓒ The sunflower is by far the tallest plant in the entire yard.
> ⓓ My mother's vision is more sharper than mine.
> ⓔ Taking responsibility for your actions is a lot better than blaming others.

① 1개   ② 2개   ③ 3개   ④ 4개   ⑤ 5개

09 다음 중 어법상 옳은 것을 <u>모두</u> 고르시오.

① He is one of the most diligent musician in the orchestra.
② No other food is as delicious than a homemade pizza to Alice.
③ John's cake tasted better than all the other desserts at the party.
④ Can you arrange the books on the shelf as neatly as possible?
⑤ No other applicant is great than her.

10 다음 밑줄 친 ⓐ~ⓕ 중 어법상 틀린 것끼리 짝지어진 것을 고르시오.

- Her voice is as powerful as ⓐ <u>those</u> of a professional opera singer.
- The special effects in this film are more realistic ⓑ <u>than in the original version</u>.
- It is more convenient to take the subway ⓒ <u>than walking</u>.
- Not wearing a helmet while riding a bike is ⓓ <u>as dangerous as</u> not wearing a seatbelt in a car.
- The dancer moves as gracefully as a swan ⓔ <u>is</u> on the water.
- Our cousins swim as ⓕ <u>skillfully</u> as Olympic athletes in the pool.

---

① ⓐ, ⓒ   ② ⓐ, ⓒ, ⓔ
③ ⓑ, ⓓ   ④ ⓑ, ⓔ, ⓕ
⑤ ⓓ, ⓕ

 **서술형 연습**

[11~15] 다음 괄호 안의 단어를 알맞게 배열하여 주어진 우리말을 영작하시오. (필요시 어형 변화 및 중복 사용 가능)

11 그 경기에서 가장 빠른 주자가 세계 기록을 깼다. (fast, the, runner)

→ _____ in the race broke the world record.

12 당신이 더 웃을수록, 더 행복하게 느낄 것이다. (smile, more, the, you, happy)

→ _____ , _____ you'll feel.

13 다이아몬드는 다른 어떤 보석보다도 가치가 있다. (than, any, be, valuable, other, more)

→ Diamond _____

_____ gemstone.

14 그 호텔은 사진이 보여주는 것처럼 호화롭지 않다. (as, not, be, luxurious)

→ The hotel _____ the pictures showed.

15 시내까지 가기에 5호선만큼 빠른 지하철 경로는 없었다. (fast, was, by subway, Line 5, as)

→ No other route _____

_____

for going downtown.

[16~19] 다음 밑줄 친 부분에서 어법상 틀린 부분을 찾아 바르게 고치시오. (단, 틀린 부분이 없으면 × 표시)

16 The backpack he was carrying seemed <u>twice as heavily as mine</u>.

17 The more confident leaders appear, <u>the good</u> they can inspire their team.

18 The student who participates most gets <u>the very best</u> grades in this class.

19 Going out with a baby is almost twice as difficult as <u>to go out</u> alone.

20 다음 밑줄 친 ⓐ~ⓔ 중 어법상 틀린 것의 기호를 쓰고 바르게 고치시오.

Foods with high moisture content are ⓐ <u>more exposed</u> to bacterial growth than ⓑ <u>those</u> with low moisture content. ⓒ <u>The more</u> moisture a food has, the greater the potential for harmful bacteria to thrive ⓓ <u>is</u>. To prevent contamination, one of the most crucial ways ⓔ <u>are</u> proper storage.

_____ → _____

21 다음 글의 밑줄 친 문장을 비교급을 사용한 문장으로 바꿔 쓰시오.

In a world where our expectations are rising, finding contentment with our current circumstances becomes challenging. <u>As our expectations become higher, it is harder to feel content with what we have.</u> Despite this, appreciating the present can bring genuine happiness.

→ The higher _____,

_____.

22 다음 글의 내용을 한 문장으로 요약하고자 한다. 빈칸에 들어갈 말을 〈보기〉의 단어를 배열하여 완성하시오.

The air quality of a classroom can significantly impact student performance. Well-ventilated classrooms provide a fresh and healthy indoor environment that promotes being awake, focused, and able to concentrate. In contrast, poorly-ventilated classrooms can lead to drowsiness and other health issues that can negatively impact student performance.

*well[poorly]-ventilated 환기가 잘 되는[잘 안 되는]

보기

than / perform / good air circulation / better / those / with

→ Students in classrooms _____

_____ in classrooms with poor air circulation.

CHAPTER 13

품사

영어의 품사란 단어들을 의미, 형식, 기능에 따라 분류한 것이다. 이 챕터는 품사들 중에서 형용사로 분류되는 관사를 포함하여, 명사, 대명사, 전치사, 형용사, 부사에 대해 다룬다.

문장 성분 자리마다 올 수 있는 품사는 정해져 있으므로, 문장 구조를 자세히 분석하여 각 자리의 알맞은 품사와 어순을 파악해야 한다.

→ **The news** is spreading rapidly on social media.

→ **These** are **my** books, but **those** are not **mine**.

→ I introduced **myself** to her new friend.

→ My phone is very old. I'll buy a new **one**.

→ **Each of the countries has** its own unique culture and tradition.

→ **The number of** online shoppers **is** growing these days.

→ The museum offers guided tours **during the weekends**.

→ The little boy saw something **scary** and screamed.

→ Actors studied their scripts **carefully** to understand their characters.

→ The train was running **late**, causing delays for the commuters.

> The news *is* spreading rapidly on social media.

① 셀 수 있는 명사가 단수일 때 범위를 한정해 주는 말(a/an, the, your, this 등)과 쓰인다. 복수일 때는 복수형(-(e)s)으로 쓰인다.

형태가 일정하여 수를 셀 수 있는 것들	apple	book	man	crocodile	shop	thing 등
집합체를 하나로 볼 수 있는 것들	family	audience	team	class	jury	committee 등

The audience was[were] captivated by the magician's tricks. (집합명사를 개별 구성원으로 볼 경우 복수 취급)

② 셀 수 없는 명사는 a/an과 함께 쓰이지 않고, 단수형만 있어 단수 취급하여 단수 동사가 이어진다.

사람, 장소 등의 고유한 이름	Jane	Mr. Kim	Korea	Seoul	Monday	September 등		
일정한 형태가 없는 물질	water	coffee	tea	milk	bread	gold	silver	smoke	air 등
추상적인 개념	beauty	courage	importance	music	knowledge	homework		
	time	advice	news 등					
종류 전체를 대표	money	mail	information	furniture	baggage	clothing 등		

Would you give me **a glass of water**?　　　Some **furniture** in this shop caught my eye.
물질 명사는 그것을 담는 그릇, 모양, 단위를 붙여서 센다.

③ 관사는 명사 앞에 붙어서 명사의 의미를 한정해 주는 말로, 부정관사(a/an)와 정관사(the)가 있다.

- 부정관사 a/an은 처음 언급한 것, 불특정한 단수형 앞에 쓰인다.
- 정관사 the는 이미 알고 있는 (상황상 듣는 이가 알 수 있는) 명사, 유일한 것, the+악기 등에 쓰인다.

I need to find **a store** that sells camping gear.　　　I left my keys at **the store**.

주의 운동, 식사, 과목 이름, 장소가 본래 목적으로 쓰일 때는 관사를 쓰지 않는다. 〈by+교통수단〉에서도 교통수단 앞에 관사를 쓰지 않는다.

What's for **lunch** today?　　　I go to **school** by **bus**.

A 다음 문장의 네모 안에서 어법상 알맞은 것을 고르시오.

1 The real estate agent showed us house / a house with a large living room.

2 My mother taught me how to manage money / a money responsibly from an early age.

3 I wrote an article about gardening. An / The article provides tips on growing plants.

4 In the morning, I usually make a smoothie with two cups of milk / milks .

B 다음 밑줄 친 부분이 어법상 옳으면 ○, 틀리면 ×로 표시하고 바르게 고치시오.

1 It's important to check multiple sources of <u>informations</u> before writing a school report.

2 Our team always <u>supports and motivates</u> each other.

3 Due to incorrect addresses, mail <u>have</u> been returned.

4 On my graduation, I wore <u>the</u> shirt that you bought me for my birthday.

해석 이 소식은 소셜 미디어에서 빠르게 퍼지고 있다. / 1 관객들은 마술사의 속임수에 마음을 빼앗겼다. / 2 물 한 잔 주시겠어요? / 이 가게의 몇몇 가구들이 내 시선을 사로잡았다. / 3 나는 캠핑용품을 파는 상점을 찾아야 한다. / 나는 열쇠를 상점에 두고 왔다. / 오늘 점심은 무엇이죠? / 나는 버스를 타고 학교에 간다.

UNIT 87

인칭대명사, 지시대명사

These are **my** books, but **those** are not **mine**.

1 인칭대명사는 인칭, 수(단수, 복수), 격(주격, 소유격, 목적격)에 맞게 쓴다. 🔗 어법 POINT 33

The pen isn't **mine**. It's **his**. (소유대명사 = 소유격+명사)

참고 it의 여러 쓰임

① '그것'이라는 의미로 앞에 나온 단어, 구, 절을 대신: I lost my wallet. I must have left **it** on the bus.
② 시간, 날씨, 거리, 명암, 요일, 막연한 상황을 나타내는 비인칭주어: **It's** 8 o'clock now.
③ 가주어, 가목적어 ➡ UNIT 34
④ 강조구문 ➡ UNIT 96

2 지시대명사 this/these는 말하는 사람 쪽에 가까운 것을 가리킬 때, that/those는 말하는 사람 쪽에서 먼 것을 가리킬 때 쓰인다. that/those는 앞에 나온 명사의 반복을 피하기 위한 대명사로도 쓰인다.

Her opinion differed from **that** of her friends.
He bought some flowers for her. **This[That]** made her happy. (언급된 문장을 가리키는 this[that])

참고 those는 '~한 사람들'이라는 의미도 있다.

My parents are **those** whom I love the most. 교과서응용

3 구동사의 목적어가 대명사일 때는 반드시 동사와 부사 사이에 위치한다.
목적어가 명사일 때는 부사 뒤나 동사 뒤 모두 가능하다.

She felt hot because of her coat, so she *took it off*. (~ took off it. (×))
She *took off* **her coat**. = She *took* **her coat** *off*.

A 다음 밑줄 친 부분이 어법상 옳으면 ○, 틀리면 ×로 표시하고 바르게 고치시오.

1 The robot moved its arms and legs like <u>those</u> of a human.

2 <u>Ours</u> dedication and hard work have paid off with remarkable results.

3 <u>That</u> is sunny outside, so don't forget to wear sunscreen.

4 He <u>picked up the book</u> that had fallen on the floor.

B 다음 괄호 안의 단어를 알맞게 배열하여 주어진 우리말을 영작하시오. (필요시 어형 변화 가능)

1 그 부부는 최근 이사 왔는데, 길 아래 파란 집이 그들의 것이다. (their, down the street, the blue house, be)

➡ The couple recently moved in, and _____.

2 이 쿠키들의 맛을 보니 나의 어린 시절 쿠키 맛이 생각난다. (from, that, my childhood)

➡ The flavors of these cookies remind me of _____.

3 음악이 너무 시끄러워서 나는 그것을 줄였다. (it, turn, I, down)

➡ The music was too loud, so _____.

해석 이것들은 내 책들이지만, 그것들은 내 것이 아니다. / **1** 그 펜은 내 것이 아니다. 그의 것이다. / 나는 지갑을 잃어버렸다. 그것을 버스에 두고 내린 게 틀림없다. / 지금은 8시이다. / **2** 그녀의 의견은 친구들의 의견과 달랐다. / 그는 그녀에게 꽃을 좀 사줬다. 이것[그것]은 그녀를 행복하게 했다. / 나의 부모님은 내가 가장 사랑하는 분들이다. / **3** 그녀는 코트 때문에 덥다고 느꼈고, 그래서 코트를 벗었다. / 그녀는 코트를 벗었다.

재귀대명사

I introduced **myself** to her new friend.

① 주어와 목적어가 같을 때 '~ 자신'이라는 의미로 목적어를 대신하는 재귀대명사는 생략할 수 없다. ☞ 어법 POINT 33

• 단수 myself, yourself, himself, herself, itself	• 복수 ourselves, yourselves, themselves

He took care of **himself** by eating well.

[주의] 인칭대명사 vs. 재귀대명사: 동사[준동사]의 목적어가 주어[의미상 주어]와 일치하면 재귀대명사를 쓴다.

I don't like to compare **myself** with others. (I=myself, 재귀용법)
　　　　　　　　　　　　　me (✕)

② 주어나 목적어 등을 강조하는 재귀대명사는 생략 가능하다.

강조하고자 하는 주어나 목적어 다음 혹은 뒤쪽에 쓴다.

He built gardens (**himself**) in his later life. (주어 He 강조, 강조용법)
= *He* (**himself**) built gardens in his later life.
We spoke with *the artist* (**herself**) about her latest work. (전치사의 목적어 the artist 강조, 강조용법)

A 다음 문장의 네모 안에서 어법과 문맥상 알맞은 것을 고르시오.

1 Be careful when using the knife. You might cut | you / yourself |. 교과서응용

2 We express | us / ourselves | through various forms of art.

3 Today is her brother's birthday, so she will give a present to | him / himself |.

B 다음 주어진 우리말과 일치하도록 괄호 안의 어구를 활용하여 〈조건〉에 맞게 영작하시오.

> [조건] • 필요시 어형 변화 가능　　• 적절한 재귀대명사를 추가할 것

1 나는 영화 그 자체는 마음에 들지는 않았지만, 특수 효과가 인상적이었다. (like, not, the movie)

→ I ＿＿＿＿＿＿＿＿＿＿＿＿＿＿＿＿＿＿＿ but the special effects were impressive.

2 그 운동선수는 매 경기 전에 그 자신이 이길 것이라고 스스로를 설득한다. (convince, the athlete)

→ ＿＿＿＿＿＿＿＿＿＿＿＿＿＿＿＿＿ that he will win before every match. 학평응용

3 몇몇 사람들은 그들 자신과 일상생활 사이에 거리를 두기 위해 외딴곳으로 여행을 간다.
(their daily lives, between, to put, distance, and)

→ Some people go on trips to remote places ＿＿＿＿＿＿＿＿＿＿＿＿＿＿＿＿.

[해석] 나는 그녀의 친구에게 나 자신을 소개했다. / **1** 그는 잘 챙겨 먹으면서 그 자신을 돌본다. / 나는 다른 사람들과 나 자신을 비교하는 것을 좋아하지 않는다. / **2** 그는 말년에 정원을 직접 만들었다. / 우리는 그 작가의 최근 작품에 대해 작가 본인과 이야기를 나눴다.

UNIT 89 부정대명사 1 (one, another, other)

정답 p. 68

My phone is very old. I'll buy a new **one**.

1 부정대명사는 불특정한 사람[사물]을 가리킨다. 그중 one은 동일한 종류의 사람[사물]을 가리키며 복수형은 ones이다.

🖑 어법 POINT 33

These spoons are dirty. Can we have some clean **ones**?

참고 it은 특정한 사물을 가리킬 때 쓴다.

He bought *a guitar*. He played a beautiful melody with **it**.

2 another(또 다른 하나)는 단수 명사를 대신한다. other(s)(다른 것[사람]들)는 복수 명사를 대신한다.

She finished one task and started **another**.

Some enjoy outdoor activities, while **others** prefer indoor hobbies.

참고 〈another+단수 명사〉, 〈other+복수 명사〉와 같이 형용사적으로도 많이 쓰인다.

We should consider **other** options before making a decision.

3 부정대명사를 포함한 표현

one / the other 하나 / 나머지 다른 하나	one / another / the other 하나 / 또 다른 하나 / 나머지 하나	some / others 일부 / 다른 것들	some / others / the others 일부 / 다른 것들 / 나머지 다른 것들
● ●	● ● ●	●● ●●● ●● …	●● ●●● ●●

I have two pens. **One** is blue, and **the other** is black.

There are three restaurants in the area. **One** specializes in Italian cuisine, **another** serves Mexican food, and **the other** offers Asian fusion.

Some are morning people; **others** function better during late-night hours.

There are many balls in the box — **some** are yellow, **others** are blue, and **the others** are green.

A 다음 문장의 네모 안에서 어법상 알맞은 것을 고르시오.

1 The store sold out of his favorite shoes. He'll have to find similar | one / ones |.

2 A: Can I see your photographs? B: Sure, and if you like, you can have | one / it |.

3 He visited one city during his trip, and he's heading to | another / other | destination.

B 다음 밑줄 친 부분이 어법상 옳으면 ○, 틀리면 ×로 표시하고 바르게 고치시오.

1 I have two watches. One is digital, and <u>other</u> is analog.

2 Some enjoy participating in team sports, while <u>others</u> prefer individual activities like running.

3 In the grocery store, there are three aisles. One has fruits, <u>another</u> has vegetables, and the other has dairy products.

해석 내 전화기는 아주 오래되었다. 나는 새것을 살 것이다. / **1** 이 숟가락들이 더럽네요. 깨끗한 것들 좀 주시겠어요? / 그는 기타를 샀다. 그는 그것으로 아름다운 멜로디를 연주했다. / **2** 그녀는 한 가지 일을 끝내고 또 다른 일을 시작했다. / 어떤 사람들은 야외 활동을 즐기는 반면, 다른 사람들은 실내 취미를 선호한다. / 우리는 결정을 내리기 전에 다른 선택사항들을 고려해야 한다. / **3** 나는 두 개의 펜을 가지고 있다. 하나는 파란색이고, 나머지 다른 하나는 검은색이다. / 이 지역에는 세 개의 레스토랑이 있다. 하나는 이탈리아 요리를 전문으로 하고, 또 다른 하나는 멕시코 음식을 제공하고, 나머지 하나는 아시아 퓨전 음식을 제공한다. / 일부는 아침형 인간이고 다른 사람들은 늦은 밤 동안에 더 잘 수행한다. / 상자 안에는 많은 공이 있는데, 일부는 노란색, 다른 것들은 파란색, 나머지 다른 것들은 초록색이다.

부정대명사 2 (each, all, both 등)

Each of the countries *has* its own unique culture and tradition.

1 each(각각(의))는 항상 단수 취급하며 〈each[every]+단수 명사+단수 동사〉로 쓰인다.
〈each of 복수 명사+단수 동사〉 형태로도 쓰인다. 🖢 어법 POINT 34

There are many birds in the trees outside. **Each** *sings* a unique melody in the early morning.
Each[Every] student *is* working diligently to complete their homework.

2 all(모든 것[사람], 모두)이 명사를 동반하지 않고 단독적으로 쓰였을 때, 사람을 나타내면 복수 취급하고 사물 또는
상황을 나타내면 보통 단수 취급한다.

The trip ended, and **all** (of us) *were* tired but happy.
In the early morning, **all** *is* still and peaceful at the lake.
All (of) the seats *were* occupied when we arrived at the theater for the show. 〈all (of) 명사〉 ➡ UNIT 91

3 none(아무(것)도 ~않다): 〈none of 단수 명사〉 뒤에는 단수 동사, 〈none of 복수 명사〉 뒤에는 단수/복수 동사가
모두 가능하다.

None of the furniture *was* damaged during the move.
None of the movies playing at the theater *was[were]* my preference.

4 both, either, neither 🖢 어법 POINT 34

both (둘 다)	항상 복수 취급	〈both (of) 복수 명사〉
either (둘 중 어느 하나)	주로 단수 취급	〈either 단수 명사〉, 〈either of 복수 명사〉
neither (둘 중 어느 것도 아닌)		〈neither 단수 명사〉, 〈neither of 복수 명사〉

참고 〈either[neither] of 복수 명사〉는 단수 동사와 쓰이지만 구어체에서는 복수 동사도 가능하다.

Both (of the) teams *are performing* excellently, so it will be a great game.
Either route *takes* you to the airport in roughly the same time.
Neither of the books *catches[catch]* my interest. I will look for something else to read.

A 다음 문장의 네모 안에서 어법 또는 문맥상 알맞은 것을 고르시오.

1 Every adversity ⎢ makes / make ⎥ us find the strength to persevere.

2 It was an amazing festival that neither of us ⎢ will / will not ⎥ ever forget.

3 She gathered extensive data, but none of the information ⎢ was / were ⎥ useful for her
report.

4 It is a captivating film. Both of the actors ⎢ delivers / deliver ⎥ powerful performances
that touch audiences.

해석 각각의 나라들은 그들만의 독특한 문화와 전통을 가지고 있다. / **1** 밖의 나무에는 많은 새들이 있다. 각각은 이른 아침에 독특한 멜로디를 부른다. / 각각의[모든] 학생
들은 숙제를 끝내기 위해 열심히 공부하고 있다. / **2** 여행은 끝났고, 모두 피곤했지만 행복했다. / 이른 아침에 호수의 모든 것은 고요하고 평화롭다. / 우리가 공연을 보러 극
장에 도착했을 때 모든 좌석이 차 있었다. / **3** 이사하는 동안 어떤 가구도 손상되지 않았다. / 극장에서 상영 중인 영화 중 어떤 것도 내 취향이 아니었다. / **4** 두 팀 모두 뛰어
나게 경기를 펼치고 있으니, 훌륭한 경기가 될 것이다. / 둘 중 어느 경로든 너를 거의 같은 시간 내에 공항으로 데려다준다. / 두 책 모두 나의 흥미를 끌지 못한다. 나는 읽을
다른 것을 찾아볼 것이다.

B 다음 밑줄 친 부분이 어법 또는 문맥상 옳으면 ○, 틀리면 ✕로 표시하고 바르게 고치시오.

1 Each <u>stars</u> in the night sky twinkles brightly, creating a breathtaking view.

2 All the passengers on the train <u>are</u> finding their seats and settling in.

3 I'm fine with <u>either</u> movie. You can choose what you want to watch.

4 Each of the chapters in the book <u>offer</u> valuable information on the topic.

C 다음 괄호 안의 단어를 알맞게 배열하여 주어진 우리말을 영작하시오. (필요시 어형 변화 가능)

1 배심원단 중 누구도 법원에 추가 서류를 요구하지 않았다. (the, of, none, jury)

→ _____ has requested additional documents from the court.

2 각각의 화학물질은 사고를 막기 위해 안전한 방에 보관된다. (be, each, store, chemical)

→ _____ in a secure room to prevent accidents.

3 모든 아이들이 과학박람회에서 선생님에 의해 안내되었다. (guide, kid, all, be)

→ _____ by their teacher to the science fair.

4 각 행성들은 독특한 특징을 가지고 있다. (of, each, the planet, have)

→ _____ its own unique characteristics.

5 모든 직원들은 매년 열리는 교육 프로그램에 참여해야 한다. (employee, have to, every, participate)

→ _____ in the annual training program.

주의해야 할 명사 주어-동사 수일치

The number of online shoppers *is* growing these days.
단수 주어 〈The number of: ~의 수〉　　　　　　　단수 동사

1 단수/복수 취급하는 표현은 각각 단수/복수 동사를 맞춰서 써야 한다. 📖 어법 POINT 34

단수 취급	• 학문/학과명: mathematics(수학)　physics(물리학)　economics(경제학)　politics(정치학) 등
	• 질병명: measles (홍역)　diabetes (당뇨병) 등
	• the number of (~의 수)
복수 취급	• a number of (많은 ~)
	• 〈the+형용사〉(~한 사람들)

Physics *is* my favorite subject in school.
A number of students *like* to wear school uniforms now. 교과서응용
The old *teach* us things from their life experiences.

> 참고 구나 절은 한 덩어리로 여겨 단수 취급한다. ➡ UNIT 32, 40, 61

2 〈부분 표현 of 명사〉는 of 뒤의 명사에 수를 일치시킨다. 📖 어법 POINT 35

all of 명사 (모든 ~)	most of 명사 (대부분의 ~)	half of 명사 (절반의 ~)	분수 of 명사
some of 명사 (~ 중 일부분)	the rest of 명사 (나머지 ~)	percent of 명사	

In the store, **most of the shoes** *are* on sale.
Half of the money *was* donated to the charity last week. (셀 수 없는 명사 the money는 단수 취급)
One third of the players *were* teenagers.

> 주의 〈one of 복수 명사〉는 단수 취급한다. 📖 어법 POINT 35
One of my favorite sports *is* baseball.

A 다음 문장의 네모 안에서 어법상 알맞은 것을 고르시오.

1 All of the cookies │ was / were │ eaten in no time.

2 Fifty percent of the city's electricity │ comes / come │ from renewable sources.

3 The young │ tends / tend │ to be comfortable with digital devices.

4 One fifth of the conference attendees │ is / are │ international guests.

5 In the event, the number of participants │ is / are │ limited to 30. 모의응용

B 다음 밑줄 친 부분이 어법상 옳으면 ○, 틀리면 ×로 표시하고 바르게 고치시오.

1 Politics <u>are</u> like a foreign language to me.

2 Measles <u>is prevented</u> through high vaccination rates.

3 Some of the books on the shelf <u>is</u> mysteries.

4 In order to assist with the event, a number of volunteers <u>has</u> offered their hand.

> 해석 요즘 온라인 쇼핑객의 수가 증가하고 있다. / **1** 물리학은 내가 학교에서 가장 좋아하는 과목이다. / 현재 많은 학생들이 교복을 입는 것을 좋아한다. / 노인들은 그들의 삶의 경험에서 나온 것들을 우리에게 가르친다. / **2** 이 매장에서는 대부분의 신발이 세일 중이다. / 그 돈의 절반은 지난주에 자선단체에 기부되었다. / 선수의 3분의 1이 10대 였다. / 내가 가장 좋아하는 스포츠 중 하나는 야구이다.

전치사

The museum offers guided tours **during the weekends.**

during+특정 기간

1 〈전치사+명사(구, 절)〉로 이루어진 전명구는 수식어 역할을 한다.

전치사의 목적어로는 (대)명사, 동명사, 명사절(관계대명사 what절, 의문사절, whether절)이 쓰인다.

We should not be afraid *of* **making errors** when learning a new language. 교과서응용

She was curious *about* **whether** the concert tickets were still available.

참고 〈of+추상명사〉는 형용사처럼 쓰인다.

These expired coupons were **of no value.**

참고 that절은 전치사의 목적어로 거의 쓰이지 않지만, in that(~라는 점에서), except that(~라는 점을 제외하고는)은 가능하다.

She was lucky **in that she had friends who assisted her.**

2 의미가 비슷하여 혼동할 수 있는 전치사를 구분해둔다.

~동안	**during**+특정 기간, 행사, 사건	**for**+기간의 길이
~까지	**until**+어떤 시점까지 계속	**by**+어떤 시점까지 완료
~로부터 / ~이후로	**from**+시작점 (계속의 의미 없음)	**since**+시작점 이후로 현재까지 계속

You'd better take public transportation **during** rush hour. 교과서응용

She stayed in Paris **for** three weeks.

The shop will be open **until** 9 p.m. tonight.   The package would arrive **by** next Friday.

A 다음 밑줄 친 부분이 어법상 옳으면 ○, 틀리면 ×로 표시하고 바르게 고치시오.

1 She was unaware of who had sent the anonymous gift.

2 The travelers walked through the narrow streets with joyful.

3 I always remember the importance of do my best. 교과서응용

4 Our team project was successful, except that there were minor errors.

B 다음 문장의 빈칸에 들어갈 알맞은 말을 〈보기〉에서 골라 쓰시오.

보기 for   until   of   since   by

1 She has been attending the gym regularly _____ 2022.

2 He will be on vacation _____ two weeks starting next Monday.

3 The sale will last _____ tomorrow, so don't miss the discounts.

4 As parents, remember that patience is always _____ the essence. 학평응용

5 She plans to get a certificate _____ the end of the year.

해석 박물관은 주말 동안 가이드 투어를 제공한다. / **1** 우리는 새로운 언어를 배울 때 실수하는 것을 두려워해서는 안 된다. / 그녀는 아직 콘서트 표가 있는지 궁금해했다. / 이 기한이 지난 쿠폰들은 쓸모가 없었다. / 그녀는 자신을 도와주는 친구들이 있다는 점에서 운이 좋았다. / **2** 러시아워(혼잡 시간)에는 대중교통을 이용하는 게 좋겠다. / 그녀는 3주 동안 파리에 머물렀다. / 그 상점은 오늘 밤 9시까지 연다. / 택배가 다음 주 금요일까지 도착할 것이다.

형용사의 역할

The little boy saw *something* **scary** and screamed. 교과서응용

1 형용사는 일반적으로 명사 앞에서 명사를 수식하여 의미를 한정한다. 형용사에 딸린 어구가 있거나 '-thing, -body, -one'으로 끝나는 명사는 명사 뒤에서 수식한다.

We ate some **delicious** *pizza*.
The movie has *a storyline* **similar to a popular novel**.
Did you notice *anything* **strange** last night?

2 형용사는 명사의 의미를 보충 설명하는 보어 역할도 한다. ● UNIT 02, 06

The homemade candies were **delicious**.

• 명사를 수식하지 못하고 보어로만 쓰이는 형용사

alike(같은)	alive(살아 있는)	alone(혼자인)	asleep(잠든)	awake(깨어 있는)
afraid(두려운)	ashamed(부끄러운)	aware(알아채고 있는)	worth(가치 있는)	

The twins looked so much **alike**.

A 다음 문장의 네모 안에서 어법상 알맞은 것을 고르시오.

1 The two flowers in the vase are │ alike / like │ in color and shape.

2 The old man lived a(n) │ alone / lonely │ life in his small cabin.

3 I am amazed by beauty of │ alive / living │ marine organisms.

4 The baby was │ awake / wake │ all night, so her parents were tired the next morning.

5 Leo consistently had an excuse whenever he did │ wrong something / something wrong │.

교과서응용

B 다음 괄호 안의 단어를 알맞게 배열하여 주어진 우리말을 영작하시오. (필요시 어형 변화 가능)

1 망원경은 멀리 있는 물체를 관찰하는 데 유용한 광학 기기이다. (for, distant, observing, useful, objects)

→ The telescope is an optical instrument _____.

2 어떤 친절한 사람이 내가 식료품을 차까지 옮기는 것을 도와주었다. (kind, somebody, help)

→ _____ me carry my groceries to the car.

3 그녀는 너무 피곤해서 소파에서 잠이 들었다. (fall, she, asleep)

→ She was so tired that _____ on the sofa.

4 가까운 사람과 함께 시간을 보내는 것은 즐겁다. (to, close, someone, you)

→ Spending time with _____ is enjoyable.

해석 어린 소년은 무서운 어떤 것을 보고 소리를 질렀다. / **1** 우리는 맛있는 피자를 좀 먹었다. / 그 영화는 인기 소설과 비슷한 줄거리를 가지고 있다. / 너는 어젯밤에 이상한 무언가를 눈치챘니? **2** 집에서 만든 그 사탕은 맛있었다. / 그 쌍둥이들은 매우 닮았다.

CHAPTER 13 품사

3 수량 형용사 🔖 어법 POINT 36

의미	셀 수 있는 명사 수식	셀 수 없는 명사 수식	공통
많은	many a great[good / large] number of	much a great[good / large] amount[deal] of	a lot of, lots of, plenty of
약간 있는	a few	a little	some
거의 없는	few	little	

There are **many** *free applications* on smartphones.
I can introduce **a few** *people* who can help you with your problem. 교과서응용
The farmers are concerned about the **little** *rain*.

C 다음 밑줄 친 부분이 어법상 옳으면 ○, 틀리면 ×로 표시하고 바르게 고치시오.

1 In the forest, he saw <u>a great amount of</u> trees that had been cut down. 교과서응용

2 Building trust requires <u>a lot of</u> time and energy. 교과서응용

3 <u>Much</u> knowledgeable experts shared their insights during the discussion.

4 I have <u>some</u> concerns about improving my leadership skills.

5 There were <u>few</u> moments of silence in their conversation.

D 다음 문장의 네모 안에서 어법상 알맞은 것을 고르시오.

1 She has | few / little | experience in boxing, but she's eager to learn it.

2 I have | a few / a little | money saved up for emergencies, just in case.

3 He had | many / much | responsibilities at work, making it challenging to manage stress.

4 I expressed so | many / much | gratitude for the support I received during difficult times to my friends.

5 My classmate asked me | a little / a few | usual questions such as my hobbies or my favorite singer.

해석 **3** 스마트폰에는 많은 무료 애플리케이션이 있다. / 나는 네 문제를 도울 수 있는 사람들 몇 명을 소개해줄 수 있다. / 농부들은 비가 거의 오지 않아 걱정하고 있다.

부사의 역할

> Actors *studied* their scripts **carefully** to understand their characters. 교과서응용

1 부사는 동사, 형용사, 부사, 문장 전체를 수식한다.

When we view the Earth from space, it appears **mostly** *blue*. 교과서응용

Fortunately, *I brought an extra umbrella.*

주의 명사를 수식하거나 보어 역할을 하는 형용사와 구분한다. 어법 POINT 37

The Earth *is* **steadily** warming because of global warming.
~~steady (×)~~

2 부사 enough의 어순: 〈형용사, 부사, 동사+enough〉

He is *smart* **enough** to solve the difficult math problem. ➡ UNIT 39

참고 형용사 enough는 주로 명사 앞에서 수식한다. 어법 POINT 37

She has **enough** *experience* to handle the job.

A 다음 밑줄 친 부분이 어법상 옳으면 ○, 틀리면 ×로 표시하고 바르게 고치시오.

1 They cautiously explored the mysteriously cave.

2 She typed extremely accurately on the keyboard.

3 He spoke enough clearly to be understood by everyone.

4 He thorough examined the evidence before making a conclusion.

5 The farmer saved enough money to afford a cottage.

B 다음 괄호 안의 단어를 알맞게 배열하여 주어진 우리말을 영작하시오. (어형 변화 가능)

1 수평선 너머 그 석양은 믿을 수 없을 정도로 아름다워 보였다. (incredible, beautiful, looked)

→ The sunset ＿＿＿＿＿＿＿＿＿＿＿＿＿＿＿＿＿＿＿＿＿＿ over the horizon.

2 수영장의 물은 편안하게 수영할 수 있을 정도로 따뜻했다. (be, the water, warm, the pool, enough, in)

→ ＿＿＿＿＿＿＿＿＿＿＿＿＿＿＿＿＿＿＿＿＿＿ to swim comfortably.

3 그 호텔 직원들은 나의 가족을 아주 친절하게 맞이했다. (family, nice, my, very)

→ The hotel staff welcomed ＿＿＿＿＿＿＿＿＿＿＿＿＿＿＿＿＿＿ .

해석 배우들은 자신의 캐릭터를 이해하기 위해 대본을 주의 깊게 공부했다. / **1** 우주에서 지구를 볼 때, 그것은 대부분 파란색으로 보인다. / 다행히, 나는 여분의 우산을 가져왔다. / 지구는 지구 온난화 때문에 끊임없이 따뜻해지고 있다. / **2** 그는 어려운 수학 문제를 풀 만큼 충분히 똑똑하다. / 그녀는 그 일을 처리하기에 충분한 경험이 있다.

UNIT 95

주의해야 할 주요 부사

정답 p. 72

The train was running **late**, causing delays for the commuters.

1 -ly가 붙어서 의미가 달라지거나 형용사와 형태가 같은 부사 🔊 어법 POINT 37

late 휑 늦은 ㈜ 늦게 near 휑 가까운 ㈜ 가까이 high 휑 높은 ㈜ 높이	lately ㈜ 최근에 nearly ㈜ 거의 highly ㈜ 아주, 매우	hard 휑 단단한; 어려운 ㈜ 열심히; 세게 close 휑 가까운; 면밀한 ㈜ 가까이	hardly ㈜ 거의 ~않다 closely ㈜ 면밀히; 밀접하게
fast 휑 빠른 ㈜ 빨리 early 휑 이른 ㈜ 일찍			

The movie received **highly** positive reviews from critics.
<u>high (×)</u>

You had a **hard** time, but it must have been a good experience. 교과서응용 휑

He studied **hard** for the exam. ㈜
<u>hardly (×)</u>

He came up **close** to the mirror to check his appearance. ㈜

We are always ready to provide a **fast** solution to your technical issues. 휑
In the desert, the temperature rises **fast** during the day. ㈜

Early success in the fashion industry allowed him to launch his own clothing line. 휑
I will submit my assignment **early** so I can focus on other tasks. ㈜

A 다음 문장의 네모 안에서 어법 또는 문맥상 알맞은 것을 고르시오.

1 The weather has been unpredictable | late / lately |.

2 I have been working | hard / hardly | to meet the deadline.

3 The construction is | near / nearly | complete. Just a few finishing touches left.

4 I've been examining my spending habits | close / closely | to achieve my financial goals.

B 다음 밑줄 친 부분이 어법상 옳으면 ○, 틀리면 ×로 표시하고 바르게 고치시오.

1 I woke up <u>late</u>, so I had to rush to catch the bus so as not to miss school.

2 Studying for the challenging exam was <u>hardly</u>, but it was worth the effort.

3 The doctor is <u>high</u> experienced in treating rare medical conditions.

4 The <u>early</u> symptoms of a common cold usually involve a runny nose and sneezing.

해석 기차가 늦게 운행되어 통근자들의 지연이 발생되었다. / **1** 그 영화는 비평가들에게 아주 긍정적인 평가를 받았다. / 너는 힘든 시간을 보냈지만, 좋은 경험이었음에 틀림없다. / 그는 시험을 위해 열심히 공부했다. / 그는 자신의 모습을 확인하기 위해 거울에 가까이 다가갔다. / 우리는 항상 당신의 기술적인 문제에 대해 신속한 해결책을 제공할 준비가 되어 있습니다. / 사막에서는 낮 동안 기온이 빠르게 올라간다. / 패션 산업에서의 이른 성공은 그가 자신의 의류 상품을 출시할 수 있게 해주었다. / 나는 과제를 일찍 제출하고 다른 일에 집중할 수 있게 할 것이다.

[01~04] 다음 문장의 네모 안에서 어법과 문맥상 알맞은 것을 고르시오.

01 Can I offer you | a little / a few | advice on writing a better essay?

02 One of my friends | is / are | coming to visit tomorrow.

03 In the basket, about two thirds of the apples | is / are | rotten. 교과서응용

04 All of the photos found in the room | was / were | taken ten years ago.

[05~06] 다음 (A), (B), (C)의 각 네모 안에서 어법상 옳은 표현으로 가장 적절한 것을 고르시오.

05

- The students gathering on the campsite packed **(A)** | its / their | backpacks to prepare to go home.
- The fabric's texture is soft and smooth, just like **(B)** | that / those | of silk.
- Technology is advancing rapidly, and **(C)** | this / these | will improve our daily lives.

	(A)	(B)	(C)
①	its	that	this
②	its	those	these
③	their	that	this
④	their	that	these
⑤	their	those	these

06

- I spilled coffee on my shirt. Can I borrow **(A)** | it / one | from your closet?
- We only have two cups: one is white, and **(B)** | another / the other | is black.
- Some problems are difficult to handle, but **(C)** | other / others | require little help.

	(A)	(B)	(C)
①	it	another	others
②	it	the other	other
③	one	another	other
④	one	the other	other
⑤	one	the other	others

07 다음 중 〈보기〉의 밑줄 친 it과 쓰임이 같은 것을 <u>모두</u> 고르시오.

> 보기
>
> My laptop was working perfectly until he broke <u>it</u>.

① <u>It</u> is true that emotions can affect physical health.
② <u>It</u>'s cloudy today. I'll stay inside.
③ I bought this shirt last week, and <u>it</u>'s so comfortable to wear.
④ I love chocolate, but I ate too much of <u>it</u> last night.
⑤ The high-speed Wi-Fi network made <u>it</u> easy to connect multiple devices.

08 다음 중 밑줄 친 부분이 어법상 **틀린** 것을 고르시오.

① After a long day at work, I could <u>hardly</u> keep my eyes open.

② I was charged for a <u>late</u> payment on my credit card.

③ The text on the projector screen is <u>clearly</u> visible to the entire audience.

④ The scientist studied the data <u>closely</u> to analyze the patterns.

⑤ I plan to change my job in the <u>nearly</u> future.

09 다음 ⓐ~ⓔ 중 어법상 **틀린** 것의 개수를 고르시오.

ⓐ Each of the flowers in the garden have a unique fragrance.

ⓑ Every movie in the film festival was worth watching.

ⓒ I think either candidate for the president will be a good choice.

ⓓ In a fair society, all has the right to live without discrimination.

ⓔ Due to a leak in the pipe, none of the water are available for use now.
---

① 1개   ② 2개   ③ 3개

④ 4개   ⑤ 5개

10 다음 밑줄 친 부분 중 생략할 수 있는 것을 **모두** 고르시오.

① He would be happy to see the singers <u>themselves</u>.

② We reflected on <u>ourselves</u> to understand our strengths and weaknesses.

③ Jenny is proud of <u>herself</u> for overcoming her fears.

④ After the accident, I blamed <u>myself</u> for not being more careful.

⑤ I can't help you with this task; you'll have to find a solution <u>yourself</u>.

11 다음 중 어법상 **틀린** 것을 고르시오.

① They are excited about going to the swimming pool on their summer vacation.

② The book is good, in that it's well written.

③ I need to finish this project by this week.

④ Communication is a skill of important in relationships.

⑤ The zoo opens to the public from 9 a.m. to 5 p.m. every day.

12 다음 중 어법상 틀린 것을 모두 고르시오.

① The computer program will start itself in a few seconds.

② He enjoys playing the guitar; he's been practicing it for years.

③ We traveled around the city by the bus during holiday.

④ Time is a valuable resource that should be managed wisely.

⑤ Milk have essential nutrients like calcium and vitamin D.

13 다음 밑줄 친 부분 중 어법상 옳은 것을 모두 고르시오.

① The loud thunderclap made the whole neighborhood <u>awake</u>.

② The company's profit surpassed <u>those</u> of its competitors in the last quarter.

③ He wasn't <u>tall enough</u> to reach the top shelf.

④ He didn't give me any instructions, so I have to <u>figure out it</u> myself.

⑤ The police arrested him <u>for breaking into</u> a local store.

14 다음 밑줄 친 ⓐ~ⓓ 중 어법상 틀린 것끼리 짝지어진 것을 고르시오.

- Half of the cookies on the plate ⓐ <u>was</u> gone by lunchtime.
- Can you ⓑ <u>look up the weather forecast</u> for tomorrow?
- During the workshop, I learned ⓒ <u>new something</u> about graphic design.
- She is proud ⓓ <u>of what</u> she has accomplished in her career.

① ⓐ   ② ⓐ, ⓒ
③ ⓑ   ④ ⓑ, ⓒ
⑤ ⓒ, ⓓ

15 다음 글의 밑줄 친 부분 중, 어법상 틀린 것을 고르시오.

Friendship is ① <u>a priceless treasure</u>. The support, laughter, and shared memories we ② <u>ourselves</u> experience with friends enrich our lives. Friends bring comfort in ③ <u>challenging</u> times and celebrate ④ <u>our joys</u>. ⑤ <u>That</u> who cherish these connections and nurture them with love and care will have bonds that can last a lifetime.

서술형 연습

[16~20] 다음 문장이 어법상 옳으면 ○, 틀리면 ×로 표시하고 바르게 고치시오.

16 Breathing in oxygen is necessary to keep us alive.

17 Neither student completed the assignment on time.

18 The number of books in the library have increased significantly.

19 He made an immediately decision to apologize for the misunderstanding.

20 He arrived exact on time for the meeting.

21 다음 글의 문맥에 맞도록 괄호 안에 주어진 어구를 알맞게 배열하시오.

> Our lives (long / not / are / enough). Time rushes by leaving dreams and experiences unfulfilled. Let's make the most of every precious moment and cherish the journey.

22 다음 글의 밑줄 친 ⓐ~ⓓ 중 어법상 틀린 것의 기호를 쓰고, 바르게 고친 후 그 이유를 서술하시오.

> Technology has transformed our lives in numerous ways, including ⓐ those of artificial intelligence. For example, in job markets, ⓑ it replaces human labor with automation. Therefore, ⓒ it is crucial for individuals to acquire new skills and adapt to ⓓ this changing landscape.

_____ → _____

고친 이유: _____

23 다음 글의 밑줄 친 ⓐ~ⓓ 중 어법상 틀린 것을 2개 찾아 기호를 쓰고 바르게 고치시오.

> ⓐ Every scientific discoveries expands our understanding of the world. Each experiment ⓑ brings us closer to truth. Both curiosity and careful investigation ⓒ progress, paving the way for innovation. In this ⓓ interestingly journey of exploration, the quest for knowledge fuels our collective evolution and shapes a better world for generations to come.

_____ → _____

_____ → _____

CHAPTER 14

특수구문

문장 내용의 효과적 전달을 위해서 문장 형태에 변형을 가한 것을 특수구문이라고 한다.

예를 들어 〈주어+동사 ~〉의 어순에서 주어와 동사의 위치를 바꾸어 도치하는 경우가 있다.

Down came the rain.
　　　동사　　주어

이 밖에도 문장의 일부 요소를 강조, 변형하거나 생략하는 경우가 있다.

여러 특수구문의 형태를 숙지해놓고 변형된 문장의 구조를 올바르게 파악해보자.

→ **It is** hard work **that** creates change.

→ **Never did she imagine** that she would become so popular.

→ He enjoyed cycling, and **so did his sister**.

→ Fruit can stay fresh longer when **(it is)** stored in a refrigerator.

→ **The idea that humans can live on Mars** has raised discussions.

→ Expensive products are **not always** superior in quality.

UNIT 96 강조

출제 빈도 ★

> ## It is *hard work* that creates change. 교과서응용

1 〈It is[was] ~ that ...〉: 주어, 목적어, 부사구[절]를 강조

강조되는 (대)명사가 사람이면 that 대신 who[whom]를, 사물이면 which를 쓸 수 있다.

It is *honesty* **that** bonds the family. (← *Honesty* bonds the family.)
It was *my parents* **whom** I called for advice. (← I called *my parents* for advice.)
It is *in the attic* **that** I store old things.

참고 〈가주어(형식주어) – 진주어(내용주어)〉 구문과의 구별 ● UNIT 61

· 〈It is[was]+명사(구, 절)+that ~〉: that이 이끄는 절의 구조가 〈주어+동사 ~〉를 갖춘 완전한 구조이면 〈가주어–진주어〉 구문, 그렇지 않으면 강조구문이다.

  It is a surprise **that** she didn't recognize you. that절이 완전한 구조 → 〈가주어–진주어〉 구문
  It is this song **that** always makes me happy. that절이 불완전한 구조 → 강조구문
· 〈It is[was]+형용사+that ~〉: 가주어–진주어 구문
· 〈It is[was]+부사구[절]+that ~〉: 강조구문

2 〈do[does, did]+동사원형〉: 일반동사를 강조(정말 ~하다)

주어의 수와 동사의 시제에 따라 do, does, did 중 알맞은 것을 쓴다.

I **do** *appreciate* your dedication.
She **did** *study* diligently for the exam last month.

A 다음 밑줄 친 부분이 어법상 옳으면 ○, 틀리면 ×로 표시하고 바르게 고치시오.

1 It was Josh <u>who</u> bought me pizza for dinner yesterday.

2 It is practice that <u>it makes your performance perfect</u>.

3 Reminding yourself of your goals <u>do helps</u> you to achieve them.

B 다음 문장을 괄호로 주어진 부분을 강조하는 문장으로 바꿔 쓰시오.

1 Anne did her best to win at the contest. (동사)

→ Anne _____ to win at the contest.

2 We will review this document before the meeting. (목적어)

→ It _____ we will review before the meeting.

3 She was angry with me because I forgot the promise. (부사절)

→ It _____ she was angry with me.

해석 변화를 만드는 것은 바로 노력이다. / **1** 솔직함은 가족의 유대감을 형성한다. → 가족의 유대감을 형성하는 것은 바로 솔직함이다. / 내가 조언을 위해 전화한 사람은 바로 부모님이었다. / 내가 오래된 물건들을 보관하는 곳은 바로 다락방 안이다. / 그녀가 너를 알아보지 못했다는 것은 놀라운 일이다. / 나를 항상 행복하게 해주는 것은 바로 이 노래이다. / **2** 당신의 헌신에 정말 감사드립니다. / 그녀는 지난달에 시험공부를 정말로 열심히 했다.

UNIT 97

도치 1 (부정어구)

Never *did she imagine* that she would become so popular.

1 부정을 나타내는 말이 강조되어 문장 앞에 오면, 주어와 동사의 위치가 바뀐다. 🔖 어법 POINT 38

일반동사/조동사/be동사가 있는 문장은 각각 아래와 같이 도치된다.

- 〈부정어(구) + **do[does, did]** + 주어 + 동사원형 ~〉
- 〈부정어(구) + **조동사** + 주어 + 동사 ~〉
- 〈부정어(구) + **be동사** + 주어 ~〉

*부정어구: never, no, not, hardly, scarcely, seldom, little, few, (not) only 등

Hardly *have I heard* my sister say bad words to others. 교과서응용
Never *is she* hesitant about her decision.

주의 문장 앞에 나온 부사구를 주어로 혼동하지 말고, 동사와 자리가 바뀐 주어를 뒤에서 찾아 수일치한다.

A 다음 밑줄 친 부분이 어법상 옳으면 ○, 틀리면 ×로 표시하고 바르게 고치시오.

1 No longer <u>we can</u> deny the impact of technology on daily life.

2 Never <u>have I</u> violated a speed limit since I started driving.

3 Scarcely <u>scientists are</u> able to predict natural disasters accurately.

4 Little <u>did I dreamed</u> that I would win the first place.

B 다음 주어진 우리말과 일치하도록 괄호 안의 단어를 활용하여 문장을 완성하시오. (필요시 어형 변화 가능)

1 나는 그녀의 집에 가는 데 거의 한 시간이 걸리기 때문에 좀처럼 가지 않는다. (visit, I, house, her, do)

→ Seldom _____ as it takes almost 1 hour to get there.

2 최근에서야 세상은 지구온난화에 대한 조치를 취하고 있다. (take, have, the world, action)

→ Only recently _____ on global warming.

3 그녀는 마라톤을 완주했을 뿐 아니라, 신기록도 세웠다. (the marathon, complete, she, do)

→ Not only _____, but she also set a new record.

4 비가 너무 많이 와서 나는 거의 앞을 볼 수 없었다. (see, I, can, ahead)

→ Hardly _____ because it rained so much.

해석 그녀는 자신이 그렇게 인기를 얻게 될 줄은 상상도 못 했다. / 1 나는 내 여동생이 다른 사람에게 나쁜 말을 하는 것을 거의 들어본 일이 없다. / 그녀는 절대 자신의 결정에 대해 주저하지 않는다.

출제 빈도 ★

도치 2 (장소, 방향 부사구 / 보어 / so, neither[nor])

정답 p. 75

He *enjoyed* cycling, and **so** *did his sister*.
(enjoyed)

1 장소, 방향을 나타내는 부사구가 강조되어 문장 앞에 오면, 〈동사+주어〉 순으로 도치한다. 🐟 어법 POINT 38

Under the large tree *sit the students*.
<u>V</u>   <u>S</u>

주의 주어가 대명사인 경우에는 도치되지 않는다.

Under the large tree *they* sit.
sit they (✕)

2 보어가 강조되어 문장 앞에 오면 〈동사+주어〉 순으로 도치되는 경우가 있다. 🐟 어법 POINT 38

Almost impossible to accomplish *seemed the project*.

3 긍정문 뒤의 〈so+동사+주어〉: ~도 역시 그렇다
부정문 뒤의 〈neither[nor]+동사+주어〉: ~도 역시 그렇지 않다 🐟 어법 POINT 38

so[neither, nor] 다음의 동사는 앞의 긍정문[부정문] 동사에 맞추어 쓴다.

I *was* excited to go on a family trip next weekend, and **so** *were my parents*. (be동사)
We *shouldn't* gossip about others, and **neither** *should our friends*. (조동사)

A 다음 문장의 네모 안에서 어법상 알맞은 것을 고르시오.

1 Music boosts our mood, and so | is / does | dancing.

2 Alice hasn't seen this movie yet, and | so / neither | have I.

3 So impressive | were / did | the fireworks in the sky.

4 In the middle of the bookshelf | is / are | my favorite comic books.

5 Here | he comes / comes he | with a smile on his face.

B 다음 주어진 우리말과 일치하도록 괄호 안의 단어를 활용하여 도치 문장을 완성하시오. (어형 변화 가능)

1 성공보다 더 중요한 것은 행복이다. (happiness, be)

→ More important than success _____. 수능응용

2 울타리를 따라 그녀는 다양한 꽃을 심었다. (plant, she, various, the fence, flowers)

→ Along _____.

3 계단의 맨 위에는 그녀의 조부모님의 큰 사진이 놓여있다. (photo, lie, a, large)

→ At the top of the stairs _____ of her grandparents.

해석 그는 자전거 타기를 즐겼고, 그의 여동생도 역시 그랬다. / **1** 큰 나무 아래에 학생들이 앉아 있다. / 큰 나무 아래에 그들이 앉아 있다. / **2** 그 프로젝트는 끝내는 것이 거의 불가능해 보였다. / **3** 나는 다음 주말에 가족 여행을 가게 되어 신이 났고, 나의 부모님도 그랬다. / 우리는 다른 사람들에 관해 험담을 해서는 안 되고, 우리의 친구들도 역시 그러면 안 된다.

UNIT 99 생략

정답 p. 76

Fruit can stay fresh longer when (it is) stored in a refrigerator.

1 반복되는 어구는 생략할 수 있다.

I studied painting in Paris, and **(I)** had the opportunity to work with renowned artists.
He is *a famous politician*, as his father used to be **(a famous politician)**.

2 부사절의 주어가 주절의 주어와 일치하면 부사절에서 〈주어+be동사〉를 생략할 수 있다.

When **(she was)** faced with difficulties, *she* asked her friends to help her. 교과서응용

3 to부정사(to-v)의 반복되는 v를 생략하고 to만 남길 수 있다.

A: Would you like *to have some dessert?*
B: Yes, I'd like to **(have some dessert)**.

A 다음 문장에서 생략할 수 있는 부분을 모두 찾아 ( )로 표시하시오.

1 Although I am in a hard time, I will not lose confidence.

2 He was a lawyer, but he isn't a lawyer now.

3 You shouldn't use the phone while you are driving.

4 Sophia has visited the beach, and she has swum in the ocean, too.

B 다음 문장에서 생략된 곳에 ✔ 표시하고, 생략된 어구를 쓰시오.

1 The red dress is longer than the blue.

2 Chris speaks German well but Mary doesn't.

3 My mother cried while watching a touching movie.

4 Though very tired, the team continued practicing for the upcoming match.

5 I didn't want to buy an umbrella, but I had to because I lost mine.

해석 과일은 냉장고에 보관되면 더 오래 신선하게 유지될 수 있다. / **1** 나는 파리에서 그림을 공부했고 유명한 화가들과 작업할 기회가 있었다. / 그는 자신의 아버지가 그랬던 것처럼 유명한 정치인이다. / **2** 어려움에 처했을 때, 그녀는 친구들에게 도움을 요청했다. / **3** A: 디저트 좀 드시겠어요? B: 네, 디저트 좀 먹고 싶어요.

동격 / 삽입

*The idea **that** humans can live on Mars* has raised discussions.

① 명사 뒤에 콤마(,), of, 접속사 that을 이용하여 의미를 구체적으로 설명할 수 있다.

Dubai, **the fantastic city in the desert**, is known for its luxurious resorts.
The thought **of achieving my goals** drives me forward.

② 문장에서 의미를 덧붙이기 위하여 콤마(,) 또는 대시(—)를 사용하여 어구나 절을 삽입할 수 있다.

Our teacher — **who never got angry at us** — was angry when we had a fight.

• 자주 삽입되는 어구

• I think[believe, suppose, hear 등]	• I'm sure[certain 등]
• if any: 만약 있다면, 설사 있다 하더라도	• if ever: 설사 ~하는 일이 있다 해도

The concert, **I think**, will be a memorable experience for everyone attending.
The rain showers, **if ever**, won't have any impact on the outdoor event.

*any는 형용사, ever는 부사이므로 if any는 명사 앞에, if ever는 동사 앞에 쓰인다.

주의 주어에 동격 또는 삽입 구문이 포함된 경우, 이를 괄호로 묶고 문장의 주어를 찾아 알맞게 동사를 수일치 한다.
동사 바로 앞의 명사를 주어로 착각하지 않도록 주의한다. 🖐어법 POINT 39

The restaurant, known for its delicious dishes, **is** always busy.

A 다음 문장의 네모 안에서 어법과 문맥상 알맞은 것을 고르시오

1 Heart disease, common in obese people, | are / is | a major cause of death.

2 The fact that the athlete overcame the challenges | have / has | inspired many other players.

3 Please write down, if | any / ever |, your related job experiences on your résumé.

4 What do you think about the proposal | of / that | changing the date of our trip?

5 Our organization was established based on the belief | what / that | all animals should be respected and protected. 학평응용

풀이 **tip** 동격에 쓰이는 주요 명사: fact, news, belief, idea, thought, proposal, suggestion, opinion, hope, question 등

B 다음 문장의 빈칸에 들어갈 알맞은 말을 〈보기〉에서 골라 쓰시오.

> 보기 of   that   I believe

1 I agree with her opinion _____ clarity is crucial in presentations.

2 Being humble, _____, is the most important thing for good relationships.

3 The rumor _____ her resigning spread quickly through the office.

해석 인간이 화성에서 살 수 있다는 생각은 논의를 불러일으켰다. / **1** 사막에 있는 환상적인 도시인 두바이는 호화로운 리조트로 유명하다. / 내 목표를 이룬다는 생각은 나를 앞으로 나아가게 한다. / **2** 우리 선생님은, 우리에게 절대 화를 내지 않았는데, 우리가 싸웠을 때 화를 내셨다. / 내 생각에 그 콘서트는 참석한 모든 사람들의 기억에 남는 경험이 될 것이다 / 소나기는 야외 행사에 영향을 미치더라도, 거의 미치지 않을 것이다. / 맛있는 요리로 유명한 그 식당은 항상 붐빈다.

UNIT 101 부정

정답 p. 77

Expensive products are **not always** superior in quality.

1 전체부정(모두 ~이 아니다): no, none, neither, never, 〈not ~ any[either]〉, 〈not ~ at all〉

No student met the expectations of their teacher. 교과서응용

주의 부정의 의미를 가진 부사 hardly, scarcely, barely, seldom, rarely 등은 not과 같은 부정어와 함께 쓰이지 않는다.

I **could hardly** stop reading this book until I finished it.
<u>couldn't (×)</u>

2 부분부정(모두[둘 다, 항상, 반드시] ~한 것은 아니다): 〈not ~ all[every, both, always, necessarily]〉

Not all flowers bloom in the spring.

3 이중부정: 한 문장에 두 개의 부정어를 사용하여 긍정의 의미를 나타낼 수 있다.

It is **not uncommon** for people to feel nervous before giving a presentation.
There is **no** success **without** challenges. *〈부정어 A without B〉: A 하려면 반드시 B한다

A 다음 문장의 네모 안에서 어법과 문맥상 알맞은 것을 고르시오.

1 I could / could not hear what she was saying at all because of the loud music.

2 Selfish people scarcely care / don't care about other people's feelings.

3 This flea market wouldn't be possible with / without the support of local shops.

4 All / Not all dogs are friendly, so it's essential to approach them cautiously.

5 Not every crop in the garden has / has not fully ripened yet. We have to wait for a couple of weeks.

B 다음 주어진 우리말과 일치하도록 괄호 안의 어구와 〈보기〉의 주어진 표현을 한 번씩 사용하여 영작하시오.

> 보기 not always   not   rarely

1 이 식물들은 작은 화분에서 좀처럼 잘 자라지 않는다. (well / grow)

→ These plants _____ in small pots.

2 모든 순간에 솔직해지는 것이 항상 쉬운 것은 아니다. (easy / is)

→ To be honest in every moment _____ .

3 여름 동안 사람들이 공원에서 아이스크림을 즐기는 것을 보는 것은 드물지 않다. (is / unusual)

→ Seeing people enjoy ice cream at the park during summer _____ .

해석 비싼 제품이 항상 품질 면에서 우수한 것은 아니다. / **1** 어떤 학생도 선생님의 기대에 부응하지 못했다. / 나는 다 읽을 때까지 이 책을 읽는 것을 거의 멈출 수 없었다. / **2** 모든 꽃이 봄에 피는 것은 아니다. / **3** 사람들이 발표하기 전에 긴장하는 것은 드문 일이 아니다(흔한 일이다). / 도전 없이는 성공할 수 없다. (성공하려면 반드시 도전해야 한다.)

01 다음 중 강조구문이 <u>아닌</u> 것을 고르시오.

① It was on Monday that the new semester started at the university.

② It was Peter that I invited to the party last night.

③ It is important that you follow the safety guidelines.

④ It was my brother who fixed the broken computer.

⑤ It is the final exam results that I'm worried about.

[02~04] 다음 문장의 네모 안에서 어법 또는 문맥상 알맞은 것을 고르시오.

02 Everything / Nothing seems impossible when you have a positive attitude.

03 Polite people seldom, if any / ever, forget to say "thank you" for a kind gesture.

04 The aim of living healthier lives makes / make people reduce sugar intake.

[05~06] 다음 중 어법상 <u>틀린</u> 것을 고르시오.

05

① It was my boss who offered me the opportunity to lead a team.

② It is in the morning that I feel most alive and energetic.

③ It is my parents whom I admire most in the world.

④ The students did volunteered at the local animal shelter.

⑤ My father does enjoy cooking for other people.

06

① Up in the clear blue sky floated the colorful balloons.

② After the trip, the students were very tired and so were the teachers.

③ Brave were the firefighters who ran into the burning building to save lives.

④ Hardly expected I to see such a nice view at this restaurant.

⑤ Out of the darkness emerged something unknown and mysterious.

07 다음 밑줄 친 부분 중 어법상 <u>틀린</u> 것을 고르시오.

① <u>No one</u> can predict the future with absolute certainty.

② The world can be a better place, <u>I believe</u>, if we protect the environment.

③ Seldom <u>does he visit</u> his hometown, as he now lives in a different country.

④ Down the street <u>walk</u> a delivery person with packages in hand.

⑤ I didn't go on a vacation last summer, and neither <u>did</u> my colleague.

08 다음 ⓐ~ⓔ 중 어법상 <u>틀린</u> 것의 개수를 고르시오.

ⓐ Having a high IQ may not necessarily guarantee success in life.

ⓑ The belief that technology will solve all our problems are a common misconception.

ⓒ It was the fascinating novel which I borrowed from the library.

ⓓ Powerful was the waves crashing against the rocky shore.

ⓔ Not only is he a talented musician, but he is also a skilled composer.

---

① 1개   ② 2개   ③ 3개
④ 4개   ⑤ 5개

09 다음 밑줄 친 부분 중 어법상 <u>옳은</u> 것을 <u>모두</u> 고르시오.

① Laughter strengthens our bonds with others, and <u>so is showing empathy</u>.

② <u>Down came the heavy rain</u>, and it flooded the streets within minutes.

③ Scarcely <u>did he speak a word</u> during the group project meeting.

④ The idea of the sun traveled around the <u>earth</u> was once widely believed.

⑤ At the entrance of the gallery <u>stood a modern sculpture</u>.

서술형 연습

[10~14] 다음 문장에서 어법상 <u>틀린</u> 부분을 찾아 바르게 고치시오. (단, 틀린 부분이 없으면 × 표시)

10 The suggestion that we have more outdoor activities are a great idea.

11 The lawyers could not find any evidence to support the claims.

12 Only by following the recipe precisely you can achieve the perfect cake.

13 She cannot cook dinner without relying on her favorite cookbook.

14 At the center of the room hung a beautiful chandelier.

15 수십 년간 사용되었지만 그 오래된 컴퓨터는 여전히 매끄럽게 작동한다.
(for, use, decades, though)

→ _____ ,

the old computer still runs smoothly.

16 원하신다면 샌드위치 대신 베이글을 받으실 수 있습니다. (want, if, you, to)

→ You can get a bagel instead of a sandwich _____ .

17 그녀는 다른 사람들 앞에서 춤추는 것을 정말로 좋아했다. (to, like, do, dance)

→ She _____

in front of other people.

18 나는 많은 사람들이 모기에 의해 옮겨지는 병으로 죽었다는 뉴스에 충격을 받았다.
(many, die from, that, people, diseases)

→ I was shocked at the news _____

_____

carried by mosquitoes.

19 다음 두 문장을 동격을 나타내는 전치사를 이용하여 한 문장으로 쓰시오.

- We finally achieved our dream.
- Our dream was becoming renowned fashion designers.

→ _____

_____ .

20 다음 글의 밑줄 친 부분 뒤에 생략된 어구를 글에서 찾아 쓰시오. (2단어)

When there's not much wind, flying a kite might seem challenging. However, flying a kite becomes enjoyable and effortless <u>when there is</u>. It's a delightful experience that brings out the childlike wonder in people of all ages.

_____

21 다음 글의 밑줄 친 (A), (B)를 부정의 의미를 갖는 부사가 문장 맨 앞에 오도록 각각 고쳐 쓰시오.

(A) <u>I have never had a good night's sleep.</u> I often find it hard to rest peacefully at night, and it makes me feel tired during the day. **(B)** <u>I not only felt exhausted,</u> but also felt that I lost my ability to focus and enjoy daily activities.

(A) _____

(B) _____

22 다음 글의 밑줄 친 ⓐ~ⓒ 중 일부 어구를 생략할 수 있는 문장을 고른 후, 생략한 문장으로 고쳐 쓰시오.

> ⓐ Some planets in our solar system have solid surfaces. They are likely to exhibit geological features, such as mountains and valleys, ⓑ while others are likely to possess gas giant characteristics, ⓒ lacking a solid surface and composed mostly of hydrogen and helium.

*gas giants 거대 가스 행성 ((목성과 토성처럼 질량 대부분이 수소와 헬륨으로 이루어진 행성))

_____ → _____

23 다음 밑줄 친 ⓐ~ⓓ 중 어법상 틀린 것의 기호를 쓰고, 바르게 고친 후 그 이유를 서술하시오.

> Electric vehicles, acknowledged for their positive impact on air quality, ⓐ is on the rise ⓑ as people adopt more sustainable transportation options. However, there is an issue ⓒ of the lack of battery production and charging infrastructure. Nonetheless, the rising interest in electric vehicles highlights the opinion ⓓ that sustainable transportation is crucial for a greener future.

_____ → _____

고친 이유: _____

_____

[24~25] 다음 글을 읽고 물음에 답하시오.

> Copyright acts like a powerful shield, safeguarding art, music, writing, and more. It gives creators exclusive rights to their creations, ensuring they are respected, valued, and not stolen. It is the copyright who secures a world where creativity thrives and is cherished. 창의적인 것이 보호되려면 저작권이 있어야 한다.

24 어법상 틀린 부분을 찾아 바르게 고치시오.

_____ → _____

25 윗글의 밑줄 친 우리말과 의미가 통하도록 〈조건〉에 맞게 영작하시오.

조건
- 〈보기〉의 주어진 표현을 사용할 것
- 본문에서 1단어 추가할 것
- 이중부정 표현을 활용할 것

보기

is / without / creative / protected

Nothing _____ .

MEMO

MEMO

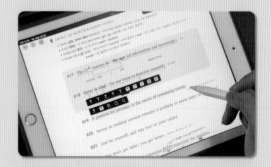

쎄듀런

① 구문 · 판매 1위 '천일문' 콘텐츠를 활용하여 정확하고 다양한 구문 학습

(끊어읽기) (해석하기) (문장 구조 분석) (해설·해석 제공) (단어 스크램블링) (영작하기)

② 문법·서술형 · 쎄듀의 모든 문법 문항을 활용하여 내신까지 해결하는 정교한 문법 유형 제공

(객관식과 주관식의 결합) (문법 포인트별 학습) (보기를 활용한 집합 문항) (내신대비 서술형) (어법+서술형 문제)

③ 어휘 · 초·중·고·공무원까지 방대한 어휘량을 제공하며 오프라인 TEST 인쇄도 가능

(영단어 카드 학습) (단어 ↔ 뜻 유형) (예문 활용 유형) (단어 매칭 게임)

④ 선생님 보유 문항 이용

(Online Test) (OMR Test)

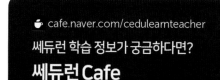
🍵 cafe.naver.com/cedulearnteacher

쎄듀런 학습 정보가 궁금하다면?

쎄듀런 Cafe

· 쎄듀런 사용법 안내 & 학습법 공유
· 공지 및 문의사항 QA
· 할인 쿠폰 증정 등 이벤트 진행

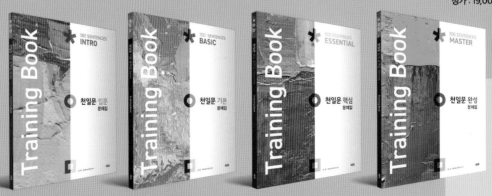

101 Grammar Points
with Sentences

천일문 고등

GRAMMAR

정답 및 해설

쎄듀 | 쎄듀런

101 Grammar Points
with Sentences

천일문 고등
GRAMMAR

정답 및 해설

UNIT 01 주어+동사 (SV) 본문 18쪽

A

1 Positive change doesn't happen overnight.
<u>S</u> ... <u>V</u>

2 Many species of animals are in the Amazon rainforest.
<u>S</u> ... <u>V</u>

3 Symptoms like headache and fatigue occur in most flu patients.
<u>S</u> ... <u>V</u>

4 The bus from Daegu arrives at 4 p.m.
<u>S</u> ... <u>V</u>

5 The consumption of wearable devices increased continuously for the past several years.
<u>S</u> ... <u>V</u>

B

1 The actor smiled for the cameras

2 exists in much of science fiction

3 The woman with two cats lives

4 appeared suddenly out of the magician's hat

A

1 긍정적인 변화는 하룻밤 만에 일어나지 않는다.

2 많은 동물 종이 아마존 열대우림에 존재한다.

3 두통이나 피로 같은 증상들은 대부분의 독감 환자에게 발생한다.

4 대구에서 오는 버스는 오후 4시에 도착한다.

5 착용할 수 있는[웨어러블] 기기의 소비가 지난 몇 년간 지속적으로 증가했다.

(어휘)

1 overnight 하룻밤 사이에 2 rainforest 열대우림 3 fatigue 피로 flu 독감 5 consumption 소비 wearable 착용하기에 적합한[좋은] continuously 지속적으로

UNIT 02 주어+동사+보어 (SVC) 본문 19쪽

A

1 cold 2 × 3 strange

4 a fool 5 calm

B

1 safe 2 warm

3 slowly 4 comfortable

A

1 말다툼 이후로 그녀의 태도는 차갑게 남아있었다.

2 우리는 길을 건널 때 (주위를) 주의 깊게 살펴야 한다.
(해설) carefully는 동사 look을 수식하는 부사이다.

3 나는 우유에서 이상한 냄새가 나서 마시지 않았다.

4 그녀는 군중 앞에서 바보처럼 보였다.

5 그는 위급 상황에 침착했다.

(어휘)

1 quarrel 말다툼, 논쟁 attitude 태도 5 in case of ~의 경우; 만일 ~한다면

B

1 우리는 종종 집에서 안전하다는 느낌이 든다.
(해설) 보어 자리에는 부사가 쓰일 수 없다.

2 그 차가운 커피는 서서히 따뜻해졌다.

3 어떤 대나무 종은 처음 4~5년 동안 매우 천천히 자란다.
(해설) 주어를 보충 설명하는 보어 자리가 아닌 동사 grow의 수식어 자리이다. '천천히 자라다'라는 의미가 되도록 부사 slowly가 와야 한다.

4 내 여동생은 자신이 좋아하는 잠옷을 입을 때 편안해 보인다.

(어휘)

2 gradually 서서히 3 bamboo 대나무

UNIT 03 주어+동사+목적어 (SVO) 본문 20쪽

A

1 tennis 2 ×

3 their house 4 ×

5 new ideas, information, and inspiration

B

1 I sent an email

2 the children and their parents built a sandcastle

3 I took Korean literature and statistics

4 We ordered pizza, enjoyed it

A

1 Jane은 그녀의 친구들과 테니스를 쳤다.

2 많은 학생들이 수업에 늦었다.

3 그들은 지난 주말에 집에 페인트칠을 했다.

4 시간이 흘러 그 초보 음악가는 첼로의 대가가 되었다.

5 우리는 독서를 통해 새로운 생각과 정보, 영감을 발견한다.

_{어휘}

4 novice 초보   5 inspiration 영감(을 주는 것)

B

_{어휘}

1 colleague 동료   3 statistic 통계(학)

UNIT
04
주의해야 할 SV, SVO 문형 동사   본문 21쪽

A

1 raised   2 sat

3 lay   4 attended

B

1 ×, → with 삭제   2 ○

3 ○   4 ×, → into 삭제

5 ○

A

1 나는 손을 들어 내 친구들을 환영했다.

　_{해설} 동사 뒤에 목적어 my hands가 있으므로 SVO 문형 동사 raised가 알맞다.

2 그는 자신의 강아지를 발치에 둔 채 소파에 조용히 앉았다.

　_{해설} 동사 뒤에 목적어가 없고, '그가 앉았다'라는 의미이므로 SV 문형 동사 sat이 알맞다.

3 피곤했기 때문에 그는 저녁 내내 침대에 누워있었다.

　_{해설} 동사 뒤에 목적어가 없고 부사구 in bed가 쓰였으므로 SV 문형이다. 따라서 lie의 과거형 lay가 알맞다.

4 나는 개교기념 행사에 참석했다.

　_{해설} 동사 attend가 '~에 참석하다'라는 의미로 쓰일 때 뒤에 전치사 없이 SVO 문형으로 쓰인다.

_{어휘}

1 greet 환영하다, 맞다   4 anniversary 기념일

B

1 이 커피숍은 오래된 주택과 닮았다.

　_{해설} 동사 resemble이 '~와 닮다'라는 의미로 쓰일 때 전치사 없이 SVO 문형으로 쓰인다.

2 그녀는 공통된 관심사와 취미를 공유했기 때문에 그와 결혼했다.

3 우리는 서둘렀지만, 우리가 공연장에 도착했을 때 콘서트는 이

미 시작했다.

4 모든 방문객들은 건물에 들어가기 전에 양식을 작성해야 한다.

　_{해설} enter가 '~으로 들어가다'라는 의미로 쓰일 때 전치사 없이 SVO 문형으로 쓰인다.

5 서랍에 너의 옷을 잘 두어라.

_{어휘}

1 antique 오래된; 골동품   2 common 공통의; 일반적인
interest 관심사, 취미; 이자

UNIT
05
주어＋동사＋간접목적어
＋직접목적어 (SVOO)   본문 22쪽

A

1 Sir, you drove too fast. Please show me your
   _{IO}   _{DO}
   driver's license.

2 Mr. Lee teaches us mathematics every
             _{IO} _{DO}
   Tuesday.

3 As a reward after a long day, I bought myself
                                       _{IO}
   some chocolate.
   _{DO}

B

1 cooked me a special dinner

2 wrote his friend a letter of apology

3 told our meeting time to him

4 got Christmas gifts for her friends

A

1 선생님, 너무 빠르게 운전하셨습니다. 저에게 운전면허증을 보여주세요.

2 이 선생님은 매주 화요일 우리에게 수학을 가르치신다.

3 긴 하루의 보상으로, 나는 나 자신에게 초콜릿을 사줬다.

_{어휘}

3 reward 보상; 보상하다

B

3 _{해설} tell은 SVOO 문형에서 SVO 문형으로 전환할 때 간접목적어 앞에 to를 쓰는 동사이다.

4 _{해설} get은 SVOO 문형에서 SVO 문형으로 전환할 때 간접목적어 앞에 for를 쓰는 동사이다.

_{어휘}

2 apology 사과, 사죄

UNIT 06 주어+동사+목적어 +보어 (SVOC) 1

본문 23쪽

A
1 think him the best soccer player
2 named the dog Mark
3 made the concept clear
4 keep their teeth clean and healthy

B
1 ×, attractively → attractive
2 ○
3 ×, quiet → quietly

B

1 그 평론가는 그 영화가 매력적이라는 것을 알게 되었다.
(해설) 목적어 the movie 뒤의 내용이 목적어의 상태를 나타내는 SVOC 문형이다. 부사는 보어로 쓰일 수 없으므로 attractively를 형용사 attractive로 고치는 것이 알맞다.
2 그 부모는 자신들의 아이들이 부지런하다고 생각한다.
3 그녀는 책을 읽는 동안 지루해져서, 조용히 도서관을 떠났다.
(해설) 여기서 동사 leave는 'O를 C인 상태로 두다'가 아닌 '떠나다'라는 의미이므로, 형용사 quiet를 동사를 수식하는 부사 quietly로 고치는 것이 알맞다.

(어휘)
1 critic 평론가, 비평가 2 diligent 부지런한

UNIT 07 주어+동사+목적어 +보어 (SVOC) 2

본문 24쪽

A
1 choose   2 crying
3 to manage   4 published
5 carry   6 adapt
7 to use

B
1 to practice   2 shine 또는 shining
3 feel   4 decorated
5 to participate

C
1 see things done
2 causes our shoulders to roll

3 have their children ride
4 heard the wind blow[blowing]

A
1 선생님은 학생들이 학급 프로젝트의 주제를 선택하게 했다.
(해설) 사역동사 let은 목적어가 목적격보어가 능동 관계일 때 목적격보어로 원형부정사를 쓴다.
2 구조대는 아기가 방에서 울고 있는 것을 발견했다.
(해설) 목적어 a baby와 cry(울다)가 능동 관계이며, find는 목적격보어로 현재분사를 쓸 수 있으므로 crying이 알맞다.
3 스케줄러를 사용하면 너는 너 자신이 시간을 제대로 관리하도록 장려할 수 있다.
(해설) 동사 encourage는 목적격보어로 to부정사를 쓴다.
4 그 작가는 14살에 자신의 소설이 출판되도록 했다.
(해설) 목적어 his novel과 publish(출판하다)는 수동 관계이므로 과거분사 published가 알맞다.
5 Cindy는 자신의 여동생이 유리컵들을 식탁으로 조심스럽게 옮기고 있는 것을 보았다.
(해설) watch는 지각동사이고, 목적어 her sister와 carry(나르다)는 능동 관계이므로 원형부정사 carry가 알맞다.
6 그녀는 전학생이 자신의 새로운 학교생활에 적응하도록 도와주었다.
(해설) 목적어 the transfer student와 adapt(적응하다)는 능동 관계이므로 원형부정사 adapt가 알맞다.
7 이 수수께끼들은 우리가 창의적인 답을 위해 우리의 뇌를 사용하도록 만든다.
(해설) force는 to부정사를 목적격보어로 쓴다.

(어휘)
3 properly 제대로, 적절히 4 publish 출판하다 6 transfer 전학(생) adapt 적응하다

B
1 교장선생님께서는 우리가 춤 공연을 위해 학교 강당에서 연습하도록 허락해주셨다.
(해설) allow는 to부정사를 목적격보어로 쓴다.
2 Dorothy는 부엌에서 이상한 빛이 나는 것을 알아차렸다.
(해설) 지각동사 notice는 원형부정사 또는 현재분사를 목적격보어로 쓴다.
3 웃음은 너를 더 행복하고 활기 넘치도록 만들 수 있다.
(해설) 사역동사 make는 목적격보어로 원형부정사를 쓴다.
4 우리는 그 방이 행사를 위해 아름답게 꾸며진 것을 알게 되었다.
(해설) 목적어 the room과 decorate(꾸미다)는 수동 관계이므로 목적격보어는 과거분사 decorated를 쓰는 것이 알맞다.
5 그는 대중들이 사냥을 금지하는 캠페인에 참여하도록 설득했다.
(해설) persuade는 목적격보어로 to부정사를 취한다.

(어휘)
1 auditorium 강당 3 energetic 활기가 넘치는 4 decorate 꾸미다, 장식하다 5 ban 금지하다

C

1 (해설) 목적어 things와 do(하다)는 수동 관계이므로 과거분사 done을 쓰는 것이 알맞다.

2 (해설) cause는 목적격보어로 to부정사를 쓴다.

3 (해설) have는 목적격보어로 원형부정사를 쓴다.

4 (해설) hear는 지각동사이고, 목적어인 wind와 blow(불다)는 능동 관계이므로 원형부정사 blow 또는 현재분사 blowing을 쓰는 것이 알맞다. 현재분사를 사용하면 진행 중임을 더 강조한다.

(어휘)

2 posture 자세; 태도   **3** thoughtless 무심한

Chapter Exercises

본문 26쪽

01 ③	**02** ②
03 ①, ②	**04** ③
05 ④	**06** ②

07 to prepare → prepare

08 ✕   **09** ✕

10 controversially → controversial

11 ✕   **12** ✕

13 to, 삭제   **14** lied, laid

15 restarting, to restart

16 lent his laptop to me

17 found a comfortable bed for her dog

18 named their daughter Suzy

19 made our trip enjoyable

20 keeps the inside cool

21 leave some people uneasy

22 Tree rings usually grow wider

23 gave his wife a huge bunch of flowers

24 let me go to the party

25 encourage players to concentrate

26 The skillful artist painted a landscape on a large canvas

27 repair, repaired

28 answered to, answered

01 ① 나의 부모님은 내가 대학에서 많은 것들을 경험하기를 원하신다.
② 역무원은 나이 든 여자 한 명이 승강장에서 무언가를 찾는 것을 발견했다.
③ 이번 달은 날씨가 추워지고 있다.
④ 그는 고등학교 축구팀의 수석 감독이 되었다.
⑤ 그녀는 자신의 새로운 직업에 행복해 보인다.

(해설) ③ 동사 get이 '(어떤 상태가) 되다'라는 뜻의 SVC 문형 동사로 쓰여 주격보어가 필요하다. 부사는 보어 자리에 쓰일 수 없으므로 coldly를 cold로 고쳐야 한다.

02 • 신선한 과일의 달콤함은 그것들을 더욱 매력적으로 만든다.
• 그 발표자는 청중들이 발표 후에 질문하게 했다.

(해설) 첫 번째 빈칸은 make의 목적격보어 자리이다. 부사는 목적격보어로 쓰일 수 없으므로 attractive가 알맞다. allow는 to부정사를 목적격보어로 쓰므로 두 번째 빈칸에는 to ask가 알맞다.

03 ① 그 오래된 인형은 못생겼지만, 나는 그것이 좋다.
② 그녀는 건강을 위해 요가 수업에 정기적으로 참석한다.
③ Brian이 아파 보였기 때문에, 나는 그를 집에 가게 했다.
④ 축구 선수들은 마지막 호루라기가 울리기 직전에 공이 골라인을 통과하는 것을 보았다.
⑤ 그녀는 친구에게 차 한 잔을 내주었다.

(해설) ③ 목적어 Brian과 go(가다)는 능동 관계이며, 이때 get은 목적격보어로 to부정사를 쓰므로 go를 to go로 고쳐야 한다.
④ see는 지각동사이므로 목적격보어 자리에 원형부정사 pass 또는 현재분사 passing을 쓰는 것이 알맞다.
⑤ SVOO 문형에서 SVO 문형으로 전환한 문장으로, 간접목적어 앞에 전치사를 써야 한다. offer는 전치사 to와 함께 쓰인다. 또는 간접목적어, 직접목적어 순서로 쓴다.

04 리더의 자리에 오르는 행동은 단순히 권위의 자리에 앉아있는 것 이상을 요구한다. 리더들은 다른 사람들과 함께 일할 때 그들을 높여야 한다. 그러면 그들의 직원들은 새로운 능력의 경지에 오를 수 있다. 위대한 리더는 자신들의 팀과 함께 앉아서 경청하고 협력과 성장의 문화를 만들어야 한다.

(해설) (A) 뒤에 목적어 others가 있으므로 '올리다, 높이다'라는 뜻의 SVO 문형으로 쓰이는 raise가 알맞다.
(B) 뒤에 목적어가 없고 부사구 to new heights of abilities가 나오므로 '오르다'라는 뜻의 SV 문형 동사 rise가 알맞다.
(C) 뒤에 목적어가 없고 부사구 with their team이 나오므로 '앉다'라는 뜻의 SV 문형 동사 sit이 알맞다.

05 • 그들은 골동품을 복원했지만, 손상의 흔적들은 남아 있었다.
• 감자는 거의 모든 곳에서 잘 자란다.
• 새 프로젝트를 위한 계획을 논의하자.
• 식당 매니저는 손님들에게 조용히 이야기해달라고 요청했다.
• 용의자의 생김새가 목격자의 진술과 비슷하지 않다.

(해설) ⓒ 동사 discuss는 '~에 대해 논의하다'라는 의미로 쓰일 때 뒤에 전치사 없이 SVO 문형으로 쓴다.
ⓓ 동사 ask는 목적격보어로 to부정사를 쓰므로 talk를 to talk로 고쳐야 한다.

06 내가 공원을 지나갈 때, 아이들 무리가 뛰어다니는 것을 봤다. 그들의 즐거운 목소리가 들렸고, 그들의 근심 걱정 없는 표정을 봤고, 친구들과 함께했던 어린 시절에 대해 행복감을 느끼고 있는 나를 발견했다. 나는 그들이 놀면서 인생의 소박한 기쁨을 즐기는 것을 보는 동안 그들에게 시선을 집중시켰다.

(해설) ⓑ 목적어 myself와 feel이 능동 관계이고, 동사 find는 목적격보어로 현재분사를 쓰므로 현재분사 feeling으로 고쳐

야 한다.

(구문) While I watched them play and enjoy the simple
          V'   O'   OC'1   OC'2
pleasures of life, I kept my eyes focused on them.
                      V   O   OC (수동)

07 식당 주인은 그들의 기념일을 위해 요리사에게 특별한 식사를 준비하도록 시켰다.

(해설) 사역동사 have는 목적격보어로 원형부정사를 쓴다.

08 해외여행은 나에게 에너지를 가져다주었다.

(해설) SVOO 문형이 〈주어(Traveling abroad)+동사(brought)+간접목적어(me)+직접목적어(energy)〉 순으로 알맞게 쓰였다.

09 그녀는 이모를 위한 생일 선물로 모자를 샀다.

(해설) 동사 buy는 SVOO 문형을 SVO 문형으로 바꿀 때 간접목적어 앞에 전치사 for를 쓴다.

10 동물 실험은 여전히 논란이 많은 채로 남아있다.

(해설) 동사 remain은 '(어떤 상태로) 있다'라는 뜻의 SVC 문형 동사이며 부사는 주격보어로 쓰일 수 없으므로 controversially를 형용사 controversial로 고쳐야 한다.

11 그는 지진 동안 땅이 흔들리는 것을 느꼈다.

(해설) 지각동사 feel의 목적어(the ground)와 목적격보어(shake)가 능동 관계이므로 원형부정사 shake가 알맞게 쓰였다.

12 이 장치는 거주자들이 매년 수백 갤런의 물을 절약하도록 도울 수 있다.

(해설) 동사 help는 SVOC 문형에서 목적어와 목적격보어가 능동 관계일 때 목적격보어 자리에 to부정사 또는 동사원형을 쓴다.

13 그녀는 다양한 관점에서 문제에 접근한다.

(해설) 동사 approach는 '~에 접근하다'라는 의미로 쓰일 때 전치사 없이 SVO 문형으로 쓰인다.

14 그들은 점심 식사를 위해 잔디밭 위에 소풍 돗자리를 놓았다.

(해설) 동사 뒤에 목적어가 있으므로 SVO 문형 동사 lay의 과거형 laid로 고쳐야 한다.

15 그 소프트웨어 업데이트는 사용자들이 컴퓨터를 재시작하는 것을 요구한다.

(해설) 동사 require는 목적격보어로 to부정사를 쓴다.

16 나의 형은 나에게 노트북을 빌려주었다.

(해설) 동사 lend는 SVOO 문형을 SVO 문형으로 바꿀 때, 간접목적어 앞에 전치사 to를 쓴다.

17 Ella는 자신의 개에게 편안한 침대를 찾아주었다.

(해설) 동사 find는 SVOO 문형을 SVO 문형으로 바꿀 때, 간접목적어 앞에 전치사 for를 쓴다.

18 (해설) 'O를 C라고 이름 짓다'는 동사 name을 사용하여 〈name+O+C〉 순으로 쓴다. 목적격보어로 명사(Suzy)가 쓰였다.

19 (해설) 'O를 C하게 만들다'는 동사 make를 사용하여 〈make+O+C〉 순으로 쓴다. 목적격보어로 형용사(enjoyable)가 쓰였다.

20 (해설) 'O가 계속 C하게 유지하다'는 동사 keep을 사용하여

〈keep+O+C〉 순으로 쓴다.

21 (해설) 'O가 C하게 하다'는 동사 leave를 사용하여 〈leave+O+C〉 순으로 쓴다.

22 (해설) 문맥상 grow는 '~하게 되다'라는 뜻의 SVC 문형 동사로 쓰여 주격보어가 필요하다. 형용사 wider가 주격보어로 쓰인 문장이다.

23 (해설) '~에게 ~을 주다'라는 의미는 동사 give를 사용하여 〈give+간접목적어(his wife)+직접목적어(a huge bunch of flowers)〉 순으로 쓴다.

24 (해설) 사역동사 let은 목적격보어로 원형부정사를 쓰므로 go를 그대로 쓴다.

25 (해설) 'O가 C하도록 격려하다'는 동사 encourage를 사용하여 〈encourage+O+C〉 순으로 쓴다. encourage는 목적격보어로 to부정사를 쓰므로 to concentrate로 쓴다.

26 (해설) SVO 문형의 어순으로 써야 한다.

27

> 지난 주말에 나는 친구들과 앞마당에서 야구를 즐겼다. 그런데 야구공이 실수로 창문을 깨뜨렸다. 이 일이 일어났을 때 아버지는 깨진 창문이 수리되게 하셨다.

(해설) 목적어 window와 목적격보어 repair(수리하다)는 수동 관계이므로 repair를 과거분사 repaired로 고쳐야 한다.

28

> 시장이 기자회견장에 나타나 새로운 커뮤니티 공원에 대한 질문에 답했다. 시장은 친환경 디자인을 강조했고, 더 푸르고 접근하기 쉬운 공공 공간을 약속하였다. 모든 사람들은 그것의 특징과 이점에 대해 더 많이 알게 되었다.

(해설) answer는 SVO 문형으로 쓰일 때, 동사 뒤에 전치사 없이 바로 목적어를 쓴다. 따라서 answered 뒤의 to를 삭제해야 한다.

어휘

01 station agent 역무원   platform 승강장; 연단, 강단
02 sweetness 달콤함   **04** authority 권위   collaboration 협력
05 restore 복원하다   trace 흔적; 추적하다, 찾아내다   suspect 용의자, 혐의자; 의심하다   **06** run around 뛰어다니다   carefree 근심 걱정 없는, 속 편한   **10** controversially 논쟁적으로 cf. controversial 논란이 많은   **13** point of view 관점   **20** air conditioning 에어컨   **21** uneasy 불편한; 불쾌한   **23** bunch 다발, 묶음   **26** landscape 풍경화, 풍경   skillful 솜씨 좋은
27 accidentally 실수로; 우연히   **28** press conference 기자회견   highlight 강조하다, 표시하다; 가장 좋은[흥미로운] 부분   feature 특징; 특징으로 삼다   benefit 이점; 유익하다

UNIT 08 현재시제, 과거시제
본문 32쪽

A
1 held 2 eats 3 won
4 sat 5 is

B
1 broke 2 exercises 3 spent
4 boils 5 climbed

A

1 2020년에 미국은 대통령 선거를 치렀다.
(해설) In 2020이라는 과거를 나타내는 부사구가 쓰였으므로 과거시제 held가 알맞다.

2 그녀는 집에서 식사할 때 항상 몸에 좋은 음식을 먹는다.
(해설) 부사절에 현재시제 has가 쓰였고, 빈도부사 always가 함께 쓰여 현재의 습관을 의미하므로 eats가 알맞다.

3 우리 축구 국가대표팀은 작년에 월드컵에서 독일을 상대로 승리했다.
(해설) last year라는 과거를 나타내는 부사구가 쓰였으므로 과거시제 won이 알맞다.

4 어느 여름날 저녁 나는 스페인의 식당 밖에 앉아 맛있는 저녁을 먹었다.
(해설) 부사구 one summer evening을 통하여 과거의 동작을 나타내고 있으므로 과거시제 sat이 알맞다.

5 인간 몸의 60퍼센트는 물로 구성되어 있다.
(해설) 일반적인 사실은 현재시제로 쓴다.

(어휘)
1 presidential 대통령의

B

1 Jack은 어젯밤 창문을 깼다.
(해설) last night이라는 과거를 나타내는 부사구가 쓰였으므로 과거시제 broke가 알맞다.

2 그는 출근하기 전에 가볍게 운동을 한다.
(해설) 현재의 습관을 나타내는 문맥이므로 현재시제 exercises가 알맞다.

3 나는 18살 때 파리에서 여름을 보냈다.
(해설) when I was 18이라는 과거를 나타내는 부사절이 쓰였으므로 과거시제 spent가 알맞다.

4 물은 섭씨 100도에서 끓는다.
(해설) 일반적인 사실은 현재시제로 쓴다.

5 나는 한 달에 두 번 등산을 했지만, 더는 하지 않는다.
(해설) '더는 등산을 하지 않는다'는 말로 보아 과거에 등산을 했다는 것을 알 수 있다. 따라서 과거시제 climbed가 알맞다.

UNIT 09 미래를 나타내는 표현
본문 33쪽

A
1 will visit 2 watch
3 will achieve 4 am going to study
5 begins

B
1 ⓑ 2 ⓑ 3 ⓑ
4 ⓐ 5 ⓑ

A

1 나는 내일 백화점에 옷을 좀 사러 갈 것이다.
(해설) 내일 계획에 대해 이야기하고 있으므로 미래시제 will visit이 알맞다.

2 나는 보통 주말마다 고전 영화를 본다.
(해설) 빈도부사 usually가 쓰여 현재의 습관을 의미하므로 현재시제 watch가 알맞다.

3 그는 언젠가 곧 자신의 목표를 달성할 것이다.
(해설) someday soon으로 보아 미래를 의미하므로 will achieve가 알맞다.

4 나는 다음 학기에 유학을 간다.
(해설) next semester라는 미래를 나타내는 부사구가 쓰였으므로 미래를 나타내는 표현인 am going to study가 알맞다.

5 졸업식 예행연습이 지금으로부터 10분 후에 시작될 것이다.
(해설) in ten minutes from now라는 미래를 나타내는 부사구가 함께 쓰였고, 현재시제는 가까운 미래를 대신할 수 있으므로 begins가 알맞다.

(어휘)
5 rehearsal 예행연습, 리허설

B

1 중간고사는 4월 30일에 시작한다.
(해설) on April 30th라는 미래를 나타내는 부사구가 쓰였으므로 현재시제가 미래를 나타낸다.

2 그녀는 졸업 후에 세계 여행을 할 예정이다.
(해설) be going to-v: v할 예정이다(미래 표현)

3 그 TV 쇼는 30분 후에 끝난다.
(해설) in half an hour이라는 미래를 나타내는 부사구가 쓰였으므로 현재시제가 미래를 나타낸다.

4 지붕 위에 비가 부드럽게 내리며 평화로운 멜로디를 만들어낸다.

5 우리는 오늘 오후에 고객을 만날 것이다.

(해설) this afternoon이라는 미래를 나타내는 부사구가 쓰였으므로 현재시제가 미래를 나타낸다.

<hr/>

UNIT 10 현재완료

본문 34쪽

A

1 believed　　　2 has fed

3 has provided　　4 graduated

5 introduced

B

1 ×, → won　　　2 ○

3 ○　　　　　　4 ×, → broke

5 ×, → have made

C

1 and the author have met once

2 have already done my homework

3 have had a meeting since morning

4 have never seen a beautiful sunset

5 has learned the basics of fashion design

A

1 오래전, 대부분의 사람들은 지구가 평평하다고 믿었다.

(해설) Long ago라는 분명한 과거를 나타내는 부사구가 쓰였으므로 과거시제 believed가 알맞다.

2 빵은 3만 년 이상 인류를 먹여 살렸다. 그리고 그것은 오늘날에도 여전히 인기 있는 음식이다.

(해설) 3만 년 전부터 지금까지 빵이 식량이 되어왔다는 내용이므로 현재완료 has fed가 알맞다.

3 2010년부터 동물 권리 협회는 멸종 위기에 처한 동물들에게 보호와 건강 관리를 제공하고 있다.

(해설) 부사구 Since 2010으로 보아 2010년부터 현재까지 멸종 위기 동물을 보호해왔다는 내용이므로 현재완료 has provided가 알맞다.

4 내 사촌은 작년 겨울에 대학교 기계공학과를 졸업했다.

(해설) last winter라는 분명한 과거를 나타내는 부사구가 쓰였으므로 과거시제 graduated가 알맞다.

5 1446년, 세종대왕은 대한민국의 글자 체계인 한글을 도입했다.

(해설) In 1466이라는 분명한 과거를 나타내는 부사구가 쓰였으므로 과거시제 introduced로 쓴다.

(어휘)

2 mankind 인류　3 endangered 멸종 위기에 처한

B

1 그 야구선수는 작년에 5개의 상을 탔다.

(해설) in the previous year라는 분명한 과거를 나타내는 부사구가 쓰였으므로 동사를 과거시제 won으로 고치는 것이 알맞다.

2 그는 1913년에 애리조나로 이사를 왔고, 그와 그의 형은 그다음 해에 회사를 열었다.

3 나는 그가 너의 친구였는지 몰랐다. 너희는 서로를 얼마나 오래 알고 지냈니?

(해설) 과거부터 현재까지 영향을 미치는 일에 관한 질문이므로 현재완료가 쓰였다.

4 그녀는 2년 전에 스키를 타다가 다리가 부러졌다.

(해설) two years ago라는 분명한 과거를 나타내는 부사구가 쓰였으므로 동사를 과거시제 broke로 고치는 것이 알맞다.

5 이 도시로 이사 온 이후로, 지금까지 나는 많은 새 친구들을 사귀어왔다.

(해설) Ever since(~ 이후로 줄곧)를 이야기하며 지금까지(so far) 일어나는 일에 대한 내용이므로 현재완료 have made가 알맞다.

<hr/>

UNIT 11 과거완료, 미래완료

본문 36쪽

A

1 The train had left the station

2 I will have completed

3 We had lived in that house for

4 I will have replaced my old driver's license

A

1 (해설) 우리가 역에 도착한 시점이 과거이고 그 전에 기차가 떠났다는 내용이므로 과거완료 had left로 쓴다.

2 (해설) Next summer라는 미래를 나타내는 부사구가 쓰였으므로 미래완료 will have completed로 쓴다.

(어휘)

2 instructor 강사

<hr/>

UNIT 12 진행을 나타내는 표현

본문 37쪽

A

1 was　　　　　2 will have been

3 have been　　　4 had

B

1 rains　　　**2** am looking for

3 love

A ───────────────

1 천둥번개를 들었을 때 Joe는 TV에서 뉴스를 보고 있었다.

(해설) 천둥번개를 들은 시점이 과거이므로 과거진행 was watching이 알맞다.

2 우리 가족은 다음 달이면 이탈리아에서 산 지 1년이 되는 중일 것이다.

(해설) 미래에도 계속 진행 중인 동작을 나타내므로 미래완료진행 will have been living이 알맞다.

3 최근에 패션 디자이너들은 옷, 양말, 넥타이를 만들기 위해 한지를 사용해 오고 있다.

(해설) 최근에 계속해서 한지를 사용해왔다는 내용이므로 현재완료진행 have been using이 알맞다.

4 나는 어머니가 집에 오시기 전까지 그림을 그리던 중이었다.

(해설) 어머니가 오신 게 과거이고 그 전부터 그림을 그리던 중이었으므로 과거완료진행이 알맞다.

B

1 이곳은 겨울에 비가 자주 내린다.

(해설) 겨울에 비가 자주 온다는 반복적인 일을 나타내므로 현재시제 rains가 알맞다.

2 실례합니다. 저는 아버지께 드릴 셔츠를 찾고 있습니다. 하나 추천해주시겠어요?

(해설) 셔츠를 지금 찾는 중이라는 진행의 의미이므로 현재진행형 am looking for가 알맞다.

3 많은 사람들이 탄산음료를 곁들인 패스트푸드를 좋아한다.

(해설) 감정을 나타내는 동사는 진행형으로 쓰지 않는다.

Chapter Exercises

본문 38쪽

01 ⑤　　　　　　　**02** had

03 has been　　　**04** had

05 ②　　　　　　**06** ④

07 ④　　　　　　**08** ②

09 ①, ④　　　　**10** ②

11 ①　　　　　　**12** ④

13 ✕　　　　　　**14** ✕

15 → has grown　**16** ✕

17 → destroyed

18 → hadn't purchased 또는 didn't purchase

19 I have seen them

20 had watched the movie before

21 The paint on the bench hasn't[has not] dried

---

22 all households will have acquired

23 ⓒ, offered

24 ⓓ, will have accomplished

01 ① 나의 아버지는 오늘 오후에 우체국에 가실 것이다.

② 마라톤이 몇 시간 후에 시작될 것이다.

③ 우리는 오후 네 시에 회의를 할 것이다.

④ 부산에서 오는 기차가 곧 도착한다.

⑤ 지금 나의 아들은 TV로 자신이 좋아하는 애니메이션을 보고 있다.

(해설) ⑤ 애니메이션을 지금 보고 있다는 진행의 의미를 나타낸다. ①, ②, ③, ④는 현재시제와 현재진행시제로 미래를 나타낸다.

02 우리는 이른 아침부터 걸었고, 그래서 목이 말랐다.

(해설) 목마른 시점이 과거이고, 그 전부터 걸었다는 내용이므로 과거완료진행 had been walking이 알맞다.

03 그 코미디언은 병원에서 지금까지 5년간 1인극을 해오고 있다.

(해설) 과거부터 지금까지 5년간 공연해왔다는 내용이므로 현재완료 has been performing이 알맞다.

04 상자는 금으로 가득 차 있었다. 그는 그렇게 많은 금을 본 적이 없었다!

(해설) 박스가 금으로 가득 차 있던 시점이 과거이고, 그 이전에 그렇게 많은 금을 본 적이 없다는 내용이므로 과거완료 had never seen이 알맞다.

05 │ 1912년에 근대 올림픽은 처음으로 여성들을 초대했다. 그 이후로 점점 더 많은 사람들이 여성들의 경기를 사랑해왔다. 여성 선수들은 정말 열심히 노력하여 오늘날 올림픽의 중요한 부분이며, 우리는 모두 (올림픽을) 보는 것을 즐긴다.

(해설) (A)는 In 1912라는 명백한 과거를 나타내는 부사구가 있으므로 과거시제 invited가 알맞다. (B)는 Since then이라는 부사구로 과거부터 현재까지 이어지는 일에 대한 설명을 하고 있으므로 현재시제 have loved가 알맞다. (C)는 these days라는 부사로 보아 현재시제 are가 알맞다.

06 ① 나는 그녀가 도착했을 때 이미 애피타이저를 다 먹었다.

② 내가 은퇴할 때쯤, 나는 같은 회사에서 40년 동안 일했을 것이다.

③ 나는 오늘 아침 일찍 일어났다.

④ 그들은 2년 동안 교제했지만, 작년에 헤어졌다.

⑤ Anna는 22살이고 그녀의 전공은 경제학이다.

(해설) ④ 그들이 과거에 2년 동안 사귀었고 지금은 헤어졌다는 과거 시점의 내용이므로 현재완료를 쓸 수 없다. 따라서 과거시제 dated로 고쳐야 한다. 또는 과거완료 had dated도 가능하다.

07 ① 그녀는 요가를 2년 동안 해왔다.

② 그는 직장을 그만둔 후로 세계여행을 하고 있다.

③ 그녀는 어제 선생님께 감사 카드를 썼다.

④ 우리는 앞으로 6개월 안에 건물을 짓는 것을 마칠 것이다.

⑤ 우리가 득점할 기회를 가지기도 전에 경기가 끝났다.

(해설) ④ 집을 짓는 것이 다음 6개월 안에 완료되는 것이므로

have finished를 미래완료시제인 will have finished로 고쳐야 한다.

08
- 나는 지난주에 캐나다에서 메이플 시럽을 몇 번 먹었다.
- 나는 다음 주에 있을 학교 축제에 대한 자세한 일정을 아직 받지 못했다.
- 수리공이 화요일까지 천장 공사를 마무리 지을 것이다.
- 전기 검사를 위해 누군가 전원을 껐기 때문에 나는 엘리베이터를 탈 수 없었다.
- 나는 이곳에서 지금까지 일했고 지금은 관리자이다.

(해설) ⓐ last week이라는 과거를 나타내는 부사구가 쓰였으므로 과거시제 ate로 고치는 것이 알맞다.
ⓔ 과거부터 지금까지(to this day) 일해 왔다는 내용이므로 현재완료 have worked가 알맞다. 또는 현재완료진행 have been working으로도 쓸 수 있다.

09 ① 내가 공항에 도착했을 때 내 항공편은 이미 떠났다.
② 물가는 작년부터 지금까지 꾸준히 오르고 있다.
③ Otto Rohwedder은 최초로 빵 자르는 기계를 발명했고 그것을 1928년에 출시했다.
④ 한 남자가 자신의 차가 고장 난 후 도로에 서 있었다.
⑤ 그는 다음 주에 하와이에서 열리는 사업 세미나에 참여할 것이다.

(해설) ② 작년부터 지금까지 물가가 오른 것이므로 현재완료진행 have been rising으로 고치는 것이 알맞다.
③ in 1928이라는 분명한 과거를 나타내는 부사구가 쓰였으므로 과거시제인 released로 고치는 것이 알맞다.
⑤ next week이라는 분명한 미래를 나타내는 부사구가 쓰였으므로 미래를 나타내는 표현 will attend로 쓰거나 is going to attend, is attending 등으로 써야 한다.

10
ⓐ 나의 누나는 이제 막 석사 학위를 마쳤다.
ⓑ 나는 매일 아침 커피 한 잔을 마신다.
ⓒ 대부분의 10대는 빠르고 편하기 때문에 온라인으로 옷을 사는 것을 선호한다.
ⓓ 학생들은 실험실에서 과학 실험에 참가하고 있다.
ⓔ 나는 학교가 끝난 후 가게에 걸어갔는데, 내가 그곳에 도착했을 때 가게는 닫혀 있었다.
ⓕ 나는 어제 내 친구와 이야기했고 그녀는 나에게 좋은 커피숍을 추천해줬다.

(해설) ⓒ 감정을 나타내는 동사는 진행형으로 쓰지 않는다.
ⓕ 친구와 이야기한 것은 어제이므로 recommends를 과거시제 recommended로 고치는 것이 알맞다.

11
우리는 몇 달 동안 아프리카 여행을 매우 기대하고 있었다. 그러나 나의 일정이 바뀌어서 우리는 여행을 취소했다. 그 취소는 정말 실망스러웠다. 그러나 그때 그것이 최선의 결정이었다. 우리는 대신 다른 여행을 계획해왔고 우리는 대륙의 모든 경이로움을 경험할 것이다.

(해설) ① 아프리카 여행을 기대한 것은 여행이 취소된 과거보다 더 이전의 일이므로 과거완료진행 had been eagerly anticipating으로 고치는 것이 알맞다.

12
최근 몇 년 동안 명상의 이점에 관한 관심이 증가하고 있다. 연구들은 명상이 스트레스, 불안, 우울증을 줄인다는 것을 보여줬다. 과거에는 사람들이 주로 명상을 영적인 믿음과 연관지었다. 그러나 최근에 많은 사람들이 명상을 종교적인 혹은 영적인 연결 없이 그들의 정신을 훈련시키는 방법으로 생각하고 있다. 명상은 사람들이 그들의 정신적, 감정적 행복을 향상시키기를 추구하면서 점점 더 많은 인기를 얻고 있다.

(해설) ④ 부사 currently와 함께 쓰여 문맥상 과거와 대비되는 현재에 관한 이야기이므로 현재진행 are considering으로 고치는 것이 알맞다.

13 그는 어제 시험을 위해 하루 종일 공부했다.

(해설) yesterday라는 분명한 과거를 나타내는 부사가 쓰였으므로 과거시제 studied가 알맞게 쓰였다.

14 예술가들과 음악가들은 독특한 멀티미디어 공연을 위해 협업해 왔다.

(해설) 과거부터 지금까지 진행 중이라는 의미의 현재완료진행 have been collaborating이 알맞게 쓰였다.

15 그가 초등학교를 졸업한 후로 지금까지 8cm가 컸다.

(해설) 과거부터 지금까지 8cm가 큰 것이므로 현재완료 has grown으로 고쳐야 한다.

16 나는 이 보고서를 읽는 데 주말을 통째로 썼지만, 아직 다 마치지 못했다.

(해설) 주말부터 지금까지 보고서를 다 읽지 못했다는 내용이므로 현재완료인 haven't[have not] finished가 알맞게 쓰였다.

17 2011년에 심각한 지진이 일본의 원자력 발전소를 파괴했다.

(해설) In 2011이라는 분명한 과거를 나타내는 부사구가 쓰였으므로 과거시제 destroyed로 고쳐야 한다.

18 Jack은 표를 미리 구입하지 않았기 때문에 콘서트에 참석할 수 없었다.

(해설) 과거(couldn't attend)보다 이전의 일을 나타내는 대과거 hadn't purchased 또는 과거시제 didn't purchase로 고쳐야 한다.

19 (해설) 별똥별을 몇 번 본 적이 있다는 현재까지의 경험을 나타내므로 현재완료 have seen이 알맞다.

20 (해설) 영화를 다시 보기로 결심한 시점이 과거이고, 그 전에 본 적이 있다는 내용이므로 과거완료 had watched가 알맞다.

21 (해설) 페인트가 현재까지 아직 마르지 않았다는 내용이므로 현재완료 hasn't[has not] dried로 쓰는 것이 알맞다.

22 (해설) 2040년이라는 미래 시점까지의 내용을 이야기하고 있으므로 미래완료 will have acquired가 알맞다.

23
내가 파티에 도착하기 전에, 내 친구들은 이미 피자를 다 먹었다. 그들은 라지 사이즈의 피자를 두 판 시켰는데, 그들은 정말 배가 고팠고 그것들을 빠르게 먹었다. 내가 그곳에 도착했을 때, 그들은 대신 나에게 약간의 과자와 탄산음료를 줬다. 나는 실망했지만, 그들에게 말하지 않았다.

(해설) ⓒ 과거를 나타내는 When I got there과 함께 쓰였으므로 과거시제 offered로 쓰는 것이 알맞다.

24 미술 프로젝트가 내년에 끝날 때쯤, 그 팀은 함께 일한 지 2년이 될 것이다. 그들이 열심히 일해 왔기 때문에, 이전 업무의 마감 기한을 모두 맞출 수 있었다. 그들은 이미 많이 이뤄왔다. 그리고 그들은 3년째 되는 해가 끝나갈 때쯤엔 초기 목표를 달성할 것이다.

(해설) ⓓ 3년째 되는 해가 끝나는 시점은 미래이므로 미래완료 will have accomplished로 고치는 것이 알맞다.

CHAPTER 03 동사의 태

UNIT 13 수동태의 이해 본문 44쪽

A

1 These cookies were baked by my grandmother

2 Millions of people around the world watched the movie

3 Many athletes are motivated by the desire for success

B

1 ✕, → belongs to   2 ○

3 ✕, → happened   4 ✕, → will be done

5 ○

A

1 나의 할머니가 이 쿠키를 구우셨다. → 이 쿠키는 나의 할머니에 의해 구워졌다.

2 그 영화는 전 세계의 수백만 명의 사람들에 의해 관람되었다.
→ 전 세계의 수백만 명의 사람들이 그 영화를 관람했다.

3 성공에 대한 바람은 많은 운동선수들에게 동기를 부여한다.
→ 많은 운동선수들은 성공에 대한 바람에 의해 동기 부여가 된다.

(어휘)
3 desire 바람; 욕구; 바라다 motivate 동기를 부여하다 athlete 운동선수

B

1 그 골동품 꽃병은 나의 할머니의 것이다.
(해설) belong to는 수동태로 쓸 수 없다.

2 우리의 기부 부스는 학교 도서관 앞에 위치해 있다.

(해설) locate는 '~의 장소를 …에 두다'라는 의미이므로 '위치하다'라는 의미는 수동태 are located가 알맞게 쓰였다.

3 오늘 아침 고속도로에서 사고가 났고, 그것이 교통체증을 유발했다.
(해설) happen은 자동사이므로 수동태로 쓸 수 없다.

4 건물 전체 보수는 3개월 만에 완료될 것이다.
(해설) 건물 전체 보수가 '완료될 것이다'라는 수동의 의미가 되어야 하므로 수동태 will be done이 알맞다.

5 강한 부정적인 감각은 인간됨의 일부이다. 우리가 그것들을 피하려고 할 때 문제가 발생한다.
(해설) appear는 자동사이므로 수동태로 쓸 수 없다.

(어휘)
2 donation 기부 locate ~에 두다 **3** highway 고속도로 traffic jam 교통체증 **4** renovation 보수, 개조

UNIT 14 진행형 수동태 & 완료형 수동태 본문 45쪽

A

1 The cake is being decorated

2 Many accidents have been caused by risky driving behavior

3 dinner had been prepared

B

1 ○

2 ✕, → is being used

3 ✕, → had been delivered

4 ✕, → have returned

5 ○

A

1 제빵사가 특별한 행사를 위해 케이크를 장식하고 있다. → 특별한 행사를 위해 케이크가 제빵사에 의해 장식되고 있다.

2 음주 운전 같은 위험한 운전 행위는 많은 사고를 일으켰다. → 많은 사고는 음주 운전과 같은 위험한 운전 행위에 의해 유발되었다.

3 내가 집에 도착했을 때 남동생이 저녁을 준비해뒀다. → 내가 집에 도착했을 때 남동생에 의해 저녁이 준비되었다.

어휘

1 occasion (특별한) 행사; (특정한) 때   **2** behavior 행위, 행동   drunk driving 음주 운전

B

1 프로젝트는 제시간에 완료되었다.

2 버려진 그 건물은 영화 촬영장으로 사용되고 있다.

해설 진행형 수동태는 〈be being p.p.〉 형태이므로 using을 used로 고치는 것이 알맞다.

3 편지가 잘못 배송되어서 나는 그것을 우체국에 반송했다.

해설 편지가 '배송되었다'라는 수동의 의미가 되어야 하므로 완료형 수동태 had been delivered가 알맞다.

4 나는 기한이 지난 후에 도서관에 책을 반납했다.

해설 주어(I)와 동사(return)의 관계는 능동이므로 능동태인 have returned로 쓰는 것이 알맞다.

5 새 아파트들은 많은 노동자들에 의해 지어지고 있었다.

해설 주어(The new apartments)와 동사(build)의 관계는 수동이므로 수동태인 were being built를 쓰는 것이 알맞다.

어휘

1 complete 완료하다, 완성하다   **on time** 제시간에   **2** abandon 버리다   set (영화) 촬영장; (물건을) 놓다   **3** mistakenly 잘못하여, 실수로   **4** due date 기한, 만기일

릿 케이크를 제공받았다. → 후식으로 과일 샐러드나 초콜릿 케이크가 식당에 의해 우리에게 제공되었다.

2 승무원들은 승객들에게 비상구를 보여주었다. → 비상구는 승무원들에 의해 승객들에게 보여졌다. → 승객들은 승무원들에 의해 비상구를 보았다.

3 어머니가 아침으로 샌드위치를 만들어 주셨다. → 나를 위해 아침으로 샌드위치가 어머니에 의해 만들어졌다.

어휘

2 flight attendant 승무원   passenger 승객   emergency exits 비상구

B

1 손님들은 웨이터에 의해 맛있는 식사를 제공받았다.

해설 SVOO 문형에서 간접목적어(The customers)가 수동태의 주어가 될 때 직접목적어 앞에 전치사를 쓰지 않는다.

2 그의 카메라는 내 여행 사진 프로젝트를 위해 나에게 빌려졌다.

해설 SVOO 문형에서 동사 lend가 수동태로 쓰일 때, 간접목적어 앞에 전치사 to를 쓴다.

3 잠잘 때의 동화는 그녀의 아이들에게 매일 밤 말해진다. (그녀의 아이들은 매일 밤 잠들기 전에 동화를 듣는다.)

해설 SVOO 문형에서 동사 tell이 수동태로 쓰일 때, 간접목적어 앞에 전치사 to를 쓴다.

4 새 노트북이 회사에 의해 모든 직원에게 구입되어졌다.

해설 SVOO 문형에서 동사 buy가 수동태로 쓰일 때, 간접목적어 앞에 전치사 for를 쓴다.

어휘

2 photography 사진(술); 사진 촬영   **3** bedtime story 자기 전에 들려주는 이야기

<table>
<tr><td colspan="2">UNIT
16 SVOC 문형의 수동태</td><td>본문 47쪽</td></tr>
</table>

A
1 ○   **2** ×, → to clean up
3 ×, → to rehearse   **4** ○
B
1 Paintings on a wall are called "graffiti" (by us)
2 was left unlocked (by her)
3 an elderly woman was found wandering the streets (by the police officer)
4 The researchers were asked to return their experimental equipment

---

A

1 그 식당은 후식으로 우리에게 과일 샐러드나 초콜릿 케이크를 제공했다. → 우리는 식당에 의해 후식으로 과일 샐러드나 초콜

<table>
<tr><td colspan="2">UNIT
15 SVOO 문형의 수동태</td><td>본문 46쪽</td></tr>
</table>

A
1 were offered, was offered to us
2 were shown to the passengers, were shown the emergency exits
3 A sandwich was made for me
B
1 were served   **2** to
3 is told to   **4** were bought for

A

1 강한 바람으로 인해 나뭇잎이 거리에 날아다니는 것이 보였다.

해설 지각동사 see가 수동태로 쓰이면 목적격보어로 쓰인 원

형부정사를 to부정사로 바꿔야 한다.

2 아이들은 지저분한 방을 청소하도록 시켜졌다.

(해설) 사역동사 make가 수동태로 쓰이면 목적격보어로 쓰인 원형부정사를 to부정사로 바꿔야 한다.

3 배우들은 감독에 의해 그 장면을 한 번 더 리허설을 할 것을 지시받았다.

(해설) order는 SVOC 문형에서 목적격보어로 to부정사를 사용하므로, 수동태로 변환되어도 목적격보어는 to rehearse로 남아야 한다.

4 그 건물들은 수리 때문에 비워져 있었다.

(해설) SVOC 문형의 목적격보어(empty)가 수동태의 동사부 이하에 그대로 쓰였다.

(어휘)

2 messy 지저분한, 엉망인   3 rehearse 리허설을 하다

B

1 우리는 벽에 있는 그림을 '그라피티'라고 부른다. → 벽에 있는 그림은 (우리에 의해) '그라피티'라고 불린다.

2 그녀는 외출할 때 문이 잠기지 않은 채로 두었다. → 그녀가 외출 할 때 문은 (그녀에 의해) 잠기지 않은 채로 있었다.

3 한밤중에 경찰은 한 늙은 여성이 거리를 돌아다니는 것을 발견했다.
→ 한밤중에 한 늙은 여성이 거리를 돌아다니는 것이 (경찰에 의해) 발견되었다.

4 감독관은 연구원들이 실험 장비를 반납할 것을 요청했다.
→ 연구원들은 실험 장비를 반납할 것을 감독관에 의해 요청받았다.

(어휘)

1 graffiti 낙서, 그라피티((벽 등에 하는 낙서 예술))   3 wander 돌아다니다   4 supervisor 감독관, 관리자   experimental 실험의   equipment 장비, 기구

UNIT 17 that절이 목적어인 문장의 수동태

본문 48쪽

A
1 is believed   2 is predicted that
3 to spend

B
1 is expected that this construction will be completed
2 is thought to serve delicious food
3 is known that the earth goes around the sun, known to go around the sun
4 is assumed that the missing key is somewhere, is assumed to be somewhere

---

A

1 우유를 많이 마시는 것은 뼈를 튼튼하게 한다고 여겨진다.

2 2050년쯤 세계 인구는 약 90억 명에 이를 것으로 예측된다.

(해설) 네모 이후에 〈주어+동사 ~〉 절이 쓰였으므로 접속사 that을 이용한 수동태를 쓴다.

3 평균적인 사람은 소셜 미디어에서 매일 2시간 이상을 보내는 것으로 추정된다.

(해설) 능동태 that절의 주어가 수동태 문장의 주어로 쓰였고, 이 경우 that절의 동사는 to부정사로 바꾼다.

(어휘)

3 average 평균의   estimate 추정하다

B

1 사람들은 이 공사가 2030년에 완료될 것으로 예상한다. → 이 공사는 2030년에 완료될 것으로 예상된다.

(해설) 가주어 It을 사용한 수동태로 동사 뒤에는 that절 이후를 그대로 쓴다.

2 사람들은 마을의 새로운 식당이 맛있는 음식을 제공한다고 생각한다. → 마을의 새로운 식당은 맛있는 음식을 제공하는 것으로 생각된다.

(해설) 능동태 that절의 주어가 수동태 주어로 쓰였으므로 동사인 serves는 수동태에서 to serve로 바꾼다.

3 우리는 지구가 일 년에 한 번 태양 주위를 돈다고 알고 있다. → 지구는 일 년에 한 번 태양 주위를 도는 것으로 알려져 있다.

4 나는 잃어버린 열쇠가 집 어딘가에 있다고 추정한다. → 잃어버린 열쇠는 집 어딘가에 있을 것으로 추정된다.

UNIT 18 구동사 수동태 & 수동태의 관용적 표현

본문 49쪽

A
1 ×, → with   2 ○
3 ×, → of   4 ○

B
1 The teacher was surprised at
2 This designer is known for
3 Passengers should be taken care of by flight attendants

A

1 그 바구니는 신선한 과일로 가득 차있었다.

(해설) be filled with: ~으로 가득 차다

2 그녀는 바다 위의 아름다운 일몰에 놀랐다.

(해설) be amazed at: ~에 놀라다

3 에세이는 도입, 본문, 결말로 구성된다.

(해설) be composed of: ~로 구성되다

4 실패는 소중한 학습 경험이라고 생각될 수 있다.

(해설) 'A를 B라고 여기다'라는 의미의 think of A as B가 수동태로 쓰인 문장으로, 전치사 of와 as를 모두 쓰는 것이 알맞다.

(어휘)

4 valuable 소중한, 가치 있는

B

1 (해설) be surprised at: ~에 놀라다

2 (해설) be known for: ~으로 유명하다

3 (해설) '~을 돌보다'라는 의미의 take care of가 수동태로 쓰인 문장으로, be taken care 뒤에 전치사 of를 쓰는 것이 알맞다.

(어휘)

3 in case of ~의 경우, ~에 대비하여

Chapter Exercises

본문 50쪽

01 ②   **02** ④

03 ④   **04** ⑤

05 ③   **06** ④

07 ⑤

08 released → were released

09 → was 삭제   **10** ×

11 The stunning architecture was designed by the famous architect

12 He wasn't[was not] being judged fairly by the judges

13 were made to feel comfortable by teachers

14 is widely believed that global warming makes, is widely believed to make

15 smoking is related to lung cancer

16 was shown to me

17 The car is being repaired

18 The store has been closed

19 The victims of the storm will be looked after by

20 is known as

21 was pleased with

22 is known to

23 were amazed at

24 are interested in

25 ⓒ, has nominated, has been nominated
     ⓔ, asked, were asked

26 (1) ⓓ, disappears
     (2) 고친 이유: disappear는 자동사이므로 수동태가 불가능하다. 따라서 disappears가 알맞다.

---

01 ① 체육관에 있는 운동 기구는 어젯밤 도둑맞았다.
     ② 선생님은 내가 늦게 도착했을 때 화난 것처럼 보였다.
     ③ 그의 책은 여러 언어로 폭넓게 번역되었다.
     ④ 웃음이 가장 좋은 약이라고 말해진다.
     ⑤ 그의 병은 병원의 의사들에 의해 다루어질 것이다.

(해설) ② seem은 수동태로 쓰일 수 없으므로 seemed가 알맞다.

02
> • 내가 집으로 걸어갈 때, 나는 낯선 사람에 의해 미행당하고 있었다.
> • 연습으로 그는 능숙한 피아니스트가 되었다.
> • 학생들은 그 규칙을 따르도록 되었다.

(해설) (A) 내(I)가 누군가에 의해 '따라옴을 당했다'라는 의미가 되어야 하므로 진행형 수동태인 〈be being p.p.〉가 알맞다.
(B) 자동사 become은 수동태로 쓰지 않는다.
(C) 사역동사 make가 수동태로 쓰이면 목적격보어로 쓰인 원형부정사를 to부정사로 바꿔야 한다.

03
> • 많은 문화권에서 연장자들은 그들의 지혜와 경험 때문에 존경을 받는다.
> • 새로운 드라마의 주연 역할이 그녀에게 주어졌다.
> • 그 자전거는 내 아들의 생일을 위해 구매되었다.

(해설) (A) 구동사 look up to(~을 존경하다)의 수동태인 be looked up to 형태가 알맞다.
(B) SVOO 문형에서 동사 offer가 수동태로 쓰일 때, 간접목적어 앞에 전치사 to를 쓴다.
(C) SVOO 문형에서 동사 buy가 수동태로 쓰일 때, 간접목적어 앞에 전치사 for를 쓴다.

04 (해설) ⑤ 주어 A change ~ habits가 '발생되었다'라는 수동의 의미가 되어야 하므로 수동태 has been brought about으로 쓰는 것이 알맞다.

05 ① 그녀는 많은 운동선수에게 모든 측면에서 롤 모델로 여겨진다.
     ② 세 명의 어린아이들이 있음에도 그의 집은 깨끗하게 유지된다.
     ③ 도둑은 경비원에 의해 지갑을 훔치는 것이 목격됐다.
     ④ 나는 의사에게 충분한 잠을 자라고 충고받았다.
     ⑤ 그의 소지품들이 방 여기저기에 흩어져 있는 것이 눈에 띄었다.

(해설) ③ 지각동사 see가 수동태로 쓰이면 목적격보어로 쓰인 원형부정사를 to부정사로 바꿔야 한다. 따라서 steal은 to steal로 써야 한다. 진행의 의미를 강조하는 경우 stealing도 가능하다.

06
> Stratford-upon-Avon이라는 작은 마을은 William Shakespeare의 출생지로 유명하다. 거리와 건물들은 그의 삶과 작품에 대한 언급으로 가득 차 있어서, 그곳을 여행객들에게 인기 있는 목적지로 만든다. 방문객들은 이 작은 도시의 아름다움에 감명받고 그 역사와 문화에 만족할 수 있다. 게다가, 강변은 평화로운 분위기를 제공한다.

(해설) ④ be satisfied with: ~에 만족하다

(구문) The streets and buildings are filled with references to his life and work, <u>making it a popular destination for tourists.</u>

· making 이하는 분사구문으로, and they(= the streets and buildings) make it ~으로 바꾸어 쓸 수 있다.

07

침술의 고대 관행은 침술사와 그들의 환자 사이의 숙련된 의식과 유사하다. 그 바늘들은 에너지의 균형을 만들기 위해 전략적으로 몸에 놓인다. 이 관행은 고대 중국 의학에 의해 우리에게 주어졌고 다양한 질병을 치료하기 위해 수천 년 동안 사용되어 왔다.

(해설) ⓐ resemble은 상태동사이므로 수동태로 쓰일 수 없다. 따라서 resembles로 고쳐야 한다.
ⓒ SVOO 문형에서 동사 give가 수동태로 쓰일 때, 간접목적어 앞에 전치사 to를 쓴다.

08 새로운 제품이 그 신발 회사에 의해 지난주에 공개되었다.

(해설) 주어인 The new products와 release(공개하다)는 수동 관계이므로 released를 수동태 were released로 고치는 것이 알맞다.

09 밴드가 그들의 마지막 곡을 끝내면서 음악은 점점 작아졌다.

(해설) disappear는 자동사이므로 수동태로 쓰일 수 없다.

10 이 시리얼의 소비는 화려한 포장에 의해 조장된다.

(해설) 주어 The consumption of this cereal과 encourage(조장하다)는 수동 관계이므로 수동태가 알맞게 쓰였다.

11 유명한 건축가는 놀랄 만큼 멋진 그 건축물을 디자인했다.
→ 놀랄 만큼 멋진 그 건축물은 유명한 건축가에 의해 디자인되었다.

12 판사들은 그를 공정하게 재판하고 있지 않았고, 그래서 그는 그들의 결정에 반대했다. → 그는 판사들에게 공정하게 재판받고 있지 않았고, 그래서 그는 그들의 결정에 반대했다.

(해설) 진행형 수동태는 〈be being p.p.〉 형태로 써야 하며 문장의 시제가 과거이므로, wasn't[was not] being judged로 쓰는 것이 알맞다.

13 선생님들은 학생들이 더 좋은 성적을 내도록 시험 전에 편안하게 느끼게 했다. → 학생들은 선생님들에 의해 더 좋은 성적을 내도록 시험 전에 편안하게 느끼게 되었다.

(해설) SVOC 문형의 수동태로, 사역동사 make가 수동태로 쓰이면 목적격보어로 쓰인 원형부정사를 to부정사로 바꿔야 한다.

14 사람들은 지구온난화가 몇몇 종을 멸종하게 만든다고 널리 믿는다. → 지구 온난화가 몇몇 종을 멸종하게 만든다는 것은 널리 믿어진다. → 지구온난화는 몇몇 종을 멸종하게 만든다고 널리 믿어진다.

(해설) that절이 목적어인 문장의 수동태는 가주어 It을 사용한 경우 문장의 동사를 수동태(is widely believed)로 바꾸고, that절을 그대로 써준다. that절의 주어(global warming)를 주어로 쓰는 문장의 경우, 문장의 동사를 수동태로 바꾸고 that절의 동사를 to부정사(to make)로 써준다.

15 (해설) be related to: ~와 관련되다

16 (해설) SVOO 문형에서 동사 show가 수동태로 쓰일 때, 간접목적어 앞에 전치사 to를 쓴다.

17 (해설) 진행형 수동태는 〈be being p.p.〉 형태로 쓰며, '수리되는 중이다'는 현재 시제이므로 is being repaired를 쓰는 것이 알맞다.

18 (해설) 지난주부터 현재까지 문을 닫은 것이므로 현재완료 시제를 사용하는 것이 알맞다. 완료형 수동태는 〈have been p.p.〉 형태이다.

19 (해설) '~을 보살피다'라는 의미의 구동사 look after가 수동태로 쓰이면 be looked after로 써야 한다.

20 (해설) be known as: ~으로 알려지다

21 (해설) be pleased with: ~에 기뻐하다

22 (해설) be known to: ~에게 알려지다

23 (해설) be amazed at: ~에 놀라다

24 (해설) be interested in: ~에 관심이 있다

25

ⓐ 그의 팀은 항상 잘 돌봐지기 때문에 나는 그가 좋은 감독이라고 생각한다.
ⓑ 그 축제는 다양한 푸드 트럭에 의해 더 인기 있게 된다.
ⓒ 그 소설은 여러 상의 후보로 지명되었다.
ⓓ 내 개는 내 앞마당에서 땅을 파고 있는 것이 발견되었다.
ⓔ 목격자들은 경찰에게 범행 당일 밤 자신의 위치를 떠올리리라고 요청받았다.
ⓕ 그 식물들은 봄까지 실내에서 재배되어야 한다.

(해설) ⓒ 주어 The novel과 nominate(지명하다)는 수동 관계이므로 완료형 수동태인 has been nominated를 쓰는 것이 알맞다.
ⓔ 주어 The witnesses와 ask(요청하다)는 수동 관계이므로 수동태로 쓰는 것이 알맞다.

26

개인은 서로에 대한 상호 작용에서 안정감을 느낄 수 있게 된다. 이런 관계에서 신뢰는 존중감, 상호 지지에 대한 감각을 조성한다. 신뢰가 없으면 관계가 빠르게 무너진다. 그리고 신뢰가 없어지면 스트레스를 유발하기도 한다. 신뢰가 강하고 지속적인 관계를 만들어내는 것으로 기대된다.

(어휘)

01 laughter 웃음 **03** elder 연장자, 어른들 **04** manuscript 원고, 필사본 diagnose 진단하다 ease 편의성, 쉬움 **05** respect 측면 *cf.* in a ~ respect ~한 측면에서 belonging 소지품 scatter 흩어지게 하다 **06** birthplace 출생지 reference 언급; 참조 destination 목적지 **07** ritual 의식 strategically 전략적으로 **08** release 공개하다 **09** gradually 서서히, 점진적으로 **11** stunning 놀랄 만큼 멋진 **12** fairly 공정하게; 상당히, 꽤 object to ~에 반대하다 **14** species (동식물의) 종 extinct 멸종한 **15** lung 폐, 허파 cancer 암 **20** geologist 지질학자 **24** interactive 상호작용하는 **25** nominate 지명하다 witness 목격자 indoors 실내에서 **26** interaction 상호작용 mutual 상호의; 공동의 lasting 지속적인

UNIT 19 조동사의 다양한 의미 1

본문 56쪽

A

1 Would
2 should
3 don't have to
4 may

B

1 서둘러 갈 필요가 없다
2 배워야 한다[배우는 것이 좋다]
3 신청해야 한다
4 갈 수 있다
5 초과해서는 안 된다

C

1 should not use your phone
2 we need not worry about parking
3 Could you buy me eggs and salt
4 I will not forgive you

A

1 (해설) '~해 주시겠어요?'라는 요청의 의미이므로 Would가 자연스럽다.
2 (해설) '물을 마시는 것이 좋다'는 제안의 의미이므로 should가 자연스럽다.
3 (해설) '~할 필요가 없다'는 의미이므로 don't have to가 자연스럽다.
4 (해설) '~해도 좋다'는 허락의 의미이므로 may가 자연스럽다.

(어휘)

1 turn down (소리, 온도 등을) 낮추다   2 endure 견디다, 참다
fine dust 미세먼지

B

(어휘)

2 appropriate 적절한   3 fair 박람회; 타당한   sign up 신청하다,
등록하다

C

1 (해설) 의무를 나타내는 should가 not과 함께 쓰여 '하면 안 된다'라는 뜻으로 해석된다.
2 (해설) need not은 '~할 필요가 없다'라는 의미이다.
3 (해설) Could가 요청의 의미로 사용되었다.
4 (해설) 의지를 나타내는 will이 not과 함께 쓰여 '~하지 않을 것이다'라는 뜻으로 해석된다.

(어휘)

1 take off 이륙하다; 떠나다   land 착륙하다; 육지; 땅

UNIT 20 조동사의 다양한 의미 2: 가능성, 추측

본문 58쪽

A

1 cannot
2 must
3 will
4 might not
5 may

B

1 야구 경기는 취소될지도 모른다
2 그가 그 책을 좋아할 것이다
3 많은 장애물에 직면할 수도 있다
4 전기차가 가까운 미래에 전통적인 차를 대체할지도 모른다

A

1 그가 그렇게 젊을 리가 없다. 그는 우리 삼촌보다 나이가 많아 보인다.
2 당신은 개인 목표를 달성했을 때 틀림없이 자랑스럽게 느낄 것이다.
3 목적지에 거의 다 왔어요. 곧 가겠습니다.
4 평일이고 대부분의 사람들이 직장에 있기 때문에 놀이공원은 붐비지 않을지도 모른다.
5 실내에서 연기가 난다면 파이프에서 누출이 발생했다는 신호일지도 모른다.

(어휘)

2 achieve 달성하다   4 amusement park 놀이공원   weekday
평일   5 indoors 실내에; 실내로   leak 누출; 새는 곳; 새게 하다

B

(어휘)

3 face 직면하다; 마주 보다   obstacle 장애물, 방해물   4 replace
대체하다, 대신하다

UNIT 21 조동사+have p.p.

본문 59쪽

A

1 should
2 might
3 cannot
4 could

B

1 요리사가 설탕을 더 넣지 말았어야 했다

2 어젯밤에 비가 온 것이 틀림없다

3 그녀가 프로젝트를 끝냈을 리가 없다

A

1 일부 학생들은 기말고사에서 F를 받았다. 그들은 그 시험을 위해 더 철저하게 준비했어야 했다.

(해설) should have p.p.: ~했어야 했는데 (하지 않았다)

2 불이 켜져 있었다. 아마도 Jade가 외출할 때 깜빡하고 불을 끄지 않고 나간 것일지도 모른다.

(해설) might have p.p.: ~했을지도 모른다

3 Jim은 컴퓨터에 익숙하지 않다. 그가 컴퓨터를 혼자서 고쳤을 리가 없다.

(해설) cannot have p.p.: ~했을 리가 없다

4 나는 네게 전화를 했을 수도 있지만 대신에 메시지를 보냈다.

(해설) could have p.p.: ~했을 수도 있다

(어휘)

1 thoroughly 철저히; 대단히, 완전히   **3** on one's own 혼자서, 스스로

B

1 (해설) shouldn't have p.p: ~하지 말았어야 했는데 (했다)

2 (해설) must have p.p.: ~했음이 틀림없다

3 (해설) cannot have p.p: ~했을 리가 없다

(어휘)

2 slippery 미끄러운   **3** complex 복잡한

UNIT 22 should의 특별한 쓰임   본문 60쪽

A

1 ×, → (should) increase

2 ○   **3** ○

4 ○

B

1 consult   **2** should offer

3 helps   **4** take

5 be listed

A

1 직원들은 회사가 급여를 늘려야 한다고 요구한다.

(해설) that절이 당위성(~해야 한다)을 나타내는 문맥이므로 《(should+)동사원형》 형태로 쓴다.

---

2 나는 당신이 월간 지출을 줄일 것을 권고한다.

3 우리의 관리자는 더 나은 경기력을 위해 내가 잠시 휴가를 내야 한다고 조언했다.

4 사기 사건 용의자는 자신이 결백하다고 주장했다.

(해설) that절이 당위성이 아닌 단순 사실을 나타내므로 인칭, 수, 시제에 맞는 동사 was를 사용한다.

(어휘)

2 expenditure 지출; 비용, 경비   **4** suspect 용의자; 의심하다 fraud 사기(죄), 사기꾼   innocent 결백한, 무죄인

B

1 부모님께서는 내가 성적에 대해 선생님과 상담해보아야 한다고 제안하셨다.

2 잘 기능하는 민주주의는 미디어가 사람들에게 균형 잡힌 정보를 제공해야 한다고 요구한다.

3 연구원들은 규칙적인 운동이 우울증 예방에 도움이 된다고 말한다.

(해설) that절이 당위성이 아닌 단순 사실을 나타내므로 3인칭 동사 helps를 사용한다.

4 그 설명서는 그 고혈압 환자가 이 약을 먹어야 한다고 지시한다.

5 정부 규정은 설탕 함량이 식품 라벨 상단에 표시되어야 한다고 명령했다.

(해설) 당위성을 나타내는 that절의 should가 생략된 형태이다.

(어휘)

1 consult 상담하다   **2** democracy 민주주의   **3** depression 우울(증)   **4** instruction 설명서; 지시, 명령   high blood pressure 고혈압   **5** regulation 규정; 규제, 통제   content 함량, 내용물; ((복수형)) 목차   list (목록을) 작성하다; 목록

UNIT 23 대동사 do   본문 61쪽

A

1 (plays tennis)   **2** (practice ballet)

3 (takes a nap)

4 (met each other so often)

B

1 did   **2** do

3 is   **4** do

5 did   **6** is

A

1 David는 작년에 했던 것보다 지금 테니스를 더 잘 친다.

2 나는 발레 연습을 하고 싶었다. 연습실을 빌렸고 그렇게 했다.

3 John은 점심을 먹은 후에 낮잠을 자고, Jane은 점심 전에 그렇게 한다.

4 그들은 어렸을 때 서로 아주 자주 만났지만, 지금은 그러지 않는다.

3 nap 낮잠을 자다; 낮잠

B

1 개구리들은 그들의 조상들이 이전에 그랬던 것처럼 물 안에 알을 낳는다.

(해설) 일반 동사 lay를 대신하며, 조상들(their ancestors)이 알을 낳은 것은 과거이므로 대동사 do의 과거형 did가 알맞다.

2 사람들은 요즘 도서관보다는 소셜미디어에서 더 많은 시간을 보내는 것 같다.

(해설) 일반동사 spend를 대신하며, these days라는 부사구가 함께 쓰여 현재시제 do가 알맞다.

3 짧은 산책은 기분 전환에 좋고, 친구들과 함께하는 시간 또한 그렇다.

(해설) 앞 절의 동사구 is good ~ oneself를 대신하므로 대동사 do가 아닌 be동사를 사용하는 것이 알맞다.

4 우리는 건강을 위해 잠을 충분히 자야 하는데, 나는 그렇게 할 수가 없다.

(해설) 앞 절의 동사구 get enough sleep을 대신하므로 대동사 do를 사용하는 것이 알맞다.

5 언니는 부모님께 거짓말을 했을 때 죄책감을 느꼈고, 나도 그렇게 했을 때 똑같이 느꼈다.

(해설) 앞 절의 동사구 lied to our parents를 대신하므로 did가 알맞다.

6 종교의 자유는 다른 많은 나라들에서처럼 법에 따라 보호된다.

(해설) 앞 절의 동사구 is protected ~를 대신하므로 대동사 do가 아닌 be동사를 사용하는 것이 알맞다.

3 refresh 원기를 회복시키다; 새롭게 하다 **5 guilty** 죄책감이 드는; 유죄의 **6 religious** 종교의; 신앙심이 깊은

UNIT
24   **used to & 조동사 관용 표현**   본문 62쪽

A

1 I would argue with

2 are used to translate

3 are used to eating

4 used to be afraid

B

1 ○

2 ×, making → make

3 ○

4 ×, speak → speaking

C

1 had better finish

2 would like to know

3 would rather stay home than

D

1 had better not

2 could not help but

3 cannot help

4 cannot be

A

1 (해설) would: ~하곤 했다

2 (해설) be used to-v: v하는 데 사용되다

3 (해설) be used to v-ing[명사]: v하는 것[명사]에 익숙하다

4 (해설) used to-v: v하곤 했다

1 all the time 아주 자주; 내내 **2 subtitle** 자막; 자막 처리를 하다

B

1 우리는 여름마다 조부모님을 방문하곤 했다.

(해설) used to-v: v하곤 했다

2 플라스틱은 재활용할 수 없는 것들을 만드는 데 사용되고, 이것은 많은 플라스틱 폐기물을 발생시킨다.

(해설) be used to-v: v하는 데 사용되다

3 천둥 번개가 동반한 폭우 동안, 그 개는 침대 밑에 숨곤 했다.

4 그녀의 아이들은 다문화 환경에 살고 있기 때문에 여러 언어를 말하는 것에 익숙하다.

(해설) be used to v-ing[명사]: v하는 것[명사]에 익숙하다

2 non-recyclable 재활용할 수 없는 **4 multicultural** 다문화의

C

1 (해설) had better: ~하는 게 낫다

2 (해설) would like to-v: v하고 싶다

3 (해설) would rather A (than B): (B하느니) 차라리 A하고 싶다 [하겠다]

D

1 네가 하루 동안 충분한 에너지를 갖고 싶다면 아침 식사를 거르지 않는 게 낫다.

(해설) had better not: ~하지 않는 게 낫다

2 박물관에 들어서자마자, 나는 그 장엄한 그림들에 감탄하지 않을 수 없었다.

(해설) could not help but v: v하지 않을 수 없었다

3 나는 갓 구운 쿠키 냄새를 맡을 때마다 그것을 먹지 않을 수 없다.

(해설) cannot help v-ing: v하지 않을 수 없다

4 경쟁적인 구직 시장에서 너는 면접을 위해 아무리 준비되어도 지나치지 않다.

(어휘)

2 admire 감탄하며 바라보다; 존경하다 **magnificent** 장엄한, 웅장한; 멋진 **4 competitive** 경쟁적인; 경쟁력 있는

Chapter Exercises

본문 64쪽

01 should
02 may
03 don't have to
04 do
05 ②
06 ⑤
07 ④
08 ②
09 ③, ④
10 ⑤
11 ②
12 ③, ⑤
13 will be able to see the stars
14 My family used to eat out
15 He must have left
16 people couldn't[could not] (help) but applaud
17 should be careful of infectious diseases
18 ○
19 ○
20 ×, → did
21 propose that individuals limit their consumption of sugary drinks
22 자원과 기술에 접근권을 가지는 것
23 (1) ⓓ (2) (should) work
(3) 고친 이유: 문맥상 동사 require 뒤의 that절 내용이 당위성을 나타내므로 that절의 동사는 〈(should+) 동사원형〉으로 써야 한다.
24 (1) ⓐ (2) pick up and move
(3) 고친 이유: 문맥상 젓가락(They)이 음식을 집고 입으로 넣는 데 '사용된다'는 내용이므로 〈be used to-v〉으로 써야 한다.

01 건강을 유지하고 싶다면 규칙적으로 운동을 하고 균형 잡힌 식사를 해야 한다.
(해설) '충고, 제안'을 나타내는 should가 적절하다.

02 눈이 너무 많이 오면 너는 집에 머무르며 온라인 수업에 참석해도 된다.
(해설) '허락'을 나타내는 may가 적절하다.

03 완벽하게 할 필요는 없다. 당신이 할 수 있는 최선만 다해라.
(해설) '~할 필요가 없다'라는 의미의 don't have to가 적절하다.

04 너는 공부 시간 동안 오랫동안 집중하지만, 나는 그렇지 않다.
(해설) 앞 절의 focus를 대신하므로 do동사를 사용하는 것이 알맞다.

05
ⓐ 네가 지난번에 그에게 돈을 갚지 않았기 때문에 그는 너에게 돈을 다시 빌려주지 않을 것이다.
ⓑ 이 수영장에서는 수영할 수 없다. 이곳은 수리 중이다.
ⓒ 공부를 열심히 하면 시험에서 A를 받을 수 있을 것이다.
ⓓ 그는 쉬지 않고 몇 시간 동안 운전을 하고 있어서 틀림없이 피곤할 것이다.
ⓔ 하루 종일 밖에서 햇볕을 쬘 예정이라면, 선크림을 바르는 것이 좋다.
(해설) ⓑ 문맥상 '~할 수 없다'라는 의미의 cannot이 자연스럽다.
ⓓ 문맥상 '~임이 틀림없다'라는 의미의 must가 자연스럽다.

06
• 그 소포는 잘못된 주소로 배달된 것이었을지도 모른다. 그것은 내 것이 아니었다.
• 나는 부모님이 집에 도착하기 전에 내 방을 청소했어야 했다.
• 나는 할머니의 옛날 사진을 보았다. 할머니는 고등학교 때 인기가 많았음이 틀림없다.
(해설) (A) 뒷 문장의 시제가 과거이므로, 문맥상 과거 일에 대한 추측을 나타내는 might have p.p.가 알맞다.
(B) 문장의 시제가 과거이므로, 문맥상 과거에 대한 후회나 유감을 나타내는 should have p.p.가 적절하다.
(C) 앞 문장의 시제가 과거이므로, 문맥상 과거 일에 대한 추측을 나타내는 must have p.p.가 알맞다.

07
• 그는 저녁으로 파스타를 먹느니 차라리 피자를 먹고 싶어 한다.
• 그녀는 여가 시간에 지역 동물 보호소에서 자원봉사를 하곤 했다.
• 도시에서 오랫동안 산 후에, 그는 시끄러운 환경에서 살아가는 데 익숙해졌다.
(해설) (A) would rather A than B: B하느니 차라리 A하고 싶다
(B) used to-v: v하곤 했다 (be used to-v: v하는 데 사용되다)
(C) be used to v-ing: v하는 것에 익숙해지다

08 ① 팀의 훌륭한 준비는 성공적인 발표를 보장할 것이 틀림없다.
② 그녀는 (시험) 결과를 받았을 때 슬펐을 리가 없다. 그녀는 시험을 잘 쳤다.
③ 우리가 일상생활에서 행복을 찾는다면 모든 것에 만족할 것이다.
④ 사장은 영업팀이 더 높은 목표를 달성할 것을 요구했다.
⑤ 유진이는 주말 동안 그에게 내 차를 빌려달라고 부탁했고, 나는 그렇게 했다.
(해설) ② 문맥상 과거의 추측이므로 can't be를 can't have been으로 고쳐야 한다.

09 ① Kevin은 완벽한 연설을 했다. 그는 매우 열심히 연습했음이 틀림없다.
② 내 열쇠를 어디에서도 찾을 수가 없어. 아마 내가 그것들을 체육관에 두고 왔을지도 몰라.
③ 그는 자고 있었기 때문에 벌써 책을 다 읽었을 리가 없다.

④ 그는 우산을 챙겼어야 했다. 지금 비가 오고 있다.

⑤ 너는 테이블 위에 지갑을 두지 말았어야 해. 누군가가 그것을 가져갔을 수도 있잖아.

(해설) ③ 그는 자고 있었기 때문에 벌써 책을 다 '읽었을 리가 없다'라는 문맥이 자연스러우므로 could have finished를 부정형 couldn't[cannot] have finished로 고쳐야 한다.

④ 문맥상 '우산을 챙겼어야 했는데'라는 의미가 자연스러우므로 shouldn't have taken은 '~했어야 했는데 (하지 않아서 유감이다)'라는 의미의 should have taken으로 고쳐야 한다.

10

> 수지는 항상 책을 가지고 다니며 남는 시간에 읽곤 했다. 그녀는 독서가 절대 싫증이 나지 않는다고 말한다. 그녀의 독서에 대한 사랑은 전염되는 것일지도 모른다. 그녀는 친구들에게 그녀가 좋아하는 작가들과 책들을 소개해주었다. 그녀는 책과 더 많은 시간을 보내고 싶어 한다. 그래서 그녀는 동기부여를 위해 책 동호회에 가입하기를 원하고 그녀의 친구들도 그렇다.

(해설) ⑤ 앞 문장에 나온 동사구 wants to ~ club을 대신하므로 대동사 do가 적절하다.

11

> ⓐ 나는 그녀의 반려견들의 소음 수준을 줄여야 한다고 진심으로 요구했다.
> ⓑ 연구들은 충분한 수면이 건강을 유지하는 데 중요하다는 것을 암시한다.
> ⓒ 도시 계획자는 보행자의 안전을 위해 횡단보도를 다시 칠해야 한다고 주장했다.
> ⓓ 동물 권리 옹호자들은 동물들이 인간과 유사하거나 동등한 권리를 가져야 한다고 제안한다.
> ⓔ 도로 공사 때문에 직원들은 내가 다른 경로를 이용해야 한다고 권장했다.

(해설) ⓑ that절의 내용이 당위성이 아닌 단순 사실을 나타내므로 that절의 동사 be를 인칭, 수, 시제에 맞는 동사 is로 고쳐야 한다.

ⓔ recommended 이하의 내용이 '해야 한다'라는 당위성을 나타내므로 took은 (should) take로 고쳐야 한다.

12 ① 우리는 그 거리 전체를 운전하는 것보다 기차를 타는 것이 낫다.

② 너무 늦게까지 밖에 있지 않는 것이 좋을 것이다. 너는 내일 학교에서 피곤할 것이다.

③ 나는 이 주제에 관해 이야기를 더 듣고 싶다. 그것은 매우 흥미롭다.

④ 우리는 종종 저녁 식사 후에 공원으로 산책을 가곤 했다.

⑤ 내가 좋아하는 노래를 듣게 되면 따라 부르지 않을 수 없다.

(해설) ③ would like to-v: v하고 싶다

⑤ 문맥상 'v하지 않을 수 없다'라는 의미가 되어야 하므로 〈cannot help v-ing〉 또는 〈cannot (help) but v〉 형태로 써야 한다. 따라서 cannot help to sing을 cannot help singing 또는 cannot (help) but sing으로 고쳐야 한다.

13 (해설) 미래를 나타내는 조동사 will 뒤에 be able to가 쓰여 '~할 수 있을 것이다'의 의미를 나타낸다.

14 (해설) used to-v: v하곤 했다

15 (해설) 현재 Smith씨가 없는 이유에 대해 과거에 대한 강한 추측을 의미하므로 must have p.p를 쓴다.

16 (해설) cannot (help) but v: v하지 않을 수 없다

17 (해설) 명령을 나타내는 동사 ordered 뒤의 that절 내용이 당위성을 나타내므로 that절에 조동사 should를 사용한다. 이때 should는 생략될 수 있다.

18 교통 체증이 매우 심하다. 사고가 있었을지도 모른다.

(해설) might have p.p.: 어쩌면 ~했을지도 모른다

19 소포가 어제 도착했어야 하는데, 그러지 않았다.

(해설) 문맥상 과거에 대한 후회나 유감을 나타내는 should have p.p.는 적절하다.

20 나는 어린 시절에 그랬던 것처럼 아침에 달리기하는 것을 좋아한다.

(해설) 앞에 나온 동사구 like ~ morning을 대신하며 과거시제(in my childhood)가 적절하므로 대동사 did를 써야 한다.

21

> 보건 당국들 사이에서 우려가 커지고 있다. 당이 든 음료의 과도한 섭취는 당뇨병 발병 위험 증가와 연관되어 있다. 이러한 증가하는 건강 문제에 대응하기 위해, 보건 당국은 우리에게 섭취를 제한할 것을 권고한다. 당국은 우리가 물 또는 무가당 차와 같은 더 건강한 선택지를 고를 수 있다고 말한다.

> → 보건 당국은 당뇨병 발병 위험을 줄이기 위해, 개인들이 당이 든 음료의 섭취를 제한해야 한다고 제안한다.

(해설) 건강 문제로 이어지는 당 섭취에 대한 우려로 보건 당국이 당 음료 섭취를 줄일 것을 제안한다는 내용이다. 제안을 나타내는 동사 propose 뒤에 당위성을 나타내기 위해 조동사 should를 사용하나 생략하고 동사원형만 쓸 수도 있다.

22

> 수 세기에 걸쳐 교육은 많은 발전을 이루어 왔다. 우리 선조들은 오늘날 우리가 그러한 것처럼 자원과 기술에 접근권을 갖지 못했으며, 이것은 학습을 더 도전적이고 제한된 경험으로 만들었다. 오늘날은 교육이 그 어느 때보다 더 접근하기 쉽고, 공평하며, 발전된 상태이다.

(해설) 앞에 나온 동사구 have access to resources and technologies를 대신하는 대동사 do가 사용되었다.

23

> 기후 변화가 오늘날 가장 큰 문제이기 때문에 우리는 이에 대해 아무리 주의해도 지나치지 않는다. 사람들은 기후 변화 앞에서 외면하는 것을 거부해야 한다. 전 세계는 온실가스의 총량인 탄소 발자국을 줄임으로써 조치를 취해야 한다. 환경 보호 단체들은 우리 사회가 후손들을 위하여 지구를 보호하기 위해 함께 노력할 것을 요구한다.

24

> 젓가락은 수천 년 동안 식사 경험의 중요한 부분으로써 사용되어 왔다. 그것들은 음식을 집어서 우리 입으로 옮기는 데 사용된다. 사람들은 젓가락을 제대로 사용하기 위해 많은 시간이 필요할 수도 있지만, 하지만 어떤 이들은 그것을 재미있고 보람찬 도전으로 여길 수 있다. 젓가락은 또한 아이들의 손가락 근육 발달에 기여할 것이다.

구문 ~ some could consider it a fun and rewarding
  V   O = to use   OC
challenge.   chopsticks properly

어휘

10 be tired of ~에 싫증이 나다, 지치다 **11 pedestrian** 보행자
advocate 옹호자, 지지자; 주장하다; 옹호하다 **16 applaud** 박수
를 치다 **21 concern** 우려, 걱정; 관련되다 **authority** 《주로 복수

형》 당국; 권한 **excessive** 지나친, 과도한 **sugary** 설탕이 든 **be
linked to** ~와 연관되다 **combat** 방지하다, 싸우다 **intake** 섭취
(량) **22 accessible** 접근 가능한 **advanced** 발전된, 고급의
23 turn away 외면하다 **take action** ~에 대해 조치를 취하다
24 chopstick 젓가락 **properly** 제대로, 적절히 **rewarding** 보
람 있는 **contribute to A** A에 기여하다

CHAPTER 05 가정법

UNIT 25 if 가정법 과거
본문 70쪽

A
1 would save
2 lived
3 might feel
4 would be

B
1 spoke, could work
2 could go, weren't[were not] raining
3 would stay, had
4 don't know, not send

A

1 만약 내가 슈퍼히어로라면, 나는 악당들로부터 세상을 구할 것이다.
 해설 문맥상 현재 일어날 가능성이 매우 희박한 일을 가정하므로
 가정법 과거를 사용한다. 따라서 주절에는 〈조동사 과거형+동사
 원형〉이 와야 한다.

2 우리가 더 큰 집에 산다면, 우리의 소지품을 보관할 공간이 더
 있을 텐데.
 해설 주절에 〈조동사 과거형+동사원형〉이 있고 문맥상 현재
 사실과 반대되는 일을 가정하므로 가정법 과거를 사용한다. 따
 라서 if절에는 동사의 과거형이 와야 한다.

3 만약 우리가 조부모님 세대의 생활로 돌아간다면 우리는 매우
 불편하게 느낄지도 모른다.
 해설 문맥상 현재 일어날 가능성이 매우 희박한 일을 가정하므
 로 가정법 과거를 사용한다. 따라서 주절에는 〈조동사 과거형+
 동사원형〉이 와야 한다.

4 만약 당신이 직장을 잃게 된다면, 나는 당신을 돕기 위해 여기
 있을 것이다.
 해설 〈if+were to〉 가정법이므로 주절에 〈조동사 과거형+
 동사원형〉이 와야 한다.

어휘

1 villain 악당 **2 belonging** 소지품

B

1 그녀는 스페인어를 유창하게 하지 못하기 때문에 번역가로 일할 수
 없다. → 만약 그녀가 스페인어를 유창하게 구사한다면, 그녀는
 번역가로 일할 수 있을 텐데.
 해설 그녀가 스페인어를 유창하게 구사하지 못하는 현재 사실
 과 반대되는 내용을 가정하고 있으므로 가정법 과거를 쓴다. 그
 러므로 직설법의 doesn't speak은 과거 시제 spoke로,
 can't work는 긍정 표현인 could work로 쓴다.

2 우리는 비가 와서 소풍을 갈 수 없다. → 비가 오지 않는다면 우
 리는 소풍을 갈 수 있을 텐데.
 해설 비가 오는 현재 사실과 반대되는 내용을 가정하므로 가정법
 과거를 사용한다. if절의 be동사는 인칭과 수에 상관없이 were을
 쓰는 것이 원칙이다.

3 그들은 시간이 충분하지 않기 때문에 더 오래 머물지 않을 것이다.
 → 그들에게 충분한 시간이 있다면 더 오래 머물 텐데.

4 만약 내가 그의 주소를 안다면, 그에게 이 편지를 보내줄 텐데.
 → 나는 그의 주소를 모르기 때문에 그에게 이 편지를 보내지 않을
 것이다.

어휘

1 fluently 유창하게 **translator** 번역가

UNIT 26 if 가정법 과거완료
본문 71쪽

A
1 had been
2 might have won
3 had contacted, could have prepared
4 wouldn't[would not] have been angry, had told

B

1 ○

2 ×, → would have worn

3 ×, → hadn't[had not] read

4 ×, → might have

5 ×, → could have received

A

1 (해설) 화병이 깨졌던 과거 사실에 대한 반대의 경우를 가정하고 있으므로 가정법 과거완료를 사용한다. 따라서 if절의 동사를 had been으로 쓴다.

2 (해설) 우리 팀이 진 과거 사실의 반대를 가정하고 있으므로 가정법 과거완료를 사용한다. 따라서 주절의 동사를 might have won 으로 쓴다.

3 (해설) 식사를 준비하지 못한 과거 사실의 반대를 가정하고 있으므로 가정법 과거완료를 사용한다.

4 (해설) 화가 났던 과거 사실의 반대를 가정하므로 가정법 과거완료를 사용한다.

(어휘)

3 in advance 미리, 사전에

B

1 만약 우리가 교통사고를 당하지 않았다면, 우리는 훨씬 더 일찍 도착했을 것이다.

2 만약 내가 양말에 구멍이 난 것을 알아차렸다면, 나는 집을 떠나기 전에 다른 양말을 신었을 것이다.

(해설) if절의 동사(had noticed)로 보아 과거 사실의 반대를 가정하는 가정법 과거완료이다. 따라서 주절의 동사는 〈조동사의 과거형+have p.p.〉로 쓴다.

3 만약 내가 설명서를 꼼꼼히 읽지 않았다면, 나는 가구를 제대로 조립하지 못했을 것이다.

(해설) 주절의 동사(couldn't have assembled)로 보아 과거 사실의 반대를 가정하는 가정법 과거완료이다. 따라서 if절의 동사는 had p.p. 형태로 쓴다.

4 만약 그가 다른 사람들에게 친절하다면, 그는 지금 많은 친구가 있을 것이다.

(해설) if절의 동사(were)로 보아 현재 사실의 반대를 가정하는 가정법 과거이다. 따라서 주절의 동사는 〈조동사의 과거형+동사원형〉으로 고쳐야 한다.

5 만약 Sara가 모든 수업에서 A를 받았다면, 그녀는 작년에 장학금을 받을 수 있었을 것이다.

(해설) If절에 had p.p.가 있고 주절의 last year로 보아 과거 사실에 반대되는 일을 가정하고 있으므로 가정법 과거완료이다. 따라서 주절의 동사는 〈조동사 과거형+have p.p.〉로 쓴다.

(어휘)

3 instruction 설명서 **assemble** 조립하다; 모으다 **5 scholarship** 장학금

UNIT 27 혼합 가정법 본문 72쪽

A

1 had listened to, would be recovered

2 could play, hadn't[had not] hurt

3 had taken, might be

B

1 ○ 　　　　　　**2** ○

3 ×, → would be

A

1 (해설) if절은 과거, 주절은 현재(by now) 상황을 표현하여 과거 사실이 현재에 미치는 영향을 나타낸 혼합 가정법이다. 이때 if절의 동사는 had p.p., 주절의 동사는 〈조동사 과거형+동사원형〉을 쓴다.

2 (해설) if절은 과거(in the last game), 주절은 현재(in today's game) 상황을 표현하여 과거 사실이 현재에 미치는 영향을 나타낸 혼합 가정법이다.

3 (해설) if절은 과거, 주절은 현재(now) 상황을 표현하여 과거 사실이 현재에 미치는 영향을 나타낸 혼합 가정법이다.

(어휘)

1 recover 회복시키다; 회복하다

B

1 만약 그 고객이 그때 서명하는 것을 거부했다면 지금 계약은 유효하지 않을 것이다.

(해설) If절은 과거(at that time), 주절은 현재 상황(now)을 표현하여 과거 사실이 현재에 미치는 영향을 나타낸 혼합 가정법이 옳게 쓰였다.

2 만약 비행기가 정시에 출발했다면, 나의 부모님은 곧 공항에 도착할 수 있을 텐데.

(해설) if절은 과거, 주절은 현재 상황(soon)을 표현하여 과거 사실이 현재에 미치는 영향을 나타낸 혼합 가정법이 옳게 쓰였다.

3 인공조명의 가격이 극도로 저렴해지지 않았다면 지금 우리의 일상생활은 불편할 것이다.

(해설) If절은 과거, 주절은 현재 상황(now)을 나타내는 혼합 가정법이므로, 주절의 동사는 〈조동사 과거형+동사원형〉으로 써야 한다.

(어휘)

1 valid 유효한; 타당한 **2 depart** 출발하다, 떠나다 **3 artificial** 인공의 **extremely** 극도로, 극히

5 내가 지난달 회의에 참석했더라면 그 주제에 대한 더 많은 지식을 가지고 있을 텐데.

(어휘)

1 sincerely 진심으로   **3 lottery** 복권   **4 oversleep** 늦잠 자다

UNIT 28 if가 생략된 가정법
본문 73쪽

A

1 ○

2 ×, If were → Were 또는 If were the class canceled → If the class were canceled

3 ○   **4** ○

5 ×, He had → Had he 또는 If he had

B

1 Had she apologized

2 Were today Saturday

3 Should you win the lottery

4 Had I set an alarm

5 had I attended the conference last month

A

1 시간이 있다면 나도 파티에 갈 수 있을 텐데.

(해설) If절에서 If가 생략되어 주어(I)와 (조)동사(should)가 도치된 가정법 문장이다.

2 수업이 취소된다면 나는 하루 쉬고 바닷가에 갈 텐데.

(해설) 가정법 문장에서 If를 생략하지 않을 때는 주어와 동사가 도치되지 않는다.

3 바퀴가 발명되지 않았다면, 우리는 자동차와 다른 탈 것들을 가질 수 없을 텐데.

(해설) If절에서 If가 생략되어 주어(the wheel)와 (조)동사(had)가 도치된 가정법 문장이다.

4 그들이 외식을 너무 자주 했다면 살이 아주 많이 쪘을 것이다.

(해설) 주절 They would ~ much weight 뒤의 if절에서 if가 생략되어 주어(they) (조)동사(had)가 도치된 가정법 문장이다.

5 그가 열쇠를 잃어버리지 않았다면, 그는 자신의 집에 들어갈 수 있었을 것이다.

(해설) 주절의 동사(would have been)로 보아 과거 사실과 반대되는 일을 가정하는 가정법 과거완료 문장이다. 따라서 문장 앞의 if가 생략된 절은 가정법 과거완료에 맞게 〈Had+주어+p.p. ~〉 형태로 바꾸어야 한다.

(어휘)

2 take off 휴가를 내다; 떠나다; 이륙하다   **3 vehicle** 탈 것, 운송수단

B

1 그녀가 진심으로 사과했다면, 우리 사이에 신뢰가 다시 생겼을 것이다.

2 오늘이 토요일이라면, 나는 종일 내가 가장 좋아하는 TV 시리즈를 볼 텐데.

3 당신이 복권에 당첨된다면, 그 돈으로 무엇을 할 것입니까?

4 내가 알람을 맞췄다면, 나는 늦잠을 자지 않고 학교에 지각하지도

UNIT 29 I wish 가정법
본문 74쪽

A

1 had   **2** could

3 were   **4** had bought

B

1 wish, would spend

2 wish, had had

3 could have tried

A

1 내가 다른 사람의 삶에 끼치는 긍정적 영향이 더 있다면 좋을 텐데.

(해설) 현재 이룰 수 없는 소망을 나타내므로 I wish 가정법 과거인 〈I wish+주어+(조)동사의 과거형〉으로 표현한다. 따라서 had가 적절하다.

2 그 가수가 청중들로부터 내 환호성을 들을 수 있다면 좋을 텐데.

3 내가 책을 더 많이 읽어서 지식을 넓힐 수 있으면 좋을 텐데.

(해설) 현재 이룰 수 없는 소망을 나타내므로 〈I wish+주어+(조)동사의 과거형〉으로 표현한다. 이때 be동사 과거형은 인칭과 수에 상관없이 were로 쓴다.

4 내가 할인할 때 그 드레스를 샀으면 좋았을 텐데.

(해설) when it was on sale로 보아 과거 이루지 못한 소망을 표현하므로 〈I wish+가정법 과거완료〉를 사용한다. 따라서 had bought가 적절하다.

(어휘)

2 audience 청중, 관객   **4 on sale** 할인 중인; 판매되는

B

1 (해설) 현재 이룰 수 없는 소망을 나타내므로 〈I wish+주어+(조)동사의 과거형〉으로 표현한다.

2 (해설) during my childhood로 보아 과거 어린 시절 이룰 수 없었던 소망을 표현하므로 I wish 가정법 과거완료를 사용한다.

3 (해설) 과거의 소망을 표현하므로 〈조동사+have p.p.〉를 사용한다.

(어휘)

1 pursue 계속하다; 추구하다   **2 sibling** 형제(자매)

UNIT 30 as if 가정법

본문 75쪽

A
1 were　　**2** had been
3 had done
B
1 had visited　　**2** were
3 believed

A
1 그는 가난하지만 마치 백만장자인 것처럼 돈을 쓴다.

(해설) 주절의 시점(spends)과 가정하는 시점이 같으므로 as if 가정법 과거이다. 이때 as if절에는 동사의 과거형을 쓴다. 가정법에서 be동사 과거형은 인칭과 수에 상관없이 were로 쓴다.

2 그는 과거 그때에 마치 그곳에 있었던 것처럼 전투의 자세한 내용을 묘사했다.

(해설) 주절의 시점(described)보다 가정하는 시점이 앞서므로 as if 가정법 과거완료이다. 이때 as if절에는 had p.p.를 쓴다.

3 비록 도둑이 잡혔지만, 그는 여전히 아무 잘못도 하지 않았던 것처럼 행동했다.

(해설) 주절의 시점(acted)보다 가정하는 시점이 앞서므로 as though 가정법 과거완료이다. 이때 as though절에는 had p.p.를 쓴다.

(어휘)
1 millionaire 백만장자

B
1 (해설) 주절의 시점(knew)보다 가정하는 시점이 앞서므로 as if 가정법 과거완료를 쓴다.
2 (해설) 주절의 시점(drives)과 가정하는 시점이 같으므로 as though 가정법 과거를 쓴다.
3 (해설) 주절의 시점(behaved)과 가정하는 시점이 같으므로 as if 가정법 과거를 쓴다.

UNIT 31 가정법을 이끄는 표현

본문 76쪽

A
1 would　　**2** wouldn't
3 Had it not been for

B
1 it had not been for　　**2** But for
3 it not for
4 he had not studied diligently
C
1 만약 비상 상황이 생긴다면
2 그 운동선수의 인생 이야기를 들었다면
3 우리가 기후 변화에 대해 조치를 취해야 할 때이다
4 그렇지 않으면 많은 벌레가 실내로 들어올지도 모른다

A
1 에어컨이 없다면, 우리는 이번 여름을 견디지 못할 것이다.

(해설) But for가 if절을 대신하며, 문맥상 현재 사실과 반대되는 일을 가정하므로 가정법 과거를 사용한다. 따라서 주절에 조동사의 과거형을 쓰는 것이 적절하다.

2 Kate는 그 밴드를 정말 좋아한다. 그렇지 않으면, 그녀는 다른 지역에서 열리는 그들의 콘서트에 가지 않을 것이다.

(해설) Otherwise가 조건의 의미를 포함하며 문맥상 현재 사실과 반대되는 일을 가정한다.

3 여행 가이드들이 없었다면, 나는 아프리카를 안전하게 여행할 수 없었을 것이다.

(해설) 주절에 〈조동사 과거형+have p.p.〉가 쓰였고 문맥상 과거 사실과 반대되는 일을 가정하고 있으므로 가정법 과거완료로 쓴다.

(어휘)
1 bear 견디다, 참다; (책임 등을) 떠맡다; 낳다

B
1 그렇게 많은 지지자들의 도움이 없었다면 우리는 이 업적을 이룰 수 없었을 것이다.

(해설) without이 조건의 의미를 포함하며 과거의 일을 말하고 있으므로 if it had not been for로 바꾸어 쓴다.

2 기부자들이 없다면, 우리의 자선단체는 도움이 필요한 사람들에게 도움을 줄 수 없을 것이다.

(해설) '~이 없다면'이라는 의미의 if절을 But for로 바꿔 쓴다.

3 우리 팀원들이 없다면, 나는 이 결승전에 올 수 없을 것이다.

(해설) Without이 조건의 의미를 포함하므로 If it were not for로 바꿔 쓸 수 있는데, if를 생략하여 주어와 동사가 도치된 Were it not for로 쓴다.

4 그는 열심히 공부했다, 그렇지 않았다면 그는 시험에서 떨어졌을 것이다.

(해설) otherwise가 조건의 의미를 포함하며, 과거의 일(would have failed)을 가정하고 있으므로, if절을 가정법 과거완료로 쓴다.

(어휘)
1 accomplishment 업적; 완수　**2** donor 기부자　charity 자선단체; 자선　assistance 도움, 지원　in need 어려움에 처한

C

1 (해설) 주절의 동사가 would be이므로 부사구(In case of an emergency)가 현재 조건의 의미를 함축한다.

2 (해설) 주절의 동사가 might have been이므로 to부정사구(To hear the sports player's life story)가 과거 조건의 의미를 함축한다.

3 (해설) 〈It is high time that 주어+동사의 과거형〉이 쓰여, '~해야 할 때이다 (아직 하지 않았다)'라는 가정의 의미를 포함한다.

4 (해설) otherwise는 조건의 의미를 함축하며 현재의 이야기를 가정하고 있으므로 '그렇지 않으면'으로 해석한다.

(어휘)

1 priority 우선사항 **2** touch 감동시키다 **3** take action ~에 대해 조치를 취하다

Chapter Exercises

본문 78쪽

01 ④ **02** ④
03 ④ **04** ②
05 ③ **06** ⑤
07 ⑤ **08** ②
09 ⑤ **10** ②
11 were, would focus
12 had made, wouldn't[would not] wait
13 had practiced, wouldn't[would not] have made
14 as if she were my mother
15 But for his allergy to peanuts, he would have enjoyed the dessert
16 ⓑ, had learned
17 hadn't said inspiring words to me
18 she didn't drink so much coffee, she could sleep well at night
19 Mark speaks Chinese fluently, he were from China
20 had a little more time
21 had not been for a valid passport
22 ⓑ, Had I asked
고친 이유: if 가정법 과거완료의 if가 생략되어 도치된 부분이므로 〈had+주어+p.p.〉 형태로 써야 한다.

01
> 그들이 소금을 조금 더 첨가하지 않았기 때문에, 그들은 완벽한 요리를 만들지 못했다.
> → 그들이 소금을 조금만 더 첨가했다면 완벽한 요리를 만들 수 있었을지도 모른다.

(해설) 과거 사실에 반대되는 가정을 하고 있으므로, 가정법 과거완료 문장으로 바꿔야 한다. 가정법 과거완료는 주절에 〈주어+조동사 과거형+ have p.p. ~〉 형태로 쓴다.

02 (해설) 우리말을 보면 현재 사실의 반대를 나타내고 있으므로 가정법 과거 문장으로 써야 한다. If절에서 if가 생략될 경우 주어와 (조)동사는 도치되어야 하므로 if it were not for를 were it not for로 쓴 ④가 알맞다.

03
> • 만약 당신이 인스턴트 음식을 줄였다면, 당신은 살을 뺐을 것이다.
> • 내 차가 정기적으로 정비되었더라면 고장 나지 않았을 것이다.
> • 만약 당신이 이 화학물질들을 주의해서 다루지 않는다면, 폭발의 위험이 있을 수 있다.

(해설) (A) 주절에 would have p.p.가 쓰였고 문맥상 과거 사실에 반대되는 일을 가정하고 있으므로 가정법 과거완료이다. 따라서 If절의 동사는 had reduced가 적절하다.
(B) 차가 정기적으로 정비되었다면 '고장 나지 않았을' 것이라는 문맥이 자연스러우므로 would not이 적절하다.
(C) If절에 동사의 과거형이 있고 현재에 일어날 희박한 일을 가정하므로 가정법 과거를 사용한다. 주절에는 〈조동사 과거형+동사원형〉을 쓴다.

04
> • 그는 서두르는 듯이 거듭 시계를 확인했다.
> • Jane은 이전에 마치 유럽에서 살았던 것처럼 어린 시절 이야기를 만들어 냈다.
> • 그녀는 통증 때문에 힘든 시간을 보내고 있다. 내가 그녀의 고통을 덜어줄 수 있다면 좋을 텐데.

(해설) (A) 주절의 시점(checked)과 가정하는 시점이 같으므로 as if 가정법 과거이다. 따라서 as if절에는 were가 알맞다.
(B) 주절의 시점(made up)보다 가정하는 시점이 더 이전이므로 가정법 과거완료인 had lived가 적절하다.
(C) 현재 이룰 수 없는 소망을 나타내므로 I wish 가정법 과거를 사용하여 〈I wish+주어+(조)동사의 과거형〉으로 표현한다.

05 ① 기타를 연주할 수 있다면 나는 밴드에 가입할 텐데.
② 모든 나무가 사라진다면, 생태계는 파괴될 것이다.
③ 우리가 좀 더 주의했더라면 그때 사고는 일어나지 않았을 것이다.
④ 네가 펜에 잉크를 보충했다면 지금 잉크가 떨어지지 않을 텐데.
⑤ 내가 돈이 있었다면, 그에게 빌려줬을 텐데.

(해설) ③ If절에 had p.p.가 쓰였고 문맥상 과거 사실에 반대되는 일을 가정하고 있으므로 가정법 과거완료이다. 따라서 주절의 동사 wouldn't cause는 wouldn't have caused로 고쳐야 한다.

06
- 그 폭풍이 우리 지역을 강타했다면, 우리는 심각한 문제에 빠졌을 것이다.
- 그가 영어를 말할 수 있다면, 그는 이웃들과 의사소통을 할 수 있을 텐데.
- 모바일 뱅킹 서비스가 없다면, 우리는 직접 은행에 가야 할 것이다.
- 내가 더 많은 조사를 했다면, 나는 지금 이 주제에 대해 더 잘 이해할 수 있을 텐데.
- 만약 그녀가 싱크대에 컵을 넣었더라면, 컵이 바닥으로 떨어지지 않았을 것이다.
- 소방관이 없었다면 수많은 목숨을 잃었을 것이다.

(해설) ⓓ If절은 과거, 주절은 현재(now) 상황을 표현하여 과거 사실이 현재에 미치는 영향을 나타낸 혼합 가정법이다. 따라서 주절에는 〈조동사 과거형+동사원형〉을 써야 하므로 can have를 could have로 고쳐야 한다.
① 주절에는 would have p.p.가 쓰였고, 과거 사실에 반대되는 일을 가정하고 있으므로 가정법 과거완료이다. 문맥상 if it had not been for에서 if가 생략되어 주어, (조)동사가 도치된 had it not been for가 알맞다.

07 ① 물과 햇빛이 없다면, 대부분의 동물들은 생존할 수 없을 것이다.
② 그녀의 의료 지식이 없으면, 환자는 적절하게 치료받지 못할 것이다.
③ 너무 늦었다. 그들이 앞으로의 계획에 대해 결정을 내려야 할 때이다.
④ 너무 비싸다. 그렇지 않다면 나는 이 셔츠를 살 텐데.
⑤ 그녀가 아침 식사를 했다면, 오늘 아침에 배가 고프지 않았을 것이다.

(해설) ⑤ 가정법 과거완료 문장에서 if가 생략되어 도치된 문장이므로 Had she eaten으로 고쳐야 한다.

08 ① 그녀가 미국에서 태어났다면, 그녀는 그곳에서 일하기 위해 비자가 필요하지 않을 것이다.
② 내가 고등학교에서 더 열심히 공부했더라면, 더 좋은 대학에 들어갈 수 있었을 것이다.
③ 만약 우리에게 전기가 없다면, 우리는 원시인처럼 살 것이다.
④ 내가 영원히 살 수 있다면, 나는 모든 문화와 삶의 모든 방식을 경험할 것이다.
⑤ 내가 그녀의 생일을 기억했으면 좋을 텐데. 그녀에게 선물을 주지 못해서 미안하다.

(해설) ② 주절에 could have p.p.가 쓰였고 문맥상 과거 사실에 반대되는 일을 가정하고 있으므로 가정법 과거완료이다. 따라서 If절의 studied를 had studied로 고쳐야 한다.

09
만약 내가 시간을 좀 더 잘 조직화한다면, 나는 공부와 다른 맡은 일들의 균형을 더 잘 맞출 수 있을 것이다. 예를 들어, 내가 시험을 준비할 시간이 더 있었다면, 더 나은 결과를 얻었을 것이다. 하지만, 나는 이 실패가 나를 낙담시키지 않도록 할 것이다. 만약 내가 미래에 비슷한 도전에 직면한다면, 나는 더 효과적으로 시간을 계획할 것이다.

(해설) ⑤ 〈if+were to 가정법〉을 사용하여 가능성이 희박한 미래의 일을 가정하고 있다. 따라서 주절의 동사는 〈조동사 과거형+동사원형〉인 would plan으로 고쳐야 한다.

10
- 그들이 우산을 가지고 왔더라면, 그들은 지금 당장 비를 맞지 않을 텐데.
- 내가 요리를 더 잘하는 사람이어서 가족들에게 맛있는 음식을 만들어줄 수 있으면 좋을 텐데.
- 그가 지난주에 그의 프로젝트를 끝냈다면 그렇게 많은 스트레스를 받지 않을 텐데.
- 법과 질서가 없다면, 많은 사람들은 범죄에 대한 두려움 속에서 살 것이다.
- 네가 병원에 입원했다는 소식을 들었다면 나는 어제 너를 찾아갔을 것이다.
- 그들이 몇 년 전에 현명한 투자를 했다면, 그들은 지금쯤 부자가 될지도 모른다.

(해설) ⓔ 주절의 yesterday가 과거를 표현하며 과거 사실에 반대되는 일을 가정하고 있으므로 가정법 과거완료이다. 따라서 주절의 동사는 would have visited가 되어야 한다.
① If절의 some years ago가 과거, 주절의 by now가 현재를 표현하므로, 과거의 행동이 현재에 미치는 영향을 가정하는 혼합 가정법이다. 따라서 if절의 동사는 had made가 되어야 한다.

11 (해설) 현재 사실과 반대되거나, 일어날 가능성이 희박한 일을 가정하므로 가정법 과거를 사용한다.

12 (해설) 과거의 행동이 현재에 미치는 영향을 가정하므로 혼합 가정법을 사용한다.

13 (해설) 과거 사실에 반대되는 일을 가정하고 있으므로 가정법 과거완료이다.

14 (해설) 주절의 시점과 가정하는 시점이 같으므로 as if 가정법 과거로 쓴다.

15 (해설) '~이 없었다면'이라는 의미의 But for를 활용하여 과거의 조건을 가정하는 가정법 과거완료 would have p.p. 문장을 완성한다.

16
인생은 선택과 기회로 가득 차 있고, 내가 다른 결정을 내렸다면 내 인생은 다르게 변했을 것이다. 내가 더 어렸을 때 악기를 배웠다면 지금 전문 음악가일 수 있을 것이다. 하지만 내가 글쓰기에 대한 사랑을 발견하지 못했다면 나는 언론인으로서의 직업을 추구하지 않았을 것이다.

(해설) ⓑ If절의 when I was younger가 과거, 주절의 now가 현재를 표현하므로, 과거의 행동이 현재에 미치는 영향을 가정하는 혼합 가정법이다. 따라서 If절의 learned를 had learned로 고쳐야 한다.

17
지도와 격려는 상황이 어려워질 때도 내가 계속해서 앞으로 나아갈 수 있도록 항상 동기를 부여했다. 선생님은 항상 나에게 영감을 주는 말을 해주셨다. 그렇지 않았다면, 나는 내 꿈을 포기했을 것이다. 나의 선생님이 없었다면, 나는 오늘날의 내가 아니었을 것이다.

(해설) Otherwise가 포함된 문장이 과거 사실에 대한 가정을 하고 있으므로, 가정법 과거완료 문장을 완성한다.

18 그녀는 커피를 너무 많이 마시기 때문에 밤에 잠을 잘 못 잔다.
→ 그녀가 커피를 그렇게 많이 마시지 않는다면, 그녀는 밤에 잠을 잘 잘 수 있을 것이다.

(해설) 문맥상 현재 사실과 반대되는 내용을 가정하므로 가정법 과거를 사용한다.

19 Mark는 중국어를 유창하게 하지만 중국 사람은 아니다.
→ Mark는 마치 중국에서 온 것처럼 중국어를 유창하게 한다.

(해설) 주절의 시점(speaks)과 가정하는 시점(is)이 같으므로 as if 가정법 과거 문장을 쓴다.

20 우리가 조금 더 많은 시간이 있다면 생산성이 향상될 것이다.

(해설) 문장의 주어가 가정의 의미를 담고 있고, 현재 사실에 대한 가정이므로 가정법 과거 문장을 쓴다.

21 유효한 여권이 없었다면 너는 다른 나라로 여행 갈 수 없었을 것이다.

(해설) Without이 '~이 없었다면'이라는 의미로 과거 사실에 대한 가정을 하고 있으므로 가정법 과거완료 문장으로 쓴다.

22 나는 지하철에서 친구를 우연히 만났지만, 그녀는 우리가 몇 년 동안 친한 친구였음에도 불구하고 마치 나를 모르는 것처럼 행동했다. 만약 내가 친구에게 그 일에 관해 물어봤더라면, 아마 나는 그녀가 왜 나를 무시했는지 알 수 있었을 것이고 우리는 오해를 발견했을 것이다. 하지만 그렇게 하는 대신, 우리는 서로 의사소통하려고 노력하지 않았고, 우리의 우정은 결코 이전과 같지 않았다.

(어휘)

03 break down 고장 나다; 실패하다 **handle** 다루다; 만지다 **chemical** 화학물질 **risk** 위험 **explosion** 폭발, 폭파 **04 make up** (이야기 등을) 만들어 내다 **relieve** 덜다 **05 ecosystem** 생태계 **be out of A** A를 다 써서 없다, A가 떨어지다 **refill** 리필; 다시 채우다 **08 primitive** 원시 사회의, 원시의 **09 setback** 실패, 좌절; 방해 **10 investment** 투자 **16 turn out** 나타나다; ~이 되다 **instrument** 악기; 기구 **journalist** 기자 **17 guidance** (특히 연장자에 의한) 지도, 안내 **encouragement** 격려 **inspiring** 격려[자극]하는 **20 productivity** 생산성 **22 run into** ~와 우연히 만나다; (어떤 수준에) 이르다 **make an effort** 노력하다, 애쓰다

CHAPTER 06 부정사

UNIT 32 명사적 역할 1: 주어, 목적어, 보어 본문 84쪽

A
1 ⓐ, 말하기 전에 생각하는 것은
2 ⓒ, 게임 산업에서 성공적인 프로그래머가 되는 것이다
3 ⓑ, 자신들의 조부모님을 방문하기를 희망한다
4 ⓓ, 사회적 행동을 배우게 해준다

B
1 ×, → requires   **2** ○
3 ○

A

(어휘)

4 preschool 유치원

B

1 외국어를 유창하게 말하는 것은 많은 연습을 필요로 한다.

(해설) to부정사가 주어로 쓰이면 단수 취급한다.

2 누군가를 사랑한다는 것은 어떤 기대 없이 주는 것이다.

3 그녀는 윤리적인 이유로 고기를 먹지 않기로 선택했다.

(해설) to부정사의 부정형 not to-v이 알맞게 쓰였다.

(어휘)

3 ethical 윤리적인; 도덕적인

UNIT 33 명사적 역할 2: 의문사+to부정사 본문 85쪽

A
1 when   **2** how
3 Who   **4** what

B
1 where we can stay
2 who to hire
3 when he should book
4 what to buy

A

1 신호등은 우리가 언제 길을 건너야 하는지 알려준다.

2 선생님은 수학 문제를 푸는 방법을 차근차근 설명해주셨다.

3 누구를 결혼식에 초대할지는 어려운 결정이다.

4 학교에서 교복은 무엇을 입을지에 대한 매일의 걱정을 없애준다.

어휘

4 remove 없애다, 제거하다

B

1 (해설) 〈의문사+to부정사〉는 〈의문사+주어+should[can]+V〉로 바꿔 쓸 수 있다.

2 (해설) '누구를 고용해야 할지'라는 의미이므로 의문사 who를 쓴다. 빈칸이 세 개이므로 〈의문사+to부정사〉를 사용한다.

어휘

2 hire 고용하다   **3** upcoming 다가오는, 곧 있을

UNIT 34 명사적 역할 3: 진주어, 진목적어

본문 86쪽

A

1 ×, → to read   **2** ○

3 ○   **4** ×, → It

5 ×, → bike

B

1 it easier to study science

2 Educators believe it necessary

3 It is very peaceful

4 it can be difficult to understand their full meaning

A

1 여러분은 때때로 다른 사람들의 생각을 읽는 것이 어렵다고 생각한다.

(해설) find의 목적어 자리에 가목적어 it이 쓰였으므로 진목적어 자리에 to부정사를 쓰는 것이 알맞다.

2 폭풍이 점점 심해지고 있다. 오늘은 집에 있는 것이 더 나을 것이다.

3 어떤 사람들은 음식을 주문할 때 키오스크를 사용하는 것이 혼란스럽다고 생각한다.

(해설) 진목적어인 to부정사구를 뒤로 보냈으므로 원래 목적어 자리에 가목적어 It이 알맞게 쓰였다.

4 머리로 먼저 잠수하지 마라. 발가락을 천천히 물에 담그는 것이 현명하다.

(해설) 진주어인 to부정사구를 뒤로 보냈으므로 원래 주어가 있던 자리에 가주어 It을 쓰는 것이 알맞다.

5 아침에는 교통량이 많아서 회사에 자전거를 타고 가는 것은 위험

하다.

(해설) 진주어 to부정사구 자리이므로 to 뒤에 동사원형을 써야 한다.

어휘

4 dip 살짝 담그다

B

1 (해설) make의 목적어 자리에 가목적어 it을 쓰고, 진주어 to study science를 뒤로 보내는 것이 알맞다.

3 (해설) 진주어인 to spend ~ a good book이 문장 뒤로 이동했으므로, 원래 주어가 있던 자리에 가주어 It을 쓴다.

어휘

2 discrimination 차별

UNIT 35 형용사적 역할 1: 명사 수식

본문 87쪽

A

1 a goal to become the best

2 surfaces to land on

3 a good opportunity to make new friends

4 found a beautiful house to live in

B

1 ×, → the ability to understand

2 ×, → to pay attention to

3 ○   **4** ×, → to go to

5 ○

A

2 (해설) 수식받는 명사 surfaces가 '~에 착지하다'라는 의미의 land on의 목적어이므로 전치사 on을 빠뜨리지 않고 쓴다.

4 (해설) 수식받는 명사 a beautiful house가 '~에 살다'라는 의미의 live in의 목적어이므로 전치사 in을 빠뜨리지 않고 쓴다.

어휘

2 certain 어떤; 확실한 surface 지면, 표면 exploration 탐사, 탐험 **4** overjoyed 매우 기뻐하는

B

1 공감은 다른 사람들의 생각과 감정을 이해하는 능력이다.

2 문학계에는 다양한 관점을 위해 주목해야 할 많은 재능 있는 작가들이 있습니다.

(해설) 수식받는 명사 many talented authors가 '~에게 주목하다'라는 의미의 pay attention to의 목적어이므로 뒤에 전치사 to가 추가되어야 한다.

3 그녀는 장거리 비행에서 읽을 이 소설을 추천했다.

(해설) 여기서 전치사 on은 to부정사구가 아닌 전명구 on the long flight의 부사구임을 주의한다.

4 이 도시에 우리 가족과 함께 가기 좋은 식당이 있나요?

(해설) 명사구(any good restaurant)를 수식하는 to부정사가 와야 한다.

5 만약 당신이 빙상 스케이팅을 배우고 싶다면, 지금이 시작하기에 가장 좋은 때이다.

(해설) the best time을 뒤에서 수식하는 to부정사가 알맞게 쓰였다.

(어휘)

1 empathy 공감 2 literature 문학 perspective 관점, 시각

UNIT 36 형용사적 역할 2: 주격보어 의미 본문 88쪽

A

1 우울하게 느끼는 것 같다

2 경쟁할 것이다

3 효과적이라고 판명되었다

B

1 got to explore

2 are to submit

3 are to stay

A

(어휘)

1 depressed 우울한 2 athlete 운동선수

B

2 '의무(v해야 한다)'의 〈be to-v〉 형태가 쓰였다.

3 '의도(v하려면)'의 〈be to-v〉 형태가 쓰였다.

(어휘)

1 ruins 유적 2 applicant 지원자

UNIT 37 부사적 역할 1: 목적, 감정의 원인, 판단 근거 본문 89쪽

A

| 1 ⓑ | 2 ⓐ | 3 ⓒ |
| 4 ⓐ | 5 ⓐ | |

B

1 ×, → so as to prevent

| 2 ○ | 3 ×, → to sell |
| 4 ○ | 5 ×, → to hear |

A

1 올해 우리는 창립 50주년을 기념하게 되어 기쁩니다.

2 화재가 발생했을 때, 모든 주민들은 아파트 밖으로 나가기 위해 비상계단을 뛰어 내려갔다.

3 그가 나의 부모님께 꽃을 보내는 것을 보니 그는 매우 사려 깊다.

4 그녀는 중요한 점들을 기억하기 위해 강의 동안 필기를 했다.

5 당신의 토스터를 환불받기 위해서는, 결함이 있는 토스터를 가게로 가져와주세요.

(어휘)

1 foundation 창립, 설립; (건물의) 토대, 기초 2 break out 발생하다
5 faulty 결함이 있는

B

1 나는 충치를 예방하기 위해 정기적으로 치과에 간다.

(해설) '~하기 위해서'는 so as to-v로 쓴다.

2 Sue의 엄마가 그녀에게 새 자전거를 사주다니 sue의 엄마는 매우 관대하다.

3 네가 가격을 비교하지 않고 카메라를 판 것은 부주의했다.

(해설) 형용사 careless를 수식하여 판단 근거를 나타내는 부사 자리이므로 to부정사로 고치는 것이 알맞다.

4 세상의 사건들을 놓치지 않기 위해, 나는 매일 아침 뉴스를 본다.

(해설) to부정사의 부정형은 to부정사 앞에 not[never]을 쓴다.

5 아버지는 나의 수상에 대한 좋은 소식을 듣고 기뻐하셨다.

(해설) 형용사 glad를 수식하여 감정의 원인을 나타내는 부사 자리이므로 to부정사로 고치는 것이 알맞다.

(어휘)

1 cavity 충치 3 careless 부주의한; 조심성 없는 compare 비교하다

UNIT 38 부사적 역할 2: 결과, 조건, 형용사 수식 본문 90쪽

A

1 이 영화를 본다면

2 결국 우리를 다시는 보지 못했다

3 받을 것 같다

B

1 only to miss the train

2 convenient to check your account

3 Be sure to wear a helmet

B

1 '결국 v하다'는 only to-v로 쓴다.

2 to부정사가 형용사 convenient를 수식한다.

3 '분명히 v하다'는 be sure to-v로 쓴다.

UNIT
39 **부사적 역할 3: 주요 구문** 본문 91쪽

A

1 can't   **2** to go

3 to live with **4** couldn't

5 quickly enough

B

1 말할 것도 없이

2 이상한 이야기지만

3 우선(적으로)

A

1 이 길은 너무 울퉁불퉁해서 스케이트보드를 탈 수 없다.

(해설) '너무 ~해서 v할 수 없다'는 〈so+형용사[부사]+that+주어+cannot[can't]+동사원형〉으로 쓴다.

(구문) = This road is **too** rough **to ride** skateboards.

2 내가 밖에 나가기에는 너무 추웠고, 집에 머무르고 싶었다.

(해설) '너무 ~해서 v할 수 없다'는 〈too+형용사[부사]+to-v〉으로 쓴다.

3 이 집은 나의 모든 가족들과 함께 살기에 충분히 크지 않다.

(해설) 'v하기에 충분하다'는 〈형용사[부사]+enough+to-v〉로 쓴다.

(구문) = This house is not **so** big **that** I **can't** live with all my family members.

4 지하철이 너무 붐벼서 나는 자리를 찾을 수 없었다.

(해설) 문맥상 '너무 붐벼서 자리를 찾을 수 없었다'는 내용이므로 couldn't가 알맞다.

5 그는 답안을 검토할 수 있을 정도로 시험을 빨리 끝냈다.

(해설) 〈부사 enough to-v〉 어순으로 '~하기에 충분히 ~하게'라는 의미를 표현한다.

(어휘)

1 rough (표면이) 고르지 않은; 대충한; 거친

B

(어휘)

1 diligently 성실하게

---

01 ④   **02** ④

03 ②   **04** ③

05 ③   **06** ③

07 ②   **08** ③

09 ③

10 ○

11 ✕, → to afford

12 ○

13 ✕, → to injure

14 visiting → visit

15 buy → to buy

16 breathe → to breathe

17 never to see it again

18 Her plan is to run 2 kilometers

19 tough to pass without complete preparation

20 Alex does not seem to get along with his classmates

21 To build strong relationships, it is important to express your appreciation

22 that it couldn't[could not] accommodate a large dining table, to accommodate a large dining table

23 stable enough to watch movies

24 (A) it is easy (B) no clean water to drink

25 so as to prevent the spread of infectious diseases

26 I find to talk very enjoyable, I find it very enjoyable to talk

---

01
- 안전요원의 의무는 수영하는 사람들을 위한 안전한 환경을 유지하는 것이다.
- 자기 자신을 믿는 것이 필요하다.
- 그녀는 건강한 일과 삶의 균형을 얻는 것을 중요하게 생각한다.

(해설) (A) 보어 자리이므로 명사 역할의 to부정사를 써야 한다.

(B) 가주어 It을 문장 앞에 두고 진주어 to부정사구(to believe in yourself)를 뒤로 보낸 문장이다.

(C) 진목적어 to부정사구(to achieve ~)를 뒤로 보냈으므로 목적어 자리에 가목적어 it을 쓰는 것이 알맞다.

02 ① 성공적인 비즈니스를 위해서는 고객의 요구에 집중하는 것이 필수적이다.

② 우리 엔지니어들은 새로운 형태의 재생 가능한 에너지원을 발명할 계획이다.

③ 그 멘토링 프로그램은 그가 귀중한 통찰력을 얻을 수 있게 해줄 것이다.

④ 학생들은 수업 시간 동안 핸드폰을 사용해서는 안 된다.

⑤ 여기서 가장 가까운 기차역으로 가는 방법을 설명해 주시겠어요?

(해설) ④ 주어에 대한 서술을 하는 〈be to-v〉로, 여기서는 not과 함께 쓰여 '~해서는 안 된다'는 의미이다. 나머지는 to부정사는 명사(주어, 목적어, 목적격보어)로 쓰였다.

03 ① 새로운 태블릿 모델은 소비자들 사이에서 인기가 있는 것 같다.

② 나는 이 봉투를 보내기 전에 그 위에 붙일 우표가 필요하다.

③ 재활용은 환경을 보호하는 최고의 방법이다.

④ 이 약은 효과가 있다는 것이 증명되었다.

⑤ 그 결혼식은 아름다운 정원에서 거행될 것이다.

(해설) ② 수식받는 명사 stamp가 put on의 목적어이므로 to부정사구에 on을 빠뜨리지 않고 써야 한다.

04 ① 당신의 시간을 현명하게 관리하면, 당신은 스트레스를 줄일 것입니다.

② 그 강아지는 공원에서 놀기를 간절히 원했다.

③ 이 경기장은 10만 명 이상을 수용할 수 있을 정도로 넓다.

④ 그 화장실은 너무 좁아서 휠체어로 들어갈 수 없다.

⑤ 솔직히 말해서, 나는 숙제를 다 끝내지 않았어.

(해설) ③ 'v하기에 (충분히) ~한'이라는 의미의 어순은 〈형용사+enough to-v〉로 쓰므로 large enough to accommodate가 되어야 한다.

05
• 이 세계화 세상에서 제2외국어를 배우는 것은 이로울 수 있다.

• 의학의 발전은 이전에 치료할 수 없었던 병을 치료하는 것을 가능하게 했다.

• 학생들은 작품의 질을 높이기 위해 자신들의 아이디어를 공유할 수 있다.

• 많은 사람들이 고통에 대한 두려움 때문에 치과에 가는 것을 꺼린다.

• 소문들을 의심 없이 믿다니 당신은 어리석다.

(해설) ⓑ 진목적어 to부정사구(to treat ~)를 대신하는 가목적어 자리가 비어있으므로 동사 made 뒤에 가목적어 it이 들어가야 한다.

ⓓ 'v하기를 꺼리다'라는 표현은 be reluctant to-v로 표현하므로 visiting을 visit로 고쳐야 한다.

06
이번 주는 날씨가 따뜻한 것 같다.

(해설) 동사 seems의 보어가 필요한 자리이므로 보어 역할을 하는 to be가 알맞다.

07
그녀는 그에게 몇 번이나 전화를 걸었지만 그는 너무 바빠서 그녀의 전화에 응답하지 못했다.

(해설) 문맥상 그가 너무 바빠서 전화에 응답하지 못했다는 게 자연스러우므로 〈too ~ to-v(너무 ~해서 …할 수 없다)〉 표현이 알맞다.

08
ⓐ 전문가들과의 토론을 통해, 그 팀은 해결책을 개발하게 되었다.

ⓑ 그녀는 어려운 시험을 끝내서 안심했다.

ⓒ 방해를 피하기 위해 나는 회의 중에 휴대폰을 껐다.

ⓓ 그는 온라인으로 신발 한 켤레를 주문했지만, 신발이 너무 크다는 것을 알게 되었다.

ⓔ 파티는 활기찬 음악은 말할 것도 없고 맛있는 음식으로 가득했다.

ⓕ 우리 이웃들은 항상 우리를 기꺼이 도와준다.

(해설) ⓐ 'v하게 되다'는 come to-v로 표현하므로 developing을 develop으로 고쳐야 한다.

ⓒ 문맥상 '방해를 피하기 위해'라는 의미이므로 Avoid를 목적의 의미를 갖는 부사적 용법의 to부정사 To avoid로 고치는 것이 알맞다.

09
좋은 정신 건강을 유지하기 위해서는 자신의 감정을 표현하는 것이 중요하다. 감정을 억제하는 것은 스트레스 증가, 불안 및 잠재적인 신체 건강 문제로 이어질 가능성이 높다. 감정을 터놓고 솔직하게 표현하라. 이는 당신이 긍정적인 정신 상태를 유지할 수 있게 해주고 더 강한 사회적 연결을 촉진시킨다.

(해설) ③ to부정사구(To suppress emotions)가 주어 역할을 하므로 단수 취급한다. 따라서 are를 is로 고쳐야 한다. 동사 바로 앞에 있는 명사인 emotions가 주어가 아님에 주의한다.

10 나는 이번 주 내내 늦게까지 일을 했다. 좀 쉴 시간이 필요하다.

(해설) 형용사로 쓰인 to부정사가 수식하는 명사 뒤에 알맞게 쓰였다.

11 이 검은 코트는 너무 비싸서 내 예산으로는 감당할 수 없다.

(해설) '너무 ~해서 v할 수 없는'은 〈too+형용사[부사]+to-v〉로 표현하므로 afford를 to afford로 고쳐야 한다.

12 그 오래된 건물은 보수 공사 동안 숨겨진 보물들이 가득 차 있었던 것으로 판명되었다.

(해설) turn out to-v: v로 판명되다

13 그는 경기를 위해 철저히 운동했지만, 결국 부상을 당할 뿐이었다.

(해설) '(그러나 결국) v할 뿐인'이라는 의미는 only to-v로 표현하므로 injured를 to injure로 써야 한다.

14 Judy는 그녀의 가족과 함께 이탈리아를 방문할 기회가 있었다.

(해설) '방문할 기회'라는 의미로, 명사 a chance를 수식하는 형용사가 필요하므로 to부정사를 사용하는 것이 알맞다.

15 그는 새 스마트폰을 사기 위해 돈을 모았다.

(해설) 'v하기 위해'는 in order to-v로 표현하므로 buy를 to buy로 고쳐야 한다.

16 이 도시의 대기 오염은 숨 쉬는 것을 힘들게 한다.

(해설) 가목적어 it이 쓰인 문장이므로 진목적어를 to부정사 형태로 고쳐야 한다.

17 (해설) never to-v: (그러나 결국) v하지 못한

18 (해설) 명사 역할을 하는 to부정사를 주격보어로 쓴다.

19 (해설) 형용사 tough를 부사 역할의 to pass 이하가 수식한다.

20 (해설) v인 것 같다: seem to-v

21 (해설) 목적을 의미하는 to부정사에 이어 가주어 it과 진주어(to express your appreciation)를 활용한다.

22
> 부엌이 너무 작아서 큰 식탁을 수용할 수 없었다.
> (= 부엌은 큰 식탁을 수용하기에 충분히 크지 않았다.)

(해설) '너무 ~하여 ⋯할 수 없다'라는 의미의 〈too+형용사[부사]+to-v〉는 〈so+형용사[부사]+that+주어+cannot [couldn't]+동사원형〉로 바꾸어 쓸 수 있다. 주어진 문장이 과거시제이므로 시제에 맞게 couldn't로 쓴다. 두 번째 문장은, 'v하기에 충분히 ~한[하게]'라는 의미의 〈형용사[부사]+enough to-v〉를 사용하여 쓴다.

23
> 인터넷 연결이 매우 안정적이어서 우리는 영화를 끊김 없이 볼 수 있다.
> (= 인터넷 연결이 영화를 끊김 없이 볼 수 있을 정도로 안정적이다.)

(해설) 'v하기에 (충분히) ~한[하게]'라는 의미의 〈so+형용사[부사]+that+주어+can[could]+동사원형〉은 〈형용사[부사]+enough to-v〉로 표현할 수 있다.

24
> 세계의 많은 지역에서, 마시거나 다른 일상적인 욕구들을 위한 깨끗한 물의 이용을 당연하게 여기기 쉽다. 하지만, 세계의 많은 지역에서는 여전히 마실 수 있는 깨끗한 물이 없다.

(해설) (A) 진주어인 to부정사구(to take for granted ~)가 뒤로 갔으므로, 주어 자리에는 가주어 it을 쓰는 것이 알맞다.
(B) '마실 수 있는 물'이라는 의미로, 명사 clean water를 수식하는 to drink가 뒤에 오는 것이 알맞다. 부정문이므로 명사 앞에 no를 붙여준다.

25
> 전염병의 확산을 막기 위해서는 청결한 위생을 실천하는 것이 중요하다. 손을 씻고, 기침할 땐 입을 가리고, 아픈 사람들을 피하는 것과 같은 청결한 위생을 실천해라.

(해설) so as to-v: v하기 위해

26
> 친구들과 말하는 것은 즐거운 경험이 될 수 있고, 어떤 사람들에게는 심지어 즐거운 취미가 될 수 있다. 그것은 개인이 다른 사람들과 연결되고, 의견과 생각을 공유하도록 한다. 예를 들어, 나는 말하는 것이 매우 즐겁다고 생각하며, 그것은 나에게 성취감과 행복을 제공한다.

(해설) 마지막 문장에서 find의 목적어 자리가 비어있고, 진목적어인 to부정사 to talk가 쓰였다. 따라서 find 뒤에 가목적어 it을 쓰고 진목적어 to talk를 문장 뒤로 보낸다.

(어휘)

01 duty 의무 lifeguard 안전요원 **02** renewable 재생 가능한 valuable 가치 있는, 귀중한 insight 통찰력 **04** accommodate (인원을) 수용하다 **05** beneficial 이로운, 이익이 되는 doubt 의심; 의심하다 **08** relieved 안심하는 interruption 방해 turn off (전원 등을) 끄다 **09** openly 터놓고, 드러내 놓고 sustain 지속시키다; 살아가게 하다 state 상태; 국가; 국가의 **10** throughout 내내, ~동안 **11** budget 예산, 비용 **13** rigorously 철저하게 **19** tough 힘든, 어려운 preparation 준비 **20** get along with ~와 어울리다[잘 지내다] **21** appreciation 감사 **23** stable 안정적인 **24** take for granted 당연한 일로 여기다 availability 이용 가능성 **25** hygiene 위생 infectious 전염되는 **26** fulfillment 성취

CHAPTER 07 동명사

UNIT 40 동명사의 역할 1: 주어, 보어
본문 98쪽

A
1 ×, → maximizing 또는 to maximize
2 ○
3 ×, → improves

B
1 Participating in public speaking events
2 not comparing yourself to others
3 Attending live concerts provides
4 is enjoying outdoor activities
5 Volunteering at a local charity organization benefits

A
1 우리 회사의 주요 목표는 고객의 만족도를 극대화하는 것이다.
(해설) 동사 is 뒤의 보어 자리이므로 동명사 maximizing 또는 to부정사 to maximize를 쓴다.
2 목소리를 조절하는 것은 선생님으로서 발전하기 위한 중요한 기술이다.
3 일을 하는 동안 정기적으로 휴식을 취하는 것은 생산성을 향상시킨다.
(해설) 주어로 쓰인 동명사(구)는 단수 취급한다.

어휘

1 primary 주요한, 주된 **maximize** 극대화하다 **3** productivity 생산성

B

2 (해설) 동명사의 부정형은 〈not+v-ing〉로 쓴다.

5 (해설) 주어로 쓰인 동명사(구)는 단수 취급하므로 benefits로 쓴다.

어휘

1 perspective 관점 **3** memorable 기억에 남을 만한
5 benefit 이익이 되다; 이익 charity 자선 (단체) organization 단체, 조직

UNIT 41 동명사의 역할 2: 동사의 목적어 본문 99쪽

A

1 surfing **2** to downsize
3 cooking **4** to become
5 purchasing

B

1 eating **2** to lend
3 watching **4** to eat out
5 organizing

1 우리는 해변에 앉아서 완벽한 파도를 타는 것을 상상했다.
(해설) imagine은 동명사를 목적어로 취하는 동사이다.

2 그들은 자신의 집 크기를 줄이고 미니멀리즘적인 생활방식을 선택하기로 결정했다.
(해설) decide는 to부정사를 목적어로 취하는 동사이다.

3 그는 자신의 친구들과 가족들을 위해 정성들인 식사를 요리하는 것을 즐긴다.
(해설) enjoy는 동명사를 목적어로 취하는 동사이다.

4 나의 형은 성공적인 사업가가 되어서 자신의 사업을 시작하기를 희망한다.
(해설) hope는 to부정사를 목적어로 취하는 동사이다.

5 그녀는 아무것도 살 생각이 없었지만 결국 새 드레스를 구입했다.
(해설) end up은 동명사를 목적어로 취하는 동사이다.

어휘

2 downsize (규모를) 줄이다[축소하다] adopt 선택하다; 입양하다
minimalist 미니멀리스트 ((소수의 것으로 최대 효과를 추구하는 사람))
3 elaborate 정성을 들인; 정교한 **5** intend (~하려고) 생각하다. 의도하다

B

1 나는 살을 빼야 하지만, 달콤한 것을 먹는 것을 포기할 수 없다.

(해설) give up은 동명사를 목적어로 취하는 동사이다.

2 나는 내가 좋아하는 책을 누구에게나 빌려주는 것을 거절했다.
(해설) refuse는 to부정사를 목적어로 취하는 동사이다.

3 그는 공포영화가 그에게 악몽을 꾸게 하기 때문에 그것을 보는 것을 피한다.
(해설) avoid는 동명사를 목적어로 취하는 동사이다.

4 우리는 생일과 기념일 같은 특별한 행사에 외식을 하는 경향이 있다.
(해설) tend는 to부정사를 목적어로 취하는 동사이다.

5 나는 내 옷장을 정리하는 것을 마쳤고 남는 옷을 기부했다.
(해설) finish는 동명사를 목적어로 취하는 동사이다.

어휘

4 occasion (특별한) 때, 행사 **5** organize 정리하다; 조직하다
donate 기부하다 spare 남는, 여분의

UNIT 42 동명사와 to부정사를 목적어로 쓰는 동사 본문 100쪽

A

1 ○ **2** ✕, → to lock
3 ○ **4** ○
5 ✕, → celebrating **6** ○
7 ○

B

1 try to communicate
2 regret not saving
3 Remember to call
4 forget watching
5 prefers studying[to study]
6 stopped making excuses

A

1 그는 젊은 시절부터 클래식 음악을 공부하기 시작했다.
(해설) begin은 to부정사와 동명사 둘 다 목적어로 취하는 동사이다.

2 그들이 외출할 때 잠그는 것을 잊었기 때문에 현관문이 열려 있었다.
(해설) '(과거에) 문을 잠그는 것을 잊어버렸다'라는 의미이므로 forget to-v를 쓰는 것이 알맞다.

3 당신의 신청이 거절된 것을 알려드리게 되어 유감입니다.
(해설) '(앞으로) 알려드리게 되어 유감이다'라는 의미이므로 regret to-v를 쓰는 것이 알맞다.

4 나는 다른 사람들과 논쟁하는 것을 싫어하고 평화로운 해결을 선호한다.

해설 hate는 to부정사와 동명사 둘 다 목적어로 취하는 동사이다.

5 그 커플은 작년에 고급 레스토랑에서 그들의 기념일을 축하했던 것을 기억한다.
해설 '(과거에) 기념일을 축하했던 것을 기억한다'라는 의미이므로 remember v-ing를 쓰는 것이 알맞다.

6 그들은 약한 빛에도 불구하고 고대 유적을 계속해서 탐험했다.

7 그녀는 높은음을 노래하려고 해봤지만, 그녀에게는 조금 힘든 일이었다.
해설 try v-ing: 시험 삼아 한번 v해보다

어휘
1 in one's youth 젊은 시절에 3 inform 알리다 application 신청; 지원; 적용, 응용 deny 거절하다; 부인하다 4 argue 논쟁하다 resolution 해결; 결단성 5 anniversary 기념일 6 ruin 유적; 폐허 7 challenging 힘든, 도전적인

B
1 해설 'v하려고 노력하다'는 try to-v로 쓴다.
2 해설 '(과거에) v한 것을 후회하다'는 regret v-ing로 쓴다. 동명사의 부정형은 〈not+v-ing〉이므로 regret not saving으로 쓰는 것이 알맞다.
3 해설 '(앞으로) v할 것을 기억하다'는 remember to-v로 쓴다.
4 해설 '(과거에) v한 것을 잊어버리다'는 forget v-ing로 쓴다.
5 해설 prefer는 동명사와 to부정사 둘 다 목적어로 취하는 동사이다.
6 해설 stop은 목적어로 동명사를 취하는 동사이다.

어휘
5 concentration (정신) 집중 6 take responsibility 책임을 지다

UNIT
43
동명사의 역할 3: 전치사의 목적어

본문 102쪽

A
1 ×, → satisfying   2 ○
3 ○   4 ×, → breathing
5 ○
B
1 maintaining a healthy lifestyle
2 devoted their efforts to developing
3 object to building a new highway
4 When it comes to solving a problem

A
1 고객 만족을 위한 그 회사의 열정은 비즈니스 좌우명에 묘사된다.
해설 전치사 뒤에는 명사가 와야 하므로 동사 satisfy를 동명사 satisfying으로 고치는 것이 알맞다.

2 젊은 사람들은 일상에서 디지털 기기를 사용하는 것에 익숙하다.
해설 be accustomed to v-ing는 'v하는 것에 익숙하다'라는 뜻으로, 이때 to는 전치사이므로 뒤에 동명사가 알맞게 쓰였다.

3 한 번에 하나의 자동차를 조립하는 대신, 제조업자들은 생산라인을 사용한다.

4 개구리는 피부를 통해 숨을 쉬면서 산소를 얻는다.

5 그 팀은 새로운 소프트웨어를 사용하여 일하는 것에 빠르게 적응했다.
해설 adjust to v-ing는 'v하는 것에 적응하다'라는 뜻으로, 이때 to는 전치사이므로 뒤에 동명사가 알맞게 쓰였다.

어휘
1 passion 열정 motto 좌우명, 모토

B
어휘
1 maintain 유지하다 2 innovative 혁신적인 renewable 재생 가능한 3 resident 거주자

UNIT
44
동명사를 포함한 주요 구문

본문 103쪽

A
1 feel like cooking
2 difficulty in pronouncing the foreign words
3 keep the sun from damaging your eyes
B
1 겨울에 우리가 감기에 걸리는 것을 막아준다
2 한 시간 넘게 기다릴 가치가 있었다
3 마시지 않을 수 없다[마실 수밖에 없다]

A
1 해설 feel like v-ing: v하고 싶은 생각이 들다
2 해설 have difficulty[trouble] (in) v-ing: v하는 데 어려움을 겪다
3 해설 keep A from v-ing: A가 v하지 못하게 하다

어휘
2 pronounce 발음하다; 선언하다 3 damage 손상시키다; 손상, 피해

B
1 해설 prevent[keep, stop] A from v-ing: A가 v하지 못하게 하다, A가 v하는 것을 막다
2 해설 be worth v-ing: v할 가치가 있다
3 해설 have no choice but to-v: v하지 않을 수 없다

어휘
3 contaminate 오염시키다

Chapter Exercises

본문 104쪽

01 ①　　　　02 ④
03 ④　　　　04 ⑤
05 ⑤　　　　06 ④
07 ③
08 remember to take vitamins
09 regretted missing the opportunity to study abroad
10 Upon arriving at the hotel
11 The weather is far from improving
12 The beauty of the dancing is expressing emotions
13 He is accustomed to speaking in public
14 determined to build a successful start-up company
15 The director finished editing the film
16 complaining about problems, try focusing
17 (A) keeping (B) to make (C) practicing 또는 to practice (D) consuming
18 ⓐ, is
19 (A) is (B) Having (C) worth
20 ⓑ, enjoy practicing, ⓔ, expect to continue
21 help, helping
22 no use worrying about past events

01
• 다양한 도시를 여행하는 것은 나를 기분 좋게 만든다.
• 선생님은 모두에게 자신들의 쓰레기를 처리하는 것을 잊지 말라고 상기시켰다.
• 우정의 본질은 서로를 지지하는 것이다.

해설 (A) 주어로 쓰인 동명사구(Traveling to various cities)는 단수 취급하므로 makes가 알맞다.
(B) 동명사의 부정형은 〈not+v-ing〉로 쓴다.
(C) 문맥상 동사 is 뒤에는 '~하는 것'이라는 보어가 필요한 자리이므로, 동명사 supporting이 와야 한다.

02
• 그녀는 자신이 통제할 수 없는 것들에 대해 걱정하는 것을 그만두었다.
• 나는 나의 신체적, 정신적 행복을 위해 규칙적으로 운동하기로 결정한다.
• 그들은 지역 보호소에서 개를 입양하는 것을 고려하고 있다.

해설 (A) quit은 동명사를 목적어로 취하는 동사이므로 worrying이 와야 한다.
(B) choose는 to부정사를 목적어로 취하는 동사이므로 to exercise가 와야 한다.
(C) consider는 동명사를 목적어로 취하는 동사이므로 adopting이 와야 한다.

03
① 행복의 비결은 다른 사람을 돕는 것이다.
② 역사를 공부하는 것은 우리가 현재를 이해하는 데 도움을 준다.
③ 나는 선생님들과 멘토들에게 질문을 하면서 많은 것을 배웠다.
④ 나는 내 생각과 견해를 명료하게 표현하기 위해 글을 쓰는 중이다.
⑤ 그들은 휴식을 취하고 자연과 연결되는 방법으로 정원 가꾸기를 좋아한다.

해설 ① 보어로 쓰인 동명사이다.
② 주어로 쓰인 동명사이다.
③ 전치사 by의 목적어로 쓰인 동명사이다.
④ 현재진행형 문장에 사용된 현재분사이다.
⑤ 동사 like의 목적어로 쓰인 동명사이다.

04
① 그들은 예산상의 제약 때문에 집을 개조하는 것을 연기했다.
② 많은 협상 끝에 양측은 마침내 계약에 서명하기로 합의했다.
③ 그 팀은 몇 번의 패배에도 연습을 포기하지 않았다.
④ 그는 주말에 조부모님을 방문할 계획이다.
⑤ 나는 좋은 품질의 물건을 위해 값을 더 지불하는 것을 꺼리지 않는다.

해설 ①③⑤ postpone, give up, mind는 동명사를 목적어로 취하는 동사이다.
②④ agree, plan은 to부정사를 목적어로 취하는 동사이다.

05
나는 흐린 날에 바다에서 수영하는 것을 즐긴다[좋아한다, 기억한다, 싫어한다].

해설 hope는 to부정사를 목적어로 취하므로 빈칸에 들어갈 수 없다.

06
① 그녀는 음악에 대한 열정을 추구하는 데 인생을 헌신했다.
② 이 회사는 파트너십과 협업을 지속적으로 확장하고 있다.
③ 룸메이트가 이사를 갔기 때문에 나는 혼자 사는 것에 적응해야 했다.
④ 어젯밤에 알람 맞추는 것을 잊어버려서 오늘 아침에 늦잠을 잤다.
⑤ 그는 다른 사람들 앞에서 자신감 있는 척한다.

해설 ④ 문맥상 '~할 것을 잊어버렸다'가 적절하므로 forget to-v로 써야 한다. 따라서 setting을 to set으로 고치는 것이 알맞다.

07
ⓐ 우리는 이 좁은 지역에서 주차할 공간을 찾는 데 어려움을 겪는다.
ⓑ 보안 시스템을 설치하는 것은 집에 도둑이 들어오는 것을 방지할 수 있다.
ⓒ 기타를 치는 것에 관한 한, 그녀는 특별히 재능이 있다.
ⓓ 더운 여름날, 나는 종종 아이스크림이 먹고 싶다.
ⓔ 그들은 이번 주말 음악 축제에 참석하기를 기대하고 있다.
ⓕ 배우들의 파워풀한 연기는 관객들을 사로잡을 수밖에 없다.

해설 ⓒ '~에 관한 한'은 when it comes to v-ing[명사]로 쓰므로, play를 playing으로 고쳐야 한다.
ⓔ 'v하기를 고대하다'는 look forward to v-ing로 쓰므로

attend를 attending으로 고쳐야 한다.

① 'v하지 않을 수 없다'는 〈cannot but v〉으로 쓰므로 captivating을 captivate로 고치거나 but을 help로 고쳐야 한다.

08 (해설) remember to-v: (앞으로) v할 것을 기억하다

09 (해설) regret v-ing: (과거에) v한 것을 후회하다

10 (해설) upon v-ing: v하자마자

11 (해설) far from v-ing: 조금도 v하지 않다

12 (해설) 주어(The beauty of the dancing)와 동사(is) 뒤에 '표현하는 것'이라는 보어가 필요하므로 express를 동명사 expressing으로 바꾸어 쓴다.

13 (해설) 'v하는 것에 익숙하다'라는 의미의 be accustomed to v-ing에서 to는 전치사이므로 speak를 동명사 speaking으로 바꾸어 쓴다.

14 (해설) determine은 to부정사를 목적어로 취하는 동사이므로 build를 to build로 쓴다.

15 (해설) finish는 동명사를 목적어로 취하는 동사이므로 edit을 editing으로 바꾸어 쓴다.

16 (해설) 전치사구 Instead of 뒤에 오는 전치사의 목적어 자리이므로 complain을 동명사 complaining으로 쓴다. '한번 v해 보다'라는 의미는 try v-ing으로 쓴다.

17
> 건강한 생활 방식을 유지하는 것은 잘 먹고, 규칙적으로 운동하고, 충분한 잠을 자는 것과 같은 습관을 유지하는 것을 포함한다. 이상적인 건강을 얻기 위해서, 당신은 당신의 일상에 긍정적인 변화를 만들기로 결정해야 한다. 예를 들어, 당신은 아침 조깅을 시작하고 정크 푸드를 먹는 것을 피할 수 있다.

(해설) (A) include는 동명사를 목적어로 취하는 동사이므로 keep을 keeping으로 바꾸어 쓴다.
(B) decide는 to부정사를 목적어로 취하는 동사이므로 make를 to make로 바꾸어 쓴다.
(C) start는 동명사와 to부정사를 모두 목적어로 취하는 동사이므로 practice를 practicing 또는 to practice로 바꾸어 쓴다.
(D) avoid는 동명사를 목적어로 취하는 동사이므로 consume을 동명사 consuming으로 바꾸어 쓴다.

18
> 새로운 가능성을 찾는 것은 성공에 필수적이다. 새로운 생각, 접근법, 기회에 개방적인 것은 성장과 발전으로 이어질 수 있다. 변화를 환영하고 호기심을 가짐으로써 개인은 자신의 시야를 확장시키고 성공의 새로운 길을 발견할 수 있다.

(해설) 주어로 쓰인 동명사(구)(Searching for new possibilities)는 단수 취급하므로 are를 is로 고쳐야 한다.

19
> 다른 관심사를 가진 친구들을 만나는 것은 매우 유익하다. 그것은 당신이 새로운 것을 탐구하고 다른 관점에서 배울 수 있게 해준다. 다양한 그룹의 친구들을 사귀는 것은 당신의 삶을 흥미롭게 유지할 수 있고 당신의 시야를 넓히는 데 도움을 줄 수 있다. 그러므로 당신의 사회적 관계를 넓힐 가치가 있다.

(해설) (A) 주어로 쓰인 동명사(구)(Meeting friends with different interests)는 단수 취급한다.
(B) 문장 맨 앞 주어 자리이므로 Have는 동명사 Having으로 쓴다.
(C) 문맥상 '당신의 사회적 관계를 넓힐 가치가 있다'는 내용이 되어야 하므로 〈be worth v-ing〉 구문을 사용한다.

20
> 새로운 언어를 배우는 것은 어려울 수 있지만, 재미있기도 하다. 나는 발음과 어휘 연습을 즐긴다. 동사와 시제 때문에 고생했던 기억이 있지만, 지금은 그것들을 사용하는 것이 더 나아졌다. 나는 그 새로운 언어로 된 음악을 듣고, 영화를 보고, 책을 읽음으로써 나의 기술을 계속 발전시킬 것을 기대한다.

(해설) ⓑ enjoy는 동명사를 목적어로 취하는 동사이므로 to practice를 practicing으로 고쳐야 한다.
ⓔ expect는 to부정사를 목적어로 취하는 동사이므로 continue를 to continue로 고쳐야 한다.

21
> Kevin은 동물을 돌보는 것에 대한 열정을 가지고 있다. 주말마다 지역 동물 보호소에서 자원봉사를 하는 것은 그의 여가 활동 중 하나이다. 그곳에 있는 동안, 그는 개들과 산책하며 놀고, 입양 행사를 돕는 데 시간을 보낸다. 그의 이타적인 행동은 지역사회에 변화를 일으키고 다른 사람들에게 영감을 준다.

(해설) spend A (in) v-ing: v하는 데 A를 쓰다

22
> A: 내가 그 시험에 떨어졌다니 믿을 수가 없어. 난 정말 열심히 공부했다고!
> B: 괜찮아, 너무 걱정하지 마.
> A: 하지만 이제 성적이 떨어질 거야!
> B: 그냥 다음 시험 잘 보는 데 집중해. 지나간 일이니 앞으로 나아가자. 그리고 그것에 대해서는 더 이상 생각하지 마.
> A: 동의해.

> → 과거의 일을 걱정해도 소용이 없다.

(해설) A가 시험 성적으로 고민하자 B가 지난 일은 잊고 다음 시험에 집중하자고 조언하는 내용이다. 따라서 It is no use v-ing(v해도 소용없다)를 사용하여 '과거의 일에 관해 걱정해도 소용없다'라는 표현을 완성한다.

어휘
01 remind A of B A에게 B를 상기시키다 **dispose** 처리하다; 없애다 **essence** 본질 **02** beyond one's control 통제할 수 없는, ~의 통제를 벗어난 **shelter** 보호소 **03** garden 정원을 가꾸다 **04** constraint 제약, 제한 **negotiation** 협상, 절충 **party** 당사자, 상대방; 정당 **06** pursue 추구하다 **expand** 확장[확대]시키다 **oversleep** 늦잠 자다 **07** parking spot 주차 공간 **burglar** 도둑, 절도범 **captivate** 사로잡다 **12** graceful 우아한 **15** eagerly 간절히, 열렬하게 **await** 기다리다 **response** 반응; 대답 **17** ideal 이상적인, 완벽한 **consume** 먹다; 소비하다 **18** approach 접근(법); 다가가다 **advancement** 발전 **horizon** 시야; 수평선 **pathway** 길; 경로 **19** diverse 다양한 **broaden** 넓히다 **20** pronunciation 발음 **struggle with**

~로 고생하다 **tense** (동사의) 시제; 긴장한 **21 care for** ~을 돌
보다 **selfless** 이타적인 **inspire** 영감을 주다; 격려하다
22 suffer 더 나빠지다, 악화되다; 고통받다 **move forward** 앞으
로 나아가다, 전진하다

CHAPTER 08 분사와 분사구문

UNIT 45 분사의 쓰임 1: 명사 수식

본문 110쪽

A
1 bicycle 2 the information
3 artist 4 the student

B
1 discovered 2 selling
3 signed 4 staying
5 made 6 displayed
7 coming 8 sparkling

A
1 도난당한 자전거는 경찰이 되찾았다.
2 설문조사에 따르면, 성인의 15퍼센트만이 인플루언서들에 의해 제공된 정보를 신뢰한다.
3 Gordon Parks는 2006년에 사망할 때까지 영감을 주는 예술가였다.
4 선생님은 질문에 자신 있게 대답하는 학생들을 칭찬했다.

어휘
1 **recover** 되찾다; 회복하다 3 **inspiring** 영감을 주는, 고무적인

B
1 발견된 보물 상자에는 고대의 금화가 들어있었다.
    (해설) 수식받는 treasure box와 discover(발견하다)는 수동 관계이다.
2 그녀는 시장에서 신선한 과일을 파는 여성을 만났다.
    (해설) the woman과 sell(팔다)은 능동 관계이다.
3 Jake는 그 작가에게 서명된 자서전을 받다니 운이 좋았다.
    (해설) the autobiography와 sign(서명하다)은 수동 관계이다.
4 저희 게스트하우스에 머무르는 모든 투숙객들에게 아침 식사가 제공됩니다.
    (해설) all guests와 stay(머물다)는 능동 관계이다.
5 나는 나무로 만들어진 휴대폰 케이스를 사고 싶다.
    (해설) a cell phone case와 make(만들다)는 수동 관계이다.

6 가게에 진열된 그 재킷은 멋스러워 보인다.
    (해설) The jacket과 display(진열하다)는 수동 관계이다.
7 나는 부엌에서 나는 향기에 기분이 행복해진다.
    (해설) the aroma와 come((어떤 위치, 장소에) 오다)는 능동 관계이다.
8 그녀는 밤하늘의 반짝이는 별들을 올려다보고 있다.

어휘
2 **encounter** (우연히) 만나다 3 **autobiography** 자서전
author 작가, 저자 7 **aroma** (기분 좋은) 향기

UNIT 46 분사의 쓰임 2: 보어 역할

본문 111쪽

A
1 standing 2 scattered
3 sleeping 4 locked

B
1 hiding 2 feeling
3 burnt 또는 burned 4 repaired

A
1 그녀는 폭우 속에서 우산 없이 서 있었다.
    (해설) She와 stand(서다)는 능동 관계이다.
2 깨진 화분이 바닥에 흩어져 있었다.
    (해설) The broken vase와 scatter(흩뿌리다)는 수동 관계이다. broken은 vase를 수식하는 과거분사이다.
3 나는 내 고양이가 소파 위에서 자고 있는 것을 발견했다.
    (해설) my cat과 sleep(자다)은 능동 관계이다.
4 우리는 민감한 정보에 승인되지 않은 접근을 막기 위해 그 파일을 잠그도록 한다.
    (해설) The file과 lock(잠그다)은 수동 관계이다.
    (구문) We keep the file locked / to prevent unauthorized **access** (to sensitive information).
    • to prevent 이하는 목적을 나타내는 to부정사구의 부사적 용법이다.

- 명사 access는 과거분사 unauthorized와 전치사구 to sensitive information의 수식을 받는다.

어휘

1 pour 마구 쏟아지다; 붓다 2 scatter 흩뿌리다; 흩어지게 만들다
4 unauthorized 승인[공인]되지 않은 sensitive 민감한; 예민한; 세심한

B

1 나는 Clara가 나무 뒤에 숨어 있는 것을 보지 못했고, 그래서 그녀는 갑자기 나무에서 나타나서 나를 놀라게 했다.

2 그의 무례한 행동은 나를 불편하게 했다.
   (해설) me와 feel(느끼다)은 능동 관계이다.

3 그 케이크는 오븐에 너무 오랫동안 있어서 타게 되었다.
   (해설) The cake와 burn((불에) 타다)은 수동 관계이다.

4 나는 닳은 타이어를 교체하기 위해 자전거가 수리되도록 했다.
   (해설) my bike와 repair(수리하다)는 수동 관계이다.

어휘

4 replace 교체하다; 대체하다 worn-out 닳아서 못쓰게 된

UNIT
47 **감정을 나타내는 분사**   본문 112쪽

A

1 exciting   2 thrilling
3 impressed   4 boring
5 worried

B

1 he became embarrassed
2 are annoying
3 The presentation was quite interesting
4 I felt disappointed

A

1 그 경기는 아주 흥미진진했고 긴장감으로 가득 차 있었다.
   (해설) 주어인 The game이 '흥미진진하게 하는' 것이므로 현재분사 exciting이 알맞다.

2 그 롤러코스터는 매우 스릴이 넘쳤다.
   (해설) 주어인 The roller coaster ride가 '스릴 있게 하는' 것이므로 현재분사 thrilling이 알맞다.

3 바다 위의 일몰을 볼 때, 너는 감명 받을 것이다.
   (해설) 주어인 you가 '감명을 받는' 것이므로 과거분사 impressed가 알맞다.

4 나는 긴 지루한 회의 동안 졸렸다.
   (해설) 수식을 받는 meetings가 '지루하게 하는' 것이므로 현재분사 boring이 알맞다.

5 나는 곧 중요한 시험을 쳐야 했기 때문에 걱정이 됐다.

(해설) 주어인 I가 '걱정을 느끼는' 것이므로 과거분사 worried가 알맞다.

어휘

1 suspense 긴장감

B

1 (해설) 주어인 he가 '당황하게 되는' 것이므로 과거분사 embarrassed로 쓴다.

2 (해설) 주어인 The persistent telemarketing calls가 '성가시게 하는' 것이므로 현재분사 annoying으로 쓴다.

3 (해설) 주어인 The presentation이 '흥미를 주는' 것이므로 현재분사 interesting으로 쓴다.

4 (해설) 주어인 I가 '실망을 느끼는' 것이므로 과거분사 disappointed로 쓴다.

UNIT
48 **분사구문의 기본 형태와 의미**   본문 113쪽

A

1 ×, → he 삭제   2 ○

B

1 Completing the first task
2 rewarding himself with a snack
3 waiting for my friend
4 heading to the airport

A

1 그 사진작가는 카메라 설정을 조정하며 완벽한 장면을 찍었다.
   (해설) 주절의 주어(The photographer)와 동일한 분사구문의 주어 he는 삭제하는 것이 알맞다.

2 늦고 싶지 않아서, 그녀는 회의를 위해 일찍 집에서 출발했다.
   (해설) 분사구문의 부정형 Not v-ing 형태가 알맞게 쓰였다.

어휘

1 adjust 조정[조절]하다; 적응하다

B

1 나는 첫 번째 업무를 마치고 난 후, 두 번째 업무를 준비했다.

2 그는 자신의 숙제를 끝냈고, 자기 자신에게 간식으로 보상을 줬다.

3 나는 내 친구를 기다리는 동안 시계의 바늘을 보았다.

4 그들은 공항으로 향하며 친구들에게 손을 흔들어 작별 인사를 했다.

어휘

2 reward 보상하다; 보상 3 hand (시계의) 바늘 4 wave goodbye 손을 흔들어 작별 인사하다

완료 분사구문, 수동 분사구문 본문 114쪽

A
1 Filled with
2 Having hurt my arm
3 Having been damaged
B
1 ○
2 ×, → Closing the text book
3 ○
4 ×, → (Being) Brushed

A

1 나의 어머니는 기쁨과 행복으로 가득 차서 나를 힘껏 안아주었다.

(해설) 부사절의 동사 was filled with와 주절의 시제가 일치하므로 Being filled with로 쓴다. 괄호가 2칸이므로 Being은 생략하고 쓴다.

2 내가 팔을 다쳤기 때문에 수영 수업을 그만두었다.

(해설) 부사절의 동사 had hurt가 주절의 시제인 과거보다 앞서므로 완료 분사구문인 Having hurt로 쓴다.

3 가게가 지난달 화재로 피해를 입었기 때문에 수리를 위해 문을 닫았다.

(해설) 부사절의 동사 had been damaged가 주절의 시제인 과거보다 앞선 일이므로 Having been damaged로 쓴다.

(어휘)

2 drop out (of) ~을 그만두다

B

1 안경을 망가뜨렸기 때문에 그는 노트를 읽는 데 어려움이 있었다.

(해설) 문장의 동사인 had보다 분사구문이 앞선 일이므로 완료 분사구문인 Having broken his glasses가 알맞게 쓰였다.

2 교과서를 덮은 후, 그녀는 내용을 기억하려고 노력했다.

(해설) 문장의 주어인 she와 close((책을) 덮다)는 능동 관계이므로 Closed를 Closing으로 고치는 것이 알맞다.

3 마감기한을 다시 한번 들은 후, 그녀는 일을 끝내기 위해 급히 움직였다.

4 빗질을 한 후에 그 개의 털은 부드럽고 윤기가 났다.

(해설) 문장의 주어인 the dog's fur와 brush(빗질하다)는 수동 관계이므로 수동 분사구문 (Being) Brushed로 써야 한다.

(어휘)

3 remind A of B A에게 B를 연상하게 하다 **rush** 급히 움직이다

접속사나 주어를 남긴 분사구문 본문 115쪽

A
1 The photos taken
2 The storm approaching
3 The flowers blooming beautifully
B
1 When disappointed by a result
2 The report completed
3 It being a hot summer day
4 while planning a new project

A

1 사진이 찍혔기 때문에, 휴가의 추억이 영원히 담겼다.

(해설) 분사구문의 의미상 주어는 the photos이고 문장의 주어는 memories of the vacation이므로, 분사구문 앞에 The photos를 남기고 쓴다.

2 태풍이 다가왔을 때 그녀는 서둘러 모든 창문을 닫았다.

3 꽃이 아름답게 폈을 때 정원은 형형색색의 오아시스가 된다.

(어휘)

3 bloom (꽃이) 피다

B

1 (해설) 문장의 주어 I와 disappoint(실망시키다)는 수동 관계이므로 접속사 When 뒤에 수동 분사구문 being disappointed ~ 형태로 써야 한다. 이때 being은 생략 가능하므로 생략한 형태로 쓴다.

2 (해설) 분사구문의 주어는 The report이고 문장의 주어는 he이므로 분사구문의 주어를 생략하지 않고 쓴다.

(어휘)

1 outdoors 야외[실외]에서

---

with+명사+분사 본문 116쪽

A
1 fixed   **2** set
3 running   **4** arranged
B
1 with fresh ingredients carefully prepared
2 with the organizer welcoming the attendees
3 With many students suffering from stress

4 With a substantial budget invested in healthcare

A

1 정비사가 엔진을 고치고 차를 돌려주었다.

(해설) 의미상 주어인 the engine과 fix(고치다)는 수동 관계이다.

2 내 가족은 식탁이 품격 있게 차려진 채로 저녁을 먹는다.

(해설) 의미상 주어인 the table과 set((상을) 차리다)은 수동 관계이다.

3 나는 얼굴에 눈물이 흐르는 채로 감동적인 영화를 보고 있었다.

(해설) 의미상 주어인 tears와 run(흐르다)은 능동 관계이다.

4 그녀는 다양한 색이 함께 배열되게 하며 아름다운 부케를 만들었다.

(해설) 의미상 주어인 various colors와 arrange(배열하다)는 수동 관계이다.

(어휘)

2 elegantly 품격 있게, 우아하게   **4** arrange 배열하다; 정리하다
various 다양한

B

1 (해설) 의미상 주어인 ingredients와 prepare(준비하다)는 수동 관계이므로 과거분사 prepared로 쓴다.

2 (해설) 의미상 주어인 the organizer와 welcome(환영하다)은 능동 관계이므로 현재분사 welcoming으로 쓴다.

3 (해설) 의미상 주어인 many students와 suffer(겪다)는 능동 관계이므로 현재분사 suffering으로 쓴다.

4 (해설) 의미상 주어인 a substantial budget과 invest(투자하다)는 수동 관계이므로 과거분사 invested로 쓴다.

(어휘)

2 attendee 참석자   **3** guidance 지도, 안내   counseling 상담, 조언   essential 필수적인   **4** substantial 상당한   budget 예산, 비용; 예산을 세우다   prioritize 우선순위를 매기다

UNIT
52 분사구문의 관용 표현   본문 117쪽

A

1 엄격히 말해서

2 일반적으로 말해서

3 휴가[방학]에 대해 말하자면

4 그의 대답으로 판단하건대

B

1 Frankly speaking

2 Talking of

3 Considering that

A

(어휘)

1 applicant 지원자   **2** ensure 보장하다   **4** concept 개념

B

1 솔직히 말해서, 나는 내 남자친구와 헤어지는 것을 생각 중이다.

2 취미에 대해 말하자면, 정원 가꾸기는 편안하고 보람 있는 활동이 될 수 있다.

3 예산이 한정된 것을 고려하면, 우리는 비용을 확인해야 한다.

(어휘)

1 break up with ~와 결별하다

Chapter Exercises

본문 118쪽

01 ④	**02** ①
03 ④	**04** ③
05 ③	**06** ②
07 ④	**08** ②
09 ③	**10** ②

11 impressed by her amazing idea

12 A popular sport played in Canada

13 Tasting the warm soup

14 They were excited by the news

15 Having climbed the mountain several times

16 ⓒ, the delivered pizza

17 (A) frustrating (B) customized (C) pleased

18 (A) adding (B) monitoring (C) served

19 (A) (Having been) Composed by the world-famous musician
(B) (being) admired by music lovers

20 (A) with hundreds of ships constantly sailing on it
(B) making it a symbol of unity

21 completing, completed
고친 이유: 분사 completing의 의미상 주어는 it(= The marathon)이며 이 둘은 수동 관계이므로 과거분사 completed가 적절하다.

01 ① 우아하게 춤을 추며, 발레리나는 모든 사람의 시선을 사로잡았다.
② 침대에서 자고 있는 그 아기는 나의 여동생이다.
③ 그 가수는 열정적으로 노래하면서 무대에서 자신이 가장 좋아하는 노래를 공연했다.
④ 글쓰기는 창의적인 표현과 자기 성찰을 가능하게 한다.
⑤ 어젯밤 축구 경기는 정말 짜릿했다.

(해설) ①, ③ 분사구문에 쓰인 현재분사이다.
② 명사 baby를 수식하는 현재분사이다.

④ 주어 역할을 하는 동명사로 사용되었다.

⑤ 보어 역할을 하는 현재분사이다.

02
- 크레파스로 그림을 그리는 아이들은 자신들의 창의력을 보여주었다.
- 인터넷을 둘러보는 동안, 그는 흥미로운 기사를 우연히 발견했다.
- 그녀는 고개를 높이 들고 꼿꼿하게 걸었다.

(해설) (A) The children과 draw(그리다)는 능동 관계이다.
(B) 의미상 주어인 he와 browse(둘러보다)는 능동 관계이므로 현재분사 browsing이 알맞다. 접속사 While을 남긴 분사구문이다.
(C) 동시 상황을 나타내는 〈with+명사+분사〉 구문이다. 의미상 주어 her head와 hold(들다)는 수동 관계이므로 과거분사 held가 알맞다.

03
- 이전에 독일에서 산 적이 있었기 때문에, Chris는 독일어를 유창하게 구사할 수 있다.
- 보고서에 혼란스러운 정보를 포함하지 않아야 한다.
- 인터뷰에서 어려운 질문을 받았음에도, Sarah는 자신 있게 대답했다.

(해설) (A) 분사구문의 before가 주절보다 앞선 일임을 나타내므로 Having lived를 쓴다.
(B) 수식받는 명사 information과 confuse(혼란스럽게 하다)의 관계가 능동이므로 현재분사 confusing이 알맞다.
(C) 분사구문의 의미상 주어인 Sarah와 ask(질문을 하다)는 수동 관계이다. 따라서 Being asked 형태로 써야 하며, 이때 Being은 생략 가능하므로 Asked가 알맞다.

04
① 광범위한 수색에도 불구하고 분실품은 숨겨진 채 있다.
② 나는 요리사가 주방에서 능숙하게 식사를 준비하는 것을 보았다.
③ 그 호텔에서의 서비스는 정말 만족스러웠다.
④ 일반적으로 성공은 노력의 결과이다.
⑤ 그녀는 반복적으로 발표 연습을 했고 매번 자신감을 얻었다.

(해설) ③ 의미상 주어인 The service가 만족스럽게 만드는 것이므로 satisfied를 현재분사 satisfying으로 고쳐야 한다.

05
① 방에 들어가자, 그녀는 앉아서 쉴 수 있는 아늑한 소파를 보았다.
② 회의가 끝난 후, 우리는 버스를 타기 위해 서둘렀다.
③ 그녀의 집을 방문하는 동안, 그는 자신의 거실을 다시 꾸미고 싶은 영감을 받았다.
④ 비록 성급하게 준비되었지만, 그 축제는 큰 성공을 거두었다.
⑤ 눈이 세차게 내려서, 나는 실내에 머물기로 결정했다.

(해설) ③ 접속사(While)가 있는 분사구문의 의미상 주어인 he와 visit(방문하다)는 능동 관계이다. 따라서 visited는 현재분사 visiting으로 써야 한다. 또는 부사절 While he visited her house로 고치는 것도 가능하다.

06
나는 원숭이가 나뭇가지에 꼬리를 감은 채 낮잠을 즐기는 것을 보았다.

(해설) 〈with+명사+분사〉 구문에서 명사 its tail과 wrap(감다)

이 수동 관계이므로 과거분사 wrapped가 알맞다.

07
전에 그 영화를 본 적이 있기 때문에, Alex는 이미 결말을 알고 있었다.

(해설) 분사구문의 의미상주어 Alex와 watch는 능동 관계이며, 주절의 시제(Alex가 결말을 아는 것)보다 분사구문의 시제(그가 영화를 본 것)가 앞서므로 완료분사구문 having p.p. 형태가 알맞다.

08
① 사람들은 위험을 감지할 때 일반적으로 더 경각심을 갖게 된다.
② 편지를 받고 나서 그는 즉시 그것을 읽기 시작했다.
③ 날씨가 허락한다면 우리는 공원으로 소풍을 갈 것이다.
④ 일 년 전에 Amber를 만난 적이 있었기 때문에 그는 그녀를 즉시 알아보았다.
⑤ 거리를 고려하면, 우리는 예상치 못한 지연을 만나지 않기 위해 일찍 출발해야 한다.

(해설) ② 분사구문의 의미상 주어 he와 receive(받다)는 능동 관계이므로 Having been received를 Having received로 고쳐야 한다.

(구문) We will have a picnic in the park, **weather permitting**.
- 분사구문의 주어(weather)와 문장의 주어(We)가 달라서 분사구문 앞에 주어를 남긴 형태이다.(← ~, if weather permits.)

09
ⓐ 그 원단의 기분 좋은 촉감이 편안함을 가져다주었다.
ⓑ Pine 가에서 발견된 지갑이 주인에게 돌아갔다.
ⓒ James는 한국 회사에서 개발된 차를 구입했다.
ⓓ 나는 중요한 회의 중에 갑자기 딸꾹질을 해서 당황스러웠다.
ⓔ 그 소녀는 전화 통화를 하며 길을 따라 걸었다.
ⓕ 현지 언어를 모르기 때문에 그 여행객은 공항 직원에게 도움을 요청했다.

(해설) ⓑ A wallet과 find(찾다)는 수동 관계이므로 finding을 과거분사 found로 고쳐야 한다.
ⓔ 분사구문의 의미상 주어인 The girl과 talk on the phone(전화하다)은 능동 관계이므로 talked를 현재분사(talking)로 고쳐야 한다.

10
나는 살아있음과 자유로움을 느끼며 절벽 끝에 서 있었다. 바람이 부드럽게 불면서 내 마음은 놀라움으로 가득 찼다. 나는 파도가 바위에 부딪치고, 해가 하늘에서 밝게 빛나는 것을 보았다. 매혹시키는 순간이었고, 나는 진정으로 살아 있음을 느꼈다.

(해설) ⓑ 동시 상황을 나타내는 〈with+명사+분사〉 구조의 분사구문이 쓰였다. 분사구문의 의미상 주어 the wind와 blow(불다)는 능동 관계이므로 blew를 현재분사 blowing으로 고쳐야 한다.

11 (해설) We가 '감명을 받는' 것이므로 과거분사 impressed로 쓴다. 그리고 idea가 '놀라운 감정을 유발하는' 것이므로 amaze를 현재분사 amazing으로 쓰는 것이 알맞다. 분사 단독으로 명사를 수식하므로 분사를 명사 앞에 쓴다.

12 (해설) A popular sport와 play(경기하다)는 수동 관계이므로 play를 과거분사 played로 쓴다.

13 (해설) 분사구문의 의미상 주어인 I와 taste(맛보다)는 능동 관계이므로 taste를 현재분사 Tasting으로 쓴다.

14 (해설) 그들이 '흥분된 감정을 느끼는' 것이므로 excite를 과거분사 excited로 쓴다.

15 (해설) 분사구문의 의미상 주어인 Jenny와 climb(오르다)는 능동 관계이다. 또한 분사구문의 시점이 문장의 시점보다 앞서므로 완료 분사구문(Having p.p)을 사용하여 쓴다.

16 간절히 피자 배달을 기다린 끝에, 우리는 배달된 피자가 뜨겁지 않아 짜증이 났다. 나는 음식이 기대에 미치지 못해 만족스럽지 못했다.

(해설) ⓒ pizza와 deliver(배달하다)는 수동 관계이므로 delivering을 과거분사 delivered로 쓰는 것이 알맞다.

17 A: 몇 달째 살을 빼려고 노력하고 있는데 효과가 없어 보여.
B: 좌절스럽네. 그런데 영양사나 개인 트레이너와 상의해서 맞춤형 계획을 세워본 적 있니?
A: 아니, 안 해봤어. 그거 좋은 생각인걸. 너의 조언이 마음에 들어.

(해설) ⓐ It이 좌절된 감정을 '유발하는' 것이므로 현재분사 frustrating으로 쓴다.
ⓑ plan과 customize(주문 제작하다)는 수동 관계이므로 과거분사 customized로 쓴다.
ⓒ 내가 '기쁜 감정을 느끼는' 것이므로 please는 과거분사 pleased로 쓴다.

18 그 요리사는 적당량의 소금과 후추를 더해 전문적으로 요리를 준비했다. 요리 과정을 주의 깊게 관찰하면서, 그녀는 온도를 조절했다. 요리가 나왔을 때, 그 요리는 풍미와 식감의 맛이 좋은 조합이었다.

(해설) (A) 빈칸 뒤의 문맥으로 보아 적당량의 소금과 후추를 '더한다'라는 의미가 필요하므로 동사 add를 사용한다. 분사구문의 의미상 주어 The chef와 add(더하다)는 능동 관계이므로 현재분사 adding으로 쓴다.
(B) 빈칸 뒤의 문맥으로 보아 요리 과정을 '관찰한다'라는 의미가 필요하므로 동사 monitor를 사용한다. 분사구문의 의미상 주어 she와 monitor(관찰하다)는 능동 관계이므로 현재분사 monitoring으로 쓴다.
(C) 빈칸을 포함한 문장의 문맥으로 보아 요리가 '제공되었을 때'라는 의미가 필요하므로 동사 serve를 사용한다. 접속사 When이 있는 분사구문의 의미상 주어 the dish와 serve(제공하다)는 수동 관계이므로 과거분사 served로 쓴다.

19 세계적으로 유명한 음악가 루트비히 판 베토벤에 의해 작곡되었기 때문에, 그의 교향곡 9번은 감정적인 강렬함과 기술적인 탁월함으로 유명하다. 그 작품은 시대를 초월한 걸작이 되었고, 그것의 위엄과 아름다움으로 전 세계의 음악 애호가들에게 존경을 받는다.

(해설) (A) 부사절은 과거시제, 주절은 현재시제로 부사절의 시점이 주절보다 앞서므로 완료 분사구문을 사용한다. 또한 분사구문의 의미상 주어 It(= his Symphony No. 9)과 compose는 수동 관계이므로 수동형 Having been p.p. 형태로 쓴다. 이때 Having been은 생략 가능하다.
(B) 분사구문의 의미상 주어 it(= The piece)과 admire(존경하다)는 수동 관계이므로 수동 분사구문 being p.p. 형태로 쓴다. 이때 being은 생략 가능하다.

20 지중해는 수백 척의 배가 끊임없이 그 위를 항해하면서 수 세기 동안 중요한 수로였다. 지중해는 유럽, 아시아, 아프리카 간의 무역과 문화 교류를 가능하게 하여 그것을 통합의 상징으로 만들었다.

(해설) (A) 동시상황을 나타내는 〈with+명사+분사〉 구문으로 쓴다. 의미상의 주어 hundreds of ships와 sail(항해하다)은 능동 관계이므로 현재분사 sailing으로 쓴다.
(B) 분사구문의 의미상 주어인 It(= The Mediterranean Sea)과 make(만들다)가 능동 관계이므로 현재분사 making으로 쓴다.

21 그 달리기 선수에게 마라톤은 길고 힘든 여정이었다. 하지만, 완주했을 때, 그것은 큰 성취감을 가져다 주었다. 그는 고통과 피로를 극복하며 지칠 줄 모르는 훈련을 했다. 최종 결과는 금메달이었다.

(어휘)
01 captivate ~의 마음을 사로잡다 gaze 시선; 바라보다 passionately 열정적으로 self-reflection 자기 성찰, 자기반성 **02** browse 둘러보다, 대강 읽다 come across ~을 우연히 발견하다; 이해되다 upright 꼿꼿하게 **03** fluently 유창하게, 능숙란하게 tough 어려운, 힘든; 냉정한 **04** extensive 광범위한 skillfully 능숙하게 **05** hastily 성급하게 **07** previously 이전에 **08** alert 경계하는; 기민한; (위험 등을) 알리다 permit 허락하다, 허용하다 instantly 즉시, 순간 run into ~와 우연히 만나다 **09** hiccup 딸꾹질 **10** crash 부딪치다 **14** upcoming 다가오는, 곧 있을 **16** eagerly 열렬하게 meet (필요, 요구를) 충족시키다; 만나다 **17** nutritionist 영양사 customize 맞추다. 주문 제작하다 **18** texture (입 안에서 느껴지는) 식감; 감촉 **19** intensity 강렬함 brilliance 탁월함 piece 작품; 조각; 부분 majesty 위엄, 장엄함; 왕권 **20** vital 중요한; 활력이 넘치는 waterway 수로 unity 통합 **21** demanding 힘든, 부담이 큰 tireless 지칠 줄 모르는 fatigue 피로

UNIT 53 준동사의 동사적 성질

본문 124쪽

A

1 My father had me clean out <u>the trash</u>.
_O

2 The leaves turning <u>brown</u> signaled the arrival
_C
of autumn.

3 The tree planted <u>in front of City Hall</u> is more
_M
than 100 years old.

4 Can you help me to assemble <u>these parts</u>
_O
<u>correctly</u>?
_M

B

1 ×, → perfectly   2 ○

3 ○   4 ×, → happily

5 ○

A

1 나의 아버지는 내가 쓰레기를 치우도록 시키셨다.

2 갈색으로 변하는 나뭇잎은 가을이 온다는 것을 암시했다.

3 시청 앞에 심어진 나무는 수명이 100년도 더 되었다.

4 내가 이 부품들을 올바르게 조립하도록 도와줄래?

어휘
2 signal 암시하다; 신호를 보내다; 신호   **4 assemble** 조립하다; 모으다   **part** 부품; 부분

B

1 나는 경제학의 개념을 완벽하게 이해하는 것이 불가능하다고 생각한다.

해설 '완벽하게 이해하다'라는 의미이므로 to understand를 수식하는 부사 자리이다. 따라서 perfectly로 고치는 것이 알맞다.

2 환경에 미치는 영향에 대해 진지하게 논의하면서, 그들은 적절한 쓰레기 처리법의 필요성을 강조했다.

해설 현재분사 discussing을 수식하는 부사 자리이므로 Seriously가 알맞게 쓰였다.

3 대부분의 나무 종류는 튼튼하게 자라기 위해 수년이 걸릴 수 있다.

해설 '튼튼하게 자라다'라는 의미이므로 to grow의 보어 자리에 형용사가 알맞게 쓰였다.

4 그녀는 자신의 아이들이 공원에서 행복하게 놀고 있는 것을 보았다.

해설 '행복하게 놀다'라는 의미이므로 원형부정사 play를 수식하는 부사 자리이다. 따라서 happily로 고치는 것이 알맞다.

5 어른들은 젊은 세대들을 이끄는 것에 책임이 있다.

해설 동명사 guiding 뒤에 younger generations라는 목적어를 가질 수 있다.

어휘
2 impact 영향; 영향을 주다   **dispose** 처리하다

UNIT 54 준동사의 의미상 주어

본문 125쪽

A

1 (you)   2 ×

3 (his)   4 (The computer)

5 (Joe)

B

1 ×, → for Seho   2 ○

3 ×, → of him   4 ○

5 ○

A

1 네가 고등학교 생활에 적응하는 것이 어렵니?

해설 to부정사의 의미상 주어가 〈for+목적격〉으로 쓰였다.

2 보고서를 쓰는 것은 광범위한 조사와 비판적인 사고를 필요로 한다.

3 너는 그가 너의 프로젝트를 도와주는 것에 고마워해야 한다.

해설 helping은 appreciate의 목적어로 쓰인 동명사이다. 동명사의 의미상 주어는 동명사 앞에 소유격 또는 목적격으로 쓴다.

4 컴퓨터가 느려져서, 나는 다시 시작해야 했다.

5 나는 Joe가 어떤 도움도 없이 새는 파이프를 고치는 것에 놀랐다.

어휘
1 adapt 적응하다; 조정하다; 각색하다   **2 demand** 필요로 하다, 요구하다; 요구   **extensive** 광범위한   **3 appreciate** 고마워하다, 감사를 표하다; 인정하다   **4 restart** 다시 시작하다   **5 leaky** (물 등이) 새는

B

1 세호가 책 한 권을 일주일 만에 다 읽는 것은 쉽다.

해설 to부정사의 의미상 주어는 주로 〈for+목적격〉으로 쓴다. 〈of+목적격〉은 주로 칭찬이나 비난의 의미를 담은 형용사와 함께 쓰인다.

2 그녀가 과학 시험을 통과하는 것은 중요하다.

3 자신의 선생님에게 그런 식으로 말하다니 그는 무례했다.

　(해설) to부정사의 의미상 주어는 칭찬이나 비난의 의미를 담은 형용사와 쓰였을 때 〈of+목적격〉으로 써야 하므로 소유격인 his를 목적격인 him으로 고쳐야 한다.

4 그는 자신의 어머니가 집밥을 만들어주시던 것을 절대 잊지 않았다.

5 음악은 마음을 누그러뜨리는 선율이 곁들여져서, 댄서들은 우아하게 조화를 이루며 움직였다.

　(해설) 과거분사 accompanied로 시작되는 분사구문의 의미상 주어 Music이 분사 앞에 알맞게 쓰였다.

UNIT 55 동사 vs. 준동사 　　본문 126쪽

A

1 They (planned) to visit Gangneung this summer.

2 The broken glass scattered across the floor (needs) careful cleaning.

3 After finishing the book, he (shared) his thoughts with the book club.

4 Teaching young students (requires) patience and communication skills.

5 My mom (made) me set the table, and then she (asked) me to pour water into everyone's glasses.

6 The book attracting readers with its unique story (became) an overnight sensation.

B

1 set	**2** to cancel
3 climbing	**4** spends
5 followed	**6** known

A

1 그들은 이번 여름에 강릉에 가기로 계획했다.

2 바닥에 흩어진 깨진 유리는 세심한 주의가 필요하다.

3 책을 다 읽은 후, 그는 독서 동아리와 함께 그의 생각을 나누었다.

4 어린 학생들을 가르치는 것은 인내심과 의사소통 능력이 필요하다.

5 어머니는 내게 상을 차리게 하셨고, 그러고 나서 모든 사람들의 잔에 물을 부으라고 요청하셨다.

6 독특한 이야기로 독자들을 사로잡고 있는 책이 하룻밤 사이에 화제가 됐다.

(어휘) **4** patience 인내심　**6** sensation 화제, 센세이션

B

1 성공하기 위해서는, 명확한 목표를 설정하라.

　(해설) 문장의 동사가 없으므로 명령문 형태로 쓰는 것이 알맞다.

2 짙은 안개는 공항이 모든 항공편을 취소하도록 만들었다.

　(해설) 한 문장에 접속사 없이 두 개의 동사가 쓰일 수 없으므로, 네모는 준동사 자리이다. force는 목적격보어 자리에 to부정사를 쓴다.

3 정글짐을 오르고 있는 그 소년들은 형제 같아 보인다.

　(해설) 문장의 동사는 look이므로, 네모에는 The boys를 수식하는 분사 climbing을 쓰는 것이 알맞다.

4 Olivia는 자신의 인간관계를 돈독히 하기 위해 주말마다 사랑하는 사람들과 귀중한 시간을 보낸다.

　(해설) 문장의 동사가 없으므로 네모에는 동사가 들어가는 것이 알맞다.

5 요리에 대한 경험이 거의 없음에도 불구하고, Tom은 조리법을 차근차근 따라 했다.

　(해설) 접속사 Although가 쓰였으므로 두 개의 동사가 필요한데, 주절의 동사가 없으므로 동사 followed가 알맞다.

6 복잡한 사건을 푸는 것으로 알려진 유명한 형사가 의문의 용의자를 발견했다.

　(해설) 문맥상 문장의 동사는 뒤의 discovered이므로 The famous detective를 수식하는 과거분사 known이 알맞다.

(어휘) **4** quality time 귀중한 시간　strengthen 강화하다　**6** detective 형사; 탐정　suspect 용의자

UNIT 56 수식받는 주어-동사 수일치 　　본문 127쪽

A

1 were	**2** wear
3 is	**4** take
5 captivate	**6** ensures

B

1 ○	**2** ×, → have
3 ×, → requires	**4** ○
5 ○	**6** ×, → include

A

1 우리가 전망대에 도착했을 때, 도시의 불빛들이 반짝이고 있었다.

　(해설) 문장의 주어는 the lights이고 in the city는 주어를 수식하는 전명구이므로 복수 동사 were가 알맞다.

2 건물을 짓는 인부들은 안전을 위해 안전모를 착용한다.

해설 문장의 주어는 The workers이므로 복수 동사인 wear가 알맞다.

3 학생 문제에 관한 중요한 결정은 선생님들에 의해 만들어진다.

해설 문장의 주어는 An important decision이므로 단수 동사인 is가 알맞다.

4 더운 날씨에 지친 선수들은 짧은 휴식을 취한다.

해설 문장의 주어는 The players이고 exhausted by hot weather는 주어를 수식하는 과거분사구이므로 복수 동사 take가 알맞다.

5 미술관의 그림들은 생생한 색깔로 방문객들을 사로잡는다.

해설 문장의 주어는 The paintings이므로 복수 동사인 captivate가 알맞다.

6 정부의 규제 집행 권한은 공공의 안전을 보장한다.

해설 문장의 주어는 The authority이고 전명구와 to부정사는 각각 앞의 명사를 수식하므로 단수 동사인 ensures가 알맞다.

어휘
1 observatory 전망대; 관측소 sparkle 반짝이다 5 captivate 사로잡다 6 authority 권한 enforce 집행하다; 실시하다 regulation 규제 ensure 보장하다

B

1 버스 정류장에서 과자를 먹고 있는 학생들은 큰 가방을 메고 있다.

해설 문장의 주어는 The students이고 eating ~ bus stop은 주어를 수식하는 현재분사구이므로 복수 동사 are가 알맞게 쓰였다.

2 작년에 수리된 아파트들은 현대적이고 고급스러운 인테리어를 가지고 있다.

해설 문장의 주어는 The apartments이고 renovated last year는 주어를 수식하는 과거분사구이므로 has를 복수 동사 have로 고치는 것이 알맞다.

3 직업을 바꾸려는 결정은 신중한 고려가 필요하다.

해설 문장의 주어는 The decision이고 to change careers는 주어를 수식하는 to부정사구이므로 단수 동사 requires로 고쳐야 한다.

4 금귀고리를 한 여자가 따뜻한 미소로 모두를 맞이하고 있었다.

해설 문장의 주어는 The woman이고 with the gold earrings는 주어를 수식하는 전명구이므로 단수 동사 was가 알맞게 쓰였다.

5 콘서트를 위해 줄 서서 기다리는 사람들은 매우 신이 나 있다.

6 좋은 지도자가 되기 위한 특징은 헌신과 이해심을 포함한다.

어휘
2 renovate 수리하다, 개조하다 luxurious 고급스러운, 화려한 3 consideration 고려, 숙고; 배려 4 greet 맞다, 환영하다 6 include 포함하다

본문 128쪽

UNIT **57** 준동사의 완료형

A
1 having lied   2 to be
3 to have received
B
1 to have composed
2 Having missed the last bus
3 having helped

A

1 Sarah는 그녀가 부모님에게 거짓말을 했다는 것을 부끄러워해야 한다.

해설 문장의 동사 should be보다 '거짓말 한 것(lied)'이 더 먼저이므로 전치사 of 뒤에 동명사의 완료형 having lied를 쓴다.

2 그녀는 재능 있는 음악가로 보였다.

해설 문장의 동사 appeared와 '음악가인 것(was)'의 시제가 같으므로 to be가 알맞다.

3 Alex가 메시지를 받지 못한 것 같다.

해설 문장의 동사 seems보다 메시지를 '받지 못한 것(didn't receive)'이 더 먼저이므로 to부정사의 완료형 to have received를 쓴다.

B

1 해설 '작곡한 일'은 문장의 동사 is said보다 먼저 일어난 일이므로 to부정사를 완료 형태로 쓰는 것이 알맞다.

2 해설 '걸어서 집에 가기로 한 것'보다 '마지막 버스를 놓친 것'이 먼저 일어난 일이므로 분사의 완료 형태를 쓰는 것이 알맞다.

3 해설 '감사한 것'보다 '고양이를 구조한 것'이 먼저 일어난 일이므로 동명사를 완료 형태로 쓰는 것이 알맞다.

어휘
1 compose 작곡하다; 구성하다

본문 129쪽

UNIT **58** 준동사의 수동형

A
1 to be signed   2 to increase
3 to have been recognized
4 being surrounded   5 crashing
B
1 be monitored   2 (Being) Exhausted

3 being developed

4 Having been evaluated

A

1 문서들은 관련된 모든 당사자들에 의해 서명되어야 한다.

(해설) to부정사의 의미상 주어 The documents와 sign(서명하다)이 수동 관계이므로 to부정사를 수동형으로 쓰는 것이 알맞다.

2 가끔 약초들은 혈액 순환을 증진하는 경향이 있다.

(해설) to부정사의 의미상 주어인 herbs와 increase(증진하다)가 능동 관계이므로 to부정사를 능동형으로 쓰는 것이 알맞다.

3 그 팀은 그들의 노력을 인정받았다는 것을 자랑스러워한다.

(해설) to부정사의 의미상 주어인 The team과 recognize(인정하다)가 수동 관계이며, 문장의 동사 is보다 앞선 때를 가리키므로 완료 수동형 to have been p.p.가 알맞다.

4 그는 사랑하는 사람들에게 둘러싸인 행복을 느꼈다.

(해설) 동명사의 의미상 주어인 He와 surround(둘러싸다)가 수동 관계이므로 동명사를 수동형으로 쓰는 것이 알맞다.

5 강력하게 부딪치는 파도가 공중에 안개를 흩뿌렸다.

(해설) 현재분사의 의미상 주어 The waves와 crash(부딪치다)가 능동 관계이므로 분사를 능동형으로 쓰는 것이 알맞다.

(어휘)

1 party 당사자; 정당; 파티 **2** circulation 순환; 유통 **5** forcefully 강력하게 mist 엷은 안개

B

1 어린아이들이 부모에 의해 항상 유심히 지켜봐지는 것은 중요하다.

(해설) to부정사의 의미상 주어인 infants와 monitor(지켜보다)는 수동 관계이므로 to부정사를 수동형으로 쓰는 것이 알맞다.

2 긴 하루에 지쳤지만, 그녀는 깨어있으려고 애썼다.

(해설) 분사의 의미상 주어인 she와 exhaust(기진맥진하게 만들다)는 수동 관계이므로 분사를 수동형으로 쓰는 것이 알맞다. 이때, 분사구문의 Being은 생략할 수 있다.

3 새로운 소프트웨어 업데이트가 프로그래머에 의해 몇 달간 개발된 후에 배포될 것이다.

(해설) 분사의 의미상 주어인 The new software update와 develop(개발하다)은 수동 관계이므로 분사를 수동형으로 쓰는 것이 알맞다.

4 제대로 평가받은 후에, 그 환자는 알맞은 진단을 받았다.

(해설) 분사의 의미상 주어인 the patient와 evaluate(평가하다)가 문맥상 수동 관계이므로 분사를 수동형으로 쓰는 것이 알맞다. 또한, 문장의 동사 was given보다 이전의 일이므로, 완료 수동형 having been p.p.로 쓴다.

(어휘)

1 infant 어린아이, 유아 **4** diagnosis 진단

Chapter Exercises

본문 130쪽

01 ③	02 ②
03 ④	04 ②
05 ③	06 ②
07 ④	08 ②, ④
09 ④	10 ②

11 to be delivered at noon

12 his being transferred to a different department

13 The athletes on the field are displaying

14 his sister having won the art competition

15 ○　　　　　　**16** ×, → of you

17 ○　　　　　　**18** ×, → for children

19 ×, → lies　　　**20** ○

21 (A) Starting (B) fail

22 ⓐ, has, ⓒ, are

01
• 다른 사람들을 위해 피자를 남겨두지 않고 다 먹어버리다니 너는 이기적이었다.

• 패션은 우리가 취향을 표현할 수 있는 방식을 제공한다.

• 호기심은 우리가 어려운 문제를 흥미로운 탐구의 도전으로 보도록 한다.

(해설) (A) 칭찬 또는 비난을 의미하는 형용사와 쓰이는 경우 to부정사의 의미상 주어는 〈of+목적격〉 형태로 쓴다.

(B) 문장의 주어(Fashion)와 to부정사의 행위의 주체(we)가 다르므로 to부정사 앞에 의미상 주어를 〈for+목적격〉 형태로 쓴다.

(C) 문장의 동사 makes가 있고 접속사나 관계사가 없으므로 한 문장 내에 또 다른 동사가 올 수 없다. 따라서 준동사 to explore가 알맞다.

02
• 맛있는 식사를 준비하는 주방장이 맛을 내기 위해 신선한 허브를 넣고 있다.

• 알록달록한 깃털을 가진 새가 나무에서 감미롭게 노래하고 있었다.

• 변호사는 법정에서 그 남자의 무죄를 증명할 증거를 수집한다.

(해설) (A) 주어가 현재분사구 preparing the delicious meals의 수식을 받아 길어진 문장으로 핵심 주어인 The chef에 수일치 해야 한다. 따라서 is가 알맞다.

(B) 주어가 전명구 with colorful feathers의 수식을 받아 길어진 문장으로 핵심 주어인 The bird에 수일치 해야 한다. 따라서 단수 동사 was가 알맞다.

(C) 문장의 동사는 gathers이므로 형용사 역할을 하는 to부정사 to prove를 쓰는 것이 알맞다.

03 ① 아이들은 눈덩이를 던지며 눈 속에서 즐겁게 놀았다.

② 그 차는 원활한 운행을 유지하기 위해 정기적인 정비가 필

요하다.
③ 그들은 산에서 하이킹을 하다가 심한 폭풍우를 만났다.
④ 친구들과 장난감을 공유하는 것은 협동심과 너그러움을 가르친다.
⑤ 그 부부는 말다툼 끝에 화해하고 서로에게 사과했다.

(해설) ④ 문장의 동사(teaches)가 있으므로 접속사나 관계사 없이 한 문장 안에 또 다른 동사가 올 수 없다. 따라서 Share를 준동사 형태인 Sharing 또는 To share로 고쳐서 주어 역할을 하게 하는 것이 알맞다.

04 ① 창문을 두드리는 빗소리가 잠잠해지고 있었다.
② 젊은 시절 발견된 열정이 요리사로서의 성공으로 이어졌다.
③ 우유가 다 떨어져서 우리는 식료품점에서 좀 사 와야 한다.
④ 과학자들은 그들의 가설을 검증하기 위한 실험을 하고 있다.
⑤ 아기가 큰 소리로 울기 시작하면서 평화로운 분위기가 흐트러졌다.

(해설) ② 문장 내 동사가 없으므로 leading을 동사인 led로 고쳐야 한다. 이때 주어를 수식하는 과거분사 discovered를 동사로 착각하지 않도록 주의한다.

(구문) ② *The passion* (discovered in my youth) <u>led</u>
        S   V
to my success as a chef.

05 ① 내 친구는 곧 있을 시험에 대해 긴장한 것 같다.
② 그녀는 학창 시절에 재능 있는 댄서처럼 보였다.
③ Kelly는 오늘 교통체증을 예상하지 못했던 것 같다.
④ 그녀는 동료들에게 신뢰받는 조언자였던 것 같았다.
⑤ 그는 모험심이 강한 여행자였던 것 같다.

(해설) ③ 문맥상 Kelly가 예상하지 못한 것이 문장의 동사(seems)보다 앞선 때이므로 to부정사의 완료형 to have anticipated가 사용되었다. 따라서 해당 문장을 〈It seems that ~〉 문장으로 고칠 때 that절의 동사 doesn't는 주절의 시제보다 한 시제 앞선 didn't로 고치는 것이 알맞다.

06
ⓐ 유명한 사진사에 의해 찍힌 야생동물의 사진들은 사실감으로 방문객들을 놀라게 한다.
ⓑ 작업실에서 조각을 만드는 작가는 자신의 작업에 몰두해 있다.
ⓒ 역동적인 공연이 있는 콘서트는 관중들을 즐겁게 한다.
ⓓ 지속 가능한 미래를 만들기 위한 우리의 노력은 탄소 배출을 줄이는 것을 목표로 한다.

(해설) ⓐ 문장의 주어는 The wildlife photos이고 taken ~ photographer는 주어를 수식하는 과거분사구이므로 amazes를 복수 동사 amaze로 고쳐야 한다.
ⓒ 문장의 주어는 The concert이고 with dynamic performances는 주어를 수식하는 전명구이므로 entertain을 단수 동사 entertains로 고쳐야 한다.

07
ⓐ 그 차는 사고가 난 후 수리를 받아야 한다.
ⓑ 그녀는 애정 어린 가정에서 태어난 것에 감사한다.
ⓒ 정성껏 쓰여서, 그 편지에는 그녀의 진심이 담겨 있었다.
ⓓ 그녀는 상당한 금액을 주식에 투자한 것으로 보인다.
ⓔ 그녀는 자신의 목표를 달성한 것에 자부심을 갖고 있다.

(해설) ④ to부정사(to have invested)와 주어(She) 사이의 관계가 능동이므로 to have invested는 알맞게 쓰인 문장이다.

(구문) ⓒ **Written with care**, *the letter* expressed her true feelings.
• 수동 분사구문 Written with care의 의미상 주어는 the letter이다. 분사구문 앞에 Being이 생략된 형태이다.

08 ① 그녀는 알프스의 멋진 풍경에 감명을 받은 것 같다.
② 그녀는 자신이 좋아하는 작가에게 영감을 받아 자신의 소설을 쓰기 시작했다.
③ 그는 젊은 시절 잊지 못할 경험을 한 것 같다.
④ 그 교육과정은 변화하는 업계 경향을 반영하여 업데이트될 것이다.
⑤ 그는 축구팀 주장으로 발탁되었던 기쁨을 기억한다.

(해설) ② 분사구문의 의미상 주어(she)가 분사와 수동 관계이므로 Inspiring을 (Being) Inspired로 고쳐야 한다.
④ to부정사의 의미상 주어 The curriculum과 update가 수동 관계이므로 to update를 to be updated로 고쳐야 한다.

09
ⓐ 높은 건물들 사이로 보이는 달은 마법 같은 분위기를 만들어낸다.
ⓑ 그 달리기 선수가 결승선을 통과하여 몇 초 차이로 세계 기록을 깼다.
ⓒ 벤치에 앉아있는 그 남자는 커피 한 잔을 마시고 있다.
ⓓ 만족한 손님이 서비스에 대한 좋은 후기를 남겼다.
ⓔ 동네 청소에 참여한 자원봉사자들은 열정적이다.

(해설) ⓐ 주어는 The moon이며 seen between tall buildings는 주어를 수식하는 과거분사구이므로 동사 create는 단수 동사 creates가 되어야 한다.
ⓑ 접속사 없이 두 개의 동사가 한 문장에 쓰일 수 없으므로 broke를 분사 breaking으로 고치거나 and broke로 고쳐야 한다.
ⓓ 문장에 동사가 없고, satisfied는 주어 customer를 수식하는 과거분사이므로 leaving을 left 등과 같은 동사로 고쳐야 한다.
ⓔ 문장의 주어는 The volunteers이고 participating in community cleanup은 주어를 수식하는 현재분사구이므로 is를 복수 동사 are로 고쳐야 한다.

10
경제학은 다양한 주제로부터 통찰력을 사용하여 점점 더 학제적이[여러 학문에 관계가 있게] 되었다. 연구자들은 경제적 의사결정의 사회적 영향을 이해하기 위해 심리학, 사회학 및 정치학의 견해를 적용한다. 이러한 학제적 접근 방식은 경제학자들이 복잡한 문제를 다룰 수 있는 혁신적인 해결책을 만듦으로써 복잡한 문제를 처리할 수 있게 했다.

(해설) ② 문장의 동사(apply)가 있으므로 접속사나 관계사 없이 한 문장 내에 또 다른 동사가 올 수 없다. 따라서 understand를 문맥상 목적을 나타내는 to understand로 고쳐야 한다.
(구문) This interdisciplinary approach <u>has allowed</u>
                                              V
<u>economists</u> to deal with complex problems / by
    O   C
generating *innovative solutions* (to address them).

- to address them은 앞의 명사 innovative solutions를 수식한다.

11 (해설) to부정사의 의미상 주어 The products와 deliver는 수동 관계이므로 to부정사의 수동형 to be delivered로 쓰는 것이 알맞다.

12 (해설) 전치사 of의 목적어인 동명사를 문맥상 수동형인 being transferred로 써야 하며, 앞에 의미상 주어인 소유격 his를 쓴다.

13 (해설) 주어가 전명구 on the field의 수식을 받아 길어진 문장으로, 동사는 수식받는 주어 The athletes에 수일치하여 are로 쓴다.

14 (해설) '미술 대회에서 우승한 것'이 자랑스러워한 것보다 앞선 일이므로 동명사의 완료형 having won으로 쓴다. 동명사의 의미상 주어(his sister)는 동명사 앞에 쓴다.

15 비행의 여성 선구자로서, Bessie Coleman은 미래 세대들이 비행의 꿈을 추구하도록 영감을 주었다.
(해설) 문장의 동사(inspired)가 있으므로 한 문장 내에 또 다른 동사가 올 수 없다. 따라서 준동사인 to pursue가 알맞게 사용되었다.

16 버스 안에서 어르신께 자리를 양보하다니 너는 정말 친절하다.
(해설) 칭찬 또는 비난을 의미하는 형용사와 쓰이는 경우 to부정사의 의미상 주어는 〈of+목적격〉 형태로 쓴다. 따라서 for를 of로 고쳐야 한다.

17 우리는 네가 심각한 교통사고에서 살아남았다는 것에 안도한다.
(해설) 문장의 주어(We)와 전치사 by 뒤에 오는 동명사의 행위 주체(you)가 다르므로 동명사 앞에 소유격 의미상 주어가 알맞게 쓰인 문장이다.

18 아이들이 어린 나이에 새로운 언어를 배우는 것은 쉽다.
(해설) to부정사의 의미상 주어는 〈for+목적격〉 형태로 나타내므로 children을 for children으로 고쳐야 알맞다.

19 몇 년 동안 방치된 책이 선반 위에 놓여 있다.
(해설) 주어가 과거분사구(neglected for years)의 수식을 받아 길어진 문장으로 수식받는 주어 The book에 수일치시켜야 한다. 따라서 단수 동사 lies가 오는 것이 알맞다.

20 그가 중요한 행사 전에 병에서 회복되어 다행이다.
(해설) 그가 병에서 회복된 것이 다행인 상황보다 이전의 일이므로 to부정사의 완료형 to have p.p.가 알맞게 쓰였다.

21

> 오늘날 세계적인 시장에서 새로운 사업을 시작하는 것은 힘든 시도이며, 통계에 의하면 그것은 위험한 것이기도 하다. 대부분의 신규 사업이 예상하지 못한 장애물에 맞닥뜨리면서, 첫 2년 이내에 실패한다.

(해설) (A) 문장의 동사는 is이므로 주어 역할을 하는 동명사 Starting으로 써야 한다.
(B) 문장의 동사 자리이며 주어는 Most new businesses이므로 단수 동사인 fails로 써야 한다.

22

> 만성적인 스트레스는 오늘날 사회에 만연한 문제이며, 우리의 전반적인 건강에 지대한 영향을 미치고 있다. 충분하지 않은 사회적 지원과 함께 만성적인 스트레스를 경험하는 사람들은 신체적, 정신적 건강 문제에 더 취약할 가능성이 높다. 두통, 피로, 근육 긴장과 같은 증상들은 만성적인 스트레스로 고통받는 사람들에게 흔하게 일어난다.

(해설) ⓐ 접속사 and가 쓰였으므로, 동사 하나가 더 필요하다. 준동사 having을 동사인 has로 고쳐야 한다.
ⓒ 주어는 Symptoms이고 like headaches, ~ tension은 수식어구이다. 따라서 is를 복수 동사인 are로 고치는 것이 알맞다.

(어휘)

01 selfish 이기적인 tough 어려운, 힘든 **02** innocence 결백, 무죄 **03** maintenance 관리, 보수; 유지, 지속 smoothly 순조롭게, 부드럽게 cooperation 협동 generosity 너그러움 make up 화해하다; 구성하다 argument 말다툼 **04** tap 두드리다 hypothesis 가설 disrupt 방해하다 atmosphere 분위기; 대기 **05** upcoming 다가오는, 곧 있을 adventurous 모험심이 강한 **06** realism 사실성, 현실성 sculpture 조각상 immerse 몰두시키다 entertain 즐겁게 하다 sustainable 지속 가능한 aim 목표로 하다; 목표 emission 배출, 방출 **07** significant 상당한; 중요한 stock 주식; 재고품 **08** curriculum 교과과정 reflect 반영하다 **10** psychology 심리학 sociology 사회학 political science 정치학 **12** transfer 이동시키다 **13** remarkable 놀라운 **15** pioneer 개척자, 선구자 **19** neglect 방치하다; 방치 **21** endeavor 시도; 노력 statistic 통계 자료; 통계(학) risky 위험한 **22** chronic 만성적인 widespread 만연하는 profound 엄청난, 깊은 inadequate 불충분한, 부족한 susceptible 취약한, 민감한 fatigue 피로

UNIT 59 등위접속사

본문 136쪽

A
1 predictable 2 polished
3 and 4 singing
5 make 6 spending

B
1 ×, → or 2 ○
3 ○ 4 ×, → chase
5 ×, → clearly

A

1 그 영화는 재미있었지만 (내용을) 예상할 수 있었다.

(해설) 형용사 entertaining과 접속사 but으로 연결된 것이므로 predictable이 알맞다.

2 다이아몬드는 보석으로 쓰이기 위해서 깎이고 닦여야 한다.

(해설) 수동태의 과거분사 cut과 병렬구조여야 하므로 polished가 알맞다. 등위접속사 뒤에 반복되는 be가 생략된 형태이다.

3 주의 깊게 들어라, 그러면 너는 다른 사람들로부터 가치 있는 통찰력을 얻을 것이다.

(해설) 명령문, and 주어+동사: ~해라, 그러면 …할 것이다

4 나와 반 친구들은 방과 후에 매일 연기와 노래 연습을 했다.

(해설) practice의 목적어로 쓰인 동명사 acting과 병렬구조여야 하므로 singing이 알맞다.

5 나는 열심히 공부하고 규칙적으로 운동하고 친구들을 많이 사귈 것이다.

(해설) 조동사 will 뒤에 쓰인 동사원형 study, exercise와 병렬구조여야 하므로 make가 알맞다. 세 개 이상의 어구는 콤마(,)를 사용하여 A, B, and C 형태로 연결한다.

6 누군가에게 기운을 북돋아 주기 위해, 친절한 말을 하거나 특별한 하루를 함께 보내는 것도 좋은 방법이다.

(해설) 주어로 쓰인 동명사 speaking과 병렬구조여야 하므로 spending이 알맞다.

(구문) To cheer up someone, / speaking kind words
_{S1}
or spending a special day together is a good way.
_{S2} _V

(어휘)

1 entertaining 재미있는, 즐거운 predictable 예상할 수 있는
2 polish 닦다, 광을 내다 3 attentively 주의 깊게 insight 이해, 통찰력

B

1 수업에 집중해라, 안 그러면 너는 중요한 정보를 놓칠지 모른다.

2 운전 중에 휴대전화를 사용하는 것은 위험하고 불법이다.

3 때때로 사람들은 민감한 문제에 대해 대답하거나 지적하는 것을 선호하지 않는다.

(해설) prefer의 목적어로 쓰인 to부정사구가 등위접속사 or로 병렬연결되어 있는 구조이다. 따라서 to comment 또는 to를 생략한 comment는 알맞다.

(구문) Sometimes people don't prefer to answer a question or (to) comment on a sensitive issue.

4 인생에서 성공하기 위해서 너는 기회를 이용하고 너의 꿈을 좇아야 한다.

(해설) should 뒤의 동사원형 take와 등위접속사 and로 병렬연결되어 있는 구조이므로 chase로 고치는 것이 알맞다.

5 그는 모든 사람들이 그를 지지하도록 만들기 위해 매우 열정적으로 그러나 분명하게 연설을 했다.

(해설) 부사 passionately와 등위접속사 but으로 병렬연결되어 있는 구조이므로 clearly로 고치는 것이 알맞다.

(어휘)

3 comment 논평하다; 논평; 지적 sensitive 민감한, 예민한
4 take advantage of ~을 이용하다 chase 좇다, 추구하다; 쫓다
5 passionately 열정적으로

UNIT 60 상관접속사

본문 137쪽

A
1 ×, → or 2 ×, → are
3 ○ 4 ×, → are

B
1 either credit card or cash
2 not because they are sad but because they need support
3 not just modern but also environmentally friendly

A

1 그는 시험공부를 할지 친구 생일 파티에 갈지 결정해야 했다.

(해설) either A or B: A나 B 둘 중 하나

2 클래식 음악과 재즈 둘 다 그녀의 평생 관심사이다.

(해설) 〈both A and B〉는 항상 복수 취급한다.

3 이사회 임원들뿐만 아니라 기업 대표자도 새로운 사업 전략을 승인한다.

(해설) ⟨B as well as A⟩는 B(The CEO)에 수일치하므로 단수동사 approves가 알맞게 쓰였다.

4 교수와 졸업생들 중 누구도 학술대회에 참여하지 않고 있다.

(해설) ⟨neither A nor B⟩는 B(the graduates)에 수일치하므로 복수동사 are가 알맞다.

어휘

3 board 이사회 **approve** 승인하다 **strategy** 전략
4 conference 회의

B

2 (해설) ⟨not A but B⟩ 구문에 because가 이끄는 절이 병렬 연결되었다.

UNIT 61 명사절 1 (that)

본문 138쪽

A
1 ○
2 ✕, find fascinating → find it fascinating
3 ○

B
1 It is important that
2 I believe it natural that

A
1 가장 좋은 소식은 그녀가 운전시험에 합격했다는 것이다.
2 나는 기술이 계속해서 발전하고 있다는 것이 매력적이라고 생각한다.

(해설) find의 목적어인 that절이 문장 뒤로 간 형태이므로, find 뒤에 가목적어 it을 추가하는 것이 알맞다.

3 나는 이민자들이 우리의 문화를 받아들이는 것에 어려움을 겪는다는 것을 이해한다.

(해설) 목적어절을 이끄는 접속사 that이 생략된 구조이다.

어휘

2 constantly 계속해서, 끊임없이 **evolve** 발전하다; 진화하다
3 immigrant 이민자

UNIT 62 명사절 2 (whether, if)

본문 139쪽

A
1 whether   **2** whether
3 that

B
1 Whether David can join us for dinner
2 whether she locked her car
3 if the store has the item
4 whether he could do something

A
1 그녀는 파란 드레스를 사야 할지 빨간 드레스를 사야 할지 결정하지 않았다.

(해설) if 명사절은 전치사의 목적어로 쓰이지 않으므로 whether가 알맞다.

2 나는 범죄로 고발된 그 남자가 유죄인지 아닌지 모르겠다.

(해설) whether or not은 '~인지 아닌지'라는 의미이다. if or not은 쓰지 않는다.

(구문) I don't know whether or not *the man* (accused of the crime)^S′ is^V′ guilty^C′.

（S V O 표기）

3 더운 여름날이었다. 그들은 자신들의 옷이 피부에 달라붙는 것을 느꼈다.

(해설) 문맥상 네모 뒤 문장이 불확실하거나 의문스러운 일이 아닌 확실한 사실을 말하고 있으므로 접속사 that이 알맞다.

어휘

2 accuse 고발하다 **guilty** 유죄인 **3 stick** 달라붙다; 나뭇가지; 막대

B

어휘

1 depend on ~에 달려있다; 의지하다 **2 concern** 걱정거리, 관심사; 영향을 미치다

UNIT 63 명사절 3 (의문사)

본문 140쪽

A
1 why   **2** Whom
3 why she was
4 What do you suppose

B

1 how hard you are willing to work

2 Which route the hikers will take

3 who was responsible for the project

A ———

1 나는 왜 그 회사가 로고에 그 색상을 선택했는지 모르겠다.

2 네가 파티에 누구를 데려올지는 전적으로 너의 결정이다.

3 나는 왜 그녀가 오늘 아침에 늦었는지 모른다.

해설 간접의문문은 〈의문사+주어+동사〉 어순으로 쓴다.

4 실험 결과가 어떻게 될 것으로 예상하니?

해설 think, believe, guess 등의 동사는 간접의문문을 목적어로 가질 때 의문사가 문장 맨 앞으로 이동한다. 따라서 What do you suppose가 알맞다.

어휘

2 entirely 전적으로

B ———

1 해설 '당신이 얼마나 열심히 일하려고 하는지'는 〈의문사(how)+부사(hard)+주어(you)+동사(are willing to work)〉로 쓴다.

2 해설 '등산객들이 어떤 경로를 택할지'는 〈which+명사(route)+주어(the hikers)+동사(will take)〉로 쓴다.

어휘

1 be willing to-v 기꺼이 v하다 **2 summit** 정상, 꼭대기; 정상 회담

UNIT 64 화법 전환 1 (평서문)   본문 141쪽

A

1 I want → she wants

2 will → would

3 now → then

B

1 she couldn't attend the meeting the next[following] day

2 she arrived[had arrived] there

A ———

1 그녀는 가끔 나에게 "나는 파리에 가고 싶다."라고 말한다.

→ 그녀는 가끔 나에게 자신이 파리에 가고 싶다고 말한다.

해설 직접화법의 I는 She이므로, 간접화법으로 바꿀 때 that절의 주어를 she로 바꾸어 써야 한다.

2 그는 "나는 저녁까지 보고서를 끝낼 거야."라고 말했다.

→ 그는 자신이 저녁까지 보고서를 끝낼 것이라고 말했다.

해설 직접화법 주절의 시제가 과거이므로, 간접화법 that절의 시제도 과거로 써야 한다.

3 그들은 "우리는 비행기를 타기 위해 지금 나가야 해."라고 말했다.

→ 그들은 자신들이 비행기를 타기 위해 그때 나가야 한다고 말했다.

해설 직접화법의 now는 간접화법에서 전달자 입장에 맞게 then으로 바꾸는 것이 알맞다.

B ———

1 그녀는 "저는 내일 회의에 참석할 수 없어요."라고 말했다.

→ 그녀는 자신이 다음날 회의에 참여할 수 없다고 말했다.

2 그녀는 "나는 여기에 아침에 도착했어."라고 말했다.

→ 그녀는 자신이 그곳에 아침에 도착했다고 말했다.

해설 주절의 시제가 과거이므로 that절의 시제는 과거 또는 과거완료로 쓴다.

UNIT 65 화법 전환 2 (의문문, 명령문)   본문 142쪽

A

1 will → would   **2** that → if[whether]

3 buy → to buy

B

1 why I made[had made] that decision

2 if[whether] I heard[had heard] that noise

3 to complete the assignment by the next[following] day

A ———

1 그들은 "이벤트가 언제 시작하죠?"라고 궁금해했다.

→ 그들은 이벤트가 언제 시작하는지 궁금해했다.

해설 주절의 시제가 과거이므로 when절의 시제도 과거로 고치는 것이 알맞다.

2 그녀는 "이것 좀 도와주시겠어요?"라고 물었다.

→ 그녀는 내가 자신을 도와줄 수 있는지 물었다.

해설 의문사가 없는 직접화법은 if나 whether를 쓰는 것이 알맞다.

3 나의 아버지는 나에게 "네가 집에 오는 길에 식료품을 좀 사 오렴."이라고 말했다.

→ 나의 아버지는 내가 집에 오는 길에 식료품을 좀 사 오라고 말했다.

해설 명령문 간접화법은 직접화법 명령문의 동사를 to부정사로 고치는 것이 알맞다.

어휘

3 grocery 식료품(점) **on one's way home** 귀가하는 길에

B

1 그녀는 나에게 "너는 왜 그런 결정을 했니?"라고 물었다.

→ 그녀는 나에게 내가 왜 그런 결정을 했는지 물었다.

(해설) 주절의 시제가 과거이므로 간접의문문의 시제는 과거 또는 과거완료로 쓴다.

2 그들은 "너는 그 소음을 들었니?"라고 물었다.

→ 그들은 내가 그 소음을 들었는지 물었다.

3 나의 선생님은 나에게 "내일까지 숙제를 끝내라"라고 말했다.

→ 나의 선생님은 나에게 다음날까지 숙제를 끝내라고 말했다.

(어휘)

1 inquire 묻다   **3** assignment 숙제, 과제

UNIT 66 시간의 부사절   본문 143쪽

A

1 나의 어머니가 거실에 들어가셨을 때

2 그들이 숙제를 하는 동안

3 마지막 방문자가 떠날 때까지

B

1 By the time she finished her presentation

2 since he was five years old

3 Once she received the email

4 Every time he visits his grandparents

A

1 나의 어머니가 거실에 들어가셨을 때 엉망진창이 되어있는 것을 발견했다.

2 몇몇 학생들은 그들이 숙제를 하는 동안 TV나 음악을 켜둔다.

3 박물관은 마지막 방문자가 떠날 때까지 열려있었다.

B

(어휘)

1 applaud 박수를 치다

UNIT 67 조건의 부사절   본문 144쪽

A

1 In case   **2** unless

3 As long as   **4** not passed

B

1 In case you aren't[are not] satisfied with our service

2 As long as you are a resident of the city

3 unless they make lots of noise

A

1 만약 도움이 필요하다면, 나에게 알려주면 내가 도와줄게.

2 콘서트 표는 콘서트가 취소되지 않는다면 환불되지 않을 것이다.

3 날씨가 좋으면 우리는 공원으로 소풍을 갈 것이다.

4 시험에 통과하지 못한다면 입학이 거부된다.

(해설) 문맥상 '~하지 못한다면'이라는 의미의 if ~ not이 적절하다.

(어휘)

4 admission 입학; 입장; 허가

B

(어휘)

2 resident 거주자   acquire 취득하다, 얻다

UNIT 68 시간, 조건을 나타내는 부사절의 시제   본문 145쪽

A

1 ×, → will respond   **2** ○

3 ×, → happen   **4** ○

5 ×, → opens

B

1 after the party finishes

2 If the severe weather continues

3 when Brian will return to the office

4 unless you show your admission ticket

A

1 나는 그녀가 다음 주까지 우리의 초대에 응답해줄지 잘 모르겠다.

(해설) 여기서 if절은 명사절이므로 if절의 동사는 의미에 맞게 미래시제로 쓰는 게 알맞다.

2 네가 내일 그를 볼 때 너는 그를 알아보지 못할 것이다. 그는 살이 많이 빠졌다.

(해설) 시간을 나타내는 부사절에서는 현재시제가 미래시제를 대신한다.

3 만약 네가 우연히 Henry를 본다면, 그가 나에게 전화하라고 물어봐 줄 수 있니?

(해설) 조건을 나타내는 부사절에서는 현재시제가 미래시제를 대

신하므로 happen으로 고치는 것이 알맞다.

4 나는 오늘 밤 영화를 위해 우리가 언제 집을 나설지 궁금하다.

(해설) 여기서 when은 전치사 about의 목적어 역할을 하는 명사절로 쓰였으므로 미래시제를 쓰는 것이 알맞다.

5 그녀의 강의는 인기가 매우 많기 때문에 강의가 거의 열리자마자 신청이 마감될 것이다.

(해설) 시간을 나타내는 부사절에서는 현재시제가 미래시제를 대신하므로 opens로 고치는 것이 알맞다.

(어휘)

2 recognize 알아보다 **3** happen to-v 우연히 v하다
5 registration 등록, 신청

B

1 (해설) 시간을 나타내는 부사절 접속사 after가 쓰였으므로, 현재시제 finishes로 써야 한다.

2 (해설) 조건을 나타내는 부사절 접속사 If가 쓰였으므로 현재시제 continues로 써야 한다.

3 (해설) 여기서 when절은 동사 wonder의 목적어로 쓰인 명사절이므로 when절의 동사는 의미에 맞게 미래시제로 쓰는 것이 알맞다.

UNIT 69 이유, 양보의 부사절   본문 146쪽

A
1 다른 사람들이 네 의도를 의심할지라도
2 내 꿈은 해외에서 일하는 것이기 때문에
3 비록 바쁜 날이지만
B
1 While   **2** because
3 Despite   **4** though

A

1 나는 다른 사람들이 네 의도를 의심할지라도 너를 믿을 것이다.
2 내 꿈은 해외에서 일하는 것이기 때문에 나는 영어를 완전히 익히고 싶다.
3 비록 바쁜 날이지만, 너와 대화할 시간은 여전히 있다.

(어휘)

1 doubt 의심하다; 의심   intention 의도

B

1 내가 운전하는 동안 나는 내가 좋아하는 음악 리스트를 듣는다.
(해설) 네모 뒤에 절이 이어지므로 접속사 While이 알맞다.
2 우리는 요리하고 싶지 않아서 피자를 주문하기로 결정했다.
(해설) 네모 뒤에 절이 이어지므로 접속사 because가 알맞다.
3 그녀의 바쁜 일정에도 불구하고, 그녀는 항상 자신의 취미를 즐길

시간을 찾는다.
(해설) 네모 뒤에 명사구가 이어지므로 전치사 Despite가 알맞다.
4 나는 긴 하루의 끝에 피곤했음에도 불구하고 행사에 참여했다.
(해설) 네모 뒤에 절이 이어지므로 접속사 though가 알맞다.

(어휘)

2 feel like v-ing v하고 싶다

UNIT 70 목적, 결과의 부사절   본문 147쪽

A
1 so sour that
2 so strong that
3 so that
B
1 so that I could sit on the grass
2 so absorbed by this novel that
3 so confidently that she convinced the entire audience
4 such a challenging puzzle that

A

1 그 포도들은 너무 시어서 내가 먹을 수 없었다.
(해설) 〈so+형용사/부사+that …〉: 아주 ~해서 …하다
2 그녀는 매우 강해서 무거운 역기를 들어 올릴 수 있다.
3 우리가 리허설을 제시간에 시작하기 위해서 일찍 도착해주세요.
(해설) '~하기 위해서'는 〈so (that)+주어+동사 ~〉로 쓴다.

(어휘)

2 weight 역기; 무게   **3** rehearsal 리허설, 연습

B

1 (해설) so (that): ~할 수 있도록, ~하기 위해서
4 (해설) such+(a/an)+(형용사)+명사+that …: 아주 ~해서 …하다

(어휘)

2 absorbed 몰두한   **3** convince 설득하다, 납득시키다
4 challenging 어려운, 도전적인

01 ④	02 ④
03 ②	04 ②
05 ①, ③	06 ①, ②
07 ②	08 ①, ②, ⑤
09 ①	10 ②

11 what the dress code for the event was

12 He told me (that) writing allowed him

13 Who do you guess

14 his report was missing

15 is true that knowledge is power

16 neither a children's menu nor high chairs for babies

17 The problem was so complex that it took hours to solve

18 Every time you forgive others, will free yourself

19 helping, helped
고친 이유: 과거동사 made, felt와 등위접속사 and로 병렬연결되어야 하므로 helping은 helped가 되어야 한다.

20 how should I, how I should
고친 이유: 의문사가 이끄는 명사절은 〈의문사+주어+동사〉의 어순이 되어야 한다.

21 that some animals can disguise themselves

22 is

23 how beautiful the landscapes will be

01
(A) 이 책은 역사적 사건들에 대한 포괄적이고 긴 분석을 제공했다.
(B) 하루를 미리 계획해라. 그러면 효율성과 생산성이 향상될 것이다.
(C) 승강기도 작동하지 않고 에스컬레이터도 작동하지 않아서 우리는 계단을 이용해야만 했다.

(해설) (A) 등위접속사로 연결되는 어구는 문법적으로 대등해야 한다. 이 문장에서 등위접속사 and 앞에 형용사 comprehensive가 쓰였으므로 연결되는 뒤의 어구도 형용사 lengthy가 오는 것이 알맞다.
(B) 명령문과 절이 등위접속사로 연결되는 경우, and는 '그러면', or는 '안 그러면'의 의미를 가진다. 문맥상 '그러면'으로 이어지는 것이 자연스러우므로 and가 알맞다.
(C) neither A nor B: A도 B도 아닌

02
(A) 우리는 내일 날씨만 좋으면 정원 파티를 열 수 있다.
(B) 면접관은 나에게 이전에 근무한 경험이 있는지 물었다.
(C) 나는 그 도서관이 휴일에 닫는다는 것을 알고 있었다.

(해설) (A) as long as: ~하는 한
B as well as A: A뿐만 아니라 B도
(B) 동사 asked와 함께 쓰여 '~인지 아닌지'로 해석되므로 접속사 if가 적절하다. 이때 if는 명사절을 이끌며 asked의 직접목적어 역할을 한다.
(C) 네모 앞에 선행사가 없고 뒤에 오는 문장이 〈주어+동사 ~〉를 갖춘 완전한 절이므로 접속사 역할을 하는 that이 알맞다.

03 ① 그 선생님은 모든 학생들이 안전벨트를 착용한 것을 확실히 했다.
② 달리기 선수는 빠르게 달렸지만 결승선에서 넘어졌다.
③ 그녀는 따르는 사람이 아니라 리더이다.
④ 내가 마감기한 전에 프로젝트를 끝낼 수 있을지가 의문이다.
⑤ 너는 경제학을 공부하거나 심리학을 전공하는 것 중에 선택할 수 있다.

(해설) ② 등위접속사로 연결되는 어구는 문법적으로 대등해야 한다. 이 문장에서 등위접속사 but이 연결하는 어구가 동사 ran이므로 but 뒤의 어구도 fell이 알맞다.
③ not A but B: A가 아니라 B

04
• 감독과 선수들 모두 경기에서 승리하기 위해 노력하고 있다.
• 그가 여러 언어를 유창하게 구사한다는 것은 그의 친구들을 놀라게 한다.
• 조종사뿐만 아니라 승객들도 항공사의 규정을 따르도록 요구된다.
• 열심히 공부하는 것이나 선생님의 도움을 찾는 것은 네 성적을 올리는 데 필수적이다.
• 음식이 준비되자마자 아버지는 식사를 위해 모두를 불러 모을 것이다.
• 그 밴드가 언제 새 앨범을 발표할 건지 알고 있니?

(해설) ⓑ 접속사 That절이 주어 역할을 할 때 단수 취급하므로 동사 amaze를 단수 동사 amazes로 고쳐야 한다.
ⓒ 상관접속사 〈B as well as A〉 구문이 주어일 경우, B에 수일치시킨다. B에 해당하는 Passengers가 복수 명사이므로 동사 is를 are로 고쳐야 한다.
ⓔ as soon as가 이끄는 부사절은 현재시제로 미래를 표현한다. 따라서 will be를 is로 고쳐야 한다.

05 ① 나는 새 노트북을 사야 할지, 아니면 내 오래된 노트북을 수리해야 할지 아직 모르겠다.
② 그가 왜 그렇게 갑자기 마음을 바꿨는지 궁금하다.
③ 사람들이 그늘로 피난처를 찾을 정도로 더운 날이었다.
④ James는 공을 가지고 놀다가 창문을 깼다.
⑤ 그녀는 조수에게 다음 주에 회의 일정을 잡으라고 말했다.

(해설) ① if절은 전치사의 목적어로 쓸 수 없다. 따라서 if를 whether로 고쳐야 한다.
③ such+(a/an)+(형용사)+명사+that ...: 아주 ~해서 …하다

06 ① 새로운 정책은 경제를 강화할 뿐만 아니라 공동체를 발전시킨다.
② 그녀는 옷장 속의 소지품들을 명확하고 체계적으로 정리했다.
③ 그는 요가 연습과 해변에서 긴 산책을 하면서 휴식을 찾는다.
④ 그 가게는 세련된 핸드백뿐만 아니라 신발도 다양하게 제공

한다.
⑤ 그는 자전거를 타고 길을 따라 시골을 지나갔다.

(해설) ① 문장의 주어는 The new policy이므로 〈not only A but (also) B〉 구문의 B에 해당하는 동사 foster를 fosters로 고쳐야 한다.
② 부사 clearly와 등위접속사 and로 병렬연결된 것이므로 systematical을 systematically로 고쳐야 한다.

07

> 우리가 미래에 대해 생각할 때, 우리의 목표와 욕망을 고려하는 것이 중요하다. 당신은 앞으로 5년 안에 성취하고 싶은 것에 대해 생각해 본 적이 있는가? 명확한 목표를 세우는 것은 우리가 삶을 꾸려나가려 노력할 때 의욕적이고 집중을 유지할 수 있도록 도와준다.

(해설) ② that은 가주어 it을 대신하는 진주어절로 쓰인 명사절이다.

08 ① 그녀는 노래를 부르기 전에 목을 푼다.
② 우리가 들을 수 있게 조금만 더 크게 말해줄래?
③ 밖은 추웠지만 그는 외투를 입기를 거부했다.
④ 일단 신청서가 제출되면 당신은 확인 메시지를 받게 될 것입니다.
⑤ 그는 열심히 공부했지만 시험 성적이 좋지 않았다.

(해설) ③ 뒤에 절이 이어지므로 전치사 Despite를 부사절 접속사 (Al)Though로 고쳐야 한다.
④ 접속사 Once가 이끄는 시간의 부사절에서 미래의 일은 현재시제로 나타내므로, will be submitted를 is submitted로 고쳐야 한다.

09

> 슬픔으로 고통받는 것은 힘든 경험이 될 수 있지만, 모든 사람들이 각자의 속도에 맞게 다른 방법으로 슬퍼한다는 것을 기억하는 것이 중요하다. 어떤 사람들은 지원 단체와 상담에서 위안을 찾는 반면, 또 어떤 사람들은 사람들이 없는 곳에서 슬퍼하는 것을 선호하거나 글이나 예술과 같은 창의적인 발산 수단에서 위안을 찾는 것을 선호한다.

(해설) ① 밑줄 뒤에 절이 이어지므로, 전치사 In spite of 대신 접속사 (Al)Though가 알맞다.

10

> 의사소통은 건강한 관계를 형성하고 갈등을 효과적으로 처리하기 위한 핵심이다. 여러분이 목소리를 내고 감정을 공유하지 않으면, 아무도 여러분이 어떻게 진정으로 감정을 느끼는지 알지 못할 것이고 오해가 생길 수 있다. 솔직해짐으로써, 여러분은 불필요한 갈등을 피할 수 있고 주변 사람들과의 더 깊은 관계를 발전시킬 수 있다.

(해설) ② 접속사 Unless가 이끄는 조건의 부사절에서 미래의 일은 현재시제로 나타내므로, will을 삭제해야 한다.

11 그녀는 "행사의 드레스 코드가 무엇입니까?"라고 물었다.
→ 그녀는 그 행사의 드레스 코드가 무엇이냐고 물었다.

(해설) 직접화법 의문문은 간접화법에서 간접의문문 순서인 〈의문사+주어+동사〉 순서로 쓴다.

12 그는 나에게 "글을 쓰면 생각과 감정을 표현할 수 있다"고 말했다. → 그는 나에게 글을 쓰면 생각과 감정을 표현할 수 있다고 말했다.

(해설) said to를 told로 전환하고, 직접화법의 주절 시제가 과거이므로 allowed로 바꾸고 목적어를 him으로 바꾸어 써야 한다.

13 노래 대결에서 누가 이길 것 같니?

(해설) 주절이 Do you guess이므로 '누가'라는 의미의 의문사 who를 문장 앞에 써서 〈의문사(Who)+do you guess ~〉의 어순이 알맞다.

14 Bill은 지난밤 그의 보고서가 사라진 것을 발견했다.

(해설) 주절에 과거시제 found가 쓰였으므로 시제 일치 원칙에 따라 과거 동사 was가 알맞다.

15 (해설) 문장 맨 앞에 가주어 It이 있으므로 문장의 진주어인 that절을 뒤로 보내서 쓴다.

16 (해설) neither A nor B: A도 B도 아닌

17 (해설) so+형용사+that ...: 아주 ~해서 …하다

18 (해설) 접속사 Every time이 시간의 부사절을 이끌며, 이때 미래의 일은 현재시제로 나타낸다.

19

> 비록 고작 2주 동안 봉사했지만, 그것은 소중한 경험이었다. 나는 새로운 친구들을 사귀었고, 행복함을 느꼈으며, 다른 사람들의 삶을 개선하는 데 도움을 주었다.

20

> 어려운 결정에 직면했을 때, 나는 그 상황에 어떻게 접근해야 할지 고려한다. 그것은 장단점을 따져보고, 관련 정보를 수집하고, 다른 사람의 조언을 구하고, 나의 직관을 신뢰하는 것을 포함한다.

21

> 나는 몇몇 동물들이 자신을 위장할 수 있다는 것을 놀랍게 생각한다. 예를 들면, 카멜레온은 색을 바꾸고 주변 환경과 섞이는 능력으로 유명한데, 이는 그들이 포식자에 의해 발견되기 엄청나게 어렵게 만든다. 그들은 자연환경에서 자신을 너무 잘 숨겨서 거의 보이지 않게 된다.

(해설) 빈칸 이후에 문장은 카멜레온을 예시로 들며 주변 자연환경과 비슷하게 위장하는 동물 이야기를 하고 있다. 따라서 첫 문장에는 이에 대해 놀랍게 생각했다는 내용이 들어가야 한다. I find it amazing 뒤의 진목적어 that절을 완성한다.

(구문) ~, chameleons are known for *their ability* (to change color [and] (to) blend in with their surroundings), making **them** incredibly difficult to be
(= chameleons)
spotted by predators.
• 2개의 to부정사구(to change color, blend in ~ surroundings)가 등위접속사 and로 연결되어 명사 their ability를 수식하는 구조이다. and 뒤의 to부정사의 to는 반복되어 생략되었다.

22-23

> 가족들이 휴일에 어디로 갈지는 아직 미정이다. 그들은 서로 다른 장소에 대해 신나게 논의하고 얼마나 풍경이 아름다울지 기대하고 있다. 그들은 빨리 잊지 못할 추억을 함께 만들고 싶다.

22 (해설) 의문사 Where가 이끄는 명사절(간접의문문)이 문장의 주어로 쓰였다. 명사절은 단수 취급하므로 단수 동사 is가 알맞다.

23 (해설) how 뒤에 형용사가 올 때 명사절(간접의문문)의 어순은 〈how+형용사+주어+동사〉 순서로 쓴다.

(어휘)

01 comprehensive 포괄적인, 종합적인   **analysis** 분석   **function** 작동하다; 기능   **02 previous** 이전의, 바로 앞의   **aware** 알고 있는, 눈치채고 있는   **04 strive** 노력하다   **regulation** 규정; 규제   **05 refuge** 피난, 도피; 도피처   **assistant** 조수   **06 foster** 발전시키다, 조성하다   **organize** 준비하다; 정리하다   **07 objective** 목적, 목표; 객관적인   **08 confirmation** 확인, 확정   **09 grief** 슬픔; 고민 *cf.* **grieve** 비통해하다   **pace** 속도   **in private** 다른 사람이 없는 데서, 비공개적으로   **outlet** 배출구; 할인점   **10 address** 처리하다, 다루다; 연설하다; 주소   **misunderstanding** 오해   **arise** 발생하다   **tension** 갈등   **20 face** 직면하다; 마주보다   **pros and cons** 장단점; 찬반양론   **gather** 모으다; 모이다   **intuition** 직관, 직감   **21 conceal** 감추다, 숨기다   **invisible** 보이지 않는, 무형의   **predator** 포식자; 약탈자   **disguise** 위장하다, 변장하다; 변장술

CHAPTER 11 관계사

UNIT 71 주격 관계대명사   본문 154쪽

A
1 ×, → they 삭제   2 ×, → who[that]
3 ○   4 ○

B
1 the students who failed to pass the exam
2 some activities which will increase the writing skills
3 a person who is bitten by a vampire

A
1 독서 과정을 수료한 학생들은 수료증을 받을 것이다.
(해설) 관계대명사 who가 관계사절의 주어 역할을 하므로, they는 삭제해야 한다.
2 위험을 무릅쓰는 것을 피하는 사람들은 변화를 만들 수 없다.
(해설) 선행사가 사람(people)이므로 who 또는 that이 알맞다.
3 당신은 소금과 설탕이 많이 함유된 음식을 먹는 것을 멈추어야 한다.
4 기부된 돈은 혼자 사는 노인들에게 보내질 것이다.

(어휘)
1 **certificate** 증명서; 자격증

B
3 (해설) 완성된 관계사절 who is bitten ~에서 〈주격 관계대명사+be동사〉를 생략하고 bitten by a vampire로도 쓸 수 있다.

UNIT 72 목적격 관계대명사   본문 155쪽

A
1 ×, → it 삭제   2 ○
3 ×, who → which[that]

B
1 whom we really need for our project
2 the shirt which I ordered
3 Everything that we have to bring for the trip
4 The computer which I bought last week

A
1 내가 본 그 영화는 흥미롭다.
(해설) 관계대명사 that이 관계사절의 목적어(the movie) 역할을 하므로, that절에는 it을 빼고 써야 한다.
2 너의 분야에서 경쟁력을 갖추기 위해서는, 다른 사람들이 가지고 있지 않은 것을 만들어 내라.
(해설) 밑줄 친 부분은 선행사 something을 수식하는 목적격 관계대명사절이다. 목적격 관계대명사는 생략할 수 있다.
3 그 요리사는 자신의 식당이 곧 제공할 멋진 새로운 요리를 소개했다.
(해설) 선행사가 사물(wonderful new dishes)이므로 who를 which[that]으로 고치는 것이 알맞다.

(어휘)
2 **competitive** 경쟁력 있는; 경쟁의

B
(어휘)
4 **mechanical** 기계와 관련된

UNIT 73 소유격 관계대명사

본문 156쪽

A
1 whose   2 whose
3 which

B
1 the dogs whose owners are on vacation
2 the man whose leg was broken
3 Coffee shops of which the tables are placed closely
4 from actors whose styles are trendy

A
1 나는 12월에 생일이 있는 학생들의 명단을 만들었다.
(해설) 선행사 the students와 명사 birthdays는 소유의 관계이므로 소유격 관계대명사 whose를 쓰는 것이 알맞다.
2 골동품은 시간이 갈수록 그것의 가치가 올라가는 오래된 물건이다.
(해설) 선행사 old things와 명사 value는 소유의 관계이므로 소유격 관계대명사 whose를 쓰는 것이 알맞다.
3 이 전시에는 일상의 순간들을 포착한 예술작품들이 있다.
(해설) 관계사절 뒤에 주어가 없는 문장이 쓰였으므로 주격 관계대명사 which를 쓰는 것이 알맞다.

(어휘)
2 antique 골동품; 골동품인

B
(어휘)
2 ambulance 구급차   4 trendy 유행의, 유행하는

UNIT 74 관계대명사 what

본문 157쪽

A
1 what   2 which
3 what   4 that
5 that

B
1 내가 가진 것
2 그 포스터가 강조하는 것
3 우리가 새로운 것을 시도하는 것을 막는 것

A
1 사랑과 보살핌은 아기들에게 필요한 것이다.
(해설) 관계사 앞에 선행사가 없고 목적어가 없는 불완전한 절을 이끌고 있으므로 what이 알맞다.
2 그 경주에서 우승한 차는 고성능 차량이다.
(해설) 네모 이하의 문장이 주어가 빠진 불완전한 문장이고 관계사 앞에 선행사 The car가 있으므로 which가 알맞다.
3 그녀의 딸은 그녀가 장난감 가게에서 사 온 것을 정말 좋아했다.
(해설) 관계사 앞에 선행사가 없고 목적어가 없는 불완전한 절을 이끌고 있으므로 what이 알맞다.
4 너의 보고서가 오타나 잘못된 사실을 포함할 수 있다는 것을 명심해라.
(해설) 네모 이하의 문장이 〈주어(your report)+동사(can have) ~〉를 갖춘 완전한 구조이므로 접속사 that이 알맞다.
5 이것들은 네가 시험 전에 읽어야 할 책들이다.
(해설) 네모 이하의 문장이 목적어가 빠진 불완전한 문장이고 앞에 선행사 the books가 있으므로 관계대명사 that이 알맞다.

(어휘)
1 affection 애정, 보살핌   4 misspelling 오타

B
(어휘)
2 emphasize 강조하다   necessity 필요(성)   conservation 보호, 보존

UNIT 75 전치사 + 목적격 관계대명사

본문 158쪽

A
1 I work with, whom I work
2 I could take the bus at, which I could take the bus

B
1 ×, → in which   2 ○
3 ×, → with whom   4 ×, → to 삭제
5 ○

A
1 내가 같이 일하는 사람들은 매우 친절하고 성실하다.
(해설) 관계대명사 who가 전치사 with의 목적어이므로 전치사 with를 관계대명사절 끝에 둔다. with whom 형태로 쓸 때는 전치사 뒤에 목적격 whom으로 써야 한다.
2 그녀는 내가 시청까지 가는 버스를 탈 수 있는 버스정류장까지 친절하게 나를 데려다주었다.

B

1 이것은 우리가 중요한 문서를 보관하는 캐비닛이다.

(해설) 선행사는 which 앞의 the cabinet이며, 관계사절 구조상 중요한 문서를 '캐비닛 안에' 보관한다는 의미가 되어야 하므로 which 앞에 in을 쓰는 것이 알맞다.

2 Zoe는 자신의 어머니가 졸업한 대학에 다닌다.

3 Henry는 주말마다 나와 함께 수영하러 가는 친구이다.

(해설) 전치사 뒤에는 who의 목적격인 whom을 쓰는 것이 알맞다.

4 나는 네가 전에 가 본 프랑스 식당을 방문했다.

(해설) 관계사 앞 선행사 the French restaurant이 목적어가 없는 불완전한 절에서 had tried의 목적어에 해당된다. 따라서 전치사 to 없이 목적격 관계대명사 which를 쓰는 것이 알맞다.

5 나는 사람들이 좋은 결과를 얻은 피트니스 프로그램을 시도해보고 싶다.

(해설) 목적격 관계대명사가 생략되어 전치사를 관계대명사절 끝에 둔 문장이다.

UNIT 76 관계부사 본문 159쪽

A

1 how **2** which **3** where

B

1 the moment that I saw the shooting stars

2 he is always late for our appointment

3 a society where gender boundaries have been decreasing

A

1 우리는 사람들이 해수면 상승에 어떻게 대비하는지 연구했다.

(해설) 관계부사 how는 선행사 the way와 함께 쓰이지 않는다.

2 우리가 사고 싶은 그 집은 큰 침실이 있다.

(해설) 관계사가 목적어가 없는 불완전한 절을 이끌고 있으므로 목적격 관계대명사 which가 알맞다.

3 그 위험 신호는 가스 누출이 발견된 장소를 가리켰다.

(해설) 관계사가 〈주어(a gas leak)+동사(had been detected) ~〉를 갖춘 완전한 구조의 절을 이끌고 있으므로 관계부사 where가 알맞다.

(어휘)

3 leak 누출; 새다 detect 발견하다

B

(어휘)

2 appointment 약속 **3** gender 성, 성별 boundary 경계 [한계](선)

UNIT 77 콤마(,)+관계사절 본문 160쪽

A

1 my grandparents

2 October

3 I encountered an old friend from high school in a bookstore

4 not to share personal information online

5 a lot of small dolls

B

1 which made me worry

2 some of whom were local residents

3 whose house is in Seoul

4 where they spent the entire day swimming and sunbathing

A

1 나는 지난주에 조부모님을 뵈러 전주에 갔는데, 그분들은 나를 기다리고 계셨다.

2 이 마을은 10월에 방문객이 가장 많은데, 그때 전통 축제가 열린다.

3 나는 서점에서 고등학교 때 친구를 만났는데, 그것은 나를 놀라게 했다.

4 그는 나에게 개인 정보를 온라인에 공유하지 말라고 상기시켜 주는데, 그것은 내 사생활을 보호하기 위한 중요한 예방책이다.

5 그녀는 많은 작은 인형들을 가지고 있는데, 대부분은 그녀의 생일에 받았다.

(어휘)

3 encounter (우연히) 만나다 **4** precaution 예방책 privacy 사생활

UNIT 78 복합관계사 본문 161쪽

A

1 wherever **2** Whichever

B

1 Whenever **2** However

3 Whatever **4** whichever

A

1 너는 콘서트에서 원하는 어느 곳이든 앉을 수 있다.

2 우리는 어느 식당에 가더라도 언제나 맛있는 식사를 즐긴다.

B

1 네가 도움이 필요할 땐 언제든지 망설이지 말고 나에게 전화해라.

〔해설〕 문맥상 '~할 때는 언제나'라는 의미가 자연스러우므로 Whenever가 알맞다.

2 돌고래가 아무리 똑똑하더라도, 그들은 인간의 언어를 말할 수 없다.

〔해설〕 However가 형용사 또는 부사와 함께 쓰이면 '아무리 ~하더라도'라는 의미이다.

3 네가 무엇을 말하든, 너의 숙제를 끝내기 전에는 나갈 수 없다.

〔해설〕 문맥상 '무엇을 ~하더라도'라는 의미가 자연스러우므로 Whatever가 알맞다.

4 생일 선물로 네가 원하는 건 어느 것이든지 사줄게.

〔해설〕 명사절을 이끌며 문맥상 '~하는 어느 것이든지'라는 의미가 자연스러우므로 whichever가 알맞다.

〔어휘〕

1 hesitate 망설이다

UNIT 79 관계사절과 수일치

본문 162쪽

A

1 are **2** find

3 have **4** is

5 has

B

1 ×, → are **2** ×, → tend

3 ×, → speak **4** ○

C

1 Something that starts as a minor error

2 that are fed and protected by humans lose

3 which are parked in front of the shop belong to

4 who appeared in this movie are going to have a stage greeting

D

1 shares → share

2 have → has

3 impress → impresses

4 offer → offers

A

1 우주에는 태양보다 더 뜨거운 별들이 있다.

〔해설〕 선행사는 stars이므로 관계사절의 동사는 복수 동사 are가 알맞다.

2 공항에는 금지된 물품을 찾는 탐지견들이 있다.

〔해설〕 선행사는 detection dogs이므로 관계사절의 동사는 복수 동사 find가 알맞다. at the airport는 부사구임에 주의한다.

3 그녀는 자신의 소설들이 베스트셀러가 된 작가를 만났다.

〔해설〕 소유격 관계대명사 whose 뒤에 있는 명사 novels에 수 일치한다.

4 우리의 정신 능력을 향상시키는 한 가지는 현재에 집중하고 미래를 걱정하지 않는 것이다.

〔해설〕 문장의 주어는 One thing이고, that enhances our mental abilities는 주어를 수식하는 관계대명사절이다. 따라서 단수 동사 is가 알맞다.

5 관광객들이 사진을 찍기 위해 모여드는 그 다리는 그 도시의 상징이 됐다.

〔해설〕 문장의 주어는 The bridge이고 관계부사절이 주어를 수식한다. 따라서 단수 동사 has가 알맞다.

〔어휘〕

2 prohibit 금지하다 **4** enhance 향상시키다, 강화하다

B

1 그림이 많고 글이 적은 책은 쉽게 읽힌다.

〔해설〕 문장의 주어는 Books이므로 복수 동사 are가 알맞다. that have ~ text는 주어를 수식하는 관계사절이다.

2 변화에 열려있는 사람들은 변화에 더 쉽게 적응하는 경향이 있다.

〔해설〕 문장의 주어는 People이므로 복수 동사 tend가 알맞다.

3 Patrick 씨가 가르치는 모든 학생들은 최소한 2개 국어를 말한다.

〔해설〕 문장의 주어는 All the students이므로 복수 동사 speak이 알맞다. Mr. Patrick teaches는 관계대명사가 생략된 목적격 관계대명사절로, 주어를 수식한다.

4 우리 여행사는 호텔과 박물관 입장료를 포함하는 베를린 패키지 투어를 판매한다.

〔해설〕 선행사는 full package tours이고 of Berlin은 선행사를 수식하는 전치사구이다. 따라서 복수 동사 cover가 알맞게 쓰였다.

〔어휘〕

4 cover 포함하다; 보장하다

C

1 〔해설〕 선행사이자 주어가 Something이므로 관계사절의 동사는 단수 동사 starts로 쓴다.

2 〔해설〕 선행사이자 주어가 Animals이므로 관계사절의 동사와 문장의 동사를 복수 동사 are, lose로 쓴다.

3 〔해설〕 선행사가 The two cars이므로 관계사절의 동사와 문장의 동사를 복수 동사 are, belong으로 쓴다.

4 〔해설〕 문장의 주어가 The actors이므로 문장의 동사를 복수 동사 are로 쓴다.

D

1 우리는 보통 우리와 공통된 관심사를 공유하는 사람들과 친해진다.

(해설) 관계대명사 who의 선행사가 people이므로 관계사절의 동사 shares는 복수 동사 share로 고쳐야 한다.

2 내가 나의 친구들과 자주 가는 그 카페는 이 동네에서 가장 맛있는 카푸치노를 판다.

(해설) 문장의 주어가 The coffee shop이고 that I ~ my friends는 주어를 수식하는 관계사절이므로 문장의 동사 have를 단수 동사 has로 고치는 것이 알맞다.

3 에세이가 교수를 감동시키는 학생들은 A+를 받을 것이다.

(해설) 소유격 관계대명사 whose 뒤의 명사 essay에 수일치한다.

4 방문객들이 다양한 동물 종을 관람할 수 있는 그 동물원은 가이드 투어를 제공한다.

(해설) 문장의 주어는 The zoo이므로 문장의 동사는 단수 동사 offers가 알맞다. 동사 앞에 있는 관계사절 내의 명사 animal species를 주어로 착각하지 않도록 주의한다.

Chapter Exercises

본문 164쪽

01 where	**02** whom
03 which	**04** which
05 what	**06** which
07 ③	**08** ②
09 ⑤	**10** ①
11 ⑤	**12** ③
13 ③	**14** ②, ⑤
15 ⑤	

16 what you need for your camping trip

17 The reason why I like his songs is

18 which has been passed down from his grandfather

19 who → whose   **20** That → What

21 ×

22 about which she was so excited 또는 which she was so excited about

23 ×

24 in which history and the modern age meet together 또는 which history and the modern age meet together in

25 tends, tend

고친 이유: 문장의 주어는 관계사절 which are harvested when fully ripe의 수식을 받는 those이므로 복수 동사 tend를 써야 한다.

---

01 내 침실은 내가 가장 편안하고 여유를 느끼는 곳이다.

(해설) 선행사가 '장소'를 나타내는 the place이므로 관계부사 where가 알맞다.

02 James는 그의 능력을 모든 사람들이 존경하는 감독이다.

(해설) 선행사는 the director이고, 네모 뒤에 이어지는 절이 목적어가 없는 불완전한 구조이므로 목적격 관계대명사 whom이 알맞다.

03 인간의 뇌는 몸의 기관인데, 그것은 우리의 생각과 행동을 통제한다.

(해설) 관계사 that은 콤마 뒤에서 계속적 용법으로 쓰이지 않으므로 which가 알맞다.

04 우리는 파리를 방문했는데, 그곳은 사랑의 도시로 알려져 있다.

(해설) 콤마(,) 뒤에 절은 주어가 없는 불완전한 구조이므로 주격 관계대명사가 와야 한다. 따라서 which가 알맞다.

05 나는 역사 강의에서 교수님이 설명하시는 것을 이해할 수 없었다.

(해설) 네모 앞에 선행사가 없고, 주어가 없는 불완전한 절을 이끌고 있으므로 선행사를 포함하는 관계대명사 what이 알맞다.

06 그녀는 청중들이 집중해서 들을 힘 있는 연설을 했다.

(해설) '~을 듣다'는 listen to이며, which는 전치사 to의 목적어 역할을 한다. 이때, 관계사 that은 전치사 뒤에 쓰일 수 없다.

07
- 그는 작년에 산 노트북을 수리했다.
- 내가 여가 활동으로 선호하는 계절은 여름이다.
- 그 가수는 목소리에 힘이 있는 재능 있는 음악가이다.

(해설) (A) 선행사 the laptop이 사물이므로 관계대명사 that이 알맞다.

(B) 선행사는 The season이고, 네모 뒤에 이어지는 절이 목적어가 없는 불완전한 구조이므로 목적격 관계대명사 which가 알맞다.

(C) 선행사 musician과 voice는 소유 관계이므로 소유격 관계대명사 whose를 쓴다.

08
- 누가 당선되더라도, 우리는 더 나은 미래를 향해 노력해야 한다.
- 궁금한 점이 있으면 언제든지 도움을 요청하세요.
- 네가 아무리 빨리 달리더라도, 그 차를 따라잡을 수 없을 것이다.

(해설) (A) 문장의 주어가 빠져 있으므로 주어 역할을 하는 Whoever가 알맞다.

(B) 문맥상 '~할 때는 언제나'라는 의미가 자연스러우므로 whenever가 알맞다.

(C) 문맥상 '아무리 ~ 하더라도'라는 의미가 자연스러우므로 however가 알맞다.

09

ⓐ 나는 캠핑을 좋아하는 이웃에게 텐트를 빌렸다.
ⓑ 그 빵집은 인기를 얻고 있는데, 그곳은 유기농 디저트를 전문으로 한다.
ⓒ 나는 박물관을 방문했는데, 그곳에서 고대 문명에 관해 배웠다.
ⓓ Jenny가 나에게 그녀의 오빠를 소개해줬는데, 나는 그녀의 오빠를 만나서 너무 기뻤다.
ⓔ 그 가게에는 많은 신발들이 있었고, 그것들 중 일부는 할인 중이었다.

해설 ⓓ 관계대명사 whom이 문장의 목적어 역할을 하므로 him은 삭제한다.
ⓔ 두 개의 문장을 접속사 and로 연결해주고 있으므로, 관계대명사 which를 대명사 them으로 고쳐야 한다.

10

ⓐ 지역 주민 센터에서 제공되는 피트니스 프로그램이 있다.
ⓑ John은 시상식에서 받은 상에 감사함을 느꼈다.
ⓒ 우리는 바다가 잘 보이는 호텔 방에 묵었다.
ⓓ 몇몇 학생들이 수업 중에 떠들었고, 이는 선생님을 화나게 했다.
ⓔ 나는 내가 좋아하는 연예인을 콘서트에서 만났던 때를 기억한다.

해설 ⓐ that은 선행사 fitness programs를 수식하는 절을 이끄는 주격 관계대명사이다. 〈주격관계대명사+be동사〉는 생략 가능하다.
ⓑ 선행사 the award를 수식하는 관계대명사 that이 목적어 역할을 하며, 목적격 관계대명사는 생략 가능하다.
ⓒ 소유격 관계대명사는 생략이 불가능하다.
ⓓ 〈콤마(,)+관계사〉 형태의 계속적 용법으로 쓰이는 관계대명사는 생략할 수 없다.
ⓔ 관계부사절의 선행사가 일반적인 명사(the time)이므로 선행사나 관계부사를 생략할 수 있다.

11 ① 나는 책 사인회에서 만난 작가를 인터뷰했다.
② 나는 방을 청소했고 더 이상 필요하지 않은 것들을 버렸다.
③ 나는 현금을 인출할 수 있는 은행에 가야 한다.
④ 우리는 해변에서 일몰을 본 날을 결코 잊지 못할 것이다.
⑤ Sarah는 함께 시간을 보내는 것을 즐기는 친한 친구가 있다.

해설 ⑤ 전치사 뒤에는 목적격 관계대명사를 쓰므로 with who를 with whom으로 고쳐야 한다. 또는 관계사절(with who ~ time)에서 전치사 with를 맨 뒤로 보낸 who she enjoys spending time with도 가능하다.

12 ① 우리는 우리의 신제품에 대해 논의하는 회의를 했다.
② 차가 고장이 났고, 그것은 우리가 약속 시간에 늦게 했다.
③ 전자 상거래는 우리가 쇼핑하는 방식을 크게 변화시켰다.
④ 실험 중에 그가 발견한 것은 실험실의 모든 사람들을 놀라게 했다.
⑤ 우리가 지난여름에 방문했던 도시는 풍부한 문화유산을 가지고 있다.

해설 ③ 관계부사 how와 선행사 the way는 함께 쓰이지 않으므로 the way 또는 how를 생략한다.

13

ⓐ 내 가족들의 응원과 사랑이 나에게 용기를 북돋아 준다.
ⓑ 나는 John과 Emily가 다음 달에 결혼한다는 것을 들었다.
ⓒ 이 요리법을 맛있게 만드는 것은 향신료의 완벽한 균형이다.
ⓓ 배터리 수명이 긴 스마트폰은 여행객들에게 이상적이다.
ⓔ 의사가 처방해준 약이 나의 고통을 덜어주었다.
ⓕ 내 친구는 일자리 제안이 담긴 이메일을 받았다.

해설 ⓑ what 뒤에 이어지는 절이 〈주어+동사 ~〉를 갖춘 완전한 구조이므로 관계대명사를 쓸 수 없다. heard의 목적어 역할을 하는 명사절이 필요하므로 what을 접속사 that으로 고쳐야 한다.
ⓒ Which 앞에 선행사가 없으며 주어가 없는 불완전한 절을 이끌고 있으므로, Which를 관계대명사 What으로 고쳐야 한다.
ⓕ what 뒤에 이어지는 절은 주어가 없는 불완전한 구조이며, 앞에 선행사 an email이 있으므로 what을 주격 관계대명사 that 또는 which로 고쳐야 한다.

14 ① 나는 완벽하게 요리된 이탈리아 전통 기법으로 만든 피자를 먹었다.
② 전통적인 사고에 도전하는 아이디어는 사회 발전을 이끌 가능성이 있다.
③ 아름다운 호수 근처에 위치한 그 성은 관광 명소이다.
④ 1980년대에 지어진 그 회사는 세계적인 기업으로 성장했다.
⑤ 맛있는 음식들로 유명한 식당들은 주말에 언제나 붐빈다.

해설 ② 관계대명사 that절의 수식을 받는 선행사 Ideas가 주어이므로 문장의 동사 has를 복수 동사 have로 고쳐야 한다. 이 때, 동사 앞에 있는 관계사절의 명사 thinking을 주어로 착각하지 않도록 주의한다.
⑤ 문장의 주어는 The restaurants이고, which are ~ dishes는 The restaurants를 수식하는 관계사절이다. 따라서 문장의 동사 is를 복수 동사 are로 고쳐야 한다.

15

만약 문제가 있다면, 도전이 우리를 편안한 영역 밖으로 밀어낼 수 있는 성장의 기회가 있다. 그것은 우리에게 혁신하고 적응하도록 하는 기회이며, 이 두 가지 모두 우리의 발전에 필수적이다. 이러한 사고방식을 수용하는 것은 우리가 어려움을 배우고 개선할 수 있는 기회로 보도록 도와주는데, 그것은 우리가 어디를 가더라도 번창할 수 있다는 것을 의미한다.

해설 문맥상 '어디에 가더라도'로 해석되는 것이 자연스러우므로 whatever를 wherever로 고쳐야 한다.
구문 If there is a problem, there is *an opportunity (for growth)* **where** a challenge can push us beyond our comfort zone.
• 관계부사 where가 이끄는 절은 an opportunity for growth를 선행사로 한다. 이처럼 관계부사 where는 추상적인 장소를 선행사로 가질 수 있다.

16 해설 관계대명사 what은 선행사를 포함하므로 별도의 선행사가 필요하지 않다.

17 해설 선행사 The reason을 수식하는 이유를 뜻하는 why가

이끄는 관계부사절이 이어진다. 또한 주어는 단수 명사 The reason이고 주어진 우리말로 보아 현재시제이므로 is가 적절하다.

18 (해설) 선행사가 the guitar이므로 관계사절의 동사는 단수 동사 has로 시작된다.

19 그는 경매에서 그림이 수백만 달러에 팔리는 예술가이다.
(해설) 선행사 an artist와 paintings는 소유의 관계이므로 who를 소유격 관계대명사 whose로 고쳐야 한다.

20 내가 가장 좋아하는 것은 맛있는 음식과 좋은 음악이다.
(해설) That 앞에 선행사가 없으며 불완전한 절을 이끌고 있으므로 관계대명사 What으로 고쳐야 한다.

21 그는 종종 여자 친구와 사랑에 빠진 순간을 이야기한다.
(해설) 선행사가 the moment이므로 관계부사 when이 알맞게 쓰였다.

22 그녀는 나에게 자신이 매우 흥분했던 기사를 보여주었다.
(해설) 선행사는 the article이며, 관계사절 구조상 '~에 흥분했다'는 의미가 되어야 한다. 따라서 관계사절이 전치사 about의 목적어 역할을 하도록 〈전치사(about)+관계대명사(which)〉로 쓰거나 전치사 about을 관계사절의 끝에 둔다.

23 언제 저희 화장품을 구매하시더라도, 사용하신 후에는 환불이 불가합니다.
(해설) '언제 ~하더라도'라는 의미의 양보의 부사절을 이끄는 복합관계부사 Whenever가 알맞게 쓰였다.

24
아테네는 역사와 현대가 만나는 도시이다. 방문객들은 아크로폴리스와 파르테논 신전과 같은 고대 유적들을 현대 건물들 그리고 다채로운 거리 예술과 함께 볼 수 있다. 그 도시의 박물관, 갤러리, 그리고 지역 음식들도 오래된 문화와 새로운 문화의 독특한 혼합을 보여준다.

(해설) 밑줄 다음의 문장은 고대와 현대가 결합된 아테네의 모습에 대해서 설명하고 있다. 따라서 아테네는 '역사와 현대가 만나는' 도시라는 문장을 완성한다. 관계대명사 which가 전치사 in의 목적어이므로 〈전치사+목적격 관계대명사〉로 쓰거나 전치사를 관계대명사절 끝에 둔다.

25
과일을 고를 때는, 그것들이 완전히 익었는지 아닌지를 고려하는 것이 중요하다. 잘 익었을 때 수확되는 과일이 영양가가 높고 맛이 좋은 경향이 있다. 다양한 건강상의 이점을 제공할 수 있는 익은 과일을 먹는 것은 식사의 맛을 향상시킬 수 있다.

(어휘)

03 organ (몸의) 기관, 장기 **07 talented** (타고난) 재능이 있는 **08 election** 선거, 당선 **assistance** 도움, 지원 **catch up with** 따라잡다, 따라가다 **09 specialize** 전문으로 하다 **civilization** 문명 **11 withdraw** (현금을) 인출하다; 물러나다, 철수하다 **12 e-commerce** 전자 상거래 **drastically** 크게, 급격하게 **heritage** (국가·사회의) 유산 **13 spice** 향신료 **prescribe** 처방하다; 규정하다 **relieve** (고통 등을) 덜어주다; 완화하다 **14 conventional** 전통적인, 관습적인 **societal** 사회의 **corporation** 기업 **15 innovate** 혁신하다, 발전하다 **embrace** 받아들이다, (껴)안다 **mindset** 사고방식 **thrive** 번창하다, 잘 자라다 **17 lyric** 가사 **18 pass down** 물려주다 **19 auction** 경매 **24 Athens** 아테네 ((그리스의 수도)) **ruin** 유적; 붕괴; 망치다 **mixture** 혼합(물) **25 ripe** 익은; 숙성한 **nutritious** 영양가가 높은 **flavorful** 풍미 있는, 맛 좋은

CHAPTER **12** 비교

UNIT **80** 원급 본문 170쪽

A

1 ○

2 ×, → does

3 ×, → fast

4 ×, → speaking

B

1 as swiftly as a superhero

2 as essential as exercising regularly

3 as distinct as those in the nearby town

A

1 나의 새 냉장고는 너의 것만큼 연료 효율이 좋다.
(해설) 비교 대상은 My new refrigerator와 yours이므로 둘 다 소유격으로 알맞게 쓰였다.

2 그 건축가는 예술가가 디자인하는 것만큼 건물을 창의적으로 디자인한다.

(해설) 비교하는 대상의 동사가 designs이므로, 일반동사를 대신하는 does로 고치는 것이 알맞다.

3 이 중고 진공청소기는 새것만큼 빠르다.

(해설) as를 제외한 문장 구조를 보면 is의 보어 자리이므로 부사 fastly를 형용사 fast로 고치는 것이 알맞다.

4 효과적인 의사소통에서 적극적으로 듣는 것이 유창하게 말하는 것만큼 가치가 있다.

(해설) 비교하는 대상인 Listening actively와 문법적 성격이 같아야 하므로, 동명사 speaking으로 고치는 것이 알맞다.

어휘

1 energy-efficient 연료 효율이 좋은 **2** architect 건축가 **3** second-hand 중고의 vacuum 진공 **4** fluently 유창하게

B

1 (해설) as를 제외한 문장 구조를 보면 동사 responded를 수식하는 부사자리이므로 부사 swiftly를 사용하여 쓴다.

2 (해설) 비교하는 대상인 Getting enough sleep과 문법적 성격이 같아야 하므로 as 이하는 동명사 exercising을 사용하여 쓴다.

어휘

1 swift 빠른 **2** overall 전반적인 **3** accent 억양, 강세; 강조; 강조하다 distinct 독특한; 별개의

UNIT 81 원급을 이용한 표현

본문 171쪽

A

1 three times as often

2 not as many passengers as

B

1 as clean as possible

2 not as meaningful as playing fair

3 last twice as long as

4 not so much a scary story as

A

1 Sarah는 일주일에 세 번 운동한다. Alex는 일주일에 한 번 운동한다. → Sarah는 Alex의 세 배만큼 자주 운동한다.

(해설) 〈A 배수사 as+원급+as B〉: A는 B의 ~배만큼 …한

2 작은 차는 5명의 승객을 태울 수 있다. 미니 밴은 8명의 승객을 태울 수 있다. → 작은 차는 미니 밴만큼 많은 승객을 태우지 않는다.

(해설) 〈A not as[so]+원급+as B〉: A는 B만큼 ~하지 않은

어휘

2 accommodate (인원을) 수용하다, 좌석이 있다

B

4 (해설) 〈not so much A as B〉: A라기보다는 오히려 B인

어휘

3 last 오래가다; 지속되다; 최근의; 마지막의 previous 이전의

UNIT 82 비교급

본문 172쪽

A

1 that **2** as **3** even

4 much **5** to sit

B

1 is far stronger than

2 more responsibilities than in her previous work

3 more convenient than attending classes in person

A

1 독수리는 대부분의 다른 새들보다 더 정확한 시력을 가지고 있다.

(해설) 비교 대상이 단수 eyesight이므로 that이 알맞다.

2 그 세탁기는 작동 중에 속삭이는 것만큼 조용하다.

(해설) 원급 표현인 as와 호응하는 원급 as가 알맞다.

3 그녀의 발표는 다른 사람(의 발표)보다 훨씬 더 매력적이었다.

(해설) 비교급 more engaging을 강조하는 부사 자리이므로 even이 알맞다.

4 새 스마트폰은 이전 모델보다 훨씬 더 가볍다.

(해설) 비교급 lighter를 강조하는 부사 자리이므로 much가 알맞다.

5 네가 공부할 때, 장소를 바꾸는 것이 오랜 시간 한자리에 앉아 있는 것보다 더 낫다.

(해설) 비교하는 대상인 to change places와 문법적 성격이 같아야 하므로, to부정사 to sit이 알맞다.

어휘

1 eyesight 시력 **2** whisper 속삭임; 속삭이다 operation 작동 **3** engaging 매력적인

B

3 (해설) 비교하는 대상인 Taking online courses와 문법적 성격이 같아야 하므로 than 이하는 동명사 attending을 사용하여 쓴다.

어휘

2 responsibility 책임(감)

UNIT 83 비교급을 이용한 표현

본문 173쪽

A

1 higher　　　2 cold

3 than　　　　4 no more than

5 no less than

B

1 the more we hesitate

2 two times longer than his records

3 no more than 10 minutes

A

1 식료품점의 가격은 점점 더 높아지고 있다.

해설 〈비교급 and 비교급〉: 점점 더 ～한

2 이 지역의 겨울은 남쪽 지역(의 겨울)보다 덜 춥다.

해설 〈A less 원급 than B〉: A는 B보다 덜 ～한

3 흰긴수염고래는 코끼리보다 약 30배 더 무겁다.

4 그녀는 예산이 부족해서, 자신의 새 신발을 사는 데 겨우 50달러만 쓰기로 결심했다.

해설 〈no more than〉: 겨우 ～인

5 그녀는 졸업 이후에 5개나 되는 취업 제안을 받아서 매우 기뻤다.

해설 〈no less than〉: ～나 되는

B

1 hesitate 주저하다, 망설이다

UNIT 84 최상급

본문 174쪽

A

1 largest　　　2 movies

3 quite　　　　4 by far

B

1 the hottest summer we have experienced

2 One of the best benefits of being a tour guide is

3 She is the very kindest person

A

1 사하라 사막은 세계에서 가장 큰 사막이다.

2 이것은 내가 본 가장 슬픈 영화들 중 하나이다.

해설 '가장 ～한 것들 중 하나'라는 의미는 〈one of the+최상급+복수 명사〉로 쓰므로 movies가 알맞다.

3 패션은 단연 자기 자신을 표현하는 가장 간단한 방법이다.

해설 최상급 the simplest를 수식하는 부사자리이므로 quite가 알맞다.

4 24시간 배달 서비스는 나의 외국인 친구에게 단연 한국에서 가장 인상 깊은 것이었다.

해설 최상급 the most impressive를 강조하는 부사 자리이므로 by far가 알맞다.

B

2 해설 〈one of the+최상급+복수 명사〉는 단수 취급하므로 be동사는 is로 쓴다. 단수 명사 benefit을 복수 명사 benefits로 바꾸는 것에 유의한다.

3 해설 최상급을 수식하는 표현 the very를 최상급 kindest 앞에 쓴다.

UNIT 85 최상급을 나타내는 원급, 비교급 표현

본문 175쪽

A

1 as[so] revolutionary as, more revolutionary than

2 more joyful than, more joyful than all the other

B

1 as difficult to read as the signs on this road

2 closer to the beach than all the other houses

3 more people around the world than any other

A

1 인터넷은 가장 혁명적인 기술이다. → 어떤 기술도 인터넷만큼 혁명적이지 않다.

해설 '어떤 A도 B만큼 ～하지 않다'라는 최상급 의미는 〈No (other) A as[so] 원급 as B〉, 〈비교급 than any other ～〉로 바꾸어 쓸 수 있다.

2 휴가철은 계절 중 가장 즐겁다. → 어떤 계절도 휴가철보다 더 즐겁지 않다.

어휘

1 revolutionary 혁명적인

본문 176쪽

01 ③	02 ①
03 ④	04 ④
05 ③	06 ①
07 ②, ④	08 ②
09 ③, ④	10 ②

11 The fastest runner
12 The more you smile, the happier
13 is more valuable than any other
14 is not as luxurious as
15 by subway was as fast as Line 5
16 heavily → heavy
17 good → better
18 ×
19 → going out
20 ⓔ, is
21 our expectations become, the harder it is to feel content with what we have
22 with good air circulation perform better than those

01
(A) 파란색 드레스보다 빨간색 드레스가 너에게 더 잘 어울린다.
(B) 그 회사의 이익은 작년의 4배만큼 증가했다.
(C) 김 선생님은 판단하는 사람이라기보다는 자신의 학생들의 지지자였다.

(해설) (A) 'A가 B보다 더 ~하다'로 해석되며 뒤에 than이 오므로 good의 비교급 형태인 better를 쓰는 것이 알맞다.
(B) 〈A 배수사+as+원급+as B〉: A는 B의 ~배만큼 …한
(C) 〈not so much A as B〉: A라기보다는 오히려 B인

02
① 계곡의 바닥은 우리가 생각했던 것보다 훨씬 깊었다.
② 그 작은 식료품점은 큰 슈퍼마켓만큼 붐비지 않는다.
③ 그 주자는 결승선에 가까워지면서 점점 더 빨리 달렸다.
④ 버스가 도착하기까지 5분도 남지 않았으니 서둘러!
⑤ 인간의 뇌의 복잡성은 우주의 복잡성만큼이나 매력적이다.

(해설) ① 'A가 B보다 더 ~하다'로 해석되며 뒤에 than이 오므로 deep을 비교급 형태인 deeper로 고쳐야 한다. much는 비교급을 강조하는 부사이다.

03
① 저 롤러코스터는 놀이공원에서 가장 빠른 놀이기구이다.
② 오늘은 어제보다 기온이 높다.
③ 그것은 내가 먹어본 음식 중에 가장 맛있는 음식이었다.
④ 새로운 언어를 배우는 것은 퍼즐을 푸는 것만큼 어렵다.
⑤ 폭우에도 불구하고 그 행사에 백 명이나 참석했다.

(해설) ④ 원급 표현 as와 호응하도록 than을 as로 고쳐야 한다.

04
우리가 인생에서 역경에 직면할 때, 완전히 포기하는 것이 고군분투하는 것보다 더 유혹적일 수 있다. 그러나, 최악의 순간들은 종종 단연코 가장 큰 성장과 자아 발견의 기회를 가져온다. 그 도전들을 견뎌냄으로써, 우리는 그 어느 때보다 더 강하고 회복력 있는 모습으로 나타날 수 있다.

(해설) ④ 뒤의 비교급 표현 than과 호응하도록 most를 비교급 more로 고쳐야 한다.

(구문) When we face adversity in life, it can be more tempting to give up altogether ~~than~~ to struggle.
가주어 [than] 진주어

05
거실을 위한 새로운 페인트 색상을 선택하는 것은 특별한 경우에 딱 맞는 옷을 고르는 것만큼 까다로울 수 있다.

(해설) 밑줄 앞의 원급 표현 as와 호응하도록 as를 써야 하며, 비교 대상 Choosing a new paint color for the living room과 문법적 성격이 동일하도록 동명사 picking out을 쓴다.

06
시장에서 앞서기 위해서, 기업들은 그들의 경쟁자들보다 훨씬 더 효과적으로 고객의 피드백을 활용해야만 한다.

(해설) so는 원급을 수식하는 부사이며 비교급을 수식하지 않는다.

07
① 길 건너에 있는 고등학교보다 초등학교가 더 가깝다.
② 자원이 중요할수록 그 자원은 효율적으로 관리되어야 한다.
③ 기차는 내가 예상했던 것보다 일찍 역에 도착했다.
④ 그녀는 유리를 다른 물건들보다 더 조심스럽게 다루었다.
⑤ 그 잎은 코끼리의 귀만큼이나 넓다.

(해설) ② 〈the 비교급, the 비교급〉 구문이 쓰였으므로 much를 more로 고쳐야 한다.
④ 비교급 표현 more carefully에 호응하도록 as를 than으로 고쳐야 한다. 또는 원급 표현 as와 호응하도록 more를 as로 바꿀 수도 있다.

08
ⓐ 이 마을에 새로 생긴 식당은 다른 어떤 식당보다 훨씬 더 바쁘다.
ⓑ 그 공사 소음은 전보다 훨씬 더 컸다.
ⓒ 해바라기는 마당 전체에서 단연 가장 큰 식물이다.
ⓓ 나의 어머니의 시력은 나의 것(나의 시력)보다 높다.
ⓔ 자신의 행동에 책임을 지는 것이 다른 사람을 비난하는 것보다 훨씬 낫다.

(해설) ⓐ very는 원급을 수식하는 부사이며 비교급을 수식할 수 없다. 따라서 삭제하거나 much, a lot, far 등 비교급을 수식하는 부사로 고쳐야 한다.
ⓓ more는 비교급을 수식할 수 없다. 따라서 삭제하거나 much, a lot, far 등의 비교급을 수식하는 부사로 고쳐야 한다.

09
① 그는 오케스트라에서 가장 부지런한 음악가들 중 한 명이다.
② Alice에게는 어떤 다른 음식도 집에서 만든 피자만큼 맛있지 않다.
③ John의 케이크는 파티에 있는 다른 모든 디저트들보다 더 맛있었다.
④ 선반에 있는 책들을 가능한 한 깔끔하게 정리해 줄 수 있니?
⑤ 다른 어떤 지원자도 그녀보다 뛰어나지 않다.

해설 ① '가장 ~한 것들 중 하나'는 〈one of the+최상급+복수 명사〉로 쓴다. 따라서 musician을 musicians로 고쳐야 한다.

② 원급 표현 as delicious에 호응하도록 than을 as로 고쳐야 한다. 또는 as delicious를 more delicious로 고쳐 비교급 표현으로도 쓸 수 있다.

⑤ 비교급 표현 than에 호응하도록 원급 great을 비교급인 greater로 고치거나 원급 great에 호응하도록 great than을 as great as로 고쳐야 한다.

10
- 그녀의 목소리는 전문 오페라 가수의 목소리만큼 강렬하다.
- 이 영화의 특수 효과는 원작보다 더 사실적이다.
- 걷는 것보다 지하철을 타는 것이 더 편리하다.
- 자전거를 탈 때 헬멧을 쓰지 않는 것은 차 안에서 안전벨트를 매지 않는 것만큼 위험하다.
- 그 댄서는 물 위의 백조만큼 우아하게 움직인다.
- 우리 사촌들은 수영장에서 올림픽 선수들만큼 능숙하게 수영한다.

해설 ⓐ 비교 대상인 voice가 단수 명사이므로 이를 가리키는 those도 단수인 that으로 고쳐야 한다.

ⓒ 비교 대상인 to take the subway와 문법적 성격이 같아야 하므로 walking을 to walk로 고쳐야 한다.

ⓔ 비교 대상의 동사가 moves이므로, 일반동사를 대신하는 do 동사를 쓰는 것이 알맞다. a swan이 3인칭 단수이므로 인칭에 맞게 does로 써준다.

11 해설 '가장 ~한'으로 해석되므로 fast를 최상급 the fastest로 바꾸어 쓴다.

12 해설 〈the 비교급, the 비교급〉: ~할수록 더 …한

13 해설 〈비교급 than any other ~〉: 다른 어떤 ~보다 …한

14 해설 〈A not as[so]+원급+as B〉: A는 B만큼 ~하지 않은

15 해설 〈No (other) A as[so] 원급 as B〉: 어떤 (다른) A도 B만큼 ~하지 않다

16 그가 들고 있는 배낭은 나의 것보다 두 배나 무거워 보였다.

해설 as를 제외하면 문장 구조상 seemed의 보어 자리이므로 부사 heavily를 형용사 heavy로 고쳐야 한다.

구문 *The backpack* [he was carrying] <u>seemed</u> twice
          S   V
as heavy **as** mine.

17 지도자가 자신감 있어 보일수록, 그들의 팀에게 영감을 더 잘 줄 수 있다.

해설 '~할수록 더 …한'이라는 의미의 〈the 비교급, the 비교급〉 구문이므로 원급 good을 비교급인 better로 고쳐야 한다.

18 가장 많이 참여하는 학생이 이 수업에서 가장 좋은 성적을 얻는다.

해설 the very는 최상급을 수식하는 표현이다.

19 아기와 외출하는 것은 혼자 나가는 것보다 거의 두 배만큼 힘들다.

해설 Going out with a baby와 문법적 성격이 동일하게 비교되어야 하므로 to go out을 going out으로 고쳐야 한다.

20
수분 함량이 높은 음식은 수분 함량이 낮은 음식보다 세균 증식에 더 노출된다. 음식에 수분이 많을수록 유해 세균이 번식할 가능성이 더 크다. 오염을 막기 위해서 가장 중요한 방법 중 하나는 적절한 보관이다.

해설 ⓔ 〈one of the 최상급+복수 명사〉가 주어로 쓰이면 주어의 핵심은 one이므로 단수 동사를 써야 한다.

구문 **The more** moisture <u>a food</u> <u>has</u>, **the greater**
                    S   V
the potential for harmful bacteria (to thrive) is.
    S   to thrive의 의미상주어   V

21
우리의 기대가 높아지고 있는 세상에서, 우리의 현재 상황에 만족하는 것을 찾는 것은 어려워진다. 우리의 기대가 높아질수록, 우리가 가진 것에 만족하기가 어려워진다. 이에도 불구하고, 현재에 감사하는 것은 진정한 행복을 가져다줄 수 있다.

해설 빈칸 앞에 The higher가 있으므로 〈the 비교급+주어+동사, the 비교급+주어+동사〉의 어순으로 써 준다.

22
교실 공기의 질은 학생들의 성과에 상당한 영향을 미칠 수 있다. 환기가 잘 되는 교실은 깨어있고, 집중하고, 전념할 수 있도록 촉진하는 쾌적하고 건강한 실내 환경을 제공한다. 반대로, 환기가 잘되지 않는 교실은 졸음과 그리고 학생들의 성과에 부정적인 영향을 미칠 수 있는 다른 건강 문제로 이어질 수 있다.

→ 공기 순환이 잘 되는 교실의 학생들이 공기 순환이 잘 안 되는 교실의 학생들보다 성과를 더 잘 낸다.

해설 공기의 질이 좋은 교실에 있는 학생들이 더 잘 깨어있고, 집중한다는 내용의 글이다. 따라서 공기 순환이 잘 되는 교실의 학생들과 그렇지 못한 학생들의 성과를 비교하는 문장을 완성한다.

구문 *Students* **(in classrooms with good air**
     S
circulation) <u>perform</u> better than *those* **(in classrooms**
            V
with poor air circulation).

어휘

02 approach 접근하다, 다가가다; 접근법 complexity 복잡성
04 adversity 역경 tempting 유혹적인; 솔깃한 struggle 고군분투하다 persevere 견디다, 참다 emerge 나오다; 드러나다 resilient 회복력 있는 **05** outfit 옷, 복장 pick out 선택하다, 뽑다 **06** ahead 앞선; 앞으로; 미리 utilize 활용[이용]하다 **09** arrange 정리하다, 배열하다; 마련하다 neatly 깔끔하게 **10** realistic 사실적인; 현실적인 gracefully 우아하게 skillfully 능숙하게; 교묘하게 **13** gemstone 보석, 원석 **15** route 경로; 노선 **20** bacterial 세균[박테리아]의 potential 가능성 thrive 번식하다; 번성하다 contamination 오염 proper 적절한, 제대로 된 storage 저장, 보관; 저장고 **21** contentment 만족(감) current 현재의 appreciate 고마워하다; 진가를 알아보다; 인식하다 genuine 진실한, 진심 어린; 진짜의, 진품의 **22** ventilate 환기하다 drowsiness 졸음

66 Chapter 12 비교

UNIT 86 명사, 관사

본문 182쪽

A
1 a house   2 money
3 the   4 milk
B
1 ×, → information
2 ○
3 ×, → has
4 ○

A

1 부동산 중개인은 우리에게 큰 거실이 있는 집을 보여줬다.
(해설) house는 셀 수 있는 명사이므로 관사를 쓰는 것이 알맞다.
2 나의 어머니는 나에게 어릴 때부터 돈을 책임감 있게 관리하는 법을 가르치셨다.
(해설) money는 종류 전체를 대표하는 셀 수 없는 명사이므로 관사와 함께 쓰이지 않는다.
3 나는 정원 가꾸기에 대한 기사를 썼다. 그 기사는 식물을 키우는 팁을 제공한다.
(해설) 앞에서 말한 특정한 기사를 가리키므로 the를 쓰는 것이 알맞다.
4 아침에 나는 보통 우유 두 잔으로 스무디를 만든다.
(해설) milk는 셀 수 없는 물질명사이므로 단수 형태로 쓴다. two cups라는 단위를 붙여서 표현한다.

(어휘)
1 real estate 부동산   agent 중개인; 대리점   2 responsibly 책임감 있게

B

1 학교 보고서를 쓰기 전에 정보의 여러 출처들을 확인하는 것이 중요하다.
(해설) information은 추상적인 개념을 나타내는 셀 수 없는 명사이므로 단수형으로만 쓸 수 있다.
(구문) It's important to check multiple sources of
 　　　　　　가주어　　　　　　　진주어
information / before writing a school report.
2 우리 팀은 항상 서로를 응원하고 동기를 부여해준다.
(해설) team은 집합체를 하나로 볼 수 있는 명사이므로 단수 동사를 쓴 것은 알맞다.
3 주소가 잘못 적혀서 우편물이 반송되었다.
(해설) mail은 종류 전체를 대표하는 셀 수 없는 명사이므로 단수형으로만 쓸 수 있으며, 셀 수 없는 명사는 단수 취급한다.

4 나의 졸업식 날에, 네가 내 생일에 사준 셔츠를 입었다.
(해설) 관계대명사 that절로 수식을 받는 특정한 대상인 shirt 앞에 명사 앞에 정관사 the가 알맞게 쓰였다.

(어휘)
1 multiple 여러 개의, 다수의

UNIT 87 인칭대명사, 지시대명사

본문 183쪽

A
1 ○   2 ×, → Our
3 ×, → It   4 ○
B
1 the blue house down the street is theirs
2 those from my childhood
3 I turned it down

A

1 그 로봇은 사람(의 팔다리)처럼 팔과 다리를 움직였다.
2 우리의 헌신과 노력은 놀라운 성과를 거두었다.
(해설) 뒤에 dedication이라는 명사가 있으므로 소유격인 Our로 고치는 것이 알맞다. ours는 소유격+명사의 의미를 담은 소유대명사이다.
3 날씨가 화창하니 선크림을 바르는 것을 잊지 마라.
(해설) 날씨를 나타내는 비인칭주어 It을 쓰는 것이 알맞다.
4 그는 바닥에 떨어져 있는 책을 주웠다.
(해설) 구동사 picked up의 목적어가 대명사가 아닌 명사이므로 부사 뒤에 쓰일 수 있다.

(어휘)
2 pay off 성과를 거두다, 성공하다   remarkable 놀랄만한, 주목할 만한

B

2 (해설) 앞에 나온 명사 The flavors를 가리키므로 복수 형태 those로 쓰는 것이 알맞다.

(어휘)
3 turn down (소리 등을) 낮추다; 거절하다

UNIT 88 재귀대명사
본문 184쪽

A
1 yourself　　　2 ourselves
3 him

B
1 didn't[did not] like the movie itself
2 The athlete convinces himself
3 to put distance between themselves and their daily lives

A
1 칼을 사용할 때 항상 조심해라. 너는 너 자신을 벨 수도 있다(베일 수도 있다).
　(해설) 문장의 주어와 목적어 you가 같으므로 재귀대명사를 쓰는 것이 알맞다.
2 우리는 다양한 형태의 예술을 통해 우리 자신을 표현한다.
　(해설) 주어(We)와 목적어가 같으므로 재귀대명사 ourselves를 쓰는 것이 알맞다.
3 오늘은 남동생의 생일이라서, 그녀는 그에게 선물을 줄 것이다.
　(해설) 주어는 she이고 전치사 to의 목적어는 '그녀의 남동생(her brother)'이므로 him이 알맞다.

B
1 (해설) '그 자체'라는 의미로 목적어 the movie를 강조하기 위해 재귀대명사 itself를 쓰는 것이 알맞다.
2 (해설) 주어(The athlete)와 목적어가 같고, that절에서 주어를 he로 받고 있으므로 재귀대명사 himself를 쓰는 것이 알맞다.
3 (해설) 주어(Some people)와 목적어가 같으므로 재귀대명사 themselves를 쓰는 것이 알맞다.

(어휘)
2 convince 설득하다, 납득시키다　3 distance 거리　remote 외딴, 멀리 떨어진

UNIT 89 부정대명사 1 (one, another, other)
본문 185쪽

A
1 ones　　　2 one
3 another

B
1 ×, → the other　　　2 ○
3 ○

A
1 그 가게는 그가 좋아하는 신발이 다 팔리고 없었다. 그는 비슷한 신발을 찾아야 할 것이다.
　(해설) his favorite shoes를 가리키는 명사 자리이므로 복수형인 ones가 알맞다.
2 내가 너의 사진들을 봐도 될까? — 그럼, 그리고 너의 마음에 든다면 하나 가져도 돼.
　(해설) 사진들 중 불특정한 하나를 가리키므로 one이 알맞다.
3 그는 여행 동안 한 도시를 방문했고, 그는 다른 목적지로 향하고 있다.
　(해설) 단수 명사 destination과 함께 쓰였으므로 another가 알맞다. 〈another+단수 명사〉 형태로 another가 형용사적으로 쓰였다.

(어휘)
3 head (특정 방향으로) 가다, 향하다; 머리; 책임자　destination 목적지

B
1 나는 손목시계가 두 개 있다. 하나는 디지털시계이고, 하나는 아날로그시계이다.
　(해설) 두 개 중 하나는 one으로 쓰고, 나머지 하나를 가리키므로 the other가 알맞다.
2 일부 사람들은 팀 스포츠에 참여하는 것을 좋아하는 반면, 다른 사람들은 달리기 같은 개인 활동을 선호한다.
3 식료품점에는 통로가 세 개 있다. 하나는 과일, 다른 하나는 야채, 그리고 나머지 하나는 유제품이 있다.
　(해설) 세 개 중 하나는 one, 또 다른 하나는 another, 나머지 하나는 the other로 가리킨다.

(어휘)
2 individual 개인의; 각각의; 개인　3 aisle 통로, 복도　dairy 유제품의

UNIT 90 부정대명사 2 (each, all, both 등)
본문 186쪽

A
1 makes　　2 will
3 was　　4 deliver

B
1 ×, → star　　2 ○
3 ○　　4 ×, → offers

C
1 None of the jury
2 Each chemical is stored
3 All kids were guided
4 Each of the planets has
5 Every employee has to participate

A
1 모든 역경은 우리가 인내할 힘을 얻게 한다.
　(해설) 〈every+단수 명사〉는 단수 취급한다.
2 그것은 우리 둘 다 잊지 못할 멋진 축제였다.
　(해설) 주어에 neither이라는 부정어가 쓰였으므로 not을 쓰지 않는 것이 알맞다.
3 그녀는 광범위한 자료를 모았지만, 그 정보 중 어느 것도 그녀의 보고서에 유용하지 않았다.
　(해설) none of 뒤에 단수 명사가 올 때 동사도 단수형으로 쓴다.
4 그것은 매혹적인 영화이다. 두 배우 모두 관객들을 감동시키는 강력한 연기를 한다.
　(해설) both는 '둘 다'라는 의미이므로 항상 복수 취급한다.

(어휘)
1 adversity 역경, 고난　persevere 인내하다, 참다　3 extensive 광범위한, 폭넓은　4 captivating 매혹적인, 마음을 사로잡는

B
1 밤하늘의 각각의 별이 환하게 반짝이며 숨 막히는 풍경을 만들어낸다.
　(해설) each 뒤에는 단수 명사를 쓰고 항상 단수 취급한다.
2 기차의 모든 승객들이 자신들의 자리를 찾아 앉고 있다.
　(해설) all 뒤에는 복수 명사를 쓰고 항상 복수 취급한다.
3 나는 둘 중 어떤 영화도 괜찮아. 네가 보고 싶은 영화를 골라도 돼.
4 그 책의 각각의 챕터가 주제에 대한 가치 있는 정보를 제공한다.
　(해설) 〈each of 복수 명사〉 뒤에는 단수 동사를 쓴다.

(어휘)
1 twinkle 반짝이다, 빛나다　breathtaking (너무 아름답거나 놀라워서) 숨 막히는

C
(어휘)
1 jury 배심원단　document 서류　4 characteristic 특징, 특색

UNIT 91 주의해야 할 명사 주어-동사 수일치
본문 188쪽

A
1 were　　2 comes
3 tend　　4 are
5 is

B
1 ×, → is　　2 ○
3 ×, → are　　4 ×, → have

A
1 모든 쿠키가 순식간에 먹어졌다.
　(해설) All of 뒤에 복수 명사인 the cookies가 왔으므로 복수 동사인 were가 알맞다.
2 그 도시 전력의 50퍼센트가 재생할 수 있는 에너지원에서 나온다.
　(해설) percent of 뒤에 단수 명사인 the city's electricity가 왔으므로 단수 동사인 comes가 알맞다.
3 젊은 사람들은 디지털 기기를 편하게 사용하는 경향이 있다.
　(해설) 〈the+형용사〉는 '~한 사람들'이라는 뜻으로 항상 복수 취급한다.
4 회의 참석자의 5분의 1은 외국 손님들이다.
　(해설) one fifth는 분수 표현이므로, 뒤에 오는 명사인 the conference attendees에 수일치해야 한다. 따라서 are가 알맞다.
5 이 행사에서, 참여자 수는 30명으로 제한된다.
　(해설) '~의 수'라는 뜻의 the number of는 항상 단수 취급한다.

(어휘)
4 attendee 참석자

B
1 정치학은 나에게 외국어와 같다.
　(해설) 학문명은 항상 단수 취급하므로 동사를 단수 형태인 is로 고치는 것이 알맞다.
2 홍역은 높은 접종률로 예방된다.
　(해설) 질병명은 항상 단수 취급하므로 동사를 단수 형태인 is prevented가 알맞게 쓰였다.
3 책장에 있는 책 중 몇 권은 추리소설이다.
　(해설) Some of 뒤에 오는 명사인 the books에 수일치하여 복수 동사 are를 쓴다. on the shelf는 주어의 수식어구이다.
4 이 행사를 돕기 위해 많은 자원봉사자들이 도움을 주고 있다.

어휘

2 vaccination (예방)접종   rate 비율

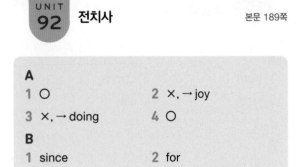

UNIT 92 전치사

본문 189쪽

A
1 ○   2 ×, → joy
3 ×, → doing   4 ○
B
1 since   2 for
3 until   4 of
5 by

A

1 그녀는 익명의 선물을 보낸 사람이 누군지 몰랐다.
  해설 전치사의 목적어로 who가 이끄는 명사절이 쓰인 구조이다.
2 여행자들은 즐거움으로 좁은 길들을 돌아다녔다.
  해설 형용사는 전치사의 목적어로 쓰일 수 없으므로 명사 joy로 고치는 것이 알맞다.
3 나는 최선을 다하는 것의 중요성을 항상 기억한다.
  해설 동사는 전치사의 목적어로 쓰일 수 없으므로 동명사 doing으로 고치는 것이 알맞다.
4 사소한 실수가 있던 것을 제외하고는 우리의 팀 프로젝트는 성공적이었다.
  해설 except that: ~라는 점을 제외하고는

어휘

1 anonymous 익명의

B

1 그녀는 2022년부터 체육관에 규칙적으로 가고 있다.
2 그는 다음 주 월요일부터 2주간 휴가일 것이다.
3 내일까지 세일이 계속되니 할인 혜택을 놓치지 마세요.
  해설 어떤 시점까지 계속되는 문맥이므로 전치사 until을 쓴다.
4 부모로서, 인내심은 언제나 본질적이라는 것을 잊지 말아라.
  해설 〈of+추상명사〉는 형용사처럼 쓰인다.
5 그녀는 올해 말까지 자격증을 취득할 계획이다.
  해설 어떤 시점까지 완료할 때는 전치사 by를 쓴다.

어휘

4 patience 인내심, 참을성   essence 본질   5 certificate 자격증

UNIT 93 형용사의 역할

본문 190쪽

A
1 alike   2 lonely
3 living   4 awake
5 something wrong
B
1 useful for observing distant objects
2 Somebody kind helped
3 she fell asleep
4 someone close to you
C
1 ×, → a great number of
2 ○   3 ×, → many
4 ○   5 ○
D
1 little   2 a little
3 many   4 much
5 a few

A

1 꽃병에 있는 두 꽃은 색과 모양 면에서 비슷하다.
  해설 be동사 뒤 보어 자리이므로 alike가 알맞다.
2 그 노인은 작은 오두막에서 외로운 삶을 살았다.
  해설 alone은 보어로만 쓰이므로 명사를 수식하는 형용사 자리에는 lonely가 알맞다.
3 나는 살아있는 해양 생물들의 아름다움에 놀란다.
  해설 alive는 보어로만 쓰이므로 living이 알맞다.
4 아기는 밤새 깨어 있었고, 그녀의 부모는 다음 날 아침에 매우 피곤했다.
  해설 be동사 뒤 보어 자리이므로 형용사 awake가 알맞다.
5 Leo는 그가 잘못된 일을 할 때마다 계속해서 변명을 했다.
  해설 something과 같이 '-thing'으로 끝나는 명사는 형용사가 뒤에서 수식한다.

어휘

2 cabin 오두막   3 marine 바다의, 해양의; 해병대   organism 생물, 유기체   5 consistently 계속해서, 끊임없이   excuse 변명

B

1 해설 형용사 뒤에 딸린 어구 for observing distant object가 있으므로 수식하는 명사 뒤에 형용사구를 쓴다.
2 해설 somebody는 형용사가 뒤에서 수식한다.

1 optical 광학의, 시각적인 instrument 기구, 장치 distant 멀리 있는

C

1 숲에서 그는 잘려나간 많은 나무들을 보았다.

(해설) a great amount of는 셀 수 없는 명사 앞에 쓰인다. tree는 셀 수 있는 명사이므로 a great number of로 고치는 것이 알맞다.

2 신뢰를 쌓는 것은 많은 시간과 에너지를 필요로 한다.

(해설) a lot of는 셀 수 있는 명사와 셀 수 없는 명사 앞에 모두 쓰일 수 있다.

3 박식한 많은 전문가들이 토론에서 자신들의 식견을 공유했다.

(해설) much는 셀 수 없는 명사 앞에 쓰인다. 수식하는 명사가 knowledgeable experts이므로 셀 수 있는 명사를 수식하는 many로 고쳐야 한다.

4 나는 내 지도 능력을 기르는 데에 관심이 약간 있다.

5 그들의 대화에는 조용한 순간이 거의 없었다.

3 knowledgeable 식견이 있는, 아는 것이 많은 insight 식견, 통찰력

D

1 그녀는 복싱에 대한 경험이 거의 없지만, 열심히 배우려고 한다.

(해설) experience는 셀 수 없는 명사이므로 little이 알맞다.

2 나는 만약의 경우에 대비해 응급상황을 위해 모아놓은 돈이 조금 있다.

(해설) money는 셀 수 없는 명사이므로 a little이 알맞다.

3 그는 직장에서 많은 업무를 가지고 있어서 스트레스를 관리하기가 어려웠다.

(해설) 명사 responsibilities가 복수 형태로 쓰인 것으로 보아 셀 수 있는 명사로 쓰였으므로 many가 알맞다.

4 나는 어려운 시기 동안 내가 받은 도움에 대한 아주 큰 감사를 친구들에게 표했다.

(해설) gratitude는 셀 수 없는 명사이므로 much가 알맞다.

5 나의 반 친구는 나에게 내 취미나 내가 좋아하는 가수 같은 평범한 질문들을 몇 개 물었다.

(해설) 셀 수 있는 명사 questions를 수식하기 때문에 a few가 알맞다.

2 save up (돈을) 모으다 (just) in case ~한 경우에 대비해서
4 gratitude 감사, 고마움

UNIT 94 부사의 역할 본문 192쪽

A

1 ×, → mysterious 2 ○
3 ×, → clearly enough
4 ×, → thoroughly
5 ○

B

1 looked incredibly beautiful
2 The water in the pool was warm enough
3 my family very nicely

A

1 그들은 조심스럽게 그 신비한 동굴을 탐험했다.

(해설) the cave를 수식하는 형용사 자리이므로 mysterious로 고치는 것이 알맞다.

2 그녀는 놀랍도록 정확하게 키보드를 쳤다.

(해설) 부사 accurately를 수식하므로 부사가 알맞게 쓰였다.

3 그는 모든 사람이 이해할 만큼 충분히 분명하게 설명했다.

(해설) enough는 부사를 수식할 때 부사 뒤에 쓰인다.

4 그는 결론을 내기 전에 증거를 철저하게 조사했다.

(해설) 동사 examined를 수식하는 부사가 필요하므로 thoroughly로 고치는 것이 알맞다.

5 그 농부는 작은 집을 살만한 충분한 돈을 모았다.

(해설) enough는 명사를 수식할 때 명사 앞에 쓰인다.

4 thorough 철저한 examine 조사하다, 검사하다 conclusion 결론 5 afford ~할 여유[형편]가 되다 cottage 작은 집

B

1 (해설) 형용사 beautiful을 수식하는 부사가 필요하므로 incredibly로 바꾸는 것이 알맞다.

2 (해설) enough는 형용사를 수식할 때 형용사 뒤에 쓰인다.

3 (해설) 부사 very가 부사 nicely를 수식하는 구조로 쓴다.

1 horizon 수평선

A

1 lately　2 hard

3 nearly　4 closely

B

1 ○　2 ×, → hard

3 ×, → highly　4 ○

A

1 최근에 날씨가 예측하기 어려워졌다.

해설 문맥상 '최근에'라는 의미가 필요하므로 lately가 알맞다.

2 나는 마감기한을 맞추기 위해 열심히 일해 왔다.

해설 hardly는 '거의 ~하지 않다'라는 의미이므로 '열심히'라는 의미의 부사 hard가 알맞다.

3 그 공사는 거의 끝나간다. 약간의 마무리 작업이 남아있다.

해설 문맥상 '그 공사가 거의 끝나간다'가 자연스러우므로 nearly가 알맞다.

4 나는 재정 목표를 달성하기 위해 내 소비 습관을 면밀히 조사해 오고 있다.

해설 문맥상 '면밀히 조사하다'가 자연스러우므로 closely가 알맞다.

어휘

1 unpredictable 예측[예상]할 수 없는　3 construction 공사, 건축

B

1 나는 늦게 일어나서, 학교를 빠지지 않기 위해 서둘러 버스를 타러 가야 했다.

2 어려운 시험을 위해 공부하는 것은 힘들었지만, 노력할 가치가 있었다.

해설 '힘든'이라는 의미의 형용사가 필요한 자리이므로 hard가 알맞다.

3 그 의사는 희귀한 질병을 치료하는 데 아주 경험이 많다.

해설 '매우'라는 의미의 부사가 필요한 자리이므로 highly가 알맞다.

4 일반적인 감기의 초기 증상은 대개 콧물과 재채기를 포함한다.

01 a little　02 is

03 are　04 were

05 ③　06 ⑤

07 ③, ④　08 ⑤

09 ③　10 ①, ⑤

11 ④　12 ③, ⑤

13 ①, ③, ⑤　14 ②

15 ⑤　16 ○

17 ○

18 ×, have → has

19 ×, immediately → immediate

20 ×, exact → exactly

21 are not long enough

22 ⓐ, that

고친 이유: 단수 명사 Technology를 받는 대명사이므로 that이 되어야 한다.

23 ⓐ, Every scientific discovery

ⓓ, interesting

01 더 나은 에세이를 쓰는 것에 대해 당신에게 조언을 드려도 될까요?

해설 a little은 셀 수 없는 명사를 수식하므로 advice와 함께 쓴다. a few는 셀 수 있는 명사를 수식한다.

02 내 친구 중 한 명이 내일 나를 방문하러 온다.

해설 〈one of 복수명사〉는 단수 취급한다.

03 바구니 안에, 사과의 약 3분의 2가 썩었다.

해설 〈분수 of 명사〉는 of 뒤의 명사에 수를 일치시킨다.

04 그 방에서 발견된 모든 사진들은 10년 전에 찍혔다.

해설 All of 뒤에 오는 명사인 the photos에 수일치하여 복수동사 were를 쓴다. found in the room은 the photos의 수식어구임에 주의한다.

05 (A) 캠프장에 모인 학생들은 집에 갈 준비를 하기 위해 자신들의 배낭을 쌌다.

(B) 그 직물의 질감은 비단과 마찬가지로 부드럽고 매끄럽다.

(C) 기술은 빠르게 발전하고 있고, 이것은 우리의 일상생활을 향상시킬 것이다.

해설 (A) '그 학생들(The students)의' 배낭을 가리키므로 소유격 their가 오는 것이 알맞다.

(B) texture를 가리키는 자리이므로 단수 형태인 that을 쓰는 것이 알맞다.

(C) 앞 절 Technology is advancing rapidly의 내용을 가리키므로 단수 형태인 this가 오는 것이 알맞다.

06

(A) 셔츠에 커피를 쏟았어. 너의 옷장에서 셔츠 하나를 빌릴 수 있니?

(B) 우리에게 컵이 두 개밖에 없다. 하나는 흰색이고, 다른 하나는 검은색이다.

(C) 일부 문제는 다루기 어렵지만, 다른 것들은 거의 도움을 필요로 하지 않는다.

(해설) (A) 화자가 빌려달라고 하는 셔츠는 동일한 종류의 불특정한 셔츠를 가리키므로 one을 쓰는 것이 알맞다.

(B) 컵이 총 2개이고, 그중에 하나가 흰색이라고 했으므로 나머지 다른 하나는 the other로 쓰는 것이 알맞다.

(C) 일부는 some, 또 다른 일부는 others로 표현한다.

07

그가 그것(내 노트북)을 부수기 전까지 내 노트북은 완벽하게 작동하고 있었다.

① 감정이 신체 건강에 영향을 줄 수 있다는 것은 사실이다.

② 날이 흐리다. 나는 실내에 머물 것이다.

③ 지난주에 이 셔츠를 샀는데, 입기가 너무 편하다.

④ 나는 초콜릿을 좋아하지만, 어젯밤에 초콜릿을 너무 많이 먹었다.

⑤ 초고속 와이파이 네트워크로 여러 기기를 쉽게 연결할 수 있었다.

(해설) 〈보기〉의 밑줄 친 it은 앞에 나온 명사(My laptop)를 가리키는 대명사로 쓰였다. ①은 가주어, ②는 날씨를 나타내는 비인칭주어, ⑤는 가목적어로 쓰였으므로 대명사로 쓰인 ③, ④가 정답에 알맞다.

08

① 회사에서 긴 하루를 보내고 나서 나는 눈을 거의 뜰 수가 없었다.

② 나는 신용카드 연체료를 청구받았다.

③ 프로젝터 화면의 글씨는 청중 전체에게 선명하게 보인다.

④ 그 과학자는 패턴을 분석하기 위해 데이터를 면밀히 연구했다.

⑤ 나는 가까운 미래에 이직할 계획이다.

(해설) ⑤ 부사 nearly는 '거의'라는 의미로 문맥상 옳지 않다. '가까운'이라는 의미로 명사 future를 수식하는 형용사 near로 바꿔야 한다.

09

ⓐ 정원의 꽃들은 저마다 독특한 향기를 풍긴다.

ⓑ 영화제에 있는 모든 영화는 볼 가치가 있었다.

ⓒ 나는 둘 중 어떤 대통령 후보든 좋은 선택일 것이라고 생각한다.

ⓓ 공정한 사회에서 모든 사람은 차별 없이 살 권리가 있다.

ⓔ 배관에 누수가 생겨 현재 사용할 수 있는 물이 없다.

(해설) ⓐ 〈each of 복수 명사+단수 동사〉 형태로 쓰이므로 have를 has로 고쳐야 한다.

ⓓ All이 사람을 나타낼 때는 복수 취급한다. 따라서 has를 have로 고쳐야 한다.

ⓔ 〈none of 단수 명사〉 뒤에는 단수 동사가 온다. 따라서 are를 is로 고쳐야 한다.

10

① 그는 그 가수들을 직접 보면 행복해할 것이다.

② 우리는 우리 자신의 장점과 단점을 이해하기 위해 스스로를 돌아보았다.

③ Jenny는 자신의 두려움을 극복한 것에 대해 스스로를 자랑스러워한다.

④ 사고가 난 후, 나는 더 조심하지 못한 것에 대해 자책했다.

⑤ 이 일은 내가 도와줄 수 없으니, 네가 직접 해결책을 찾아야 한다.

(해설) ①의 재귀대명사는 목적어를, ⑤의 재귀대명사는 주어를 강조하기 위해 사용되었으며 이때 재귀대명사는 생략가능하다. ②, ③, ④는 주어와 목적어가 같아서 목적어 자리에 쓰인 재귀대명사이므로 생략이 불가하다.

11

① 그들은 여름 방학 동안에 수영장에 갈 것에 신이 나 있다.

② 그 책은 글이 잘 쓰여 있다는 점에서 훌륭하다.

③ 나는 이번 주까지 이 프로젝트를 끝내야 한다.

④ 의사소통은 관계에서 중요한 기술이다.

⑤ 동물원은 매일 오전 9시부터 오후 5시까지 대중들에게 개방된다.

(해설) ④ 전치사 of의 목적어로는 명사가 와야 한다. 따라서 형용사 important를 명사 형태인 importance로 고쳐야 한다. 〈of+추상명사〉는 형용사처럼 쓰여 important와 동일한 뜻을 갖는다.

12

① 컴퓨터 프로그램이 몇 초 안에 자체적으로 시작될 것이다.

② 그는 기타 치는 것을 좋아한다. 그는 몇 년 동안 기타를 연습해 왔다.

③ 우리는 연휴 동안 버스를 타고 시내를 돌아다녔다.

④ 시간은 현명하게 관리해야 할 귀중한 자원이다.

⑤ 우유는 칼슘과 비타민 D 같은 필수 영양소를 가지고 있다.

(해설) ③ by 뒤에 교통수단이 올 경우 관사를 붙이지 않는다. 따라서 by the bus를 by bus로 고쳐야 한다.

⑤ water, coffee, tea, milk와 같이 일정한 형태가 없는 물질명사는 단수 취급한다. 따라서 have를 단수 동사 has로 고쳐야 한다.

13

① 큰 천둥소리가 온 동네를 잠에서 깨웠다.

② 회사의 이익은 지난 사분기 경쟁사의 이익을 넘어섰다.

③ 그는 가장 높은 선반에 닿을 정도로 키가 크지 않았다.

④ 그는 나에게 아무런 지시도 하지 않았기에, 내가 직접 알아내야 한다.

⑤ 경찰은 그를 동네 가게에 침입한 혐의로 체포했다.

(해설) ② 앞에 나온 명사 profit을 가리키므로 those를 단수 형태인 that으로 고쳐야 한다.

④ 구동사(동사+부사)의 목적어가 대명사일 경우 반드시 동사와 부사 사이에 위치한다. 해당 문장에서 대명사 it이 쓰였으므로, figure out it을 figure it out으로 고쳐야 한다.

14

ⓐ 접시 위 쿠키의 절반이 점심시간 쯤 사라졌다.

ⓑ 내일 일기예보 좀 찾아줄래?

ⓒ 워크숍 동안 나는 그래픽 디자인에 대해 새로운 무언가를 배웠다.

ⓓ 그녀는 자신의 직업에서 성취한 것을 자랑스러워한다.

(해설) ⓐ half of는 뒤에 오는 명사(cookies)에 수일치하므로 복수 동사 were로 고치는 것이 알맞다. 이때 on the plate는 the cookies를 수식하는 전명구이다.

ⓓ something과 같이 '-thing'으로 끝나는 명사는 형용사가

명사 뒤에서 수식한다. 따라서 new something을 something new로 고쳐야 한다.

15

> 우정은 값을 매길 수 없는 보물이다. 우리 자신이 친구들과 함께 경험하는 응원, 웃음, 그리고 공유된 기억들은 우리의 삶을 풍요롭게 한다. 친구들은 힘든 시기에 위로를 주고 우리의 기쁨을 기념한다. 이러한 인연들을 소중히 여기고 사랑과 보살핌으로 그것들을 키워가는 사람들은 평생 지속될 수 있는 유대감을 가질 것이다.

해설 ⑤ 밑줄 친 that이 가리키는 대상이 '사람들'이므로 복수 형태인 Those로 고쳐야 알맞다.

구문 **The support, laughter, and shared memories**
S
[we ourselves experience with friends] <u>enrich</u> our
V
lives.

• 목적격 관계대명사 which[that]가 생략된 관계사절 we ourselves ~ friends가 주어를 수식한다.

16 산소를 들이마시는 것은 우리가 살아있기 위해 필요하다.

해설 보어로만 쓰이는 형용사 alive가 목적격보어 자리에 알맞게 쓰였다.

17 모든 학생이 제시간에 과제를 완료하지 못했다.

해설 〈Neither+단수 명사〉 형태로 쓰인다.

18 그 도서관의 책 수가 크게 늘었다.

해설 the number of(~의 수)는 단수 취급하므로 have를 단수 동사 has로 고쳐야 한다.

19 그는 오해에 대해 사과하기 위해 즉각적인 결정을 내렸다.

해설 명사 decision을 수식하는 형용사 자리이므로 immediately를 형용사 immediate로 고쳐야 한다.

20 그는 회의에 정확히 정각에 도착했다.

해설 동사 arrived를 수식하는 부사 자리이므로 exact를 부사 exactly로 고쳐야 한다.

21

> 우리의 인생은 충분히 길지 않다. 시간은 꿈과 경험들이 충족되지 않은 채로 남겨두며 급하게 달려간다. 모든 소중한 순간을 최대한 활용하고 그 여정을 소중히 여기자.

해설 부사 enough가 형용사를 수식할 때 〈형용사+enough〉 순으로 쓴다.

22

> 기술은 우리의 삶을 인공지능 기술을 포함하여 다양한 방식으로 변화시켜 왔다. 예를 들어, 고용 시장에서 그것은 인간의 노동을 자동화로 대체한다. 그러므로 개인이 새로운 기술을 배우고 이러한 변화하는 풍경에 적응하는 것이 중요하다.

구문 ~, **it** is crucial **for** individuals **to acquire** new
가주어   to부정사 의미상 주어   진주어((to부정사)
skills and **(to) adapt** to this changing landscape.

• to adapt 앞의 to는 반복되어 생략되었다.

23

> 모든 과학적 발견은 세상에 대한 우리의 이해를 넓혀준다. 각각의 실험은 우리를 진리에 가깝게 한다. 호기심과 면밀한 연구는 모두 진보를 이끌며 혁신의 길을 열어준다. 이 흥미로운 탐구의 여정에서 지식에 대한 탐구는 우리의 집단적 진화를 자극하며 다가올 세대에 더 나은 세상을 형성한다.

해설 ⓐ every 뒤에는 단수 명사가 오며 단수 취급한다. 따라서 discoveries를 discovery로 고쳐야 한다.
ⓓ 명사인 journey를 수식하고 있으므로 형용사가 쓰여야 한다. 따라서 interestingly를 interesting으로 고쳐야 한다.

어휘

03 rot 썩히다; 썩다 **05 advance** 진전을 보다, 증진되다; 발전 **rapidly** 급격하게 **06 spill** 쏟다, 엎지르다 **handle** 다루다, 처리하다 **07 device** 기기, 장치 **08 entire** 전체의 **09 fragrance** 향기 **fair** 공평한, 공정한; 상당한 **right** 권리; 옳은; 정확히 **discrimination** 차별; 안목 **leak** 누수; 새다; 새는 곳 **10 reflect on** ~을 되돌아보다 **blame** 탓하다; 책임, 탓 **12 nutrient** 영양소, 영양분 **13 thunderclap** 천둥소리 **surpass** 넘어서다. 능가하다 **quarter** 사분기(일 년의 4분의 1); 4분의 1 **instruction** 지시, 설명 **arrest** 체포하다; 체포 **14 accomplish** 성취하다, 해내다 **15 priceless** 귀중한, 값을 매길 수 없는 **enrich** 풍요롭게 하다 **cherish** 소중히 여기다, 간직하다 **nurture** 보살피다; 양육하다 **bond** 유대감; 유대감을 형성하다 **16 oxygen** 산소 **19 misunderstanding** 오해 **21 rush** 급히 움직이다; 서두르다; 혼잡 **unfulfilled** 충족[실현]되지 않은 **22 numerous** 많은 **artificial intelligence** 인공지능 **labor** 노동 **automation** 자동화 **landscape** 풍경; 전망 **23 pave the way** 길을 닦다. 상황을 조성하다 **evolution** 발전, 진화

UNIT 96 강조

본문 200쪽

A

1 ○　　　　　　　　2 ×, → it 삭제

3 ×, → does help

B

1 did do her best

2 is this document that[which]

3 was because I forgot the promise that

A

1 어제 나에게 저녁으로 피자를 사 준 것은 바로 Josh였다.

2 너의 공연을 완벽하게 만드는 것은 바로 연습이다.

(해설) 〈It is ~ that ...〉 강조 구문으로, 강조하려는 주어인 practice가 that 앞으로 이동했으므로 that 뒤에는 주어를 쓰지 않는 것이 알맞다.

3 너의 목표를 스스로에게 상기시켜 주는 것은 네가 그것들을 이루는 데에 정말 도움이 된다.

(해설) 동사를 강조할 땐 주어와 시제에 따라 동사원형 앞에 do[does, did]를 쓴다. 주어가 동명사구이므로 단수 취급하여 does로 쓴다.

(구문) Reminding yourself of your goals does help you
S　　　　　　　　　　　　　　　V　　　O
(to) achieve them.
OC

B

1 Anne은 대회에서 우승하기 위해 최선을 다했다. → Anne은 대회에서 우승하기 위해 정말 최선을 다했다.

2 우리는 회의 전에 이 서류를 검토할 것이다. → 우리가 회의 전에 검토할 것은 바로 이 서류이다.

3 내가 약속을 잊어버렸기 때문에 그녀는 화가 났다. → 그녀가 나에게 화가 났던 이유는 바로 내가 약속을 잊어버렸기 때문이었다.

UNIT 97 도치 1 (부정어구)

본문 201쪽

A

1 ×, → can we　　　　2 ○

3 ×, → are scientists　4 ×, → did I dream

B

1 do I visit her house

2 has the world taken action

3 did she complete the marathon

4 could I see ahead

A

1 우리는 기술이 일상생활에 미치는 영향을 더는 부정할 수 없다.

2 나는 운전을 시작한 이후로 속도 제한을 어겨본 적이 절대 없다.

3 과학자들은 자연재해를 거의 정확하게 예측할 수 없다.

4 나는 내가 우승할 것이라고 거의 상상하지 않았다.

(해설) 부정어구 Little이 문장 앞에 쓰여 도치된 문장이다. 과거를 나타내는 조동사 did가 앞에 쓰였으므로 주어 뒤에는 동사원형 dream을 쓰는 게 알맞다.

(어휘)

2 violate (법을) 위반하다, 어기다

B

1 (해설) 부정어 Seldom이 문장 앞에 쓰였으므로 〈조동사(do)+주어(I)〉 순서로 쓴다.

UNIT 98 도치 2 (장소, 방향 부사구 / 보어 / so, neither[nor])

본문 202쪽

A

1 does　　　　　　　2 neither

3 were　　　　　　　4 are

5 he comes

B

1 is happiness

2 the fence she planted various flowers

3 lies a large photo

A

1 음악은 우리의 기분을 북돋우고, 춤추는 것 역시 그렇다(우리의 기분을 북돋운다).

(해설) 긍정문 뒤의 〈so+동사+주어(~도 그렇다)〉에서 so 다음의 동사는 앞의 긍정문 동사에 맞추어 쓴다. 앞의 동사가 일반동사 boost이기 때문에 does가 알맞다.

2 Alice는 이 영화를 아직 보지 않았고, 나 또한 보지 않았다.

(해설) 앞의 문장이 부정문이므로 neither가 알맞다.

3 하늘의 불꽃놀이가 매우 인상적이었다.

(해설) 보어 So impressive가 문장 앞에 쓰였으므로 〈동사+주어〉 순으로 써야 하며, be동사가 필요한 자리이므로 were가 알맞다.

4 책장 가운데에는 내가 가장 좋아하는 만화책들이 있다.

(해설) 장소 부사구 In the middle of the bookshelf가 문장 앞에 쓰였으므로 〈동사+주어〉 순으로 도치된 문장이다. 문장의 주어는 my favorite comic books이므로 복수 동사 are가 알맞다.

5 그가 미소를 지으며 오고 있다.

(해설) 방향 부사구 Here가 문장 앞에 쓰였지만 주어가 대명사 he이므로 도치하지 않는 것이 알맞다.

어휘

1 boost (사기 등을) 북돋우다

B

2 (해설) 주어가 대명사 she이므로 도치하지 않고 쓴다.

A

| 1 | (I am) | 2 | (he), (a lawyer) |
| 3 | (you are) | 4 | (she has) |

B

1 The red dress is longer than the blue✔.
생략된 어구: dress

2 Chris speaks German well but Mary doesn't
✔. 생략된 어구: speak German well

3 My mother cried after✔watching a touching movie.
생략된 어구: she[my mother] was

4 Though✔very tired, the team continued practicing for the upcoming match.
생략된 어구: they[the team] were

5 I didn't want to buy an umbrella, but I had to✔because I lost mine.
생략된 어구: buy an umbrella

A

1 (내가) 어려운 시기를 겪고 있지만, 나는 자신감을 잃지 않을 것이다.

2 그는 변호사였지만, (그는) 지금은 (변호사가) 아니다.

3 (네가) 운전하는 동안 휴대폰을 사용하면 안 된다.

4 Sophia는 해변에 갔고, (그녀는) 바다에서 수영도 했다.

(해설) 반복되는 주어 she와 조동사 has는 생략 가능하다.

어휘

1 confidence 자신감

B

1 빨간색 드레스가 파란색보다 길다.

2 Chris는 독일어를 잘하지만 Mary는 그렇지 않다.

(해설) 반복되는 어구인 speak German well이 생략되었다.

3 나의 엄마는 감동적인 영화를 보는 동안 우셨다.

(해설) 부사절의 주어가 주절의 주어인 My mother와 일치하므로 〈주어+be동사〉를 생략할 수 있다.

4 비록 매우 피곤했지만, 그 팀은 다가오는 경기를 위해 연습을 계속했다.

5 나는 우산을 사기 싫었지만, 내 우산을 잃어버렸기 때문에 사야 했다.

어휘

3 touching 감동적인   **4 upcoming** 다가오는

A

| 1 | is | 2 | has | 3 | any |
| 4 | of | 5 | that | | |

B

| 1 | that | 2 | I believe | 3 | of |

A

1 비만인 사람들에게 흔한 심장병은 사망의 주요 원인이다.

(해설) common in obese people은 삽입구이므로 주어 Heart disease에 수일치하는 것이 알맞다.

2 그 운동선수가 도전들을 극복했다는 사실은 다른 많은 선수들에게 영감을 줬다.

(해설) that the athlete overcame the challenges는 주어 The fact의 동격절이므로 단수 동사 has가 알맞다.

3 관련 직업 경력이 있다면 이력서에 적어주세요.

4 우리의 여행 날짜를 바꾸자는 제안에 대해 어떻게 생각해?

(해설) 네모 뒤에 동명사구가 왔으므로 동격을 나타내는 전치사 of가 알맞다.

5 우리 단체는 모든 동물이 존중받고 보호받아야 한다는 신념을 바탕으로 설립되었다.

(해설) 네모 뒤의 절이 〈주어+동사 ~〉를 갖춘 완전한 절이며, the belief와 동격 관계이므로 동격 접속사 that을 쓰는 것이 알맞다.

어휘

1 obese 비만인 5 organization 조직, 단체 establish 설립
하다

B

1 나는 발표에서 명확성이 중요하다는 그녀의 의견에 동의한다.

2 내가 생각하기엔, 겸손해지는 것이 좋은 인간관계를 위해 가장
중요한 것이다.

3 그녀가 사임한다는 소문이 사무실에 빠르게 퍼졌다.

UNIT 101 부정

본문 205쪽

A

1 could not	2 care
3 without	4 Not all
5 has	

B

1 rarely grow well

2 is not always easy

3 is not unusual

A

1 나는 시끄러운 음악 때문에 그녀가 말하던 것을 전혀 들을 수 없
었다.

2 이기적인 사람들은 다른 사람들의 감정을 거의 신경 쓰지 않는다.

(해설) 네모 앞에 scarcely라는 부정어가 쓰였으므로 care가 알
맞다.

3 이 벼룩시장은 지역 상점들의 지원이 없다면 불가능할 것이다.

(해설) 〈부정어 A without B〉: A 하려면 반드시 B한다

4 모든 개들이 우호적인 것은 아니므로, 조심히 다가가는 것이 필요
하다.

5 정원의 모든 작물이 아직 다 익지는 않았다. 우리는 몇 주 더 기
다려야 한다.

(해설) 주어 Not every ~ garden에 부분 부정의 의미가 담겼
으므로, 동사는 has가 알맞다.

어휘

2 selfish 이기적인 3 flea market 벼룩시장 5 ripen (과일 등이)
익다

B

어휘

3 unusual 드문, 흔치 않은

---

01 ③	02 Nothing
03 ever	04 makes
05 ④	06 ④
07 ④	08 ②
09 ②, ③, ⑤	
10 are → is	11 ✕
12 you can → can you	13 ✕
14 ✕	

15 Though used for decades

16 if you want to

17 did like to dance

18 that many people died from diseases

19 We finally achieved our dream of becoming
renowned fashion designers

20 much wind

21 (A) Never have I had a good night's sleep
(B) Not only did I feel exhausted

22 ⓑ, while others possess gas giant
characteristics

23 ⓐ, are
고친 이유: 주어는 복수 명사 Electric vehicles이고
acknowledged for their positive impact on
air quality는 삽입된 어구이므로 is는 복수 동사 are가
되어야 한다.

24 who, that[which]

25 creative is protected without copyright

---

01 ① 대학에서 새 학기가 시작된 것은 바로 월요일이었다.
② 내가 어젯밤 파티에 초대한 사람은 바로 Peter였다.
③ 당신이 안전 지침을 지키는 것은 중요합니다.
④ 고장 난 컴퓨터를 고친 것은 바로 내 남동생이었다.
⑤ 내가 걱정하는 것은 바로 기말고사 결과이다.

(해설) ③ 문장의 구조가 〈It is[was]+형용사+that ~〉이므로
가주어-진주어 구문이다.

02 네가 긍정적인 태도를 가진다면 아무것도 불가능해 보이지 않
는다.

(해설) 문맥상 '아무(것)도 ~ 않다'는 의미를 나타내는 이중 부
정 구문이 와야 하므로 Nothing이 알맞다

03 예의 바른 사람은 친절한 행동에 대해 "감사합니다"라고 하는
것을 설령 잊는다 하더라도, 거의 잊지 않는다.

(해설) 동사 forget에 대한 수식으로 if ever가 알맞다. if any
는 명사 앞에 쓰인다.

04 건강한 삶을 살려는 목표는 사람들이 설탕 섭취를 줄이도록
만든다.

(해설) of living healthier lives는 주어 The aim의 동격구이

므로 단수 동사 makes가 알맞다.

05 ① 나에게 팀을 이끌 기회를 준 것은 바로 나의 상사였다.
② 내가 가장 생기 있고 활기찰 때는 바로 아침이다.
③ 내가 세상에서 가장 존경하는 분은 바로 나의 부모님이다.
④ 학생들은 지역 동물 보호소에서 정말 봉사활동을 했다.
⑤ 나의 아버지는 다른 사람들을 위해 요리하는 것을 정말로 즐기신다.

(해설) ④ 〈do[does/did]+동사원형〉을 써서 일반동사를 강조하므로, did 뒤의 동사 volunteered는 volunteer로 쓴다. 또는 강조의 did를 삭제하는 것도 가능하다.

06 ① 맑고 푸른 하늘 위에 화려한 풍선들이 떠 있었다.
② 여행 이후에, 학생들은 매우 지쳤고 선생님도 그랬다.
③ 생명을 구하기 위해 불타는 건물로 뛰어든 소방관들은 용감했다.
④ 나는 이 식당에서 이렇게 멋진 광경을 볼 줄은 상상도 못 했다.
⑤ 어둠 속에서 뭔가 알 수 없고 신비로운 것이 나타났다.

(해설) ④ 부정어구 Hardly가 강조되어 문장 앞에 올 경우 주어와 동사를 도치한다. 이때 일반동사가 사용되었으므로 〈do[does/did]+주어+동사원형〉 순으로 쓴다. 따라서 expected I를 did I expect로 고쳐야 한다.

07 ① 미래를 아주 확실하게 예측할 수 있는 사람은 아무도 없다.
② 우리가 환경을 보호한다면, 내가 생각하기에, 세상은 더 나은 곳이 될 수 있다.
③ 그는 지금 다른 나라에 살고 있기 때문에 고향을 거의 방문하지 않는다.
④ 배달원이 손에 소포를 들고 길을 따라 걷는다.
⑤ 나는 지난여름 휴가를 가지 않았고, 내 동료도 그러지 못했다.

(해설) ④ 부사구 Down the street이 문장 맨 앞에 나와 주어와 동사가 도치된 문장이다. 문장의 주어는 a delivery person이므로 동사 walk를 walks로 고쳐야 알맞다.

08
ⓐ 아이큐가 높다고 해서 반드시 인생의 성공이 보장되는 것은 아니다.
ⓑ 기술이 우리의 모든 문제를 해결할 것이라는 믿음은 흔한 오해이다.
ⓒ 내가 도서관에서 빌린 것은 바로 흥미로운 소설이었다.
ⓓ 바위투성이의 해안에 부딪치는 파도는 거셌다.
ⓔ 그는 재능 있는 음악가일 뿐만 아니라 숙련된 작곡가이기도 하다.

(해설) ⓑ The belief 뒤에 동격 that절이 쓰여 주어가 길어진 문장이다. 주어가 The belief이므로 단수 동사 is가 알맞다. 이 때 동사 앞의 problems를 주어로 착각하지 않도록 주의한다.
ⓓ 보어 Powerful이 문장 맨 앞에 쓰여 주어와 동사가 도치된 구문이다. 문장의 주어는 the waves이므로 동사 was를 were로 고쳐야 알맞다.

09 ① 웃음은 다른 사람들과의 유대감을 강화시키고, 공감을 보여주는 것도 그러하다.(유대감을 강화시킨다.)
② 폭우가 내려왔고, 몇 분 안에 거리가 물에 잠겼다.
③ 그룹 프로젝트 회의에서 그는 거의 한마디도 하지 않았다.
④ 태양이 지구 주위를 돈다는 생각은 한때 널리 믿어졌다.

⑤ 미술관 입구에는 현대적인 조형물이 서 있었다.

(해설) ① 긍정문 뒤의 〈so+동사+주어(~도 그렇다)〉에서 so 다음의 동사는 앞의 긍정문 동사에 맞추어 쓴다. 앞의 동사가 일반 동사 strengthens이기 때문에 is를 does로 고쳐야 한다.
④ The idea와 동격의 관계를 이루는 the sun traveled around the earth가 주어와 동사를 갖춘 절이므로 전치사 of를 접속사 that으로 고쳐야 한다.

10 우리가 더 많은 야외 활동을 하자는 그 제안은 아주 좋은 생각이다.

(해설) 주어는 The suggestion이고 that we have more outdoor activities는 주어의 동격절이므로 are를 단수 동사 is로 고쳐야 한다.

11 변호사들은 그 주장을 뒷받침할 어떤 증거도 찾을 수 없었다.

(해설) '모두 ~이 아니다'라는 전체 부정의 의미로 〈not ~ any〉가 알맞게 쓰였다.

12 조리법을 정확히 따라야만 완벽한 케이크를 만들 수 있다.

(해설) 준부정어 Only가 이끄는 부사구 Only ~ precisely가 문장 앞에 나와 주어와 동사가 도치되어야 하므로, you can을 can you로 고쳐야 한다.

13 그녀는 자신이 가장 좋아하는 요리책에 의존하지 않고는 저녁을 요리할 수 없다.

(해설) 'A 하려면 반드시 B 한다'라는 의미의 이중부정 〈부정어(not) A without B〉가 알맞게 쓰였다.

14 방 중앙에는 아름다운 샹들리에가 걸려 있었다.

(해설) 장소의 부사구 At the center of the room이 문장 앞에 와서 주어와 동사(hung)가 도치되어 알맞게 쓰였다.

15 (해설) 부사절의 주어가 주절의 주어인 the old computer와 일치하므로 〈주어+be동사〉를 생략하고 Though used for decades로 쓴다.

16 (해설) to부정사(to-v)의 반복되는 v(get a bagel instead of a sandwich)는 생략할 수 있다. 따라서 if you want to로 간략히 쓴다.

17 (해설) 동사 앞에 오는 do는 동사를 강조하며 '정말~하다'로 해석된다. 해당 문장은 과거시제이므로 do를 did로 고쳐야 하며, 뒤에 오는 동사는 원형으로 쓴다.

18 (해설) the news와 동격을 이루는 절을 접속사 that을 이용하여 쓴다.

19
• 우리는 마침내 우리의 꿈을 이루었다.
• 우리의 꿈은 유명한 패션 디자이너가 되는 것이었다.

(해설) our dream과 동격 관계를 이루는 becoming renowned fashion designers 앞에 동격의 전치사 of를 사용해서 연결해준다.

20
바람이 많이 불지 않을 때, 연을 날리는 것은 어려워 보일 수 있다. 그러나 바람이 많이 불 때는 연 날리는 것이 즐겁고 수월해진다. 그것은 모든 연령의 사람들에게 동심을 이끌어내는 즐거운 경험이다.

(해설) 반복되는 어구는 생략 가능하며, 앞 문장 When there's not much wind와 대조되는 문장이므로 much wind가 반

복되어 생략되었음을 알 수 있다.

21

> 나는 숙면을 취해 본 적이 없다. 밤에 편히 쉬기가 힘들 때가 많고, 그것은 낮에 피곤함을 느끼게 한다. 나는 피곤함을 느꼈을 뿐만 아니라, 일상 활동에 집중하고 즐기는 능력도 잃은 것처럼 느꼈다.

(해설) (A) 부정어구가 강조되어 문장 앞에 올 경우 완료시제가 쓰인 문장은 〈have[has/had]+주어 p.p.〉 순으로 도치한다. (B) 일반 동사가 있는 문장은 〈do[does/did]+주어+동사원형〉순으로 도치한다. 과거시제이므로 did를 사용하여 쓴다.

22

> 우리 태양계에 있는 몇몇 행성들은 단단한 표면을 가지고 있다. 그것들은 산과 계곡과 같은 지질학적인 특징을 보일 가능성이 있는 반면, 다른 것들은 단단한 표면이 없고 주로 수소와 헬륨으로 구성된 거대 가스 행성의 특징을 가질 가능성이 있다.

(해설) 밑줄 친 (B)의 are likely to가 앞 문장과 반복되므로 생략하여 쓸 수 있다.

23

> 사람들이 더 지속 가능한 교통수단을 채택함에 따라 대기질에 미치는 긍정적인 영향으로 알려진 전기 자동차가 떠오르고 있다. 그러나 배터리 생산 및 충전 시설 부족 같은 문제가 있다. 그럼에도 불구하고 전기 자동차에 대한 증가하는 관심은 더 친환경적인 미래를 위한 지속 가능한 교통수단이 중요하다는 의견을 강조한다.

24-25

> 저작권은 예술, 음악, 글, 그리고 더 많은 것들을 보호하는 강력한 방패 같은 작용을 한다. 그것은 창작자들에게 자신들의 창작물에 대한 독점적인 권리를 주고, 그것들이 존중되고, 가치를 가지며, 도난당하지 않도록 보장한다. 창의성이 번성하고 간직되는 세상을 안전하게 지키는 것은 저작권이다. 창의적인 것이 보호되려면 저작권이 있어야 한다.

24 (해설) 〈It is+명사구(the copyright)+that ~〉 구조가 쓰였으며, that이 이끄는 절의 구조가 〈주어+동사 ~〉를 갖춘 완전한 구조가 아니므로 강조구문이다. 주어 the copyright를 강조하므로 who를 that 또는 which로 고쳐야 알맞다.

25 (해설) 〈부정어 A without B〉: A하려면 반드시 B한다

어휘

01 semester 학기 **04** intake 섭취 **05** admire 존경하다
06 float (공중에) 뜨다 emerge 나타나다, 드러나다 unknown 알 수 없는; 무명의 mysterious 신비로운 **08** necessarily 반드시, 필연적으로 guarantee 보장하다 misconception 오해 fascinating 흥미로운; 매력적인 crash 부딪치다; 충돌하다; 사고 rocky 바위가 많은 shore 해안, 해변 skilled 숙련된, 노련한 composer 작곡가 **09** laughter 웃음; 웃음소리 bond 유대(감); 끈, 띠 sculpture 조형물; 조각상 **11** evidence 증거 claim 주장 **12** precisely 정확하게 **15** run 작동하다; 운영하다 **19** renowned 유명한, 명성 있는 **20** childlike 아이 같은, 순진한 **22** solar system 태양계 geological 지질학의 compose 구성하다; 작곡하다 hydrogen 수소 helium 헬륨
23 sustainable 지속 가능한 infrastructure 사회 기반 시설 highlight 강조하다; 강조 **24-25** copyright 저작권 safeguard 보호하다; 보호[안전]장치 exclusive 독점적인; 배타적인 ensure 보장하다 secure 안전하게 지키다; 획득하다 thrive 번성하다 cherish 간직하다

어법 POINT 01~02

본문 2쪽

¹delicious ²make ³to부정사 ⁴진행 중 ⁵수동

01 pleasant	02 ringing
03 to take	04 echo
05 dyed	06 sleep

07 ✕, → comfortable

08 ✕, → walk

09 ○

10 ✕, → to ride

11 ○

12 ○

13 ✕, → to make

14 ✕, → generous

15 ○

16 ✕, → leave

17 ✕, → fall[falling]

18 ✕, → to participate

01 며칠간 비가 온 후 날씨가 좋아졌다.

(해설) 동사 turned의 보어가 필요한 자리이다. 보어 자리에는 부사가 쓰일 수 없으므로 형용사 pleasant가 알맞다.

02 Mary는 가방 깊숙한 곳에서 전화벨이 울리는 것을 발견했다.

(해설) 목적어 her phone과 ring(울리다)의 관계가 능동이므로 현재분사 ringing이 알맞다.

03 그 부상은 운동선수가 운동으로부터 벗어나 3개월간의 휴식을 취하도록 했다.

(해설) force는 to부정사를 목적격보어로 쓴다.

04 관객들은 공연장 전체에 그 가수의 목소리가 울려 퍼지는 것을 들었다.

(해설) 지각동사 hear는 원형부정사 또는 현재분사를 목적격보어로 쓴다.

05 Ron은 이번 주말에 있는 결혼식을 위해 머리를 염색했다.

(해설) 목적어 his hair와 dye(염색하다)의 관계가 수동이므로 과거분사 dyed가 알맞다.

06 자기 전에, 차 한 잔은 네가 잘 자도록 도울 것이다.

(해설) help는 원형부정사 또는 to부정사를 목적격보어로 쓴다.

07 수리하고 나서, 호텔 객실은 안락하게 보인다.

(해설) 동사 looks의 주격보어가 필요한 자리이다. 보어 자리에는 부사가 쓰일 수 없으므로 형용사 comfortable로 고치는 것이 알맞다.

08 선생님은 우리가 점심 식사 이후에 15분 동안 걷게 하셨다.

(해설) 사역동사 have는 목적어(us)와 목적격보어(walk)의 관계가 능동일 때 원형부정사를 목적격보어로 쓴다.

09 나는 어제 방을 청소했는데 몇 개의 편지들이 숨겨져 있는 것을 발견했다.

(해설) 목적어 some letters와 hide(숨기다)는 수동 관계이므로 과거분사 hidden이 알맞게 쓰였다.

10 그녀는 비가 오기 때문에 아들이 자전거를 타는 것을 원하지 않는다.

(해설) want는 to부정사를 목적격보어로 쓴다.

11 그녀는 배가 아팠지만 비행 중에도 침착함을 유지했다.

(해설) 주격보어 자리에 형용사가 알맞게 쓰였다.

12 그는 자동차가 빠른 속도로 교차로에 접근하는 것을 인지했다.

(해설) 지각동사 notice의 목적격보어로 현재분사가 알맞게 쓰였다.

13 편견은 우리가 다른 사람들에 대해 잘못된 가정을 하게 만든다.

(해설) lead는 to부정사를 목적격보어로 쓴다.

14 그가 항상 커피를 사주기 때문에 그의 직장동료들은 그를 너그럽다고 생각한다.

(해설) consider의 목적격보어 자리이다. 보어 자리에는 부사가 쓰일 수 없으므로 형용사 generous로 고치는 것이 알맞다.

15 부모님은 내가 집의 온도를 조절하도록 명령하셨다.

(해설) order는 to부정사를 목적격보어로 쓴다.

16 사장님은 내가 가족 행사 때문에 일찍 퇴근하게 해주셨다.

(해설) 사역동사 let은 목적어(me)와 목적격보어(leave)의 관계가 능동일 때 원형부정사를 목적격보어로 쓴다.

17 집에 가는 동안 빗방울이 얼굴에 떨어지는 것을 느꼈다.

(해설) 목적격 raindrops와 fall(떨어지다)은 능동 관계이며, 지각동사 feel은 원형부정사 또는 현재분사를 목적격보어로 쓰므로 fall 또는 falling으로 고치는 것이 알맞다.

18 해양생물에 대한 우려는 지역사회가 해수욕장 정화행사에 참여하도록 동기를 부여했다.

(해설) motivate는 to부정사를 목적격보어로 쓰므로 to participate로 고치는 것이 알맞다.

(어휘)

03 injury 부상 **04** echo (소리가) 울려 퍼지다, 메아리치다; 울림, 메아리 **05** dye 염색하다 **07** renovation 수리, 보수 **12** intersection 교차로 **13** bias 편견 assumption 가정, 추정 **14** generously 관대하게 **18** concern 우려; 관심사; 우려하다 marine 바다의, 해양의 cleanup (대)청소; 재고 정리

어법 POINT 03~04

본문 4쪽

¹과거시제 ²현재완료 ³since ⁴더 과거	
01 felt	02 have played
03 left	04 finished
05 had won	06 held
07 ○	
08 ×, → has it been	
09 ○	
10 ○	
11 ×, → had	
12 ×, → had written	
13 ○	
14 ×, → moved	
15 ○	
16 ×, → published	
17 ○	
18 ×, → hasn't stopped	

01 그는 공원에서 자신의 잃어버린 지갑을 발견했을 때 안심했다.

해설 분명한 과거를 나타내는 부사절 〈when+주어+동사의 과거형〉과 쓰였으므로 과거시제 felt가 알맞다.

02 Kane의 가족은 그가 9살일 때부터 함께 테니스를 해왔다.

해설 9살일 때부터 현재까지 테니스를 해왔다는 내용이므로 현재완료 have played가 알맞다.

03 그는 2주 전에 집을 떠났고 그 이후로 소식이 없다.

해설 분명한 과거를 나타내는 부사구 two weeks ago가 쓰였으므로 과거시제 left가 알맞다.

04 컨디션이 좋지 않았지만, 그녀는 어제 성공적으로 경기를 마쳤다.

해설 분명한 과거를 나타내는 부사 yesterday가 쓰였으므로 과거시제 finished가 알맞다.

05 내가 좋아하는 야구팀의 성적이 올해는 좋지 않았지만 그들은 작년에 결승전에서 우승한 적이 있다.

해설 올해보다 더 이전 경기 성적을 말하므로 과거 완료인 had won이 알맞다.

06 고대 그리스인들은 종교 축제의 일환으로 기원전 776년에 첫 번째 올림픽을 개최했다.

해설 분명한 과거를 나타내는 부사구 in 776 BC가 쓰였으므로 과거시제 held가 알맞다.

07 여행 중에 언어 번역 앱을 사용해 본 일이 있나요?

해설 '~해본 일이 있다'는 의미의 경험을 나타내므로 현재완료 시제가 알맞게 쓰였다.

08 기타를 배우기 시작한 지 얼마나 됐어요?

09 과거에 사람들은 길을 찾기 위해 GPS보다는 지도에 의존했다.

해설 분명한 과거를 나타내는 부사구 In the past가 쓰였으므로 과거시제 relied는 알맞다.

10 그들은 지난달 집을 수리했고, 그 작업은 거의 다 완료되었다.

11 지난여름 우리는 친구들과 가족들과 함께 환상적인 바비큐 파티를 했다.

12 나는 다락방을 청소하는 도중 아버지께서 쓰신 편지를 발견했다. 아버지는 그것을 몇 년 전에 쓰셨다.

해설 내가 편지를 발견한 시점이 과거이고, 아버지가 그 편지를 쓰신 것은 더 이전의 일이므로 had written으로 고치는 것이 알맞다.

13 Linda는 지난 2년 동안 여행을 위해 돈을 모았고 드디어 다음 주에 유럽으로 여행을 갈 것이다.

해설 과거부터 현재까지 2년 동안 돈을 모아왔다는 내용이므로 현재완료 has saved가 알맞게 쓰였다.

14 우리는 몇 달 전에 새집으로 이사를 왔는데 아직도 상자를 풀고 있다.

해설 이사를 온 시점은 분명한 과거인 몇 달 전이므로 과거시제 moved로 고치는 것이 알맞다.

15 나는 내 컴퓨터가 갑자기 작동을 멈췄을 때 보고서 작성을 막 마쳤다.

해설 컴퓨터가 작동을 멈춘 시점이 과거이고, 그 전에 작성을 마쳤다는 내용이므로 과거완료 had just finished가 알맞게 쓰였다.

16 셰익스피어는 1597년에 "로미오와 줄리엣"을 출간했고, 그것은 그의 가장 유명한 희곡 중 하나로 남아있다.

해설 분명한 과거를 나타내는 부사구 in 1597이 쓰였으므로 과거시제 published로 고치는 것이 알맞다.

17 나는 교토의 전통문화를 체험하기 위해 교토를 몇 번 가 봤다.

18 오늘 아침에 비가 내리기 시작했다. 아직도 비가 그치지 않고 있다.

해설 부사 yet(아직)으로 보아 오늘 아침부터 현재까지 비가 오고 있는 것이므로 현재완료 hasn't stopped로 고치는 것이 알맞다.

어휘

05 championship 결승전; 선수권 대회 **06** ancient 고대의; 아주 오래된 greek 그리스인; 그리스어 **07** translation 번역 **09** rely on ~에 의존하다 navigation (배나 차량의) 운항, 조종 **10** renovate 수리하다, 개조하다 **12** attic 다락방 **14** unpack (짐을) 풀다 **16** play 희곡, 연극

어법 POINT 05~06

본문 6쪽

¹능동 ²수동 ³been	
01 is delivered	02 broaden
03 happen	04 was repaired
05 was taken apart	06 is being discussed
07 has been sent	08 combine
09 be chosen	10 occurred
11 ×, → cannot be seen	
12 ×, → is being wrapped	
13 ×, → belong to	

14 ×, → made
15 ○
16 ○
17 ×, → are kept
18 ×, → became
19 ×, → has
20 ○
21 ×, → appeared
22 ○
23 ×, → are offered to
24 ○

01 신문은 매일 아침 5시에 배달된다.
02 이 책은 정치에 대한 너의 이해를 넓혀 줄 것이다.
03 얼음이 얼거나 미끄러운 상태에서 사고가 발생할 수 있다.
(해설) happen은 자동사이므로 수동태로 쓸 수 없다.
04 그 집의 지붕은 폭풍우로 파손된 후에 수리되었다.
05 그 선풍기는 청소를 위해 아버지에 의해 분해되었다.
(해설) 주어인 The electric fan과 take apart(분해하다)는 수동 관계이므로, 수동태 was taken apart가 알맞다.
06 이 회의에서는 환경 문제가 논의되고 있다.
(해설) 주어인 The environmental issue와 discuss(논의하다)는 수동 관계이므로 is being discussed가 알맞다.
07 소포가 잘못된 주소로 보내졌다.
(해설) 주어인 The package와 send(보내다)는 수동 관계이므로 has been sent가 알맞다.
08 요리를 시작하기 전에 재료들을 섞어야 한다.
09 이번 노래자랑의 우승자는 문자 투표를 통해 선정될 것이다.
10 지진은 인구 밀집 지역에서 멀리 떨어진 외진 지역에서 발생했다.
(해설) occur는 자동사이므로 수동태로 쓸 수 없다.
11 구름 낀 밤에는 별이 보이지 않는다.
12 그녀의 생일선물은 가게 직원에 의해 포장되고 있다.
(해설) 주어 Her birthday present가 '포장되고 있다'라는 수동의 의미이며, 문장의 시제가 현재진행이므로 진행형 수동태 is being wrapped로 고치는 것이 알맞다.
13 거의 20명의 멤버들이 우리의 달리기 조에 속해있다.
(해설) belong to는 자동사이므로 수동태로 쓸 수 없다.
14 그 팀은 마침내 회사의 로고 디자인을 결정했다.
(해설) 주어인 The team과 make a decision(결정하다)은 능동 관계이므로 was made를 능동태 made로 고치는 것이 알맞다.
15 내년에 나의 집 근처에 새로운 초등학교가 지어질 것이다.
16 문화 전시회는 매년 주민 센터에서 열린다.
17 백화점의 바닥은 청소부에 의해 깨끗하게 유지된다.
(해설) 주어인 The old building이 '유지된다'라는 수동의 의미이므로 are keeping을 수동태 are kept로 고치는 것이 알맞다. SVOC 문형에서 형용사 목적격보어(clean)는 수동태의

동사부 이하에 그대로 쓰인다.
18 그 오래된 건물은 보수 후에 현대적인 사무공간이 되었다.
(해설) become은 상태동사이므로 수동태로 쓸 수 없다.
19 그는 피아노에 재능이 있다.
(해설) 소유를 의미하는 동사로 쓰인 have는 수동태로 쓸 수 없다.
20 그 오래된 돌다리는 강 양쪽을 잇는다.
21 자외선으로 페이지를 훑어보니 숨겨진 메시지가 나타났다.
(해설) appear는 자동사이므로 수동태로 쓸 수 없다.
22 주장은 선수들이 서로를 지지하고 끌어올리도록 격려해왔다.
(해설) 주어 The captain과 encourage(격려하다)는 능동 관계이므로 능동태 현재완료진행형 has been encouraging이 알맞게 쓰였다.
23 수학 공부를 위한 자료는 온라인 플랫폼에서 학생들에게 제공된다.
24 그 심리학자는 소셜 미디어가 정신건강에 미치는 영향에 대한 연구를 진행하고 있다.

(어휘)
02 broaden (경험, 지식 등을) 넓히다   politics 정치   03 slippery 미끄러운; 믿을 수 없는   10 remote 외진, 외딴   populated (인구가) 밀집된   21 scan 살피다; 훑어보다   22 uplift (의기를) 드높이다, (사기를) 북돋우다   one another 서로(서로)   24 psychologist 심리학자   conduct (특정 활동을) 하다, 지휘하다

어법 POINT 07~10
본문 8쪽

1현재   2과거   3~했을지도 모른다   4must
5~했을 리가 없다   6should   7~해야 한다
8생략   9be동사   10do   11used to
12v하는 데 사용되다   13be used to v-ing
14to play

01 do   02 be
03 apologize   04 had seen
05 attach   06 must
07 fall   08 be
09 are   10 could
11 review   12 does
13 are used to   14 apply
15 have taken   16 start
17 ○
18 ×, → must have dropped
19 ×, → is used to handling
20 ○
21 ○
22 ×, → might have broken
23 ○

24 ○

25 ×, → can't[cannot] have rained

26 ×, → used to have

27 ○

28 ○

29 ×, → does

30 ○

31 ○

32 ×, → shouldn't[should not] have trusted

01 나는 수영을 못하지만 내 남동생은 수영을 아주 잘한다.
(해설) 앞에 나온 일반 동사 swim을 대신하므로 do가 알맞다.

02 오늘은 월요일이다. 나의 딸은 학교에 있는 것이 틀림없다.
(해설) 현재 상황에 대한 강한 추측을 담은 내용이므로 be가 알맞다.

03 그녀는 그가 학교에서 무례한 행동을 한 것에 대해 사과해야 한다고 명령한다.
(해설) order 뒤의 내용이 '~해야 한다'라는 당위성을 나타내므로 should를 생략한 동사원형 apologize가 알맞다.

04 그 소년은 거리에서 수상한 남자를 보았다고 주장했다.
(해설) that절의 내용이 '~해야 한다'라는 의미가 아닌 그가 수상한 남자를 봤다는 사실에 관한 내용이므로 had seen이 알맞다.

05 이 종류의 접착제는 금속이나 유리에 나무를 붙이기 위해 사용된다.
(해설) 문맥상 '~하기 위해 사용되다'가 자연스러우므로 be used to-v가 알맞다.

06 폭우 때문에 강이 다리를 범람했음이 틀림없다.
(해설) 문맥상 '~했음이 틀림없다'가 자연스러우므로 must가 알맞다.

07 나의 할아버지는 TV를 보시다가 소파에서 잠이 드시곤 했다.
(해설) used to-v: v하곤 했다

08 치과 의사들은 칫솔을 3~4개월마다 교체해야 한다고 제안한다.
(해설) suggest 뒤의 내용이 '~해야 한다'라는 당위성을 나타내므로 should를 생략한 동사원형 be가 알맞다.

09 과거에 필름 카메라는 매우 인기가 많았고, 요즘도 그렇다.
(해설) 앞에 나온 be동사 were를 대신하므로 are가 알맞다.

10 그녀는 파티에 갈 수도 있었지만 아파서 집에 있었다.
(해설) '~할 수도 있었는데 하지 않았다'라는 의미이므로 could가 알맞다.

11 시험 일주일 전에 선생님은 우리가 책을 한 번 더 봐야 한다고 명령했다.
(해설) commanded 뒤의 내용이 '~해야 한다'라는 당위성을 나타내므로 should를 생략한 동사원형 review가 알맞다.

12 운동은 에너지를 제공해주고, 규칙적인 수면은 에너지를 더 많이 제공해준다.

13 셰르파들은 높은 고도에서 사는 것에 익숙하기 때문에 에베레스트에서 사람들을 안내할 수 있다.

(해설) be used to v-ing: v하는 데 익숙하다

14 교수님은 내가 이번 학기에 교환학생 프로그램을 신청해야 한다고 권유했다.
(해설) recommended 뒤의 내용이 '~해야 한다'라는 당위성을 나타내므로 should를 생략한 동사원형 apply가 알맞다.

15 Dave는 오늘 아침 회의에 늦었다. 그는 버스 대신 지하철을 탔어야 했다.
(해설) '~했어야 했는데 하지 않았다'라는 의미이므로 should have taken이 알맞다.

16 우리 팀이 첫 번째 프로젝트를 성공적으로 마쳤기 때문에 다음 주에 두 번째 프로젝트를 시작할 수도 있다.

17 너의 작은 행동이 다른 사람의 기분을 상하게 할 수도 있다.

18 나는 립스틱을 못 찾겠다. 어디엔가 떨어트린 것이 틀림없다.
(해설) 립스틱을 과거에 떨어트렸을 것이라는 내용이므로 must have dropped로 고치는 것이 알맞다.

19 그의 연세에도 불구하고, 나의 아버지는 태블릿을 다루는 것에 익숙하다.

20 고대 인도에서는 꿀이 과일과 음식을 보관하기 위해 사용됐다.
(해설) be used to-v: v하는 데 사용되다

21 추운 날씨에 기기를 작동시키면 기기가 작동하지 않을 수도 있다.

22 문이 잠겨있지 않았어. 도둑이 우리 집에 침입했을지도 몰라!
(해설) 과거에 도둑이 침입했을지도 모른다는 내용이므로 might have broken으로 고쳐야 한다.

23 상품의 조명과 진열은 쇼핑객들이 더 많은 물건을 사도록 만들기 위해 사용된다.

24 큰 충돌 소리가 들렸다. 뭔가 떨어졌을 수도 있다.

25 내가 밖에 나갔을 때 도로가 말라 있었다. 어젯밤에 비가 내렸을 리가 없다.
(해설) 도로가 말라 있으니 비가 왔을 리 없다는 강한 부정의 추측이므로 can't[cannot] have rained로 고치는 것이 알맞다.

26 우리는 매년 봄 캠핑을 가족 전통으로 가곤 했지만, 아이들이 성장한 후 더 이상 가지 않는다.
(해설) 과거의 습관(~하곤 했다)이므로 used to-v로 써야 한다.

27 나는 어젯밤에 숙제를 끝낼 수도 있었지만, 일찍 잤다.
(해설) '~할 수 있었는데 하지 않았다'라는 의미의 could have finished는 알맞다.

28 내가 힘들 때면 내 딸의 편지가 나를 웃게 하곤 했다.

29 손으로 접시를 세척할 수 있지만, 식기 세척기는 훨씬 더 적은 물로 그렇게 한다.
(해설) 앞 문장의 clean을 대신하는 자리이므로 대동사 does로 고치는 것이 알맞다.

30 교장 선생님께서 내일 아침 8시까지 모든 학생들과 선생님들이 회관에 모여야 한다고 요청했다.

31 식당에 도착했을 때 모든 테이블이 차 있었다. 우리는 미리 예약을 했어야 했다.

32 나는 내 연구에 그 자료 출처를 신뢰하지 말았어야 했다. 정보가 틀렸다.

해설 shouldn't[should not] have p.p.: ~하지 말았어야
했는데 (했다)

어휘

04 suspicious 수상한, 의심스러운 **05 attach** 붙이다, 접착시키다
13 altitude 고도 **20 preserve** 보존하다 **21 operate** 작동시
키다 **31 occupy** 차지하다

어법 POINT 11
본문 12쪽

¹현재 ²과거 ³과거 ⁴have p.p.

01 try
02 have picked
03 wouldn't
04 hadn't worked
05 had had
06 wouldn't
07 were
08 ○
09 ×, → might miss
10 ×, → could have taken
11 ○
12 ×, → could
13 ○
14 ×, → would have gotten
15 ×, → had been
16 ○

01 내가 채식주의자가 아니라면 지금 스테이크를 먹을 텐데.
해설 문맥상 현재 사실과 반대되는 내용을 가정하고 있으므로
가정법 과거를 사용한다. 따라서 주절에는 〈조동사 과거형+
동사원형〉이 와야 한다.

02 내가 너의 메시지를 제시간에 봤더라면 그때 너를 데리러 갔을
텐데.
해설 과거 사실과 반대되는 내용을 가정하고 있으므로 가정
법 과거완료를 사용한다. 따라서 주절의 동사는 would have
picked가 알맞다.

03 그가 집안일을 도와준다면 나는 약속 시간에 늦지 않을 텐데.

04 화재경보기가 작동하지 않았다면 엄청난 인명피해가 발생했을
것이다.
해설 주절의 동사(would have been)로 보아 과거 사실과
반대되는 내용을 가정하는 가정법 과거완료이다. 따라서 If절의
동사는 had p.p. 형태로 쓴다.

05 나는 어렸을 적에 창의적인 취미를 계발할 기회가 있었으면
하고 바란다.
해설 부사구 in my youth로 보아 소망 내용이 시점이 소망
시점보다 더 먼저이므로 〈I wish+가정법 과거완료〉가 알맞다.

06 날씨가 좋았더라면 야외 행사를 취소하지 않았을 것이다.
해설 날씨가 좋았더라면 행사를 취소하지 '않았을' 것이라는
문맥이 자연스럽다. 따라서 주절의 동사는 부정문인 wouldn't가
알맞다.

07 예술을 통해서, 우리는 다른 사람들의 사랑과 기쁨이 마치 현재
우리의 것처럼 느낄 수 있다.
해설 부사 now로 보아 as if절과 주절의 동작 시점이 같으므로
〈as if+가정법 과거〉가 알맞다.

08 나는 내가 프랑스어를 유창하게 구사하는 사람이고 싶지만, 이제
막 기본을 배우기 시작하고 있다.

09 수업에 집중하지 않는다면, 시험을 위한 중요한 정보를 놓칠
것이다.

10 내가 운전을 할 줄 알았다면 어제 공항까지 너를 데려다 줄 수
있었을 텐데.
해설 과거를 나타내는 부사구 yesterday가 쓰여 과거 사실
의 반대를 가정하므로 주절의 동사 could take를 could
have taken으로 고치는 것이 알맞다.

11 부모님이 조언을 주지 않았다면, 그 아이는 그런 좋은 선택들을
하지 못했을 것이다.

12 내가 이 컴퓨터를 즉시 고칠 수 있다면 시간을 많이 절약할 수
있을 텐데, 하지만 나는 고치는 방법을 모른다.

13 그는 전혀 약속을 하지 않았던 것처럼 그 약속을 잊어버렸다.
해설 약속을 잊어버린 것보다 약속을 했던 시점이 더 먼저이
므로 as though에 가정법 과거완료가 알맞게 쓰였다.

14 그가 지난주에 해변에 갈 때 선크림을 바르지 않았다면, 그는
햇볕에 심하게 탔을 것이다.
해설 과거를 나타내는 부사구 last week이 쓰여 과거 사실의
반대를 가정하므로 주절의 동사는 〈조동사의 과거형+have
p.p.〉를 쓰는 것이 알맞다.

15 날씨가 더 추웠다면 내가 그 코트를 입었을 텐데.

16 네가 더 가까이 산다면 우리는 더 자주 만날 텐데.

어휘

01 vegetarian 채식주의자 **03 chore** 집안일 **04 casualty**
인명피해; 사상자, 피해자 **06 outdoor** 야외의 **12 immediately**
즉시, 즉각 **14 sunscreen** 자외선 차단제 **sunburn** 햇볕에 심하
게 탐, 화상

어법 POINT 12~14
본문 14쪽

¹it ²It ³to adapt ⁴enough

01 to volunteer
02 too young
03 to get
04 long
05 is
06 ×, → easy to discover
07 ×, → to take a walk
08 ○
09 ○
10 ○
11 ×, → is
12 ○

13 ○

14 ✕, → to reduce

15 ○

16 ○

01 나는 초등학교에서 봉사하는 것이 보람차다고 생각한다.

(해설) 목적어 자리에 가목적어 it이 쓰였으므로 진목적어 자리에 to부정사를 쓰는 것이 알맞다.

02 그는 부모님 없이 이 영화를 보기엔 너무 어리다.

(해설) 문맥상 그는 너무 어려서 부모님 없이 영화를 볼 수 없다는 내용이므로 '너무 ～해서 v할 수 없다'라는 의미의 〈too ～ to-v〉가 알맞다.

03 출근 전에 나는 에너지를 얻기 위해 가벼운 운동을 한다.

(해설) '～하기 위해'라는 의미가 필요하므로 목적을 나타내는 부사 역할의 to부정사를 쓰는 것이 알맞다.

04 이 스마트폰의 배터리 수명은 하루 종일 지속될 정도로 충분히 길다.

(해설) 문맥상 배터리의 수명이 길다는 내용이 자연스러우므로 long이 알맞다.

05 질문을 하는 것은 배우고자 하는 욕구의 신호이다.

(해설) to부정사구 To ask questions가 주어이므로 단수 동사 is가 알맞다.

06 진정한 재능은 단기간에 발견하기 쉽지 않다.

(해설) 형용사 easy를 수식하는 부사가 필요하므로 discover를 to discover로 고치는 것이 알맞다.

07 그 공원은 산책하고 내면의 안정을 찾기에 평화로운 장소이다.

(해설) 명사 a peaceful place를 수식하는 형용사가 필요하므로 take a walk를 to take a walk로 고치는 것이 알맞다.

08 두 도시 사이의 거리는 하루 만에 운전하기엔 너무 멀었다.

09 근무시간 사이에 규칙적인 휴식을 취하는 것이 효과적이다.

(해설) 진주어 to take ～ hours를 대신하는 가주어 It의 자리이다.

10 그 선생님은 학생들에게 명확한 설명을 해주는 것이 중요하다고 생각한다.

(해설) think의 목적어 자리에 가목적어 it이 쓰였고 진목적어 자리에 to부정사가 알맞게 쓰였다.

11 과일과 야채를 먹는 것은 충분한 영양을 위해 중요하다.

12 너의 미래 혹은 예상치 못한 상황을 위해 돈을 모으는 것이 현명하다.

13 그 수영 선수는 세계 기록을 깰 만큼 충분히 성실하게 훈련했다.

14 나는 플라스틱 쓰레기를 줄이기 위해 항상 텀블러를 가지고 다닌다.

(해설) '～하기 위해'라는 의미가 필요하므로 목적을 나타내는 부사 역할의 to부정사를 쓰는 것이 알맞다.

15 새로운 기술을 발명하는 것은 수많은 시행착오를 필요로 한다.

16 나는 이번 주말 캠핑 여행을 위해 살 물건들의 목록을 만들었다.

(어휘)

01 rewarding 보람찬 **06** talent 재능 **07** inner 내면의, 안의 **11** sufficient 충분한 nutrition 영양 **15** trial and error 시행착오

어법 POINT 15~17

본문 16쪽

¹과거 ²forward ³익숙하다 ⁴적응하다
⁵～에 관한 한

01 writing **02** walking

03 receiving **04** has

05 driving **06** playing

07 to sleep **08** to turn off

09 building

10 ○

11 ✕, → to hang

12 ✕, → to communicating

13 ○

14 ✕, → skating

15 ○

16 ○

17 ✕, → to wrapping

18 ○

19 ✕, → to leave

20 ✕, → to using

21 ✕, → to helping

22 ○

23 ✕, → closing

01 Sarah는 바빴음에도 불구하고, 자신의 소설을 쓰는 것을 결코 포기하지 않았다.

(해설) give up은 동명사를 목적어로 취하는 동사이다.

02 나는 어렸을 때 오빠와 매일 학교에 걸어갔던 기억이 난다.

(해설) '(과거에) 학교에 걸어갔던 것을 기억한다'라는 의미이므로 remember v-ing가 알맞다.

03 우리의 디자인에 대한 당신의 피드백을 받기를 기대한다.

04 다양한 문화와 역사를 연구하는 것은 내가 가장 좋아하는 활동이다.

(해설) 동명사구 주어(Studying ～ histories)는 단수 취급한다.

05 그는 경찰에 붙잡혔지만 난폭하게 운전한 것을 부인했다.

06 그녀는 영화를 보는 대신 보드게임을 하자고 제안했다.

07 아기들은 생후 첫 몇 달 동안 잠을 많이 자는 경향이 있다.

08 영화 시작 전에 핸드폰 끄는 것을 잊지 마라.

(해설) '(앞으로) 끄는 것을 잊지 마'라는 의미이므로 forget to-v가 알맞다.

09 그 이웃들은 자신들 주변에 새 공장을 짓는 것을 반대한다.

10 가족과 함께 공원에 소풍을 가는 것은 나에겐 즐거운 시간이다.

11 그는 아침 햇살을 차단하기 위해 침실에 새 커튼을 칠 계획이다.

(해설) plan은 to부정사를 목적어로 취하는 동사이므로 hanging을 to hang으로 고치는 것이 알맞다.

12 오늘날 많은 사람들이 모바일 메신저를 통해 소통하는 것에 익숙해져 있다.

(해설) be accustomed to v-ing는 'v하는 것에 익숙하다'라는 뜻으로, 이때 to는 전치사이므로 communicate를 동명사 communicating으로 고치는 것이 알맞다.

13 쇼핑몰에서 몇 시간을 보낸 후 Jenny는 마침내 옷 쇼핑을 마쳤다.

14 그 겨울 스포츠 프로그램은 빙판에서 스케이트 타는 것을 포함할 것이다.

15 우리는 다른 사람들의 관점을 이해하고 그들을 포용하기 위해 노력해야 한다.

16 나는 돈을 모아야 해서 이번 여름에 해외에 갈 여유가 없다.

17 나는 포장에 있어서 화려한 종이와 리본을 사용하는 것을 선호한다.

18 나는 구식 소프트웨어를 사용한 것을 후회했다. 왜냐하면 그것은 내 컴퓨터의 속도가 느려지게 만들었기 때문이다.

(해설) '(과거에) v한 것을 후회하다'라는 의미이므로 regret v-ing가 알맞게 쓰였다.

19 그들은 다른 문화를 탐험하기 위해 고향을 떠나기로 결심했다.

(해설) decide는 to부정사를 목적어로 취하는 동사이므로 leaving을 to leave로 고치는 것이 알맞다.

20 이 요리 수업들은 내가 다양한 주방 도구들을 사용하는 것에 적응하도록 도와주었다.

(해설) adjust to v-ing는 'v하는 것에 적응하다'라는 뜻으로, 이때 to는 전치사이므로 use를 동명사 using으로 고치는 것이 알맞다.

21 그녀는 불우한 아이들을 돕는 데 자신의 일생을 바쳤다.

(해설) devote one's life to v-ing는 'v하는 것에 헌신하다'라는 뜻으로, 이때 to는 전치사이므로 help를 동명사 helping으로 고치는 것이 알맞다.

22 내가 오늘 아침에 고양이들에게 밥 주는 것을 잊어버려서 아빠가 고양이들에게 밥을 줬다.

23 바람이 매섭게 분다. 창문 좀 닫아줄래?

(어휘)

05 aggressively 공격적으로 **11** block out (빛, 소리 등을) 차단하다; 가리다 **15** embrace 포용하다; 받아들이다 **18** outdated 구식인, 오래된 slow down (속도를) 늦추다; (속도의) 둔화 **21** underprivileged (사회, 경제적으로) 혜택을 못 받는; 불우한 **23** harsh 매서운; 강한

어법 POINT 18

¹능동 ²수동 ³wrapped ⁴현재분사(v-ing)
⁵과거분사(p.p.) ⁶amazed ⁷Drinking

01 surprising **02** Exhausted
03 disappointed **04** caused
05 winning **06** suffering
07 recognizing
08 ○
09 ○
10 ×, → satisfied
11 ×, → lying
12 ×, → surrounded
13 ×, → approaching
14 ×, → harvested
15 ○
16 ○
17 ×, → annoying
18 ○
19 ×, → exposed
20 ×, → delighted
21 ○

01 그 유명한 배우의 결혼 기사는 놀라웠다.

(해설) 주어인 The article ~ marriage가 놀라움을 유발하는 주체이므로 현재분사 surprising이 알맞다.

02 긴 여행에 지쳐서, 그들은 저녁 식사 후 호텔에서 쉬기로 결정했다.

03 학생들은 다른 학생들과 비교당할 때 실망감을 느낄 것이다.

(해설) 주어인 Students가 실망스러움을 느끼는 것이므로 과거분사 disappointed가 알맞다.

04 정부는 지진으로 인한 피해를 보상하기 위해 노력하고 있다.

(해설) 수식받는 명사 the damages와 cause(유발시키다)의 관계가 수동이므로 과거분사 caused가 알맞다.

05 축구 국가대표팀이 일본을 상대로 승리하자, 관중들은 그 결과에 흥분했다.

(해설) the national soccer team과 win(이기다)의 관계가 능동이므로 현재분사 winning이 알맞다.

06 그녀의 그림 대부분은 사회적인 차별로 고통받는 사람들의 목소리를 대변한다.

(해설) 수식받는 명사 people과 suffer(고통받다)는 능동 관계이므로 현재분사 suffering이 알맞다.

07 잠재적인 위험을 알아차렸을 때, 인명구조요원은 호루라기를 불었다.

08 우유로 만들어져서, 치즈는 단백질이 가득하다.

09 그들은 에너지를 절약하기 위해 불을 끈 채로 건물을 떠났다.

10 Daniel은 자신의 새로운 헤어스타일에 만족했다.

(해설) 주어인 Daniel이 만족스러움을 느끼는 것이므로 과거분

사 satisfied로 고쳐야 한다.

11 나무 아래에 누워있는 소년은 나의 남동생이다.

(해설) 수식받는 명사 The boy와 lie(눕다)의 관계가 능동이므로 현재분사 lying으로 고쳐야 한다.

12 그 나무들은 큰 빌딩들에 둘러싸였기 때문에 오래 살지 못할 것이다.

13 동물원은 멸종 위기에 다가가는 몇몇 종들에게 피난처가 될 수 있다.

(해설) 수식받는 명사 some species와 approach(다가가다)의 관계가 능동이므로 현재분사 approaching으로 고쳐야 한다.

14 그 시장은 이 지역에서 수확된 곡물들을 판매한다.

15 책을 읽은 후에, 그녀는 상세한 비평을 썼다.

16 우리는 발전소에서 연료를 태워 생산된 전기를 낭비하면 안된다.

17 영화 내내 울리는 핸드폰 소리가 짜증나게 했다.

18 그 마술사의 마술은 매우 인상 깊었고 즐거웠다.

19 햇빛에 노출되면, 피부는 보호를 위해 멜라닌 색소를 생성한다.

(해설) 접속사를 남긴 분사구문의 의미상 주어 your skin과 expose(노출하다)의 관계는 수동이므로 과거분사 exposed로 고쳐야 한다.

20 나의 조부모님은 손녀딸의 출생 소식을 듣고 매우 기뻐하셨다.

21 학교는 학생들의 안전을 위해 외부 방문자를 제한하는 조치를 발표하였다.

(어휘)

04 compensate for ~을 보상하다 **05** spectator 관중
06 discrimination 차별 **07** potential 잠재적인; 가능성
19 melanin 멜라닌 색소((피부, 눈 등의 흑갈색 색소))

어법 POINT 19~21   본문 20쪽

¹to have p.p.   ²to be p.p.
³having been p.p.

01 Designing   **02** enables
03 to have been   **04** to become
05 to be handled   **06** matches
07 wanted   **08** are
09 ○
10 ○
11 ×, → Having planted
12 ○
13 ×, → being selected
14 ○
15 ○
16 ×, → makes
17 ×, → offers

01 새로운 웹사이트를 디자인하는 것은 디자이너와 개발자 간의 협업을 필요로 한다.

02 이 디지털 예술 프로그램은 당신이 컴퓨터 화면에 이미지를 그리는 것을 가능하게 해준다.

(해설) 문장의 동사가 없으므로 네모에는 동사가 들어가는 것이 알맞다.

03 Samantha는 작년에 반장으로 뽑혔던 것을 자랑스러워한다.

(해설) '자랑스러워하는 것'보다 '반장으로 뽑혔던 것'이 먼저 일어난 일이므로 to부정사를 완료 형태로 쓰는 것이 알맞다.

04 성공적인 작가가 되고 싶은 그녀의 소망은 그녀가 매일 글을 쓰도록 독려한다.

(해설) 문장의 동사는 pushes이므로 명사 Her wish를 수식하는 to부정사가 쓰이는 것이 알맞다.

05 약한 천들은 깨끗하고 건조한 손으로 다루어져야 한다.

(해설) Delicate fabrics와 handle(다루다)은 수동 관계이므로 to부정사의 수동형 to be handled가 알맞다.

06 리본으로 장식된 생일 카드는 파티의 주제와 완벽하게 맞아떨어진다.

(해설) 문장의 주어는 The birthday card이므로 단수 동사 matches가 알맞다. decorated with ribbons는 주어를 수식하는 과거분사구이다.

07 그녀는 자신의 아들이 아름다운 그림을 그리고 있는 것을 보고 그의 창의력을 북돋아 주고 싶었다.

(해설) 접속사 and 이하에 동사가 없으므로 wanted가 알맞다.

08 우리 가게에서 하나 이상의 상품을 구매하시는 고객은 할인을 받을 자격이 있습니다.

(해설) 문장의 주어는 Customers이고 buying ~ our store은 현재분사구이므로 복수 동사 are가 알맞다.

09 그녀는 20년 넘게 헌신적인 직원으로 일해 온 공로로 상을 받았다.

10 그 메일은 잘못된 수신인에게 보내졌던 것 같다.

11 몇 년 전에 씨앗을 심었고 키웠기에 우리는 지금 아름다운 정원을 가지고 있다.

(해설) 분사의 의미상 주어는 we이므로 plant(심다)와 능동 관계이다. 완료형 시제는 알맞으나 태 사용이 잘못되었으므로 분사의 능동태 완료형 having p.p. 형태로 고쳐야 한다.

12 비록 공연에서 실수를 했지만, 그들은 무대에서 최선을 다했던 것에 만족한다.

(해설) '만족해하는 것'보다 '최선을 다했던 것'이 먼저 일어난 일이므로 to부정사를 완료 형태로 쓰는 것이 알맞다.

13 Mary는 축구팀의 주장으로 선발된 것에 대해 축하를 받았다.

(해설) 동명사의 의미상 주어인 Mary와 select(선발하다)의 관계가 수동이므로 동명사의 수동형 being selected로 고치는 것이 알맞다.

14 재활용된 재료로 만들어진 조각품은 예술과 자연의 조화를 상징한다.

15 토네이도로 파괴된 후 주민센터가 재건되었다.

16 그의 악기 연주에 대한 열정은 그가 매일 연습하는 데 몇 시간을 보내도록 만든다.

（해설）문장의 주어는 His passion이므로 단수 동사 makes
로 고치는 것이 알맞다.

17 콘크리트 재료로 시공된 다리는 자동차와 보행자에게 안전한
통로를 제공한다.

（해설）문장의 주어는 The bridge이므로 단수 동사 offers로
고치는 것이 알맞다.

어휘

05 delicate 약한, 다치기 쉬운; 섬세한 **08** eligible 자격이 있는;
적임의 **09** dedicated 헌신적인 **10** recipient 받는 사람, 수취인
11 nurture 키우다, 양육하다 **17** passage 통로, 길 pedestrian
보행자

어법 POINT 22~26 본문 22쪽

¹and ²주어+동사 ³현재시제 ⁴is ⁵절
⁶because

01 come	**02** my girlfriend is
03 designing	**04** During
05 Where do you think	**06** making
07 Because of	**08** they want
09 Although	**10** successful
11 is	**12** breaks

13 remains
14 ×, → the bank closed
15 ×, → (Al)Though
16 ×, → during
17 ×, → rains
18 ×, → how many miles we have traveled
19 ○
20 ○
21 ○
22 ×, → decide
23 ○
24 ○
25 ×, → was
26 ×, → explore
27 ×, → while
28 ×, → enhance
29 ×, → I should respond to it
30 ○
31 ○

01 네가 올 때까지 공원 앞에서 기다릴게.

（해설）접속사 until이 시간을 나타내는 부사절을 이끌고 있으
므로 현재시제가 미래시제를 대신한다.

02 여자 친구가 왜 나에게 화가 났는지 모르겠다.

（해설）간접의문문의 어순은 〈의문사(why)+주어(my girlfriend)
+동사(is)〉이다.

03 그는 프로그래밍과 웹사이트 디자인을 모두 전문으로 한다.

（해설）동명사 목적어 programming과 designing websites가
상관접속사 〈both A and B〉로 병렬 연결된 구조이다.

04 이번 여름방학 동안 그는 해수욕장에서 안전요원으로 일했다.

（해설）네모 뒤에 명사구 this summer vacation이 이어지므로
전치사 During이 알맞다.

05 사람들이 휴식을 위해 어디로 여행 가는 것을 좋아한다고 생
각하니?

06 나는 자선 단체를 설립하고 불우한 지역 사회에 긍정적인 영향을
미치는 것을 꿈꿔왔다.

07 우주에 대한 관심 때문에 Eve는 천문학을 전공하기로 결정했다.

08 그들은 여행으로 어느 나라에 가고 싶은지 논의했다.

（해설）간접의문문의 어순은 〈의문사(which country)+주어
(they)+동사(want)〉이다.

09 그녀는 건강이 좋지 않았지만 대학에 들어가기 위해 열심히
공부했다.

（해설）네모 뒤에 〈주어(she)+동사(was)〉를 갖춘 완전한 절이
이어지므로 접속사 Although가 알맞다.

10 당신의 회사를 생산적, 협조적이고 성공적으로 만들기 위해서
신뢰는 필수이다.

（해설）세 개의 형용사 productive, cooperative,
successful이 접속사 and로 병렬 연결된 구조이다.

11 휴가 동안 날씨가 맑을지 아닐지는 불확실하다.

（해설）whether절 주어는 단수 취급한다.

12 그녀는 현재 차가 고장이 나지 않는 한 새 차를 사지 않을 것
이다.

（해설）접속사 unless가 조건을 나타내는 부사절을 이끌고 있
으므로 현재시제가 미래시제를 대신한다.

13 회사가 투자하기로 결정한 곳은 극비로 남아 있다.

（해설）Where가 이끄는 의문사절 주어는 단수 취급한다.

14 한 나이 든 여성이 은행이 몇 시에 닫는지 물었다.

（해설）간접의문문의 어순은 〈의문사(what time)+주어(the
bank)+동사(closed)〉이다.

15 비록 태양이 타오르고 있지만 밖은 그다지 덥지 않다.

（해설）네모 뒤에 〈주어(the sun)+동사(is burning)〉를 갖춘
완전한 절이 이어지므로 접속사 (Al)Though가 알맞다.

16 성수기에는 항공편과 호텔이 훨씬 비싸다.

（해설）명사구 the peak season을 이끌고 있으므로 전치사
during이 알맞다.

17 내일 비가 온다면 야구 경기는 연기되거나 취소될 것이다.

（해설）접속사 If가 조건을 나타내는 부사절을 이끌고 있으므로
현재시제가 미래시제를 대신한다.

18 나는 이번 여행에서 우리가 얼마나 많은 마일을 이동했는지
궁금하다.

（해설）의문사가 이끄는 간접의문문에서 how 뒤에 형용사(+
명사)가 있으면 〈how+형용사(+명사)+주어+동사〉의 어순
으로 쓴다. 따라서 have we를 we have로 고쳐야 한다.

19 나는 내가 처음으로 혼자 자전거를 탔을 때 얼마나 신났었는지 기억한다.

20 그는 네가 조심해서 운전한다고 약속하지 않으면 차를 빌려주지 않을 것이다.

　(해설) 접속사 unless가 조건을 나타내는 부사절을 이끌고 있으므로 현재시제가 미래시제를 대신한다.

21 바이올린은 플루트에 비해 더 많은 배음과 더 높은 소리를 가지고 있다.

　(해설) 동사 has와 sounds가 접속사 and로 병렬 연결된 구조이다.

22 대도시에 사는 대부분의 사람들은 도시 생활에 싫증을 느끼고 시골로 이사를 가기로 결정한다.

　(해설) 동사 get과 decide가 접속사 and로 병렬 연결된 구조이다.

23 싱가포르행 비행기가 제시간에 출발하는지 알려주세요.

　(해설) 접속사 if가 tell의 목적어 역할을 하는 명사절을 이끌고 있으므로 미래시제를 쓰는 것이 알맞다.

24 특정 문화가 특정 축제를 기념하는 이유는 전통에 뿌리를 두고 있다.

　(해설) Why가 이끄는 의문사절 주어는 단수 취급한다.

25 그녀가 수업에 여러 번 늦은 것은 실망스러웠다.

　(해설) that절 주어는 단수 취급하므로 단수 동사인 was로 고치는 것이 알맞다.

26 그 여행자는 두 가지 가능성에 직면한다. 그는 제시된 길을 따르거나 스스로 탐험할 수 있다.

　(해설) 문맥상 동사 follow와 explore가 등위접속사 or로 병렬 연결되는 것이 알맞다.

27 Ann이 고등학생일 때 그녀의 아버지의 사업이 기울어서, 그녀는 졸업하자마자 직업을 찾았다.

　(해설) 뒤에 〈주어(Ann)+동사(was)〉를 갖춘 완전한 절이 이어지므로 전치사 during을 접속사 while로 고치는 것이 알맞다.

28 시를 쓰는 것은 정신적, 학업적인 이점이 있고, 심리적인 고통을 줄이고, 문학에 대한 이해를 증진시킨다고 믿어진다.

　(해설) 세 개의 to부정사 to have, diminish, enhance가 and로 병렬연결된 구조이므로 enhancing을 enhance로 고치는 것이 알맞다. 병렬구조에서 반복되는 to부정사의 to는 생략 가능하다.

29 내가 내 장점과 단점에 대한 질문을 받았을 때, 나는 어떻게 대답해야 할지 몰랐다.

　(해설) 간접의문문의 어순은 〈의문사(how)+주어(I)+동사(should respond)〉이다.

30 우리의 편견은 쉽게 없어지지 않기 때문에 우리는 결정을 할 때 객관성뿐만 아니라 이성도 가지려고 노력해야 한다.

　(해설) 명사 objectivity와 rationality가 상관접속사로 병렬연결된 구조이다.

31 늦은 출발에도 불구하고, 그들은 기록적인 시간으로 경기를 끝마쳤다.

　(해설) 전치사 In spite of 뒤에 명사구가 이어지므로 알맞게 쓰였다.

(어휘)
06 disadvantaged 사회적으로 혜택을 받지 못한, 빈곤한
07 major in ~을 전공하다　**astronomy** 천문학　**10 productive** 생산적인　**cooperative** 협력하는　**19 by oneself** 혼자서, 스스로
23 depart 출발하다

어법 POINT 27~30　　　　　본문 26쪽

¹whom　²who　³있음　⁴없음　⁵불완전한
⁶완전한　⁷불완전한　⁸완전한

01 why	02 which
03 that	04 where
05 is	06 whose
07 that	08 what
09 exhibits	10 that
11 who	12 which

13 ×, → who[that]
14 ○
15 ×, → gains
16 ×, → what
17 ○
18 ×, → that
19 ×, → which[that]
20 ○
21 ○
22 ×, → which[that]
23 ○
24 ○
25 ×, → where[in which]
26 ×, → what
27 ×, → is
28 ○
29 ○
30 ○
31 ○
32 ○

01 나는 그녀에게 왜 한밤중에 나에게 전화했는지 물었다.

　(해설) 네모 뒤에 〈주어(she)+동사(called)+목적어(me) ~〉를 갖춘 완전한 절이 이어지므로 관계부사 why가 알맞다.

02 그녀는 아름다운 풍경을 그렸는데, 그 그림은 지금 미술관에 걸려 있다.

　(해설) 〈콤마+관계대명사〉의 계속적 용법으로 that을 쓸 수 없다.

03 우리 태양계에는 태양 주위를 도는 8개의 행성이 있다.

　(해설) eight planets라는 선행사가 있고, 네모 뒤에 주어가 없는 불완전한 문장이 이어지므로 관계대명사 that이 알맞다.

04 이 공원은 매년 여름 화려한 불꽃놀이가 열리는 곳이다.

(해설) 네모 뒤에 〈주어(a spectacular fireworks show)+동사(is held)+~〉를 갖춘 완전한 구조의 절이 이어지므로 관계부사 where가 알맞다. 일반적인 선행사 the place가 생략된 형태이다.

05 수 마일에 걸쳐 뻗어있는 해변은 매우 아름답고 평화롭다.

(해설) 문장의 주어 The beach를 관계대명사절 which stretches for miles가 수식하고 있는 구조이므로, 문장의 동사는 단수 동사 is가 알맞다.

06 우리 반에는 이름이 같은 친구 두 명이 있다.

(해설) 선행사 two friends와 names는 소유의 관계이므로 소유격 관계대명사 whose가 알맞다.

07 언젠가 꼭 하고 싶은 일을 모두 적어보는 것은 동기부여가 될 수 있다.

(해설) 네모 앞에 선행사 everything이 쓰였으므로 that이 알맞다. what은 선행사를 포함한다.

08 나는 어려운 시기에 네가 나를 위해 해준 것에 감사한다.

(해설) 네모 앞에 선행사가 없고, 목적어가 없는 불완전한 문장을 이끌고 있으므로 관계대명사 what이 알맞다.

09 수많은 예술작품을 전시하고 있는 진귀한 그림을 보유한 그 박물관은 관광객들에게 깊은 인상을 준다.

(해설) which의 선행사는 바로 앞에 있는 명사 paintings가 아닌 The museum이다. 따라서 단수 동사 exhibits가 알맞다.

10 연구는 식사 전에 물 두 잔을 마시는 것이 식사량을 줄이고 체중을 줄이는 데 도움이 된다고 밝혔다.

(해설) 네모 뒤에 〈주어(drinking ~ meals)+동사(helps)+목적어(you) ~〉를 갖춘 완전한 절이 이어지며, found의 목적어 역할을 하는 명사절이 필요하므로 접속사 that이 알맞다.

11 어린 소녀는 학교에서 막 돌아온 언니를 꼭 껴안는다.

(해설) 접속사가 따로 없으므로, 두 문장을 연결해주는 관계대명사 who가 알맞다.

12 나의 선생님께 받은 피드백이 많은 도움이 되었다.

(해설) 선행사 The feedback을 수식하는 목적격 관계대명사는 which가 알맞다.

13 나는 대가 없이 남을 돕는 사람들을 존경한다.

(해설) 선행사 people이 쓰였으므로 what을 who[that]로 고치는 것이 알맞다.

14 우리가 만나기로 한 날짜를 잊지 마.

15 친환경 제품을 출시한 그 회사는 호평을 받는다.

(해설) 문장의 주어는 The company이고, that ~ goods는 The company를 수식하는 관계대명사절이므로 문장의 동사 gain을 단수 동사 gains로 고치는 것이 알맞다.

16 청소년들에게 자신이 좋아하는 것을 찾는 것은 매우 중요하다.

(해설) 선행사가 없고, 목적어가 없는 불완전한 절을 이끌고 있으므로 that을 what으로 고치는 것이 알맞다.

(구문) For teenagers, finding [**what** they like] is very
<u>S</u>   <u>V</u>
important.

17 나는 내가 매우 좋아하는 작가가 작년에 출간한 소설을 읽었다.

(해설) 선행사가 the fiction이고 관계대명사절에 목적어가 없으므로 목적격 관계대명사 which가 알맞게 쓰였다.

18 사람들은 커피보다 차가 더 건강에 좋다고 믿는다.

(해설) 〈주어(tea)+동사(is) ~〉를 갖춘 완전한 절을 이끌고, believe의 목적어 역할을 하는 명사절이 필요하므로 what을 접속사 that으로 고치는 것이 알맞다.

19 그는 나를 이국적인 액세서리를 취급하는 가게로 데려갔다.

(해설) 대명사는 절과 절을 연결할 수 없으므로 it을 관계대명사 which[that]로 고쳐야 한다.

20 음식물 쓰레기는 금요일에만 내놓아야 한다는 것을 알아두시기 바랍니다.

21 나의 가족은 이웃이 서로를 아는 작은 마을에 살았다.

(해설) 선행사가 a small town이고, 〈주어(neighbors)+동사(knew)+목적어(each other)〉을 갖춘 완전한 절이 이어지므로 관계부사 역할을 하는 〈전치사+관계대명사〉가 알맞게 쓰였다.

22 나는 아직 일어나지 않은 대화와 상황에 대해 걱정하는 경향이 있다.

(해설) 주어가 없는 불완전한 문장이 이어지므로 where을 관계대명사 that[which]으로 고치는 것이 알맞다.

23 큰 안경을 쓴 그 사람은 DNA 샘플을 분석하는 과학자이다.

(해설) 선행사가 the scientist이므로 관계사절의 동사는 단수 동사 analyzes가 알맞게 쓰였다.

24 나는 강가에서 표면이 매끄럽고 광택이 나는 바위들을 발견했다.

(해설) 선행사 rocks와 명사 surface는 소유의 관계(rock's surface)이므로 소유격 관계대명사 whose가 알맞게 쓰였다.

25 개구리들은 너무 건조해지지 않기 위해 몸을 적실 수 있는 물가 근처에 머무른다.

(구문) Frogs stay near *the water* [**where[in which]** they can take a dip / **to keep** from being too dry].

• where 이하는 관계부사절로 선행사 the water를 수식한다.
• to keep 이하는 목적(~하기 위해)을 의미하는 to부정사구이다. 그 안에 'v하지 못하게 하다'라는 의미의 표현 〈keep from v-ing〉가 쓰였다.

26 네가 원한다면 나에게 천천히 말해달라거나 다시 한번 말해달라고 주저 없이 부탁해라.

(해설) 선행사가 없고 목적어가 없는 불완전한 문장이 이어지므로 which를 what으로 고치는 것이 알맞다.

(구문) Do not hesitate to ask me to speak slowly [or] to repeat **what** I have said / if you want.

27 고전 소설로 가득 찬 책장은 내 작은 피난처이다.

(해설) 문장의 주어는 The bookshelf이므로 are를 단수 동사 is로 고치는 것이 알맞다.

28 내가 형제들과 어린 시절을 보냈던 집은 시골에 위치해있다.

(해설) 문장의 주어는 The house이므로 단수 동사 is가 알맞다. where I ~ siblings는 주어를 수식하는 관계사절이다.

29 개의 지나친 짖음은 특히 어린 아이들이 있는 사람들을 방해한다.

(해설) 주어가 없는 불완전한 문장을 이끌고 있으므로 관계대

명사 that이 알맞게 쓰였다. those who[that]는 '~한 사람들'이라는 의미이다.

30 John은 유소년 리그 축구팀을 관리하는 최고의 감독이다.
해설 문맥상 선행사가 바로 앞의 the youth league가 아닌 사람(coach)이며 관계사절에서 주어 역할을 하므로 주격 관계대명사 who가 알맞게 쓰였다.

31 성공에 대한 욕구는 개인이 자신의 꿈을 따르도록 동기를 부여하는 것이다.
해설 관계사 앞에 선행사가 없고, 관계사절에서 주어가 없는 불완전한 절을 이끌고 있으므로 what이 알맞게 쓰였다.

32 그녀의 친구는 자신이 청바지를 산 그 가게에 종종 간다.
해설 선행사는 장소를 의미하는 the clothing store이고 뒤에 완전한 절이 오므로 관계부사 where가 알맞게 쓰였다.

어휘
03 solar system 태양계: (천체의) 위성들 **04** spectacular 화려한, 멋진 **08** appreciate 고마워하다; 감상하다; 인정하다 **13** reward 대가; 보상 **15** public favor 호평 **19** deal with 취급하다, 다루다 **22** tend to-v v하는 경향이 있다 **24** polish 닦다 **25** dip 살짝 적시기 **26** hesitate 주저하다, 망설이다 **28** be located in ~에 위치하다 rural 시골의, 지방의 **29** excessive 지나친, 과도한 disrupt 방해하다

어법 POINT 31~32
본문 30쪽

¹as ²as ³than ⁴the ⁵같다 ⁶비교급
⁷최상급

01 longer	**02** as
03 listening	**04** more
05 the very	**06** scary
07 much	
08 ×, → better	
09 ×, → mine[my life]	
10 ×, → fast	
11 ○	
12 ○	
13 ×, → sweeter	
14 ×, → much[a lot, far, even, still] greater	
15 ○	
16 ×, → more convenient	
17 ○	
18 ×, → that	
19 ×, → learning	
20 ×, → more	

01 내 아들은 보통 나보다 더 오래 잔다.
02 Jake의 책상은 그의 여동생의 책상만큼 크지 않다.
해설 앞에 나온 원급 표현 as와 호응하도록 as가 오는 것이

03 나는 영어를 말하는 것이 듣는 것보다 훨씬 어렵다고 생각한다.
해설 비교 대상인 동명사 speaking English와 문법적 성격이 같아야 하므로 동명사 listening이 알맞다.

04 농구를 하는 것은 TV로 경기를 보는 것보다 더 재미있다.

05 단연 최고의 초콜릿 맛이 나는 당신이 만든 케이크는 맛있었다.
해설 even은 비교급을 수식하는 부사이므로 최상급 best를 수식하는 부사 the very가 알맞다.

06 나는 네가 추천해준 공포영화를 봤다. 그것은 네가 말한 것만큼 무섭지 않았다.
해설 as는 원급과 함께 쓰인다.

07 사람들은 그들의 일, 학교, 또는 취미활동을 위해 잠을 적게 잔다. 왜냐하면 이러한 활동들이 훨씬 더 중요해 보이기 때문이다.
해설 very는 원급을 수식하는 부사이므로 비교급 more important를 수식하는 부사인 much가 알맞다.

08 나는 프랑스어보다 영어를 잘한다.
해설 뒤의 비교급 표현 than과 호응하도록 good를 better로 고쳐야 한다.

09 나의 가족의 삶도 나의 삶만큼 중요하다.
해설 '나의 가족의 삶'과 비교되는 대상은 '나의 삶'이므로 me를 my life 또는 소유대명사 mine으로 고치는 것이 알맞다.

10 이 차는 오래된 차보다 세 배 정도 빠르다.
11 한 번 보는 것이 백 번 듣는 것보다 낫다.
12 하버드는 세계적으로 가장 유명한 대학들 중 하나이다.
13 이 브라우니는 마들렌보다 더 달콤하다.
14 컴퓨터는 사람들보다 훨씬 더 빠른 속도로 데이터를 처리할 수 있다.
15 산꼭대기에서의 경치는 영화 장면처럼 멋있었다.
16 점점 더 많은 십 대들이 문자메시지가 전화하는 것보다 더 편리하다고 생각한다.
해설 뒤의 비교급 표현 than과 호응하도록 convenient를 비교급 more convenient로 고쳐야 한다.

17 2002년 월드컵은 한국 축구 역사상 단연 최고의 업적이다.
해설 최상급을 수식하는 부사 by far이 알맞게 쓰였다.

18 이 시계들의 디자인은 예술품처럼 우아하다.
해설 비교 대상이 The design이므로 those는 단수 that으로 고쳐야 한다.

19 만약 여러분이 다른 나라들을 방문할 계획이라면, 그들의 문화에 대해 배우는 것은 그들의 언어를 배우는 것만큼 유용하다.

20 우리는 쇼핑몰에서 맨 아래 선반에 있는 것보다 눈높이에 맞는 것을 살 가능성이 훨씬 높다.
해설 비교급 표현 than과 호응하도록 비교급 more를 쓰는 것이 알맞다.

어휘
14 process 처리하다; 가공하다 **20** eye level 눈높이

¹one　²it　³단수　⁴단수　⁵복수　⁶of 뒤의 명사
⁷단수　⁸a little　⁹부사　¹⁰형용사

01	affects	02	that
03	amount	04	positive
05	is	06	A little
07	a few	08	near
09	need	10	closely
11	was	12	is

13 ○
14 ×, → that
15 ○
16 ×, → necessary
17 ×, → ourselves
18 ○
19 ×, → a few
20 ○
21 ×, → many
22 ○
23 ×, → has
24 ○
25 ×, → thick enough
26 ×, → is
27 ○
28 ×, → has
29 ×, → were
30 ○

01 각각의 계절들은 우리의 기분과 감정에 다른 방식으로 영향을 준다.
(해설) 대명사 each는 항상 단수 취급한다.

02 돌고래의 지능은 종종 인간의 지능과 비교된다.
(해설) 앞에 나온 명사 The intelligence를 가리키므로 단수 형태 that이 알맞다.

03 어린아이들을 대할 때는 엄청난 인내심이 필요하다.
(해설) patience는 셀 수 없는 명사이므로 A great amount of가 알맞다.

04 벽에 걸린 알록달록한 예술작품은 공간을 활기차고, 긍정적이고, 유쾌하게 만든다.
(해설) 목적격보어 자리에는 부사가 쓰일 수 없으므로 형용사 positive가 알맞다. lively는 -ly로 끝나지만 형용사임에 주의한다.

05 전시장에 있는 가구들은 모두 아름답게 디자인되어 있다.

06 약간의 친절은 주는 사람과 받는 사람 모두에게 기쁨을 가져다준다.
(해설) kindness는 셀 수 없는 명사이므로 A little이 알맞다.

07 선생님은 우리가 개념을 더 잘 이해하도록 하기 위해 몇 가지

예를 들어주셨다.
(해설) example은 셀 수 있는 명사이므로 a few가 알맞다.

08 내 친구가 바닷가 근처에 살아서 우리는 언제든지 수영하러 갈 수 있다.
(해설) near는 '가까운'이라는 의미의 형용사와 '가까이'라는 의미의 부사 역할을 모두 할 수 있다. nearly는 '거의'라는 의미이다.

09 사무실에 있는 두 컴퓨터 모두 업그레이드가 필요하다.
(해설) 대명사 both는 항상 복수 취급한다.

10 영어와 독일어는 서로 밀접한 관련이 있는 언어로 많은 공통어를 가지고 있다.

11 내 인생에서 가장 기억이 남는 순간 중 하나는 졸업식 날이었다.
(해설) 〈one of+복수 명사〉가 주어로 쓰이면 단수 취급한다.

12 우리나라 토지의 약 15퍼센트가 농업용으로 사용되고 있다.
(해설) 〈percent of+명사〉는 of 뒤의 명사에 수를 일치시킨다. 따라서 명사 the land에 수일치하여 단수 동사 is가 알맞다.

13 가을에는 많은 나뭇잎이 나무에서 떨어진다.

14 낮 동안 사막의 기온은 주변 지역의 기온보다 높다.
(해설) 가리키는 명사가 The temperature이므로 단수 형태 that이 알맞다.

15 그 동네의 모든 집들은 따뜻하게 맞이 해주는 친절한 분위기가 있다.
(해설) 〈every+단수 명사〉는 항상 단수 취급한다.

16 생산성과 창의성 향상을 위해서는 긴장을 풀고 휴식하는 것이 필요하다고 생각한다.
(해설) 목적격보어 자리에 부사는 쓰일 수 없으므로 형용사 necessary로 고치는 것이 알맞다.

17 우리는 우리 자신의 실수를 용서하고 그 실수들로부터 배우는 것에 집중해야 한다.
(해설) 문장의 주어와 목적어가 같으므로 us를 재귀대명사 ourselves로 고치는 것이 알맞다.

18 이 영화는 비평가들과 관객들 모두로부터 매우 긍정적인 평가를 받았다.

19 그 가게는 새로운 스마트폰 모델에 대한 몇 개의 선택지가 있었다.
(해설) option은 셀 수 있는 명사이므로 a little을 a few로 고치는 것이 알맞다.

20 그는 매운 음식을 좋아하지 않기 때문에 거의 그것을 먹지 않는다.

21 그 도시는 교육 현장학습을 위한 많은 역사적인 장소들을 가지고 있다.
(해설) site는 셀 수 있는 명사이므로 much를 many로 고치는 것이 알맞다.

22 그 가게는 셔츠를 할인 판매하고 있다. 나는 내 셔츠가 다 낡아서 하나 사려고 한다.

23 각 나라마다 독특한 문화유산과 전통이 있다.

24 나의 언니들은 둘 다 선생님이고 도시 내의 서로 다른 학교에서 일한다.

25 이 담요는 겨울밤 동안 당신을 따뜻하게 해줄 만큼 충분히 두껍다.

(해설) 부사 enough가 형용사를 수식할 때 〈형용사＋enough〉 순으로 쓴다.

26 다른 문화에 대해 배우는 가장 좋은 방법 중 하나는 책을 읽는 것이다.

(해설) 〈one of 복수 명사〉는 '～들 중 하나'를 의미하므로 단수 취급한다.

27 그 차는 충분한 가스가 없어서, 다음 마을에 도착하지 못했다.

(해설) 형용사 enough가 명사를 수식할 때 〈enough＋명사〉 순으로 쓴다.

28 지난 몇 년간 한국어에 관심이 있는 외국인들의 수가 증가했다.

(해설) the number of: ～의 수

29 나머지 지원자들은 회사의 기준치를 밑돌아서, 채용 담당자는 매우 불안했다.

(해설) The rest of는 뒤에 오는 명사에 수일치하므로 복수 동사 were로 고치는 것이 알맞다.

30 아직 인지가 완전히 발달되지 않았기 때문에, 미취학 아동들은 부모가 자신들에게 하는 말을 아주 심각하게 믿는다.

(해설) 대명사 them은 앞의 preschoolers를 가리킨다.

(어휘)

02 intelligence 지능 **03** patience 인내심 **12** agricultural 농업의 **14** surrounding 인근의, 주위의 **18** critic 비평가, 평론가 **22** wear out 낡아서 떨어지다 **23** heritage (국가, 사회의) 유산

어법 POINT 38~39   본문 36쪽

¹did ²bring	
01 are	**02** complain
03 is	**04** broadens
05 can I	**06** is
07 is Sally	**08** were
09 runs	
10 ○	
11 ✕, → stands	
12 ✕, → have	
13 ✕, → expect	
14 ○	
15 ○	
16 ✕, → excites	
17 ✕, → does	
18 ○	
19 ✕, → does	

01 우리 하루를 밝게 하는 미소는 대단하다.

(해설) 보어 Great가 문장 앞에 쓰여 주어와 동사가 도치된 문장이다. 문장의 주어는 the smiles이므로 복수 동사 are가 알맞다.

02 John은 그가 받는 숙제의 양에 대해 절대 불평하지 않는다.

(해설) 부정어구 Never가 강조되어 문장 앞에 올 경우 주어와 동사를 도치한다. 이때 일반동사가 사용되었으므로 〈do[does/did]＋주어＋동사원형〉 순으로 쓴다.

03 냉장고 안에는 맛있는 수제 피자를 만들기 위한 치즈가 있다.

(해설) There is[are]는 뒤에 나오는 명사의 수에 따라 be동사를 쓴다.

04 인간의 삶의 반영인 문학은 문화에 대한 우리의 이해를 넓혀 준다.

(해설) a reflection of human lives는 주어 Literature의 삽입구이므로 단수 동사 broadens가 알맞다.

05 그는 자신의 감정을 비밀로 유지하는 것을 선호하기 때문에 나는 그의 감정을 거의 이해할 수 없다.

(해설) 부정어 Hardly가 문장 앞에 쓰여 〈조동사＋주어＋동사〉 순으로 써야 하므로 can I가 알맞다.

06 시험이 학생들에게 스트레스를 줄 수 있다는 사실은 잘 알려진 문제이다.

(해설) 주어 The fact 뒤에 동격 that절이 쓰인 구조이므로 단수 동사 is가 알맞다. 이때 동사 앞의 students를 주어로 착각하지 않도록 주의한다.

07 Sally는 뛰어난 댄서일 뿐만 아니라, 패션에 대한 열정도 있다.

08 나는 발표에 집중하지 않았고, 내 옆에 앉은 친구들도 마찬가지였다.

(해설) 〈nor＋동사＋주어〉 순으로 도치하므로 주어인 my friends에 맞게 복수 동사가 오는 것이 알맞다.

09 두 건물 사이로 나 있는 좁은 길이 작은 공원으로 이어진다.

(해설) 장소의 부사구 Between the two buildings가 문장 앞에 쓰여 주어와 동사가 도치된 문장이다. 문장의 주어는 a narrow pathway이므로 단수 동사 runs가 알맞다.

10 살면서 이렇게 숨 막히게 아름다운 노을을 본 적은 거의 없었다.

11 문 앞에 어두운 선글라스를 쓴 경비원이 서 있다.

(해설) 장소의 부사구 In front of the door가 문장 앞에 쓰여 주어와 동사가 도치된 문장이다. 문장의 주어는 a security guard이므로 단수 동사 stands로 고치는 것이 알맞다.

12 세계적으로 유명한 작가에 의해 쓰인 그 판타지 소설들은 TV 드라마로 각색되어 왔다.

(해설) written by ～ author는 주어 The fantasy novels의 삽입구이므로 has를 have로 고쳐야 한다.

13 그녀는 그렇게 오랜 세월이 흐른 후에 그 행사에서 오랜 친구를 만날 것이라고는 거의 예상하지 못했다.

(해설) 부정어 Little이 문장 앞에 쓰여 〈조동사＋주어＋동사원형〉 순으로 써야 하므로 expected를 동사원형 expect로 고치는 것이 알맞다.

14 매트 아래에는 수년 전에 묻힌 타임캡슐의 여분 열쇠들이 있었다.

15 부모들은 경제적 안정을 바라고, 젊은 세대도 그러하다.

16 친구들과 하이킹을 간다는 생각이 나를 흥분시킨다.

(해설) 주어 The idea 뒤에 동격의 전치사 of가 쓰인 구조이므로 excite를 단수 동사 excites로 고치는 것이 알맞다.

17 그녀는 평일에 빨래하는 것을 좋아하지 않고, 그녀의 남편도 마찬가지이다.

18 이곳에는 이 외딴 숲에서만 발견되는 희귀종의 새가 살고 있다.

(해설) 장소의 부사구 here가 문장 맨 앞에 와서 주어와 도치가 도치된 경우이다. 참고로 주어로 쓰인 species는 단수, 복수 둘 다 사용 가능한데 여기서는 단수로 쓰였다.

19 나는 요가를 하는 것이 내면의 평화를 가져다준다고 생각하고, 그녀 역시 그렇게 생각한다.

(해설) '~도 역시 그렇다'는 〈so+동사+주어〉로 쓴다. 앞의 동사가 일반동사 think이기 때문에 is를 does로 고치는 것이 알맞다.

어휘

01 brighten 밝히다   **05** private 비밀의, 개인적인   **14** spare 여분의   bury (땅속에) 묻다; 숨기다   **15** economic 경제적인 stability 안정   **18** species (생물의) 종   remote 외딴; (거리가) 먼   **19** inner 내면의; 내부의

천일문 고등

GRAMMAR

고등 기초부터 ○────── *New* ──────○ 수능 준비까지

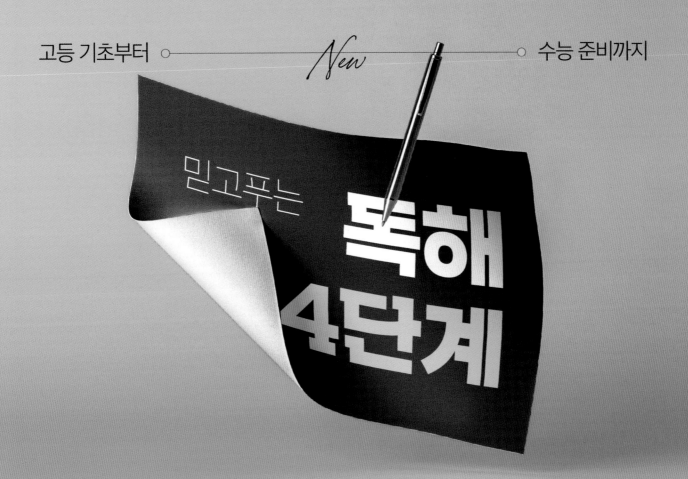

믿고푸는

독해
4단계

수능 독해의 유형잡고　　　　모의고사로 적용하고

기본 다지는
첫단추

① 유형의 기본을 이해하는
첫단추
독해유형편

② 기본실력을 점검하는
첫단추 독해실전편
모의고사 12회

실력 올리는
파워업

③ 유형별 전략을
탄탄히 하는
파워업 독해유형편

④ 독해실력을 끌어올리는
파워업 독해실전편
모의고사 15회

* 위 교재들은 최신 개정판으로 21번 함의추론 신유형이 모두 반영되었습니다.

쎄듀 초·중등 커리큘럼

초등 커리큘럼

	예비초	초1	초2	초3	초4	초5	초6
구문		천일문 365 일력 |초1~3| 교육부 지정 초등 필수 영어 문장		초등코치 천일문 SENTENCE 1001개 통문장 암기로 완성하는 초등 영어의 기초			
문법				초등코치 천일문 GRAMMAR 1001개 예문으로 배우는 초등 영문법			
			왓츠 Grammar		Start (초등 기초 영문법) / Plus (초등 영문법 마무리)		
독해				왓츠 리딩 70 / 80 / 90 / 100 A / B 쉽고 재미있게 완성되는 영어 독해력			
어휘			초등코치 천일문 VOCA&STORY 1001개의 초등 필수 어휘와 짧은 스토리				
		패턴으로 말하는 초등 필수 영단어 1 / 2		문장 패턴으로 완성하는 초등 필수 영단어			
ELT	Oh! My PHONICS 1 / 2 / 3 / 4		유·초등학생을 위한 첫 영어 파닉스				
	Oh! My SPEAKING 1 / 2 / 3 / 4 / 5 / 6			핵심 문장 패턴으로 더욱 쉬운 영어 말하기			
	Oh! My GRAMMAR 1 / 2 / 3		쓰기로 완성하는 첫 초등 영문법				

중등 커리큘럼

	예비중	중1	중2	중3
구문		천일문 STARTER 1 / 2		중등 필수 구문 & 문법 총정리
문법		개정 천일문 중등 GRAMMAR LEVEL 1 / 2 / 3		예문 중심 문법 기본서
		GRAMMAR Q Starter 1, 2 / Intermediate 1, 2 / Advanced 1, 2		학기별 문법 기본서
		잘 풀리는 영문법 1 / 2 / 3		문제 중심 문법 적용서
		GRAMMAR PIC 1 / 2 / 3 / 4		이해가 쉬운 도식화된 문법서
			1센치 영문법	1권으로 핵심 문법 정리
문법+어법			첫단추 BASIC 문법·어법편 1 / 2	문법·어법의 기초
문법+쓰기	EGU 영단어&품사 / 문장 형식 / 동사 써먹기 / 문법 써먹기 / 구문 써먹기			서술형 기초 세우기와 문법 다지기
				올씀 1 기본 문장 PATTERN 내신 서술형 기본 문장 학습
쓰기		개정 천일문 중등 WRITING LEVEL 1 / 2 / 3 *거침없이 Writing 개정		중등 교과서 내신 기출 서술형
		중학 영어 쓰작 1 / 2 / 3		중등 교과서 패턴 드릴 서술형
어휘	천일문 VOCA 중등 스타트 / 필수 / 마스터			2800개 중등 3개년 필수 어휘
	어휘끝 중학 필수편		중학 필수어휘 1000개	어휘끝 중학 마스터편 고난도 중학어휘 +고등기초 어휘 1000개
독해	ReadingGraphy LEVEL 1 / 2 / 3 / 4			중등 필수 구문까지 잡는 흥미로운 소재 독해
		Reading Relay Starter 1, 2 / Challenger 1, 2 / Master 1, 2		타교과 연계 배경 지식 독해
		READING Q Starter 1, 2 / Intermediate 1, 2 / Advanced 1, 2		예측/추론/요약 사고력 독해
독해전략			리딩 플랫폼 1 / 2 / 3	논픽션 지문 독해
독해유형			Reading 16 LEVEL 1 / 2 / 3	수능 유형 맛보기 + 내신 대비
			첫단추 BASIC 독해편 1 / 2	수능 유형 독해 입문
듣기	Listening Q 유형편 / 1 / 2 / 3			유형별 듣기 전략 및 실전 대비
		쎄듀 빠르게 중학영어듣기 모의고사 1 / 2 / 3		교육청 듣기평가 대비